Laravel PHP Framework

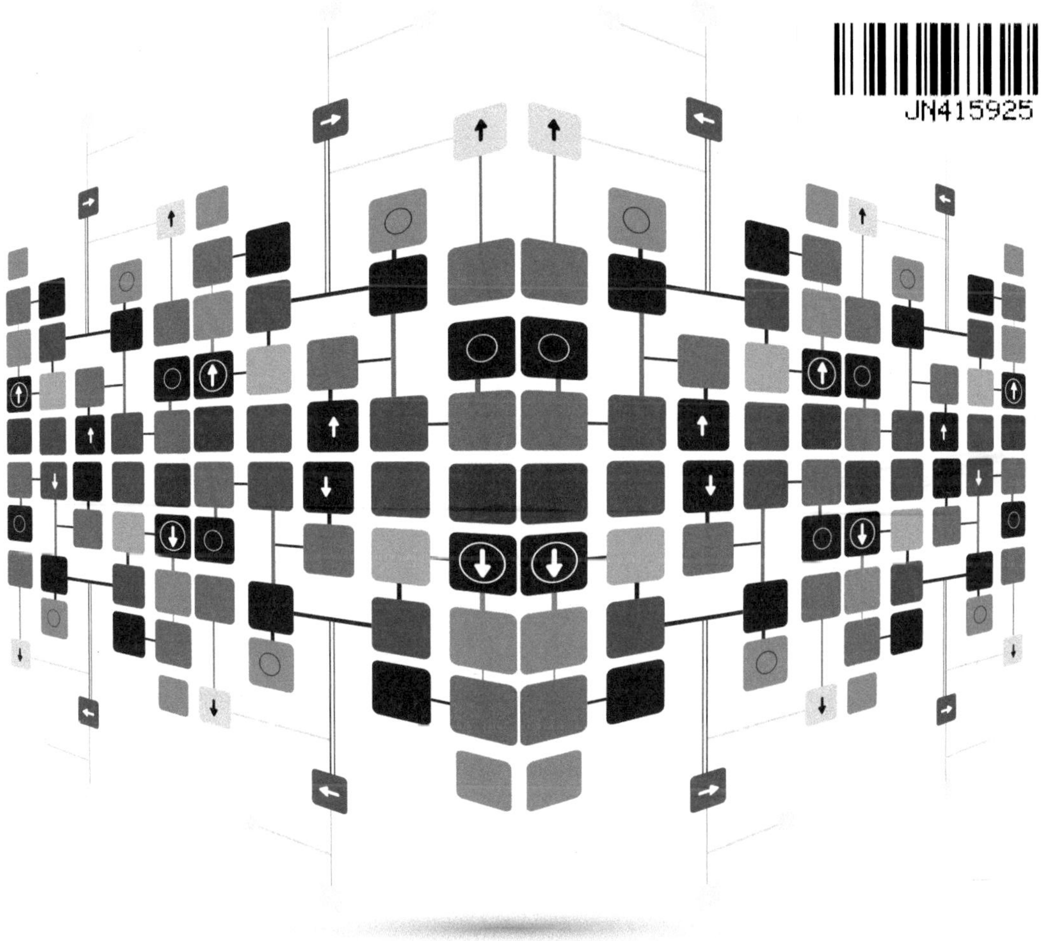

Laravel 실무 따라하기

윤형태 · 강미경 지음

공감북스

머리말

컴퓨터의 발전은 하루가 다르게 발전하고 있다. 얼마 전에 신제품이 나오는 가 싶으면, 얼마 되지 않아 새로운 컴퓨터 모델이 나오는 실정이다. 소프트웨어도 하드웨어 못지않게 급속도로 발전하고 있다. 또한 1G급 초고속망은 물론이고, 고속 무선통신망까지 우리의 일상 구석구석 스며들어 wifi를 이용하여 인터넷을 어디서든지 마음대로 사용하고 있다. 이러한 변화는 우리의 경제생활 패턴도 변화시켰으며, 전자상거래 및 업무관리의 전산화를 가져왔다. 많은 사람들이 인터넷 온라인시장을 이용하여 물건들을 구매하고 있으며, 많은 사람들이 회사나 기관에서 컴퓨터를 이용하여 업무 및 각종 서비스를 처리하고 있다. 이러한 인터넷을 이용한 전자상거래 및 전산 업무서비스는 일상생활이 되었다. 이미 초등학교부터 전자상거래 구축의 기초라 할 수 있는 홈페이지 제작에 대한 기본 교육과 언어에 대한 교육을 하고 있으며, 다양한 전산분야를 배울 수 있도록 하고 있다. 그러나 전자상거래와 전산업무서비스와 같은 Fron & Back-End 작업들은 Html만으로는 만들 수가 없다. Html은 물론이고, Javascript, Database, Web Server, CGI 언어, 그래픽 등 다양한 분야의 전문적인 지식들이 필요하며, 최근에는 모바일을 위한 서비스를 위해 Bootstrap, Framework, JQuery 등 다양한 신기술이 나왔고 이미 활용중이다. 앞으로 이러한 지식들을 토대로 실무적인 작업을 해야 한다. 국내 대형 서점을 가보면, 관련된 다양한 책들을 볼 수 있다. 특히 그중 누구나 쉽게 접근할 수 있는 CGI언어인 PHP는 다양한 서적이 있지만, PHP전용 Framework에 관한 실무책은 많지 않은 실정이다. 따라서 필자는 PHP Framework을 이용하는 방법을 배우기 원하는 사람들을 위해 실무적인 내용을 빠르게 배울 수 있는 교재의 필요성을 느꼈다. 이 책은 초보자를 위한 책이 아니다. 앞서 언급했듯이 이 책은 이미 전산분야에 대하여 기초 공부를 한 사람들이 Front & Back-End에 대한 제작 과정을 경험하고 배울 수 있도록 구성된 책이다. 이 책에서 나오는 모든 화면과 테크닉은 독자가 만들려는 전산업무의 웹서비스 프로그램의 기본모델과 방향을 제시해주리라 생각되며, 이를 원하는 사람들에게 좋은 지침서가 되었으면 한다. 이 책이 나오기까지 도움을 준 많은 분들에게 감사함을 전한다.

윤형태, 강미경

차 례

Chapter 01

Laravel 시작

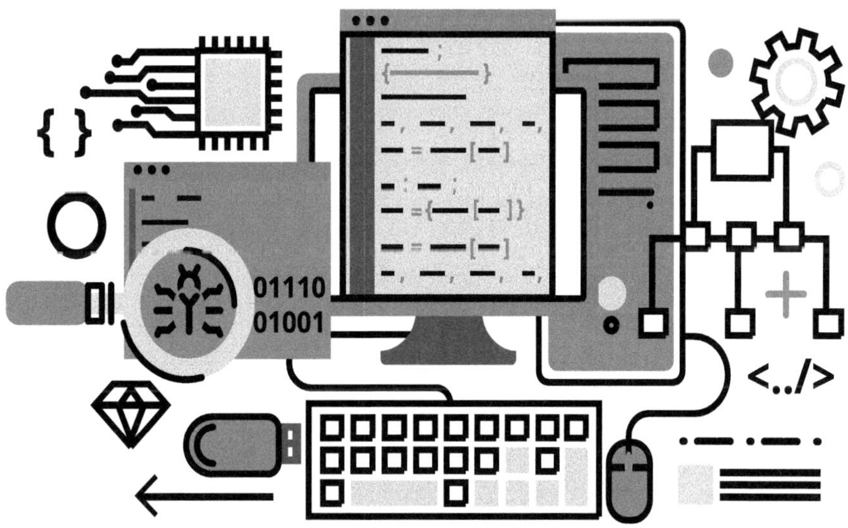

1.1 책 구성에 대하여

1.1.1 시작에 앞서

책 특징

먼저 이 책을 진행하기 전에 이 책의 구성과 주요 특징에 대해 설명하도록 하겠다.

① **실무위주 교재** : 이 책의 첫 번째 특징은 실무위주의 교재라는 점이다. 이론적인 내용보다는 웹서버 환경에서 Laravel과 Bootstrap을 이용하여 간단한 구조의 미니 판매관리 프로그램을 만드는 과정을 소개한 책이다. 이 과정에서 Laravel의 MVC 프로그램 작성법, Datetimepicker 라이브러리 응용법, Excel파일 저장하기, Chart 그리기, Thumbnail Image 만들기, 사진 전시장과 같은 다양한 프로그램 응용법등을 배울 수 있으며, 이 책을 따라하면 자연스럽게 이런 내용을 익힐 수 있도록 구성되어 있다.

② **대학 실무교재로 활용** : 이 책은 Laravel, Bootstrap 등에 관한 모든 이론과 내용을 깊숙이 다룬 전문적인 책은 아니다. 그렇지만 짧은 시간을 공부하여 이런 분야의 실무적인 프로그램에 빠르게 응용을 원한다면, 많은 도움을 줄 수 있다. 따라서 이 분야의 전문가보다는 웹을 공부하는 학생들을 위한 실무교재로 쓴 책이다.

③ **PHP 소스 최소화** : 이 책은 대학 교재로 활용하기 위하여 작성된 책으로서, 학생들이 스스로 이해하여 문제를 해결해갈 수 있도록 프로그램의 소스를 최소화하였다. 대신에 프로그램 작성에 필요한 기본 프로그램과 이론을 제공하여 나머지 프로그램을 작성할 수 있도록 구성하였다. 모든 프로그램이 없는 점, 독자들에게는 죄송하다는 말을 드리고 싶다. 하다보면 막히는 부분이 있겠지만, 이 책은 학생들이 스스로 문제를 해결할 수 있는 힘을 키우는데 목적이 있다. 따라서 모든 프로그램을 제공하지 못하는 점 죄송하게 생각한다.

④ **PHP 개발환경 (Window)** : 웹서버 컴퓨터가 없는 독자를 위하여 최신 Window용 Apache, PHP, MariaDB, phpMyAdmin, Composer를 자신의 PC에 설치하는 과정을 소개하여 실제 Linux 서버 환경에서의 작업과 동일한 경험을 할 수 있도록 구성하였다.

⑤ **Bootstrap을 이용한 화면 디자인 실습** : 판매관리에 필요한 화면은 Bootstrap 홈페이

지에서 제공하는 Bootstrap 소스를 이용하여 화면 디자인하는 과정을 공부할 수 있도록 구성하였다.

⑥ **작업지시서 구조** : 이 책의 각 장은 실험실습 책처럼 작업지시서와 같은 구조로 구성되어 있다. 판매관리 프로그램을 만드는 전체 과정이 단계별로 진행이 되며, 각 과정은 1) 실습목표, 2) 실습이론, 3) 실습순서 형식으로 진행되도록 구성되어 있다.

⑦ **초보자용 책이 아님** : 이 책은 처음 프로그램을 배우는 사람을 위한 책이 아니다. HTML, Javascript, jquery, CSS, PHP, SQL, 그리고 데이터베이스와 웹서버 개념 등을 어느 정도 배운 프로그래머를 위한 실습교재다.

⑧ **Laravel 9** : 이 책은 Laravel 9.19, PHP 8.1.7버전에서 책의 프로그램을 테스트해 본 결과 이상없이 동작하였다.

이 책의 특징들에 대해 이해하였다면, 이제는 각 장에서 어떤 내용들을 배우고 작업하는지 알아보겠다.

제1장 : APM 설치

1장은 Laravel를 PC에서 사용하기 위하여 윈도우용 Apache Web Server, PHP, MariaDB, phpMyAdmin을 설치하는 방법에 대해 소개한다.

① **Apache 2.4 설치** : 최신 버전의 윈도우용 Apache Web Server를 다운받아 설치하는 방법에 대해 설명한다.

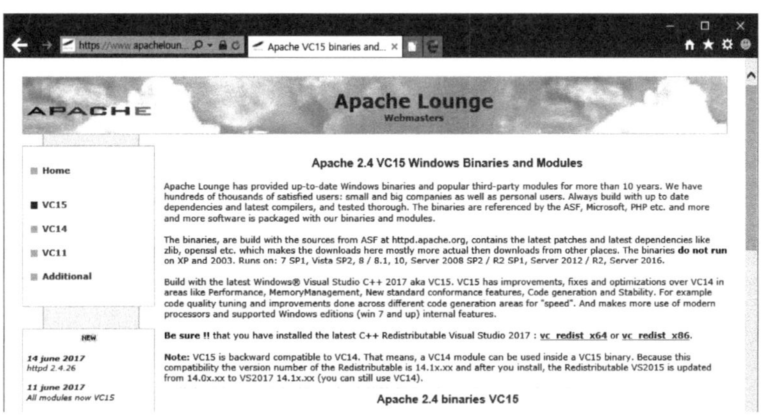

② **PHP 8 설치** : 최신 버전의 윈도우용 PHP 8을 다운받아 설치하는 방법에 대해 설명한다.

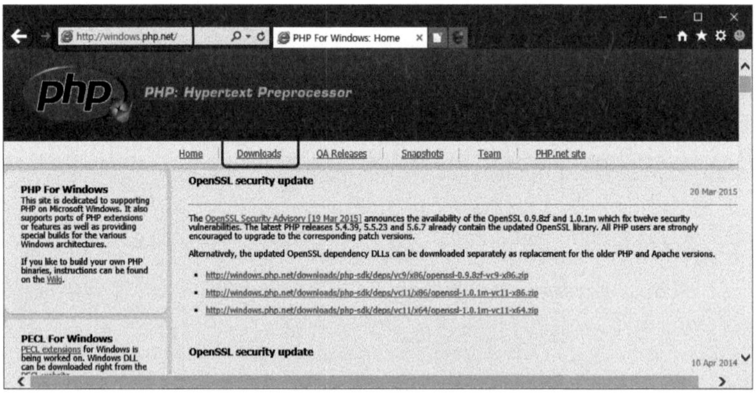

③ **MariaDB 설치** : 최신 버전의 윈도우용 MariaDB를 다운받아 설치하는 방법에 대해 설명한다.

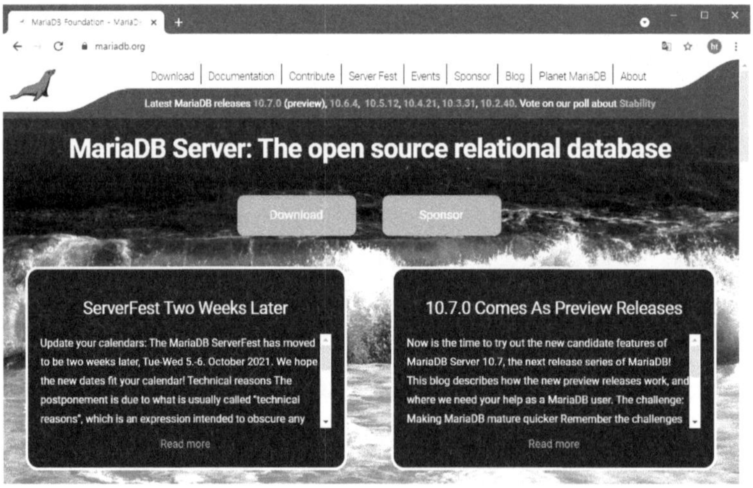

④ **phpmyadmin 설치** : 최신 버전의 phpmyadmin을 다운받아 설치하는 방법에 대해 설명한다.

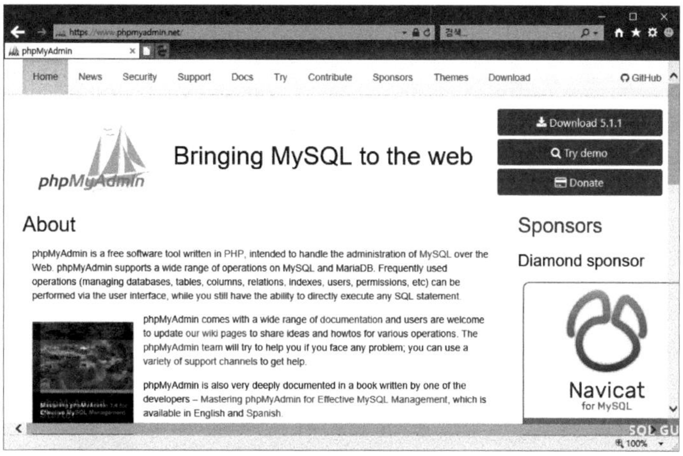

www.phpmyadmin.net

⑤ **composer 설치 :** 최신 버전의 composer를 다운받아 설치하는 방법에 대해 설명한다.

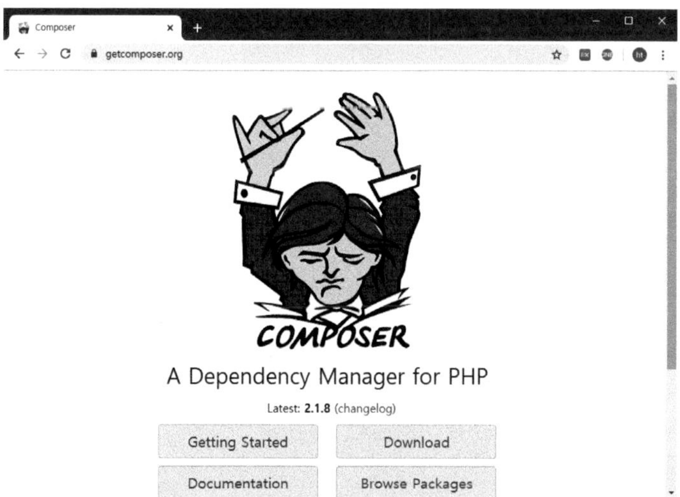

getcomposer.org

제2장 : 판매관리

2장에서는 판매관리에 대한 분석, 데이터베이스 설계, 화면에 대해 소개하고, MariaDB에서 phpmyadmin을 이용하여 판매관리를 위한 sale 데이터베이스, 사용자 정보를 저장하는 members 테이블을 만든다. 그리고 테스트용 사용자 데이터를 import하는 방법에 대해 설명한다.

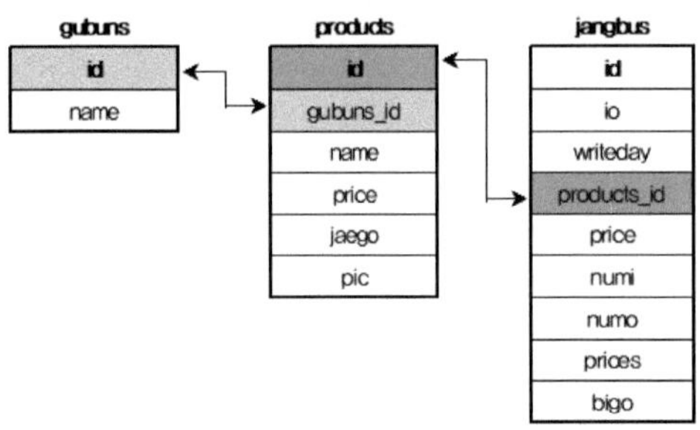

제3장 : Bootstrap 디자인

3장은, Bootstrap과 jquery를 다운받아 설치하고, 사용자 관리를 할 수 있는 화면을 디자인한다.

사용자 목록화면(member_list.html)

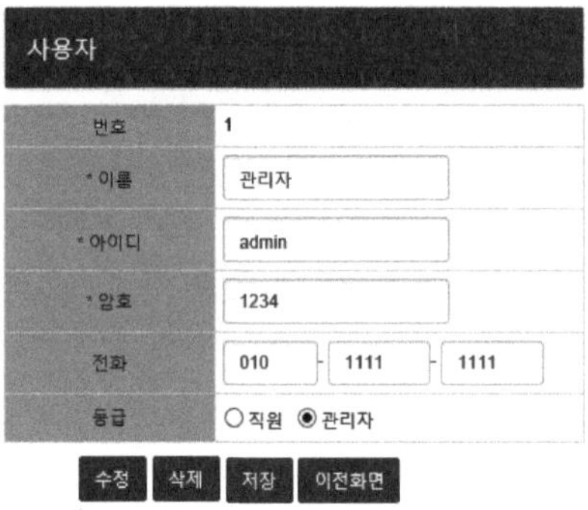

사용자 수정화면(member_row.html)

제4장 : 사용자 만들기

4장은 Laravel를 다운받아 설치하고 환경설정을 한다. 그리고 Laravel를 이용하여 사용자의 목록정보, 추가, 수정, 삭제를 할 수 있는 기본 프로그램을 만든다.

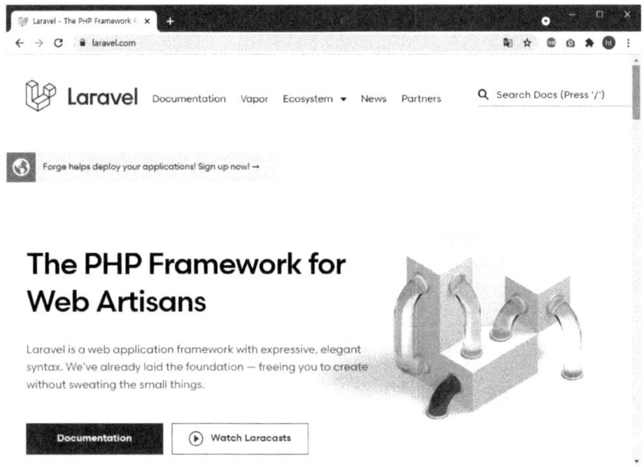

사용자 목록

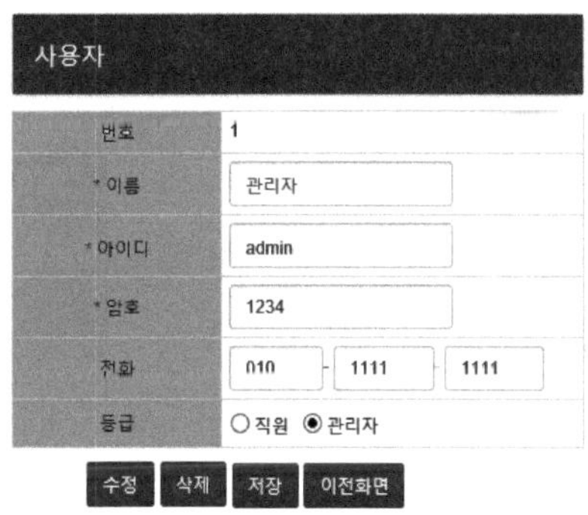

사용자 수정

제5장 : 기초작업

5장은 판매관리에서 기초정보가 되는 구분과 제품 테이블을 만들고 관리할 수 있는 화면들을 만든다. 제품에서는 구분 입력방식을 콤보박스를 이용하는 방법, 제품 사진의 업로드 및 표시하는 방법에 대해 설명한다.

구분 목록

구분 수정

제품 목록

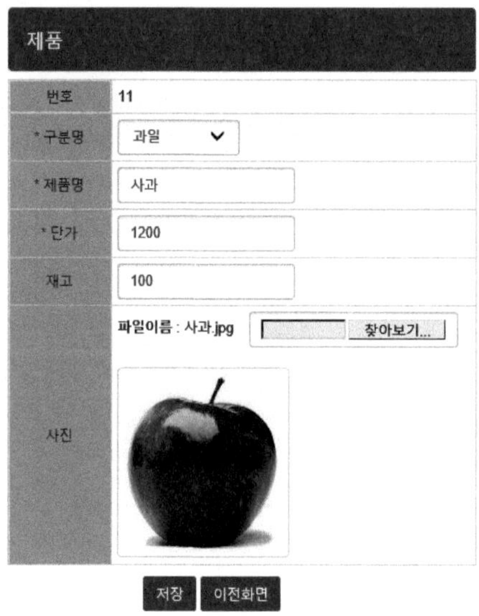

제품 수정

제6장 : 장부

6장은 날짜별로 제품의 매입, 매출정보를 관리할 수 있는 매입장과 매출장을 만든다. 날짜 처리는 datetimepicker 라이브러리를 이용하는 방법을 알아본다. 그리고 매입장에서 제품 입력은 콤보박스를 이용하고, 매출장에서는 팝업창을 이용하여 제품을 입력하는 방법을 이용한다.

매입장 목록

매입장 수정(콤보박스)

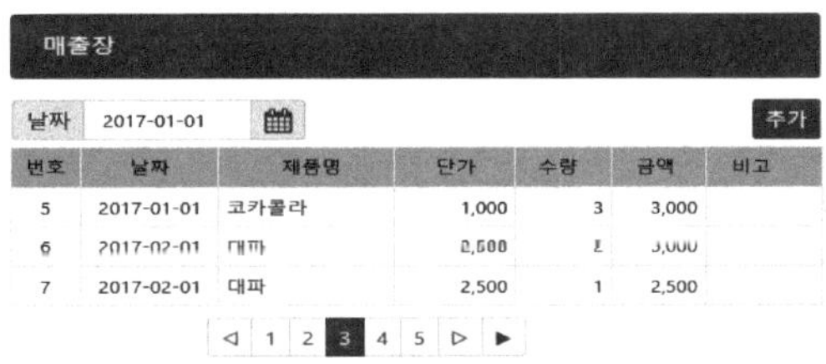

매출장 목록

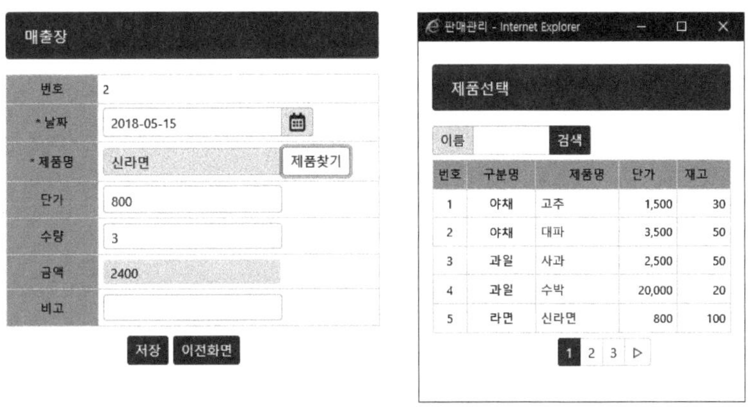

매출장 수정(팝업검색창)

제7장 : 기간별 작업

8장은 검색조건을 시작 날짜와 끝 날자, 그리고 특정 제품이름을 이용하여 복합 검색하는 방법에 대해 설명한다.

기간별 매출입현황

날짜 2017-08-20 - 2017-09-20 제품명 전체

날짜	제품명	단가	매입수량	매출수량	금액	비고
2017-08-21	고추	1,000	3		3,000	
2017-08-22	대파	2,500	2		5,000	
2017-08-22	대파	2,500	1		2,500	
2017-08-26	하이트맥주	1,200			0	
2017-08-27	신라면	700		3	2,100	

1 2 ▷

제8장 : 통계

8장은 베스트 판매 제품, 월별제품별 판매현황을 알 수 있는 Crosstab 화면, 그래프를 그리는 방법 등 다양한 통계화면을 만드는 방법을 소개한다.

BEST 제품

날짜 2017-08-20 - 2017-09-20

제품명	총 판매수량
대파	23
하이트맥주	19
신라면	9
고추	5

Best 제품 판매 순위

월별 제품별 매출현황

년도 2017

제품명	1월	2월	3월	4월	5월	6월	7월	8월	9월	10월	11월	12월
고추												
대파								5				
신라면								3	5			
하이트맥주								2				

월별 제품별 판매 실적(Crosstab)

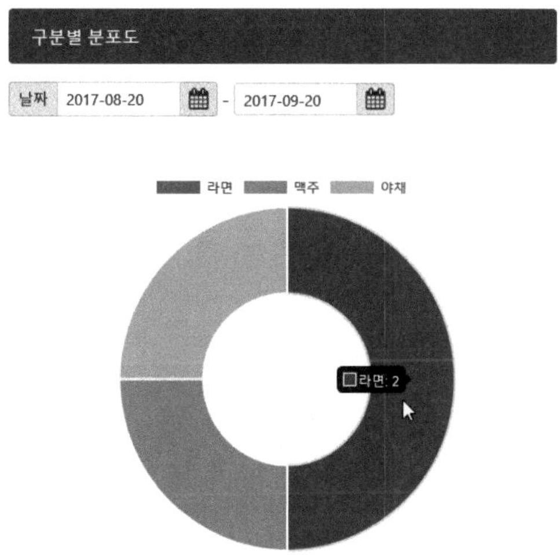

구분별 분포도 그래프

제9장 : 인증 및 재고계산

9장은 Bootstrap에서 modal로 로그인창을 표시하여 인증 처리하는 방법을 소개하고, 관리자와 일반 사용자인 경우, 사용할 수 있는 프로그램을 제한하는 방법에 대해서도 알아본다. 그리고 다양한 SQL문들을 이용하여 수동으로 재고계산을 하는 방법도 소개한다.

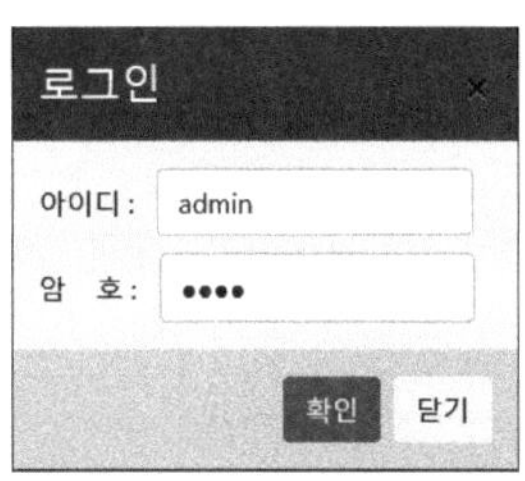

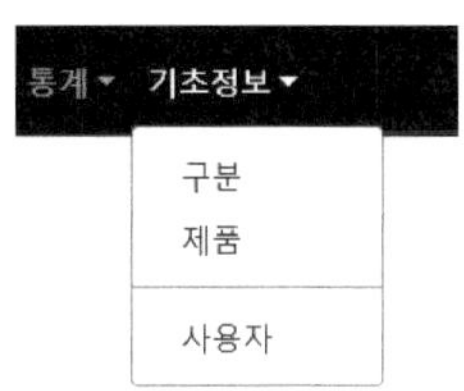

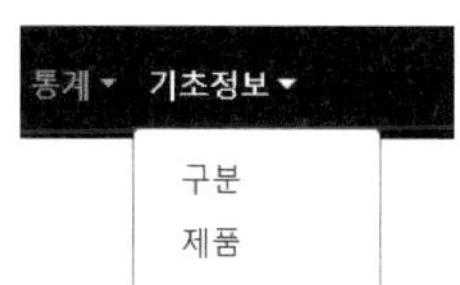

로그인 창 관리자메뉴 직원메뉴

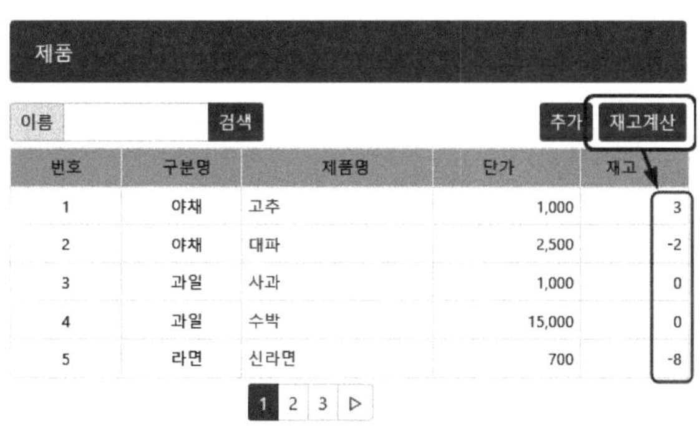

제10장 : 그 밖의 Tips

10장에서는 화면에 표시되는 내용을 엑셀파일로 저장하는 방법을 소개한다.

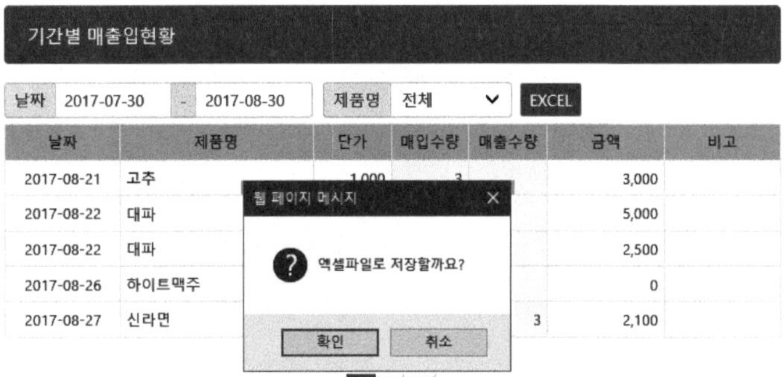

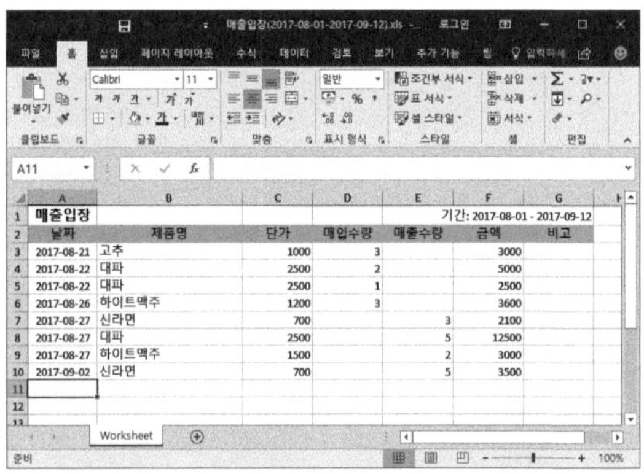

그리고 Bootstrap을 이용하여 이미지를 스크롤시키는 방법도 소개하며,

Bootstrap을 이용하여 이미지를 앨범처럼 전시하는 방법과 사진을 업로드하면 자동으로 thumbnail 이미지를 만드는 방법도 소개한다.

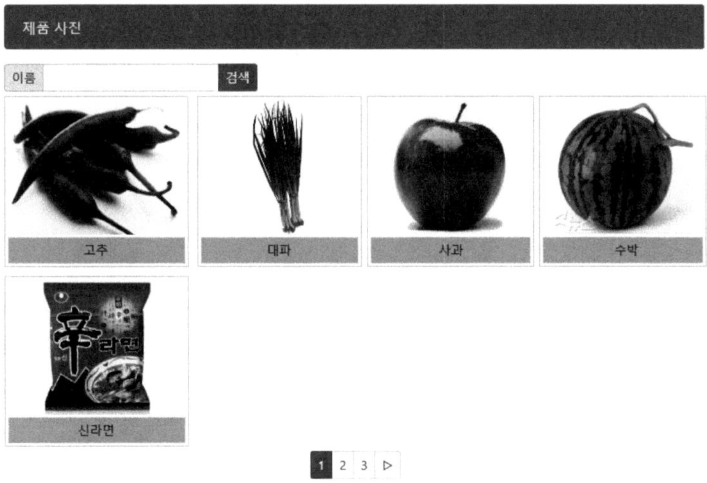

그리고 마지막으로 Ajax와 Modal창을 이용하여 자료를 추가, 삭제, 수정하는 방법을 설명하겠다.

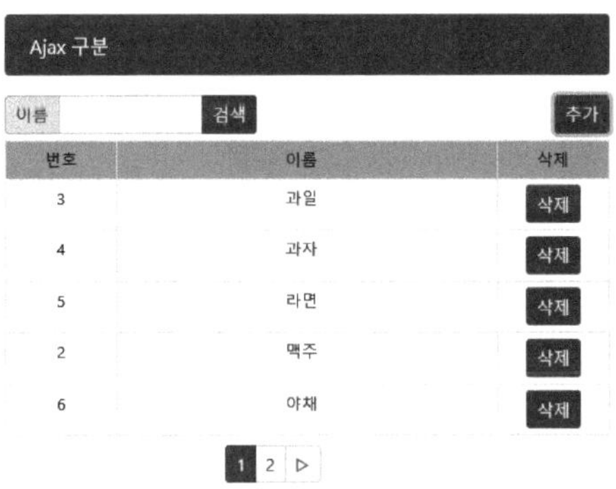

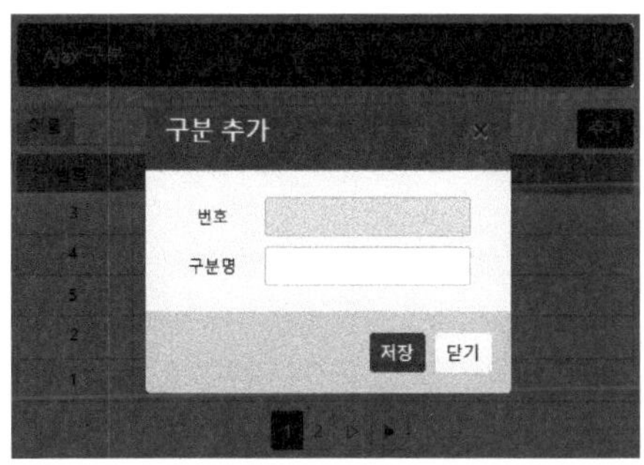

추가 버튼을 클릭한 경우

1.2 Window용 APM

1.2.1 APM 개발환경

웹서버를 이용한 응용프로그램을 만들기 위해서는 먼저 어떤 컴퓨터 환경에서 만들 것인지 결정해야 한다. 결정해야 할 사항은 다음과 같이 운영체제와 해당 운영체제에서 사용할 수 있는 데이터베이스 프로그램, 그리고 개발언어 및 도구일 것이다.

1) 운영체제 (Unix, Linux, Window Server, …)
2) 데이터베이스 (MySQL, MariaDB, MS-SQL, Oracle, …)
3) 개발언어 (PHP, ASP, JSP, JAVA, …)

사실 개발자입장에서는 개발환경이 달라도 프로그래밍을 하는 과정과 내용은 거의 동일하다. 달라지는 점은 앞서 설명한 개발언어나 데이터베이스에 따라 프로그램이 달라진다는 점일 것이다. 그러나 개발비용을 부담할 회사입장에서는 이야기가 달라질 수 있다. 회사입장에서는 적은 비용에 문제를 해결하기를 원할 것이고, 이 경우 리눅스 운영체제와 프로그램 환경이 적합할 것이다. Linux 운영체제에서 많이 사용하고 있는 데이터베이스와 개발언어중 하나는 아마 MariaDB (혹은 MySQL)와 PHP 일 것이다. 이전에는 MariaDB와 PHP 언어는 Linux에서만 사용 가능했다. 따라서 Linux 서버나 VMWare를 이용해야 하므로, 많은 불편함이 있었다. 그러나 윈도우 버전이 출시되면서 이러한 문제는 해결되어 MariaDB와 PHP를 공부하고자 하는 사람에게 매우 편리해졌다. 그러므로 이 책에서는 Linux서버가 없어도 실습이 가능하도록 윈도우 환경에서 Apache, PHP, MariaDB를 설치하도록 하겠다.

1.2.2 Apache Web Server 설치

실습목적

책 부록에 있는 Apache Web Server 프로그램이나 최신 버전을 다운받아 자신의 PC에 설치하여라.

실습이론

1 **Window용 Apache Web Server** : 앞서 언급했지만 MariaDB 데이터베이스와 PHP 언어는 Linux 와 윈도우, 양쪽 운영체제에서 모두 사용할 수 있게 되었다. 게다가 윈도우용 MariaDB와 PHP가 나옴으로서, 이제는 윈도우에서도 Linux환경에서와 마찬가지로 모든 작업이 가능하게 되었다. 이 3가지 소프트웨어 Apache Web Server와 MariaDB 데이터베이스, PHP 언어를 APM(Apache, PHP, MariaDB)이라 하며, 최근에는 이 APM 프로그램을 초보자도 쉽게 설치할 수 있는 여러 프로그램이 나오고 있다. 따라서 독자는 자신이 원하는 최신 버전의 소프트웨어를 다운받아 설치하거나 책 부록에 있는 프로그램을 다운 받아 설치하길 바란다. 이 프로그램들은 기능제한이나 사용제한이 없는 무료 프로그램으로 누구나 사용할 수 있다. 이 책에서는 모든 프로

그램을 64비트 버전과 문자인코딩은 UTF-8을 기준으로 설치하였다. 설치할 때 주의할 점은 계속해서 새 버전의 프로그램이 나오므로, 이 책의 설치방법과 다를 수 있다는 점이다.

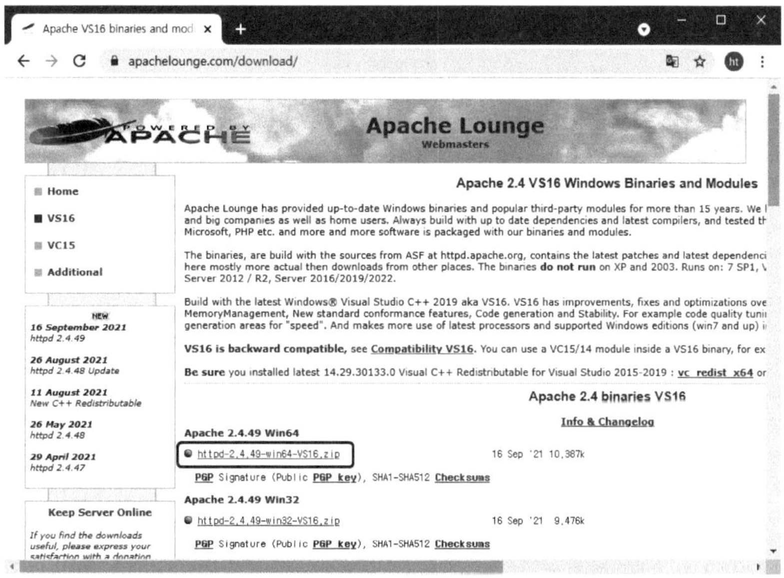

www.apachelounge.com

2 **Linux용 Apache Web Server** : Linux용 Apache Web Server는 보통 Fedora Core, 우분투, 데비안, CentOS, 민트와 같은 Linux 운영체제를 컴퓨터에 설치하면 자동으로 Apache Web Server 프로그램도 설치된다. 따라서 원한다면 직접 프로그램을 구하여 VMWare를 이용하여 설치를 해보길 바란다. 보다 자세한 내용은 다른 Linux 전문서적들을 참고하길 바란다.

STEP 01 Apache 설치하기

① **c:₩에 Apache 압축풀기** : 부록에 있는 httpd-2.4.49-win64-VS16.zip을 “c:₩”에 복사를 한 후, 압축을 푼다.

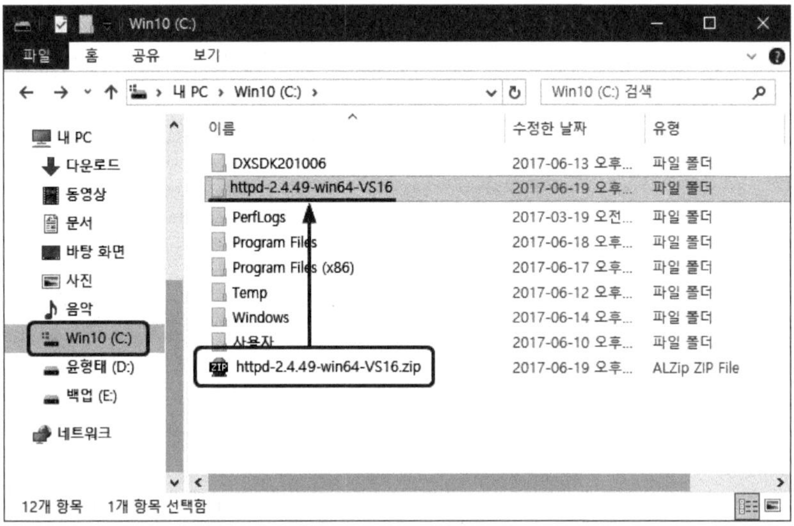

② **폴더이름 "APM"으로 변경** : 압축을 푼 폴더이름 httpd-2.4.49-win64-VS16을 "APM"으로 변경한다.

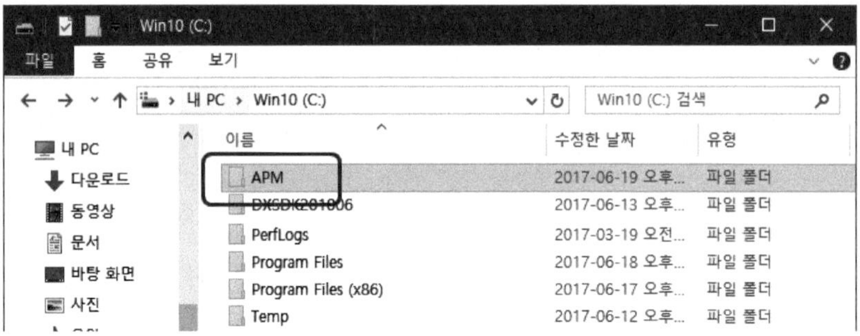

STEP 02 httpd 설정하기

① **httpd.conf 수정** : "c:₩APM₩Apache24₩conf"폴더에 있는 "httpd.conf" 파일을 편집한다. httpd.conf 파일은 웹서버 환경설정 파일이다.

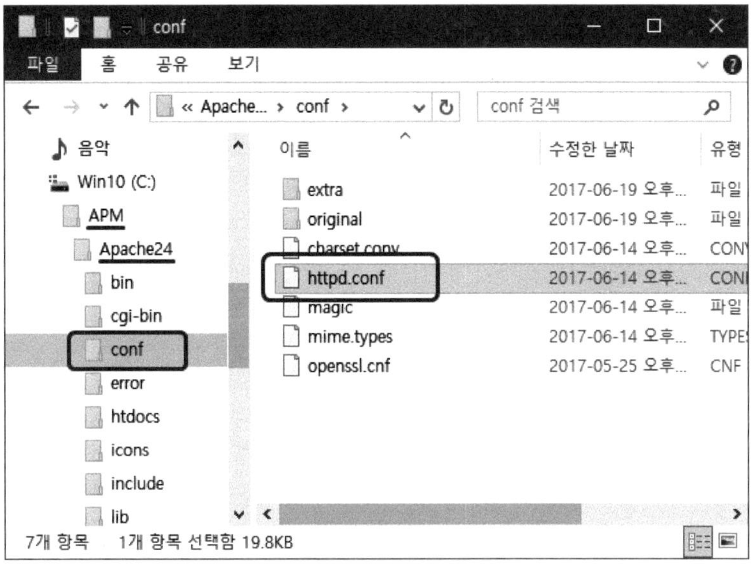

② **ServerRoot 수정** : ServerRoot를 압축을 푼 폴더로 변경한다.

1	Define SRVROOT	c:/**APM**/Apache24

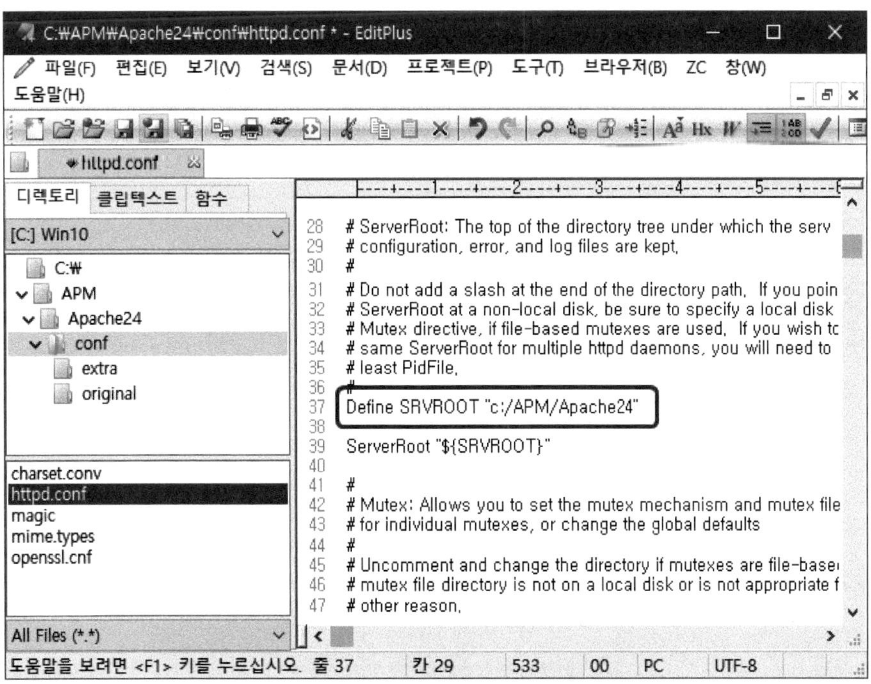

③ **ServerName 수정하기 :** 서버이름은 "localhost:80"으로 수정한다.

```
ServerName    localhost:80
```

```
#
# ServerName gives the name and port that the server uses to identify itself.
# This can often be determined automatically, but we recommend you specify
# it explicitly to prevent problems during startup.
#
# If your host doesn't have a registered DNS name, enter its IP address here.
#
ServerName localhost:80

#
# Deny access to the entirety of your server's filesystem. You must
# explicitly permit access to web content directories in other
# <Directory> blocks below.
```

④ **AllowOverride 수정 :** 웹서버의 홈페이지가 되는 "htdocs" 폴더의 AllowOveride를 All로 수정한다.

```
AllowOverride All
```

```
    #
    Options Indexes FollowSymLinks

    #
    # AllowOverride controls what directives may be placed in .htaccess files.
    # It can be "All", "None", or any combination of the keywords:
    #   AllowOverride FileInfo AuthConfig Limit
    #
    AllowOverride All

    #
    # Controls who can get stuff from this server.
    #
    Require all granted
</Directory>
```

⑤ **rewrite_module 수정 :** rewrite_module 맨앞에 있는 세미톨론(;)을 삭제한다.

```
LoadModule rewrite_module modules/mod_rewrite.so
```

```
#LoadModule remoteip_module modules/mod_remoteip.so
#LoadModule request_module modules/mod_request.so
#LoadModule reqtimeout_module modules/mod_reqtimeout.so
LoadModule rewrite_module modules/mod_rewrite.so
#LoadModule sed_module modules/mod_sed.so
#LoadModule session_module modules/mod_session.so
```

AllowOverride와 rewrite_module 수정은 laravel에서는 꼭 수정할 필요는 없는 내용이다. 하지만, 다른 PHP Framework인 Codeigniter인 경우 필요한 설정이어서, 같이 설정하였다.

STEP 03 httpd 설치 및 구동하기

① **명령 프롬프트 실행** : 다음 그림과 같이 "명령프롬프트"를 반드시 "관리자권한으로 실행"메뉴로 실행한다.

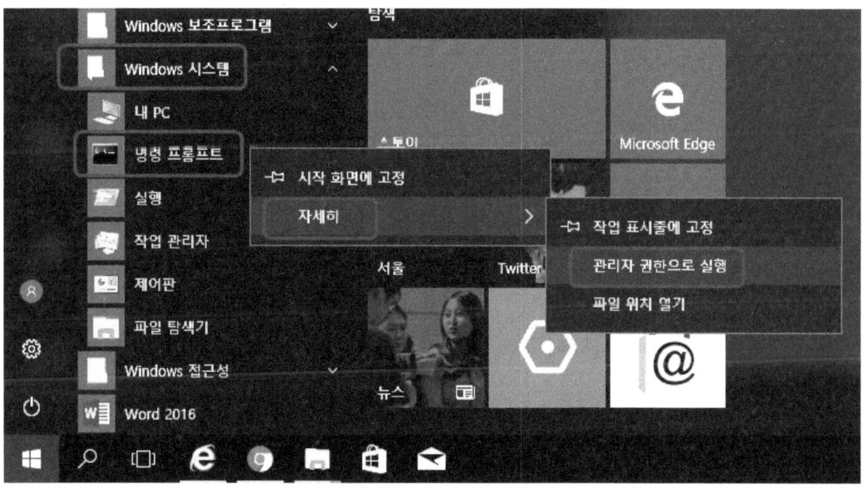

명령프롬프트를 권리자권한으로 실행.

② **서버 설치 및 시작** : 실행파일이 있는 bin 폴더로 경로를 변경한 후, Web Server를 설치 및 시작한다.

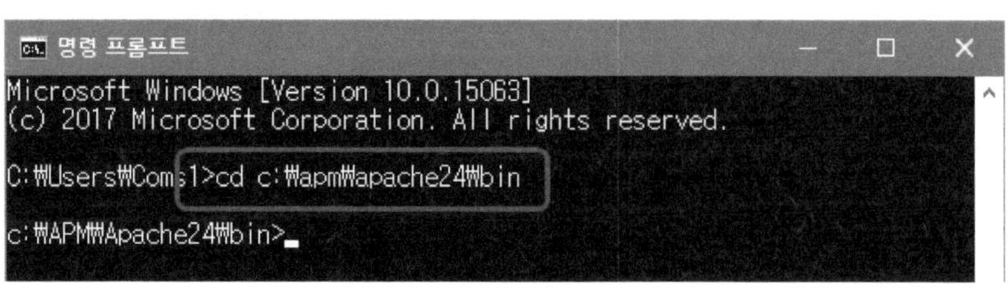

경로변경 : cd c:₩apm₩apache24₩bin

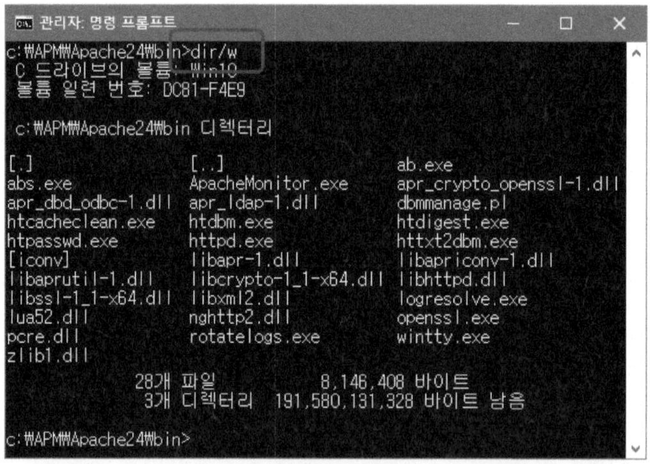

파일목록 확인 : dir/w

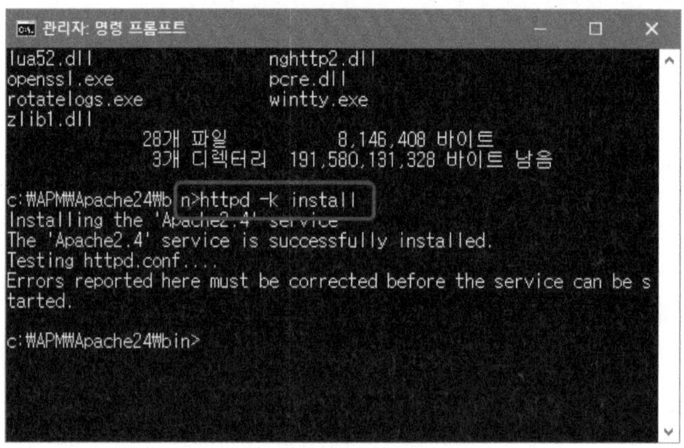

서버설치 : httpd -k install

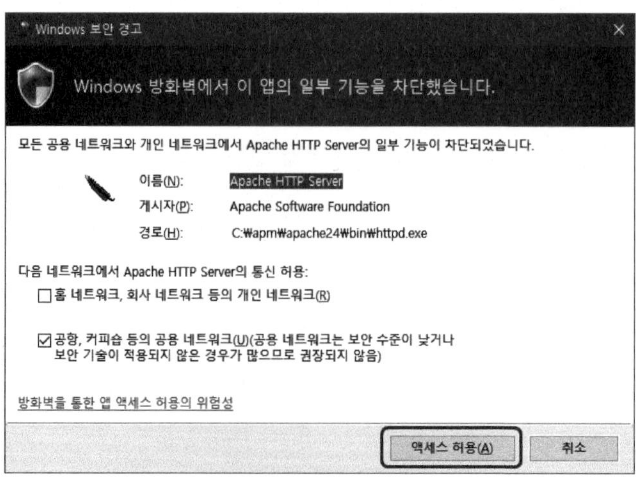

"억세스 허용" 버튼 클릭

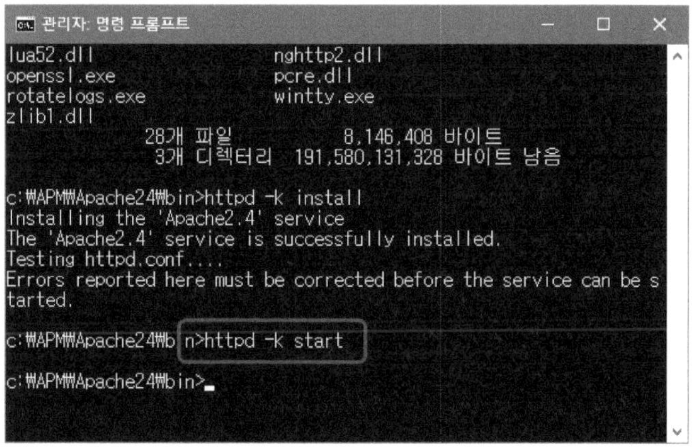

서버 시작 : httpd -k start

③ **서버 테스트** : 웹브라우저의 URL에 "localhost"나 "127.0.0.1"을 입력하여 서버동작을 확인한다.

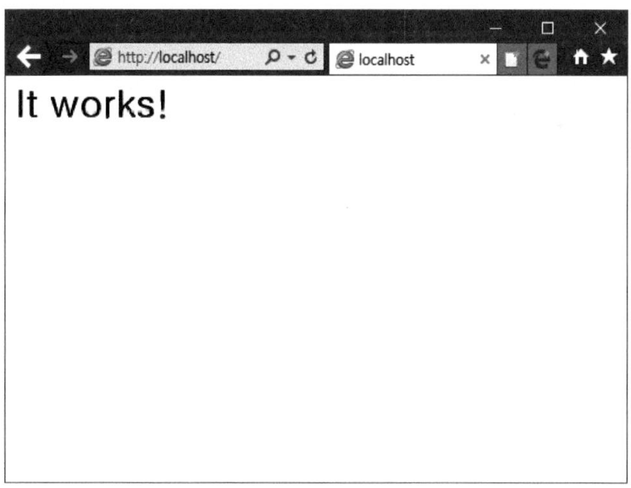

localhost 입력

Apache Web Server의 홈페이지 주소 및 폴더
홈페이지 폴더 : c:₩APM₩Apache24₩htdocs
홈페이지 주소 : http://127.0.0.1 혹은 http://localhost

1.2.3 PHP 설치

실습목적

책 부록에 있는 PHP 프로그램을 자신의 PC에 설치하여라.

실습이론

1 **Window용 PHP** : 최근 PHP 언어는 5.6x, 7.x 버전에서 버전 8.x로 버전업하면서 빠른 실행속도와 많은 변화를 하였으며, 윈도우에서도 사용할 수 있도록 제공되고 있다. 부록 파일에서 제공하는 PHP 프로그램을 이용하거나, 최신 버전의 PHP 프로그램을 원한다면, windows.php.net 에서 다운받아 설치하길 바란다.

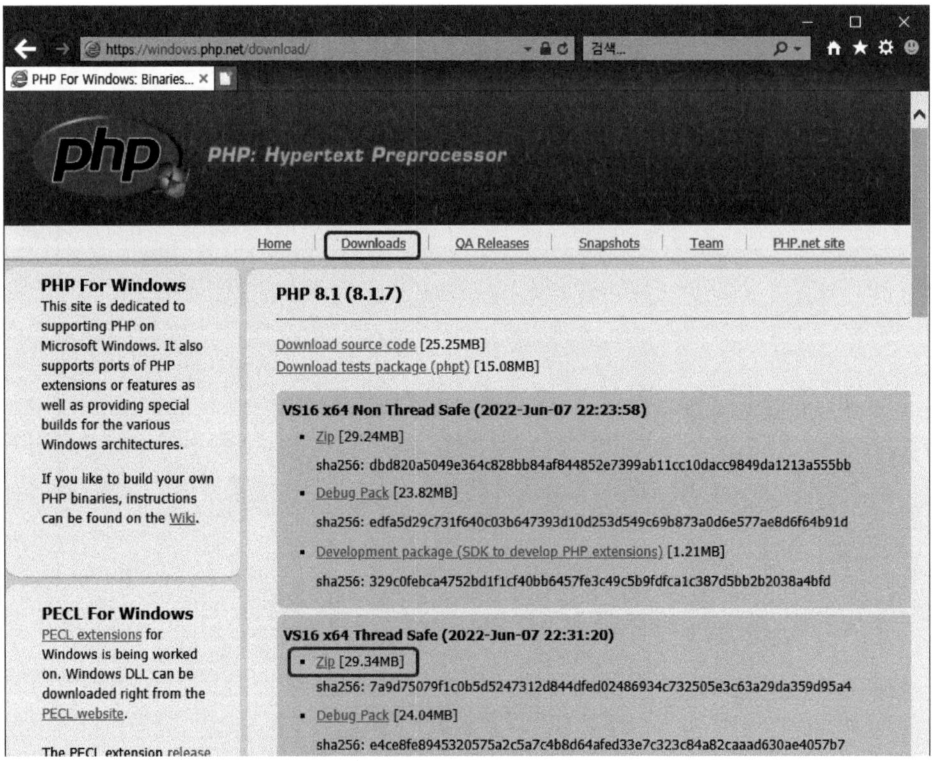

http://windows.php.net/download

STEP 01 PHP 설치하기

① **php프로그램 압축풀기 :** 부록에 있는 php-8.1.7-Win32-VC16-x64.zip 파일을 c:₩APM 폴더에 복사를 한 후, 압축을 푼다.

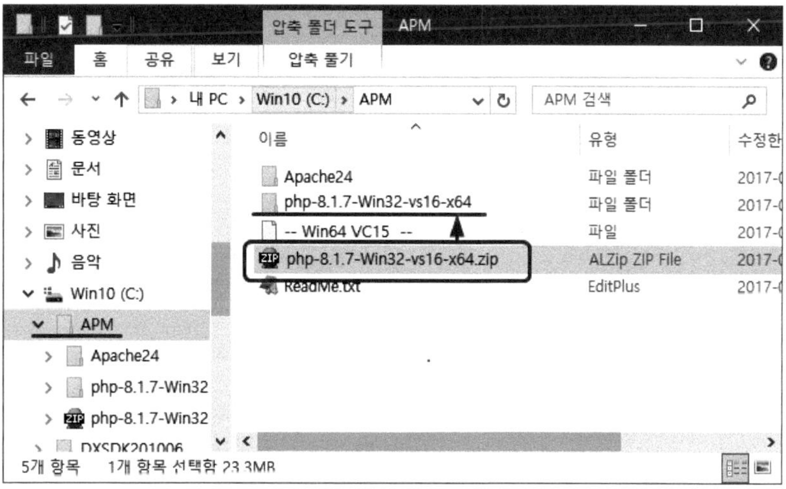

압축풀기 : APM폴더에 압축을 푼다.

② **폴더이름 "PHP8"로 변경 :** 압축을 푼 폴더이름을 "PHP8"로 변경한다.

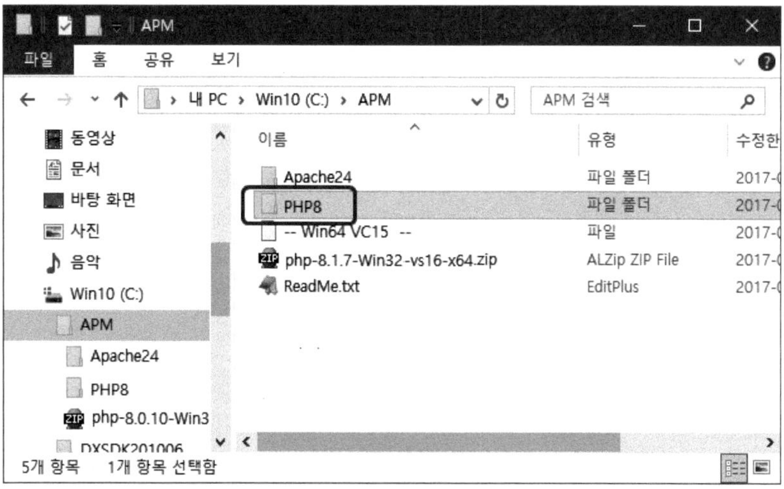

STEP 02 PHP 설정하기

① **php.ini 만들기** : php.ini-production이나 php.ini-development를 복사하여 php.ini 파일을 만든다.

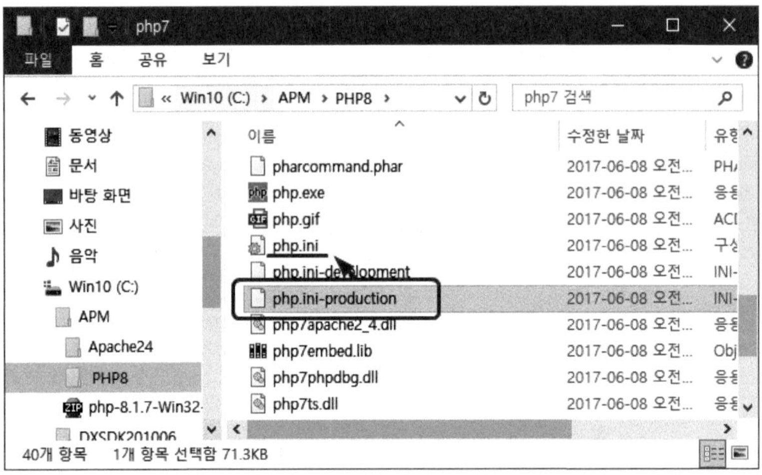

② **short_open_tag 속성 변경** : php.ini 설정 내용 중 short_open_tag 값을 “On”으로 수정한다. 이 옵션은 “<?php” 대신에 “<?”로 짧게 사용하게 해준다.

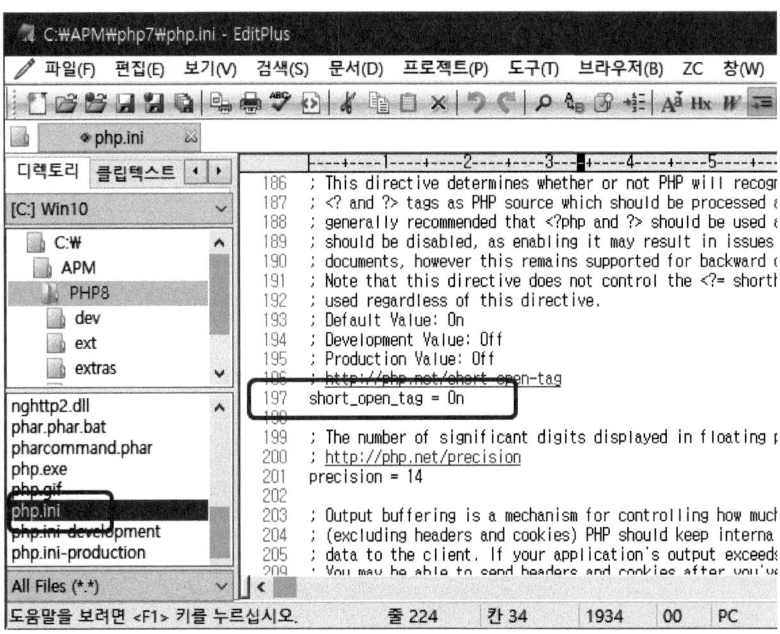

③ **extension_dir 속성 변경** : 맨 앞의 세미콜론(;)을 삭제하고, extension_dir 속성을 다음과 같이 수정한다.

1	extension_dir	c:/APM/PHP8/ext

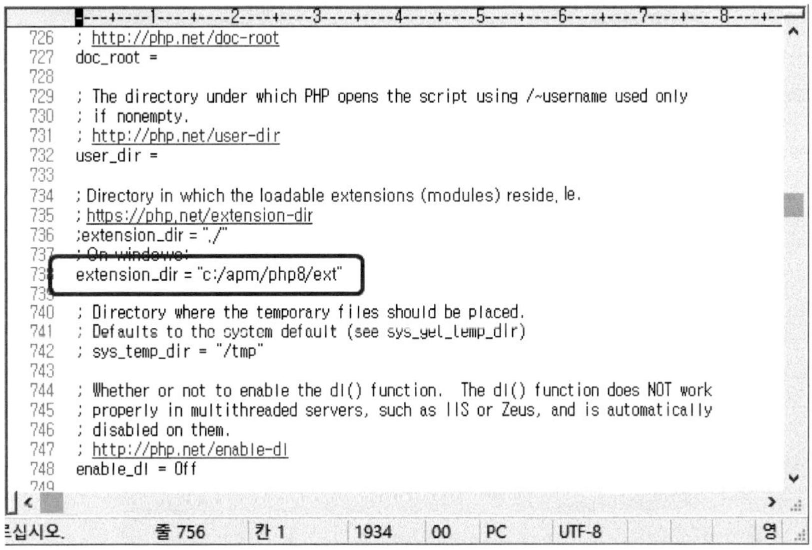

```
; http://php.net/doc-root
doc_root =

; The directory under which PHP opens the script using /~username used only
; if nonempty.
; http://php.net/user-dir
user_dir =

; Directory in which the loadable extensions (modules) reside.
; https://php.net/extension-dir
;extension_dir = "./"
; On windows:
extension_dir = "c:/apm/php8/ext"

; Directory where the temporary files should be placed.
; Defaults to the system default (see sys_get_temp_dir)
; sys_temp_dir = "/tmp"

; Whether or not to enable the dl() function.  The dl() function does NOT work
; properly in multithreaded servers, such as IIS or Zeus, and is automatically
; disabled on them.
; http://php.net/enable-dl
enable_dl = Off
```

④ **post_max_size와 upload_max_filesize 변경** : post 전송방식과 파일 업로드할 때 전송할 수 있는 파일의 최대크기를 200M로 수정한다. 더 큰 파일을 취급하려면 더 큰 값으로 수정하면 된다.

1	post_max_size	200M
2	upload_max_filesize	200M

```
; http://php.net/enable-post-data-reading
;enable_post_data_reading = Off

; Maximum size of POST data that PHP will accept.
; Its value may be 0 to disable the limit. It is ignored if POST data reading
; is disabled through enable_post_data_reading.
; http://php.net/post-max-size
post_max_size = 200M

; Automatically add files before PHP document.
; http://php.net/auto-prepend-file
auto_prepend_file =

; Automatically add files after PHP document.
; http
file_uploads = On

; Temporary directory for HTTP uploaded files (will use system default if not
; specified).
; http://php.net/upload-tmp-dir
;upload_tmp_dir = /temp

; Maximum allowed size for uploaded files.
; http://php.net/upload-max-filesize
upload_max_filesize = 200M

; Maximum number of files that can be uploaded via a single request
max_file_uploads = 20
```

STEP 03 Httpd 설정 수정하기

① **httpd.conf 수정1** : c:₩APM₩Apache24폴더에 있는 httpd.conf 파일에서 다음과 같이 Directory Index에 "index.php"를 추가한다. Directory Index는 폴더이름만 쳐도 자동으로 실행되는 파일명을 등록하는 곳이다.

1	Directory Index	DirectoryIndex index.html **index.php**

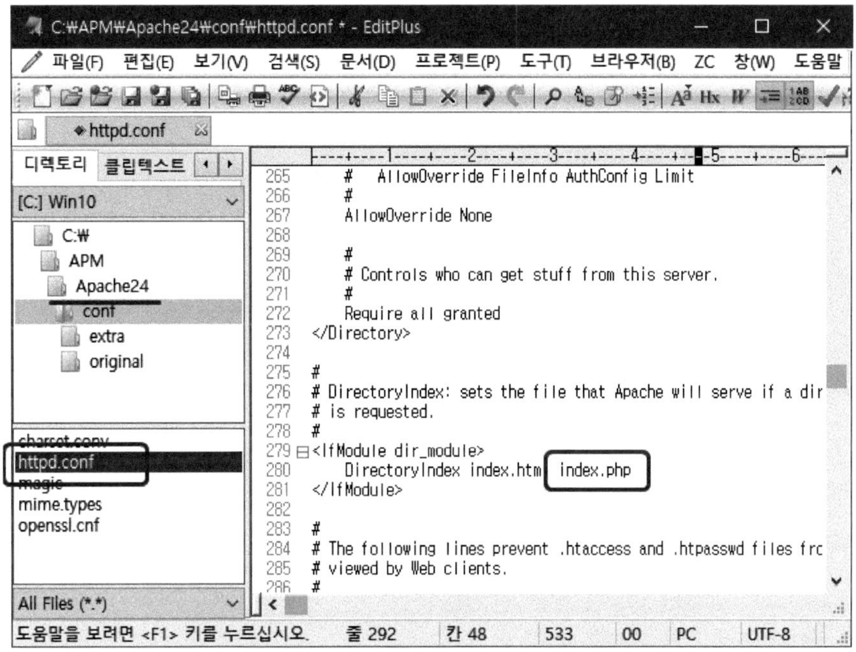

② **httpd.conf 수정2 :** httpd.conf 파일 맨 뒤에 다음과 같은 내용을 추가한다.

```
... ... ...
PHPIniDir "c:₩APM₩PHP8"
LoadModule php_module "c:₩APM₩PHP8₩php8apache2_4.dll"
AddType application/x-httpd-php .html .php
AddHandler application/x-httpd-php .html .php
```

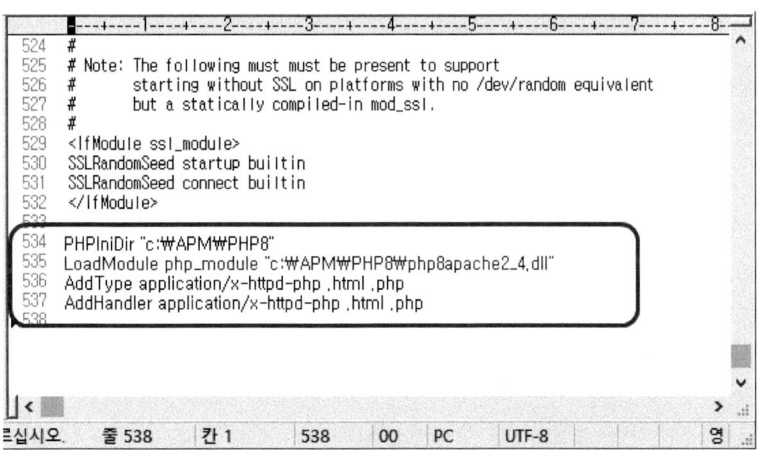

③ **Apache 재실행** : 아래 그림처럼 관리자권한으로 "명령 프롬프트"를 실행한 후, 경로를 "c:₩apm₩apache24₩bin"으로 변경한다. 그리고 Apache를 재실행한다.

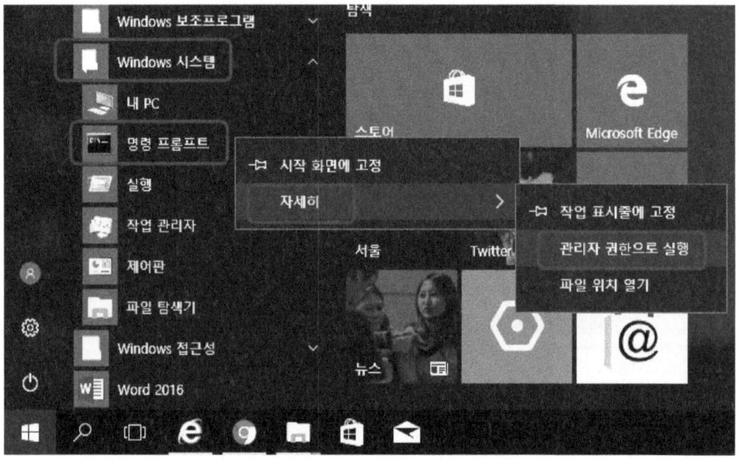

1	경로변경	cd c:/apm/apache24/bin
2	Apache 재실행	httpd -k restart

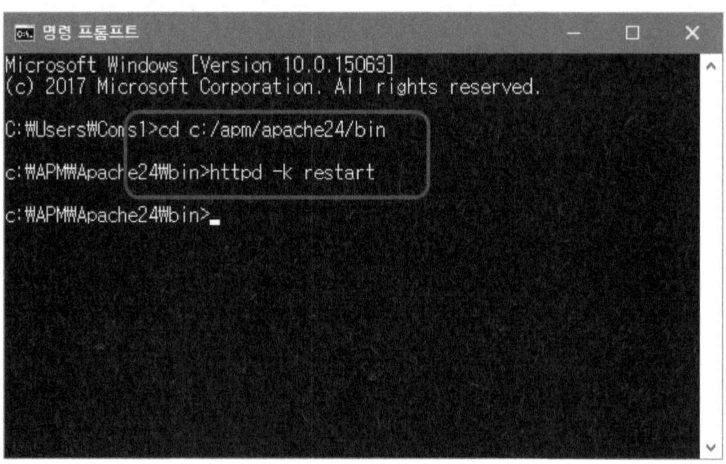

STEP 04 PHP 테스트하기

① **test.php 만들기** : c:₩apm₩apache24₩htdocs 폴더에 "새로 작성" 메뉴를 이용하여 test.php 파일을 생성한다.

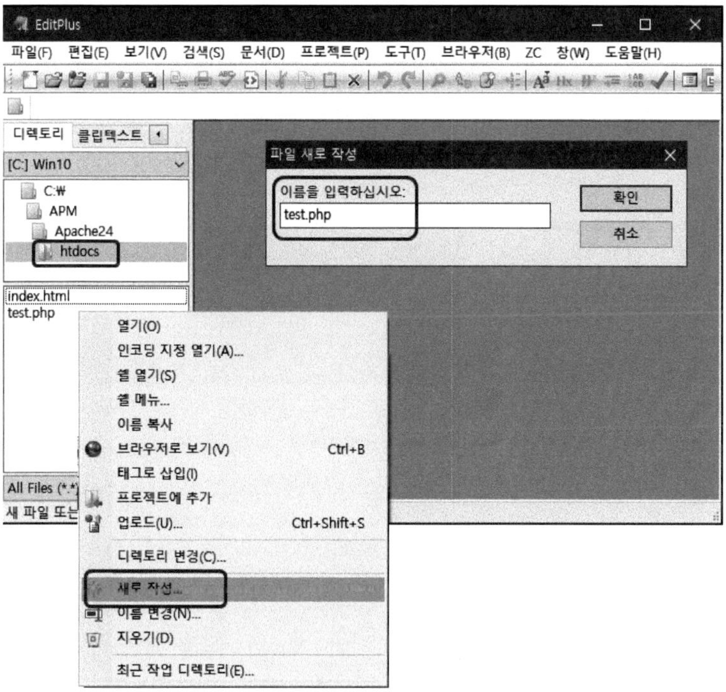

② **test.php 만들기 :** php 설치정보를 알 수 있는 phpinfo함수를 호출하는 프로그램을 입력한다.

```
<?
    phpinfo();
?>
```

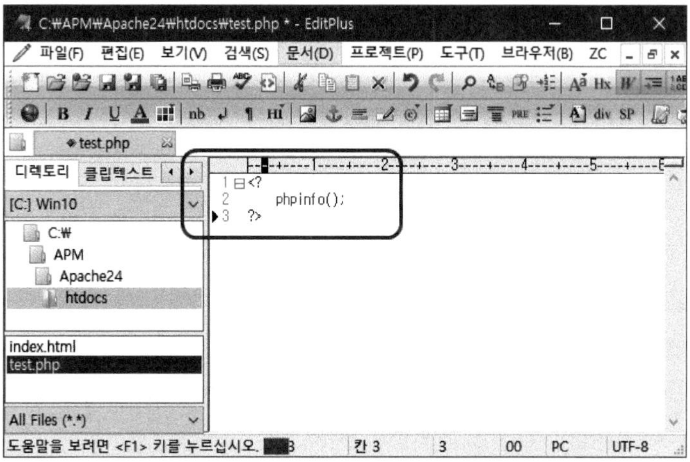

③ **결과확인** : 웹브라우저에서 실행하여 결과를 확인한다.

1	URL	localhost/test.php

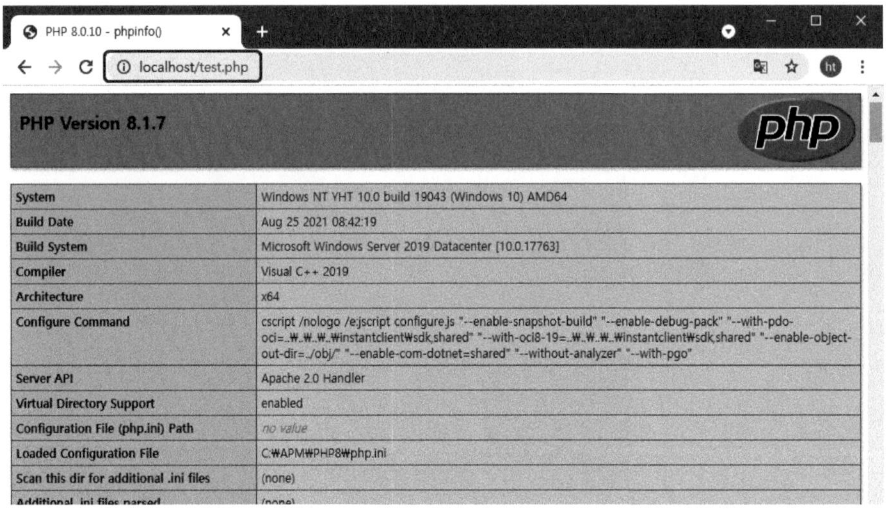

1.2.4 MariaDB 설치

실습목적

책 부록에 있는 데이터베이스 서버 프로그램인 MariaDB 를 자신의 PC에 설치하여라.

실습이론

1 **Window용 MariaDB** : Linux에서 가장 많이 사용하는 데이터베이스 프로그램 중 하나는 아마 MySQL일 것이다. 그러나 최근에는 MySQL 개발자가 다시 새로운 데이터베이스 프로그램 MariaDB를 출시하면서 많은 사람들이 이용하고 있으며, 이 책에서도 MySQL 대신에 MariaDB를 이용하겠다. MariaDB는 MySQL 프로그램과 거의 같은 프로그램이므로 사용법도 거의 동일하다. MariaDB도 Linux뿐만 아니라 윈도우에서도 사용할 수 있도록 제공되고 있다. 이미 부록 파일에서 제공하는 MariaDB 프로그램을 이용하여 설치를 하면 된다. 만약 최신 버전의 MariaDB 프로그램을 원한다면, mariadb.org 에서 다운받아 설치하길 바란다.

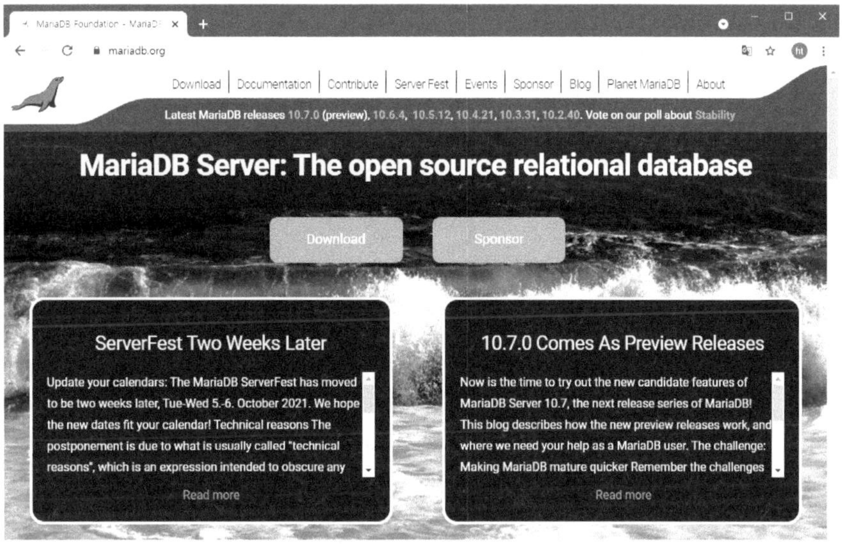

http://mariadb.org

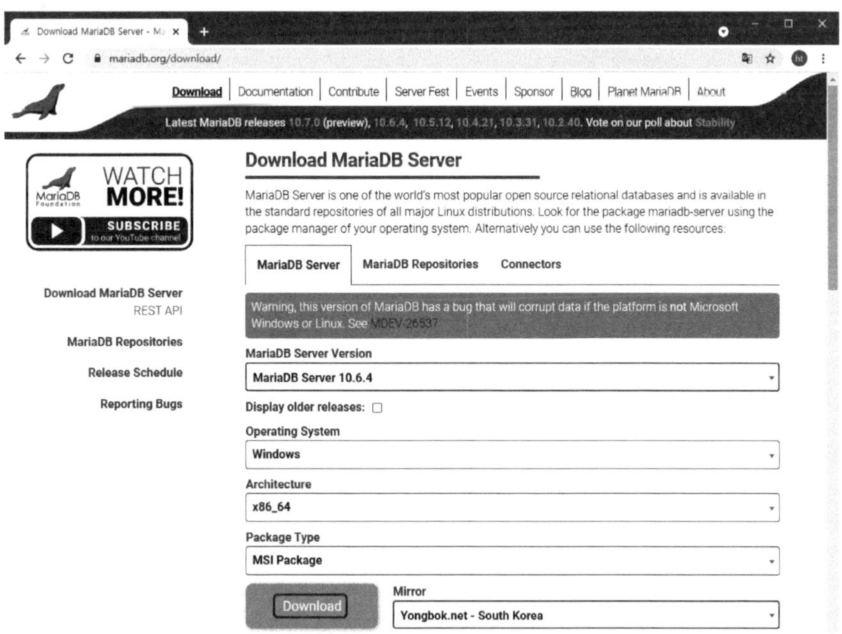

Download 버튼 클릭

STEP 01 MariaDB 설치하기

① **MariaDB 프로그램 실행하기** : 부록에 있는 mariadb-10.6.4-winx64.msi 파일을

더블클릭하여 실행한다.

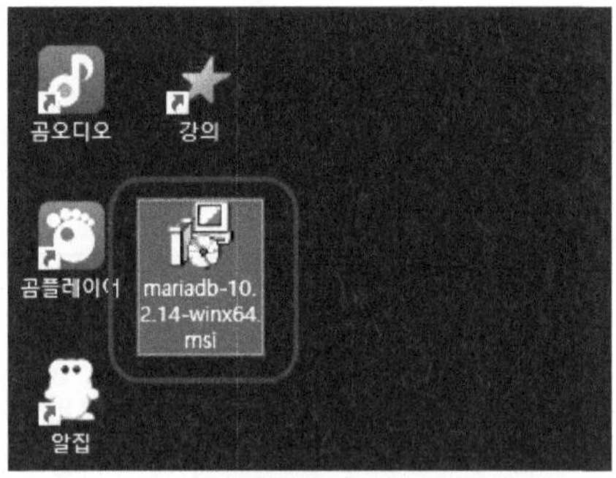

실행하기 : 더블클릭하여 실행.

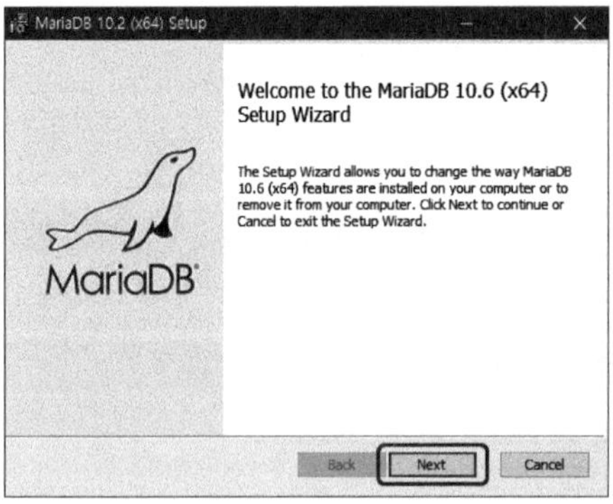

[Next]버튼 클릭

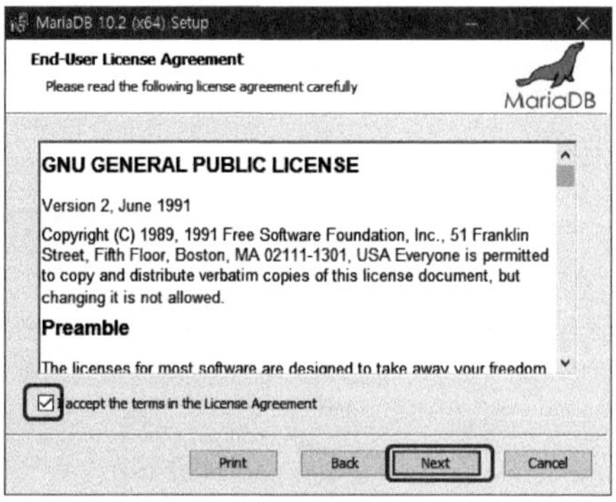

체크 후, [Next]버튼 클릭

② **설치폴더 지정하기** : [Browse]버튼을 클릭한 후, 저장할 폴더위치를 "c:₩APM₩MariaDB10"으로 지정한다.

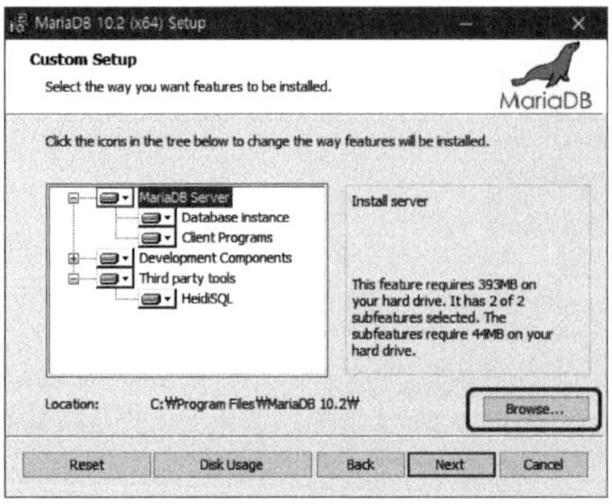

[Browse]버튼 클릭

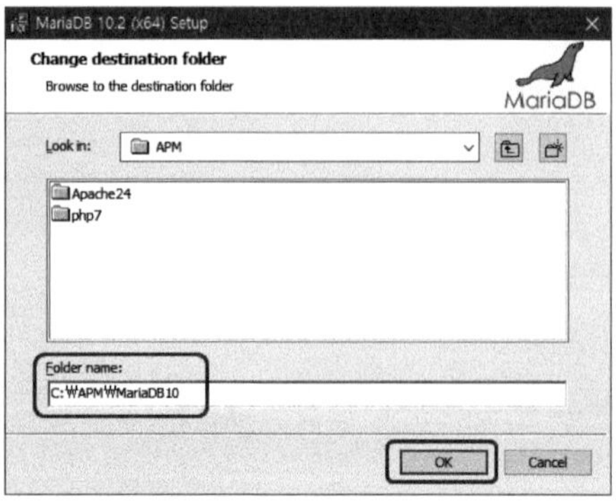

"c:₩APM₩MariaDB10" 입력

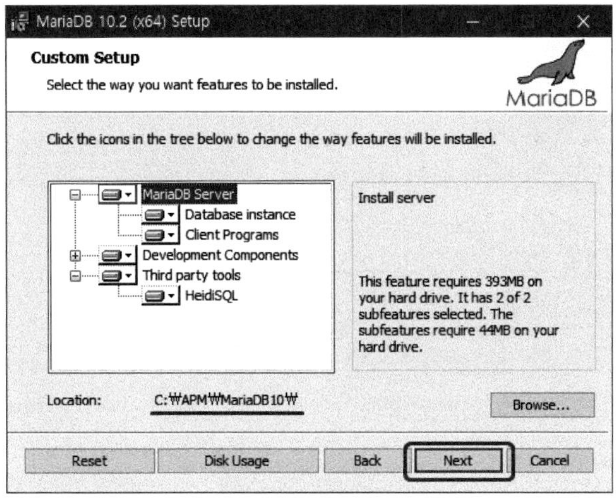

[Next]버튼 클릭

③ **root 암호 및 문자셋 지정하기 :** root 암호를 "1234"로 지정하고, 문자셋을 "UTF8"이 되도록 체크한다.

1	New root password	1234
2	confirm	1234
3	use UTF8 as default server's character set	☑

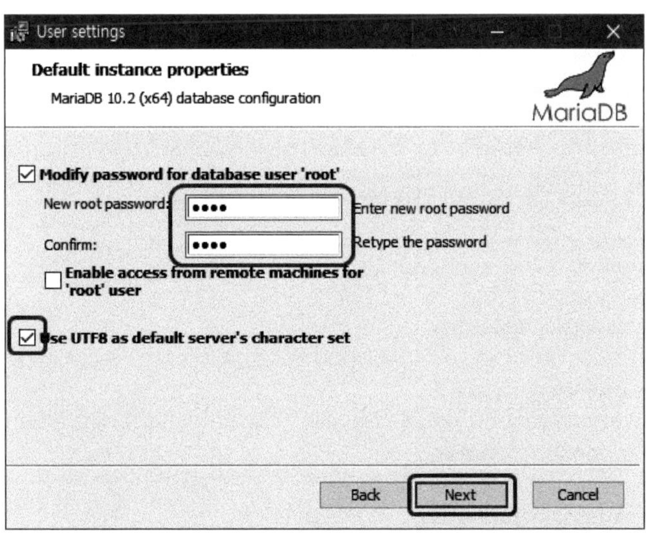

암호 "1234" 입력, UTF8 체크 한 후, [Next]버튼 클릭

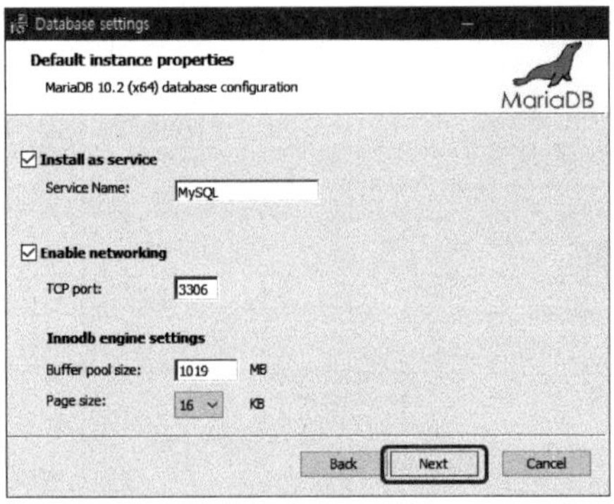

[Next]버튼 클릭

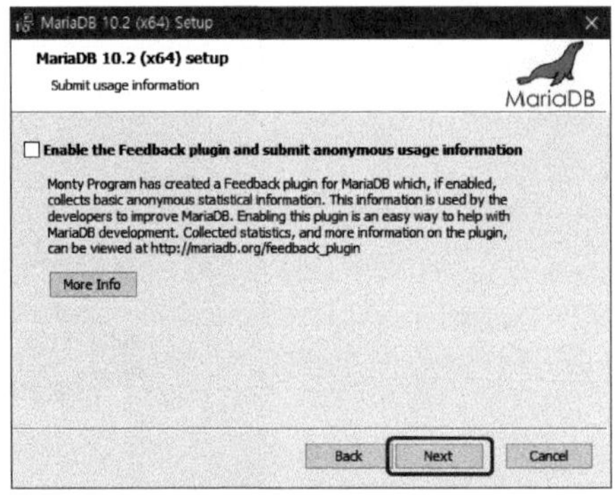

[Next]버튼 클릭

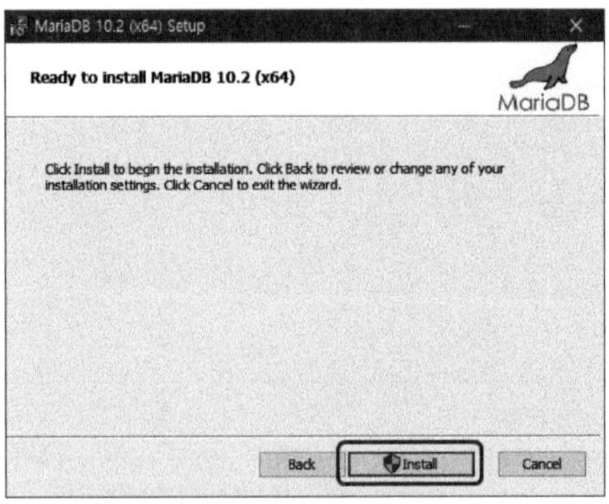

[Install]버튼 클릭

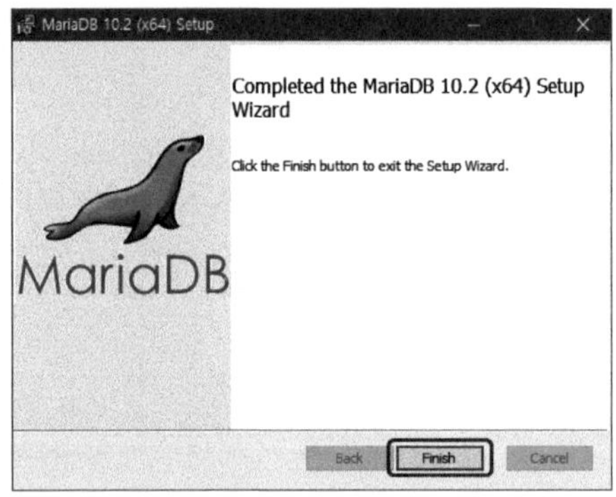

[Finish]버튼 클릭

STEP 02 MariaDB 설정하기

① **php.ini 수정하기** : C:₩APM₩PHP8 폴더에 있는 "php.ini" 파일을 열고 다음과 같이 3줄의 첫 글자 세미콜론(;)을 삭제한다.

```
… … …
;extension=ldap
extension=mbstring
;extension=exif        ; Must be after mbstring as it depends on it
extension=mysqli
;extension=oci8_12c  ; Use with Oracle Database 12c Instant Client
extension=openssl
;extension=pdo_firebird
extension=pdo_mysql
;extension=pdo_oci
… … …
```

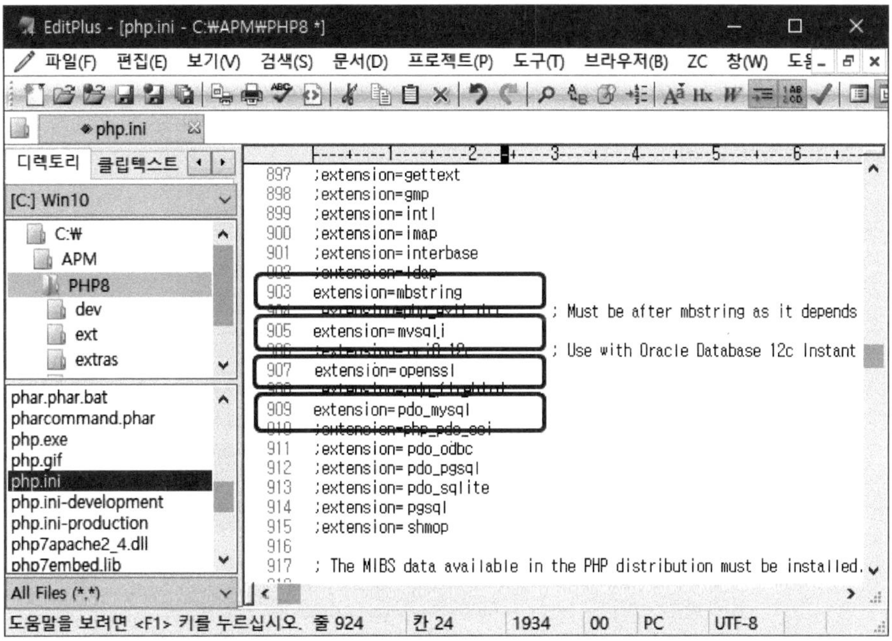

② **httpd 재시작** : 아래 그림과 같이 명령 프롬프트를 이용하여 Apache 프로그램을 재시작한다.

1	경로변경	cd c:/apm/apache24/bin
2	Apache 재시작	httpd -k restart

STEP 03 MariaDB 테스트하기

① **HeidSQL 실행하기 :** 바탕화면에 있는 HeidSQL 아이콘을 더블클릭하여 실행한다.

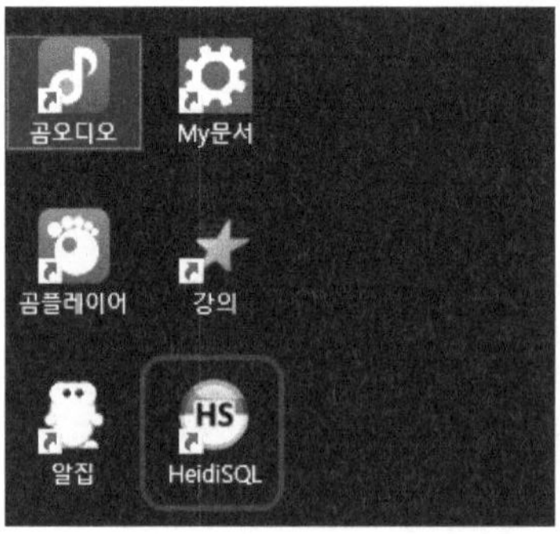

② **HeidSQL 실행하기 :** [신규] 버튼을 클릭하여 세션 이름을 "MariaDB"로 변경한다. 그리고 root 암호로 설치할 때 등록한 암호 "1234"를 입력한 후, [열기] 버튼을 클릭하여 데이터베이스에 접속한다.

1	세션이름	MariaDB
2	암호	1234

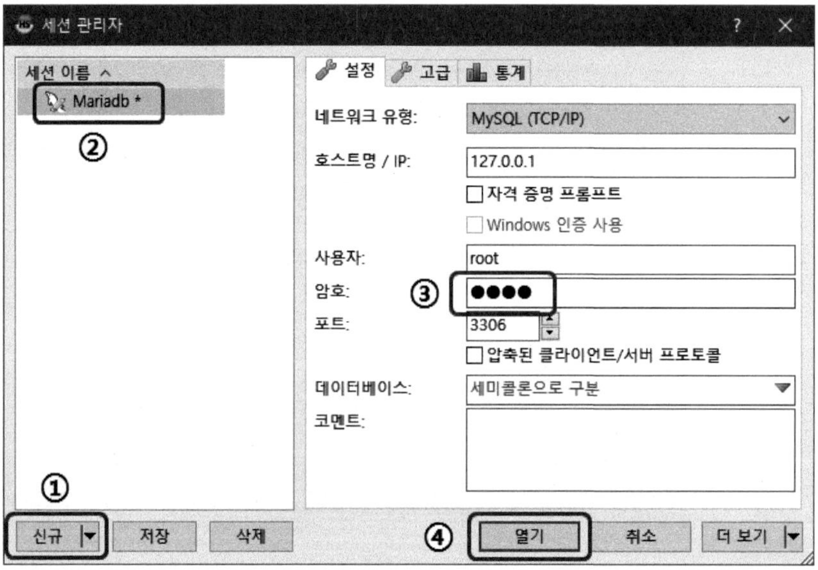

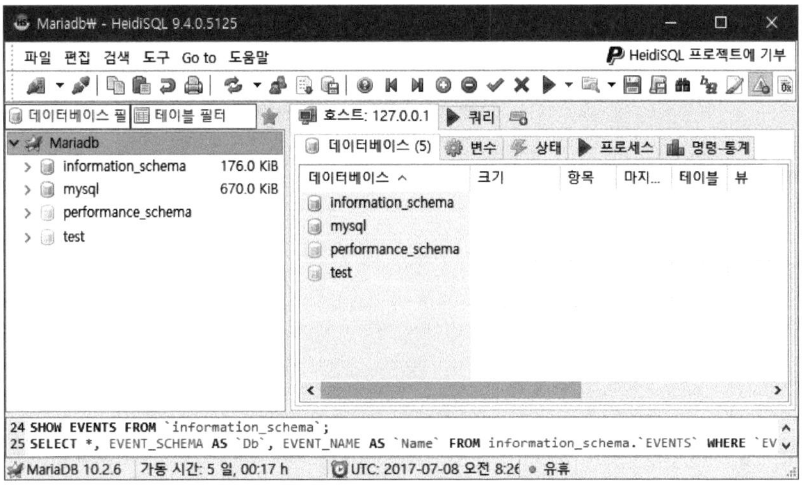

1.2.5 phpMyAdmin 설치

실습목적

책 부록에 있는 데이터베이스 관리 유틸리티인 phpMyAdmin을 PC에 설치하여라.

실습이론

1 **phpMyAdmin** : MariaDB를 이용하여 데이터베이스나 테이블을 만들려면, 아래 그림과 같이 명령프롬프트(도스)창이나 원격접속 프로그램을 이용하여 command방식의 작업을 해야 한다. 이러한 command방식의 MariaDB 작업은 복잡하고 번거롭다.

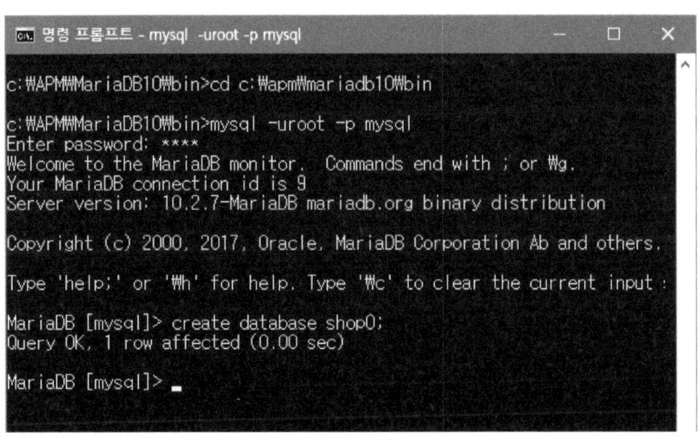

MariaDB 작업화면

그러나 MariaDB에서 제공하는 HeidiSQL 프로그램이나 php로 만들어진 phpMyAdmin 프로그램을 이용하면 MariaDB에 관련된 작업을 아주 쉽게 할 수 있다. HeidiSQL 프로그램은 작업할 컴퓨터에 먼저 설치를 해야 사용할 수 있지만, 웹브라우저를 이용해 사용하는 phpMyAdmin은 서버에 설치되어 있는 경우, 어디서든지 프로그램을 바로 사용할 수 있다. 따라서 여기서는 HeidiSQL보다는 phpMyAdmin프로그램을 이용하도록 하겠다. 최신의 phpMyAdmin 프로그램은 www.phpmyadmin.net 사이트에서 다운 받을 수 있다.

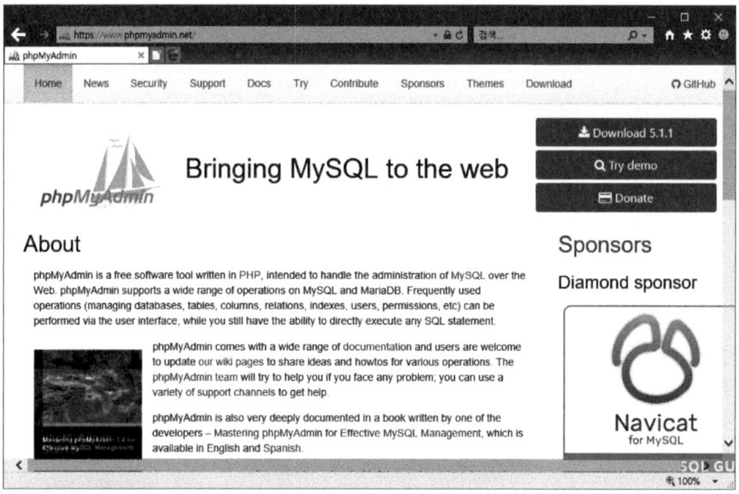

www.phpmyadmin.net

STEP 01 phpMyAdmin 설치하기

① **phpMyAdmin 압축풀기** : 부록에 있는 phpMyAdmin-5.1.1-all-languages.zip 프로그램을 바탕화면에 압축을 푼다. 그리고 폴더 이름을 phpmyadmin으로 변경한다.

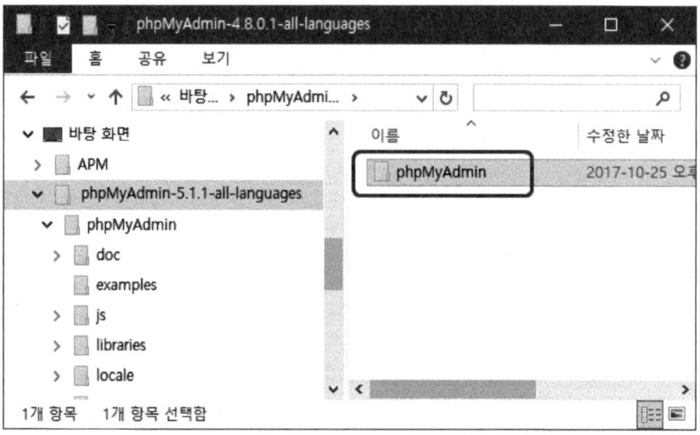

② **복사하기** : phpmyadmin폴더를 c:₩APM₩Apache24₩htdocs 폴더에 그림과 같이 복사를 한다.

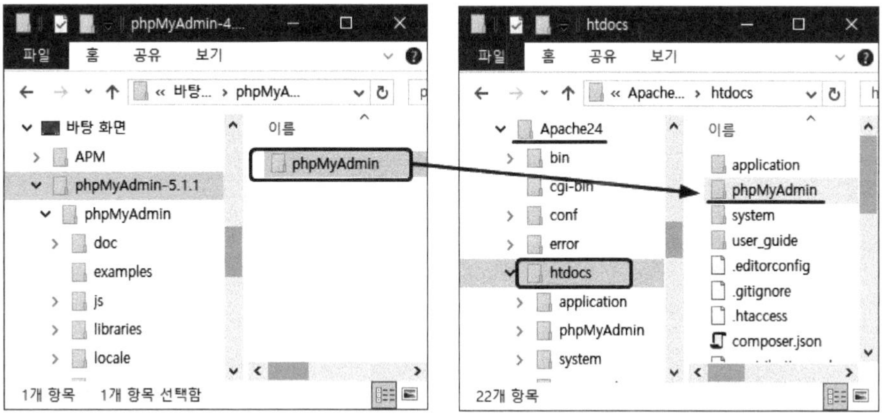

③ **config.inc.php 만들기** : phpmyadmin폴더안에 있는 config.sample.inc.php를 복사하여 config.inc.php로 이름을 변경한다.

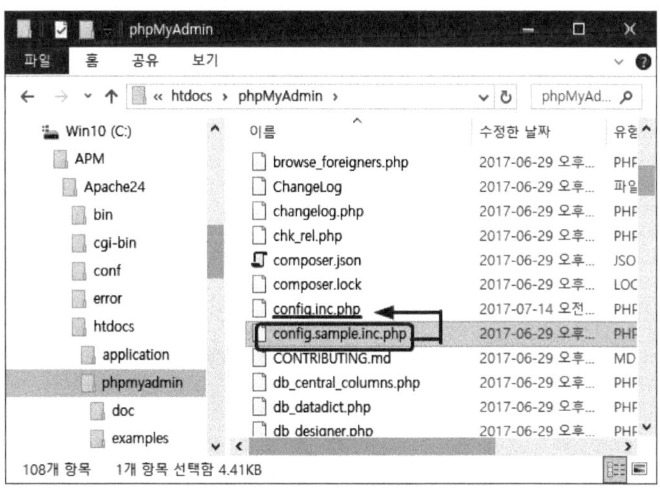

④ **config.inc.php 수정하기** : 내용중 $cfg["blowfish_secret"]값을 수정한다. 값은 길이 32인 임의의 문자값을 입력하면 된다.

```
... ... ...
$cfg['blowfish_secret'] = 'sda2yui345tbvn9012klr7890124ert9';
... ... ...
```

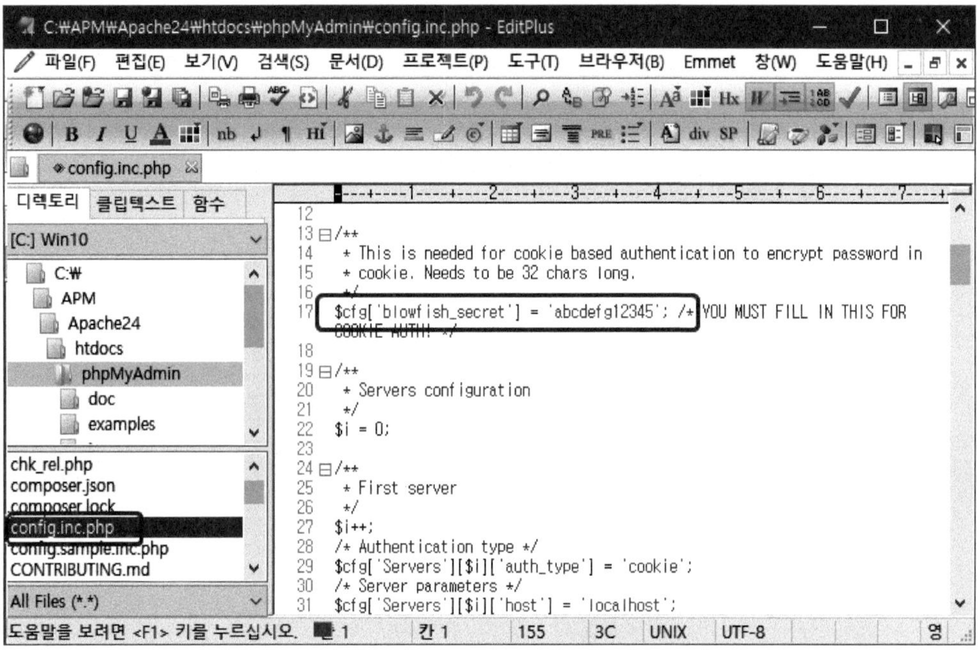

⑤ **phpMyAdmin 프로그램 실행하기** : 웹브라우저에서 다음 URL을 입력한다. phpMyAdmin 로그인 화면이 나오면 ,아이디는 "root", 암호는 "1234"를 입력한다. 로그인하여 phpMyAdmin과 Mariadb가 잘 동작하는지 확인한다.

1	URL	http://localhost/phpmyadmin			
2	사용자명	root	3	암호	1234

1.2.6 composer 설치

실습목적

책 부록에 있는 composer 프로그램을 PC에 설치하여라.

실습이론

1 **composer** : 컴포저는 PHP의 의존성 관리도구로서, PHP의 기본기능 이외에 필요한 확장 라이브러리나 도구를 쉽게 설치해줄 뿐만 아니라, 프로젝트에서 필요한 프로그램을 통합해 관리해주는 도구이다. 이 책에서 사용할 Laravel 프로그램도 composer를 이용해 설치할 생각이다. 최신의 composer 프로그램은 getcomposer.org 사이트에서 다운 받을 수 있다.

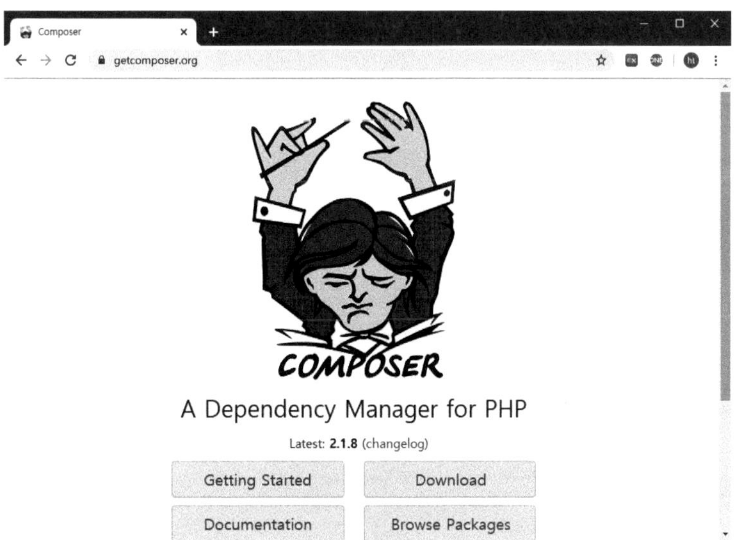

getcomposer.org

STEP 01 composer 설치하기

① **composer 설치** : 부록에 있는 composer_setup.exe 프로그램을 실행하여 설치를 시작한다.

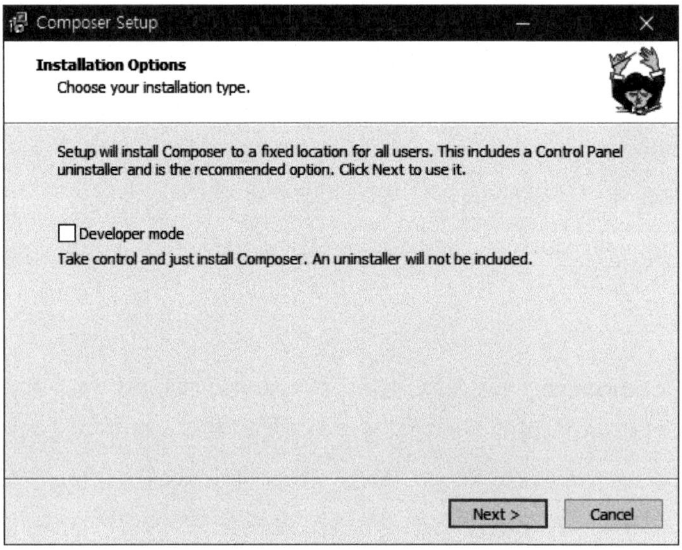

② **설치경로 지정** : 반드시 Browse버튼을 클릭하여 앞에서 설치한 php.exe가 있는 폴더를 지정해야 한다. 이 경우에는 반드시 "c:₩APM₩PHP8 폴더의 php.exe"를 선택해야 한다. 그리고 [Next]버튼을 클릭하여 설치를 진행한다.

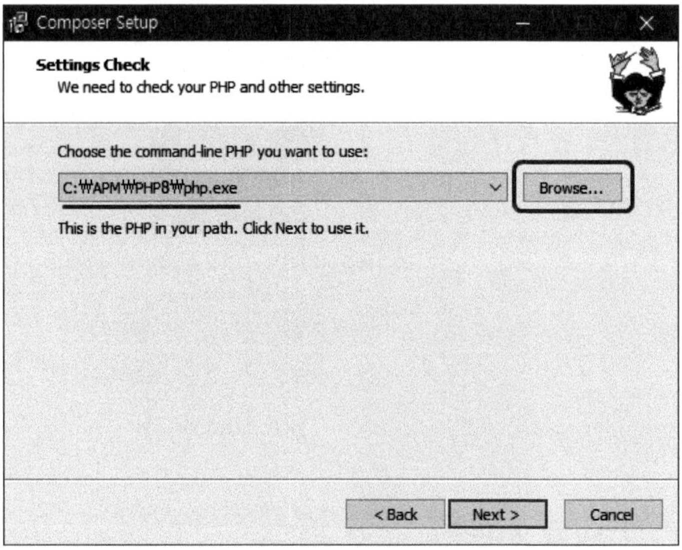

반드시 c:₩apm₩php8 경로를 지정.

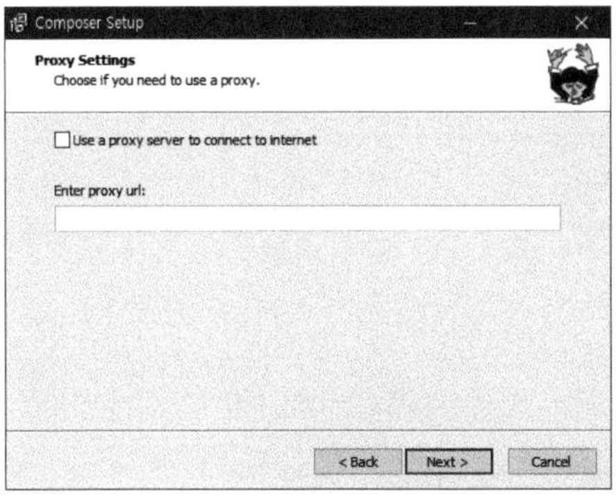

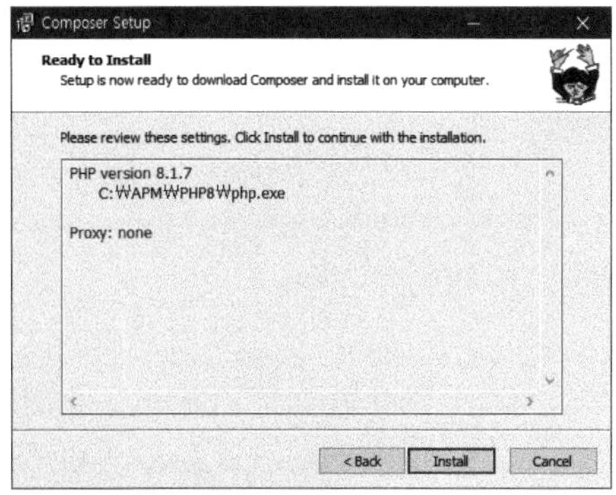

③ **테스트** : 명령프롬프트 창을 열고 "composer"를 입력하여 프로그램이 동작하는 지 확인한다. 명령어가 동작안하는 경우는 명령프롬프트창을 닫고 다시 열어 해보길 바란다.

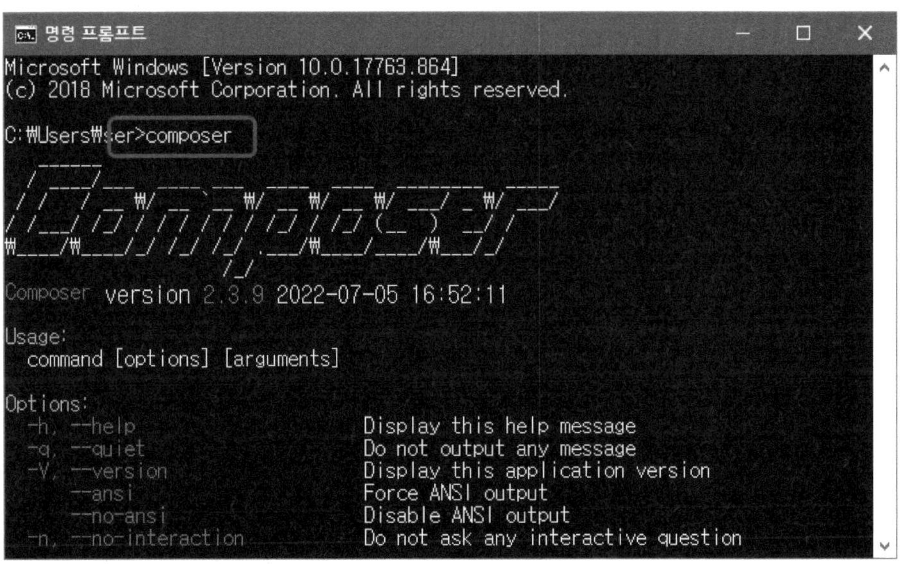

1.3 Laravel

1.3.1 Framework

1 **Framework** : Laravel를 설명하기 전에 먼저 Framework이라는 말을 이해할 필요가 있다. Framework은 말 그대로 소프트웨어 개발을 위한 "뼈대"를 의미한다. 예를 들어 급여관리 프로그램을 만든다고 하자. 이 경우 우리는 인사관리, 월별급여, 연말정산, 세금처리 등 급여관리 자체에 대한 프로그램을 만들기도 하지만, 그 프로그램을 만들 때 기본적으로 필요한 보안 문제, 페이지 처리, 폼과 데이터의 검증, FTP 기능, 파일 업로드, 이미지 처리, 데이터 암호화와 같은 프로그램들도 필요하다. 개발자가 이 모든 것을 다 만들면서 급여프로그램을 만든다면 엄청난 시간과 노력이 필요할 것이다. 설사 개발을 한다고 해도 다른 사람은 해당 프로그램을 이어서 개발하거나 유지보수 하기가 어려울 것이다.

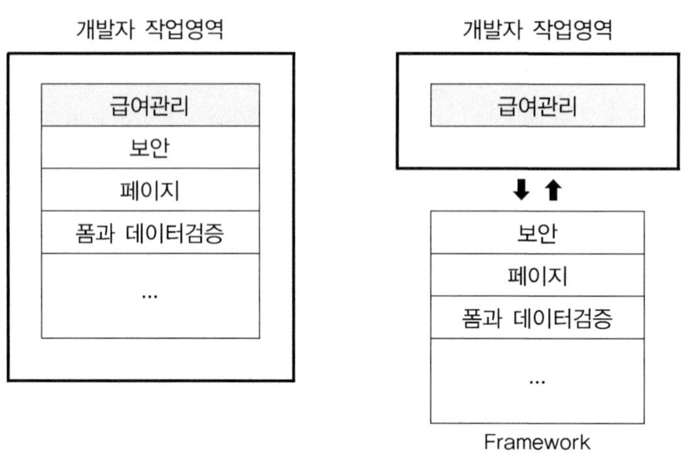

그러나 앞서 말한 기본 공통부분의 개발환경을 제공하는 뼈대 소프트웨어가 있어 그 위에 급여관리 프로그램만 개발한다면, 개발자는 짧은 시간에 적은 노력으로 쉽게 작업할 수 있을 것이다. 그리고 다른 사람이 이 기본 뼈대만 안다면, 쉽게 이어받아 개발하거나 유지보수를 할 수 있다. 이러한 프로그램 개발에 필요한 공통 프로그램을 Software Framework이라 한다. Framework은 개발환경이나 언어에 따라 여러 가지가 있으며, 그중 가장 많이 알려져 있는 Web Application Framework는 Java의 Spring, .NET Framework 등 다양한 Framework이 있다. PHP인 경우에도 Laravel, Codeigniter,

Symfony 등 다양한 Framework이 있다. 국내에서는 Codeigniter가 가장 먼저 정착해 사용되었으나, Laravel이 알려지면서 최근에는 많이 사용되고 있다.

② **MVC 프로그래밍** : 웹프로그래밍의 기본이 되는 HTML은 화면디자인만 제공하므로, 일반 언어와 같은 프로그램 기능을 제공하지 않는다. 그래서 Javascript 언어를 이용해 HTML에서 부족한 다양한 기능을 구현한다. 그러나 HTML도 Javascript도 서버와 데이터베이스와의 통신은 할 수 없으며, 이를 구현하기 위해서는 PHP, ASP, JSP와 같은 CGI 언어들을 이용해야 한다. 이런 언어를 이용한 프로그램 작업은 HTML에 중간중간 해당 언어의 프로그램을 삽입하는 방식이다. 이 방식은 디자인과 코딩이 분리가 되지 않아 디자인 변경 및 유지보수가 어려우며, 모듈화가 되지 않아 여러 사람의 협력 작업을 어렵게 만든다. 이 문제를 해결하는 방법은 기존의 프로그래밍 방식에서 벗어나 화면과 코딩, 그리고 데이터베이스 처리 등으로 작업영역을 분리하여 처리하는 것이다. 이런 코딩방식을 MVC 프로그래밍이라 한다. M(model)은 데이터베이스와 관련된 작업을 담당하고, V(view)는 Model에서 얻은 자료들을 표시하는 화면에 관련된 영역이다. 그리고 C(Control)은 Model과 View사이에서 데이터를 제어하고 전체 시스템의 흐름을 제어하는 역할을 한다.

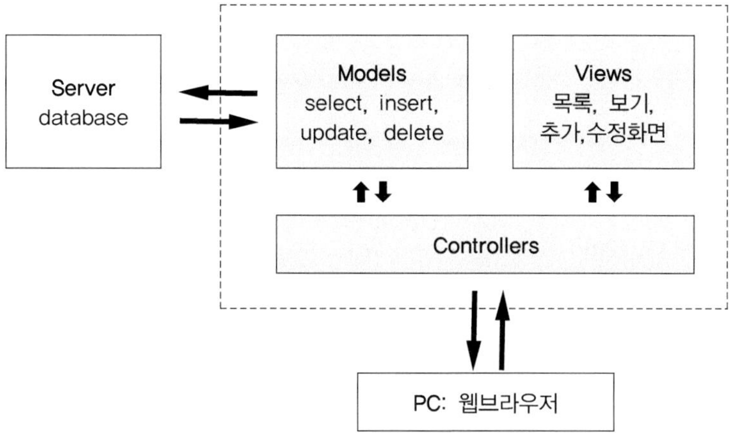

이같이 화면과 코딩을 분리하고, 각 부분을 정형화된 모듈 프로그램화함으로써 기존의 문제를 해결할 수 있다. Laravel는 MVC방식을 지향하며, 그밖에 보안, 페이지, 데이터 검증과 같은 다양한 기능을 기본 제공함으로써 개발자의 생산성과 일관성을 제공한다.

③ **Laravel** : 앞서 언급했지만, 다양한 PHP Framework이 있다. 그중 국내에서는 Codeigniter가 먼저 나와 사용하여 정착되었다. 덕분에 한국어 자료 및 포럼이 많이 활성화되어 있는 편이다. 그러나 Laravel은 보안, 협업, 정형화 및 middleware 개발 등에 적합해 후발 주자임에도 불구하고 세계적으로 사용하고 있는 도구이며, 국내에서도 빠르게 Laravel을 사용하고 있는 실정이다. 사실 대형시스템이 아니라면, 무거운 도구보다는 빠르게 쉽게 개발할 수 있는 도구가 더 효과적일 수 있다고 생각한다. Codeigniter나 Laravel이나 모두 훌륭한 도구라 생각한다. 도구란 개발내용, 개발환경, 그리고 사용자가 얼마나 도구에 익숙하냐에 따라 느끼는 정도가 매우 다르므로, 어느 Framework이 더 좋은지는 독자들이 경험해보길 바라며, 이 책에서는 Laravel에 대해 알아보도록 하겠다.

이제 Laravel에 대해 공부를 시작해보자.

1.3.2 Laravel 설치

실습목적

composer를 이용하여 Laravel 프로그램을 자신의 PC에 설치하라.

실습이론

① **Laravel** : PHP 전용 Web Framework인 Laravel의 설치는 composer를 이용하면 쉽게 설치할 수 있으며, 자신의 시스템에 따라 약간의 환경설정만 해주면 된다. 따라서 명령프롬프트 창과 composer를 이용하여 Laravel 프로그램을 자신의 홈페이지 폴더인 htdocs에 설치하겠다. 설치명령어는 다음과 같다.

```
composer global require laravel/installer
```

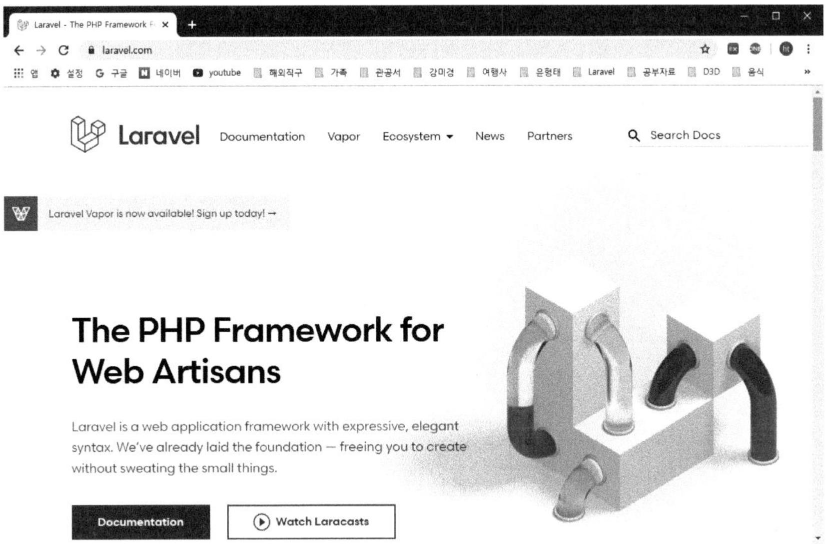

Laravel.com

STEP 01 Laravel 설치하기

① **php 환경설정** : Laravel을 사용하기 위해서는 먼저 php.ini를 수정해야 한다. fileinfo extension을 사용하기 위해 맨 앞에 있는 세미콜론(;)을 제거한다.

```
extension = fileinfo
```

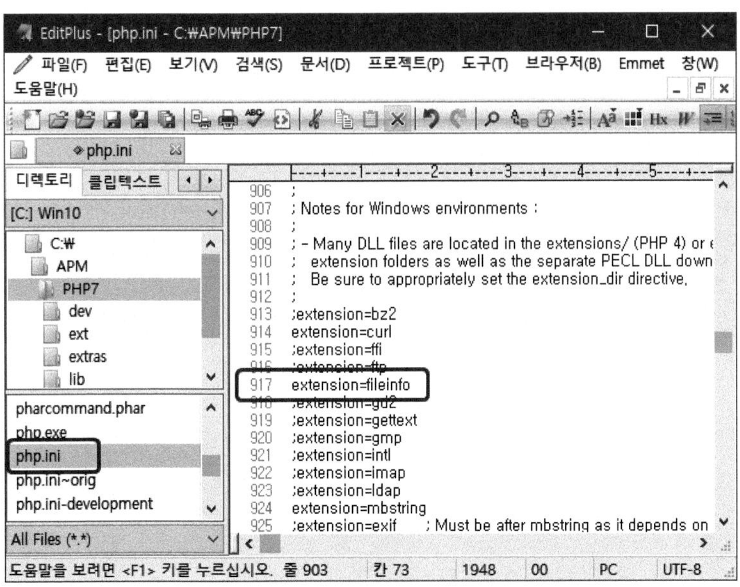

② **Laravel 설치하기 :** 명령프롬프트 창에서 "C:₩APM₩Apache24₩htdocs" 폴더로 아래 그림과 같이 이동한다. 그리고 composer를 이용하여 Laravel을 설치한다. 설치하는데, 오래 걸릴 수 있다.

```
cd c:₩apm₩apache24₩htdoc
composer global require laravel/installer
```

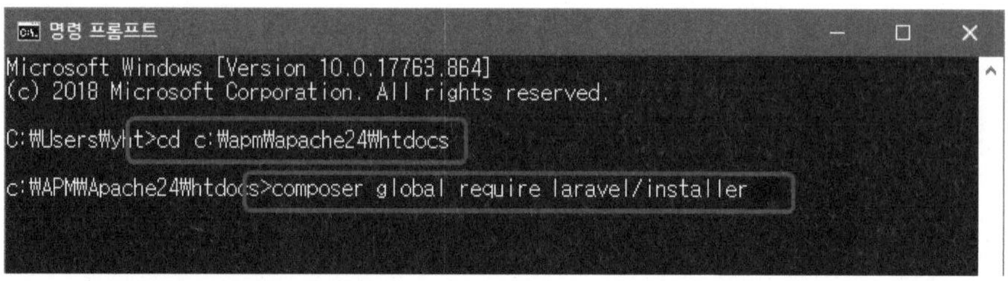

Laravel 설치화면

Chapter 02

판매관리

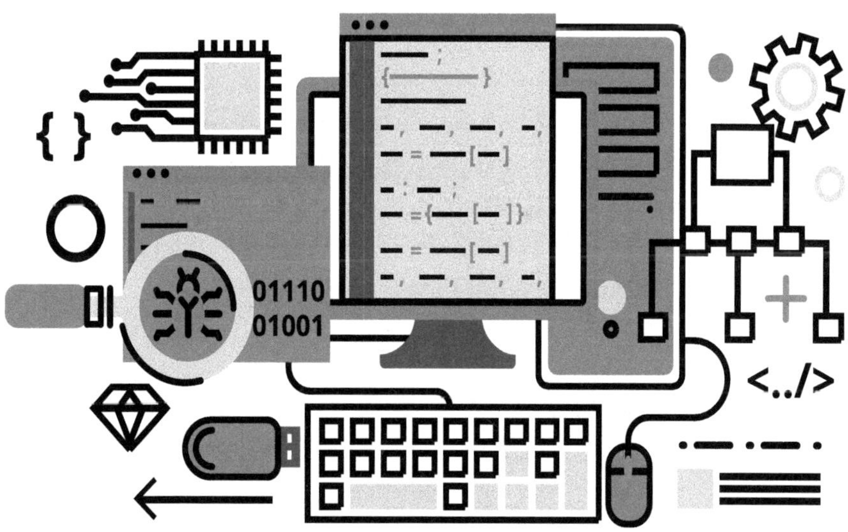

2.1 판매관리

2.1.1 판매관리 분석

프로그램 작업을 시작하기 전에, 먼저 우리가 만들 판매관리 프로그램의 내용에 대하여 알아보자. 원래 판매관리 프로그램은 매우 복잡한 구조의 프로그램이지만, 여기서는 가급적 간단한 구조의 미니 판매관리 프로그램으로 만들 생각이며, 이를 통하여 Laravel 사용법에 대하여 알아볼 생각이다.

일반적으로 상점에서 취급하는 중요 장부는 아래 그림과 같이 크게 물건을 구입하는 매입장과 판매를 기록하는 매출장으로 생각할 수 있다.

매 출 장

2018년 1월1일

제품명	단가	수량	금액	비고
제품1	1,000	1	1,000	A사
제품2	1,500	2	3,000	
제품1	1,000	4	4,000	B사
제품3	10,000	3	30,000	
…	…	…	…	
합계			38,000	

매 입 장

2018년 1월1일

제품명	단가	수량	금액	비고
제품1	900	5	4,500	
제품4	1,000	10	15,000	B사
제품1	900	8	7,200	외상
…	…	…	…	
합계			26,700	

우리의 목적이 이 장부를 컴퓨터로 전산처리를 하는 것이 목적이라고 한다면, 개발자는 먼저 프로그램에 어떠한 기능이 필요한지, 어떤 파일 구조로 데이터를 저장하면 좋을지, 또 어떠한 화면 양식과 메뉴를 갖는 것이 좋은지 설계를 해야 할 것이다.

판매관리 테이블의 관계형 구조 설계

위의 장부를 보면서 먼저 생각해야 할 것은 어떤 데이터들을 어떻게 저장할 것인지를 생각하는 일이다. 장부의 내용을 보면, 각 장부는 매입장과 매출장으로, 그리고 날짜별로 나누어져 있으며, 상세 내용은 제품명, 단가, 수량, 금액, 비고로 되어 있는 것을 알 수 있다.

이러한 구조에서 특정 날짜나 기간별로 검색을 하거나 통계처리 등을 하려면, 다음 그림과 같이 하나의 통합된 구조로 되어야 편리할 것이다. 따라서 각 날짜별 장부는 따로 있는 것보다 날짜 칼럼을 열로 추가하여 통합하는 것이 자료 처리하기에 편리하다.

매 출 장

날짜	제품명	단가	수량	금액	비고
2002-01-01	제품1	1,000	1	1,000	A사
2002-01-01	제품2	1,500	2	3,000	
2002-01-01	제품1	1,000	4	4,000	B사
2002-01-01	제품3	10,000	3	30,000	
2002-01-02	제품1	1,000	5	5,000	
2002-01-02	제품4	1,500	10	15,000	B사
2002-01-02	제품1	1,000	8	8,000	외상
…		…	…	…	

매 입 장

날짜	제품명	단가	수량	금액	비고
2002-01-01	제품1	900	1	900	A사
2002-01-01	제품2	1,300	2	2,600	
2002-01-01	제품1	900	4	3,600	B사
2002-01-01	제품3	9,000	3	27,000	어음결제
2002-01-02	제품1	900	5	4,500	
2002-01-02	제품4	1,500	10	15,000	B사
2002-01-02	제품1	900	8	7,200	외상
…	…	…	…	…	

그리고 이 매입장과 매출장을 각기 다른 테이블로 구성하여 각각 저장하는 것이 좋을지, 아니면 통합해서 하나의 테이블로 저장하는 것이 좋을지 결정해야 한다. 매입장과 매출장을 각각 다른 테이블로 구성하는 경우는 다음 그림과 같이 매출장을 위한 매출테이블, 매입정보를 위한 매입테이블을 따로 만들면 된다. 이 경우 매입장과 매출장에 관련된 윈도우나 프로그램은 거의 동일한 구조를 갖게 되어 프로그램 작업이 용이해지나, 두 정보를 동시에 처리하는 화면을 만드는 것은 어려울 수 있다.

매출 테이블
날짜
제품명
단가
수량
금액
비고

매입 테이블
날짜
제품명
단가
수량
금액
비고

매입, 매출 테이블을 각각 만드는 구조

반면에 다음 그림과 같이 매출인지 매입인지를 표시하는 구분 칼럼을 추가하면, 매출, 매입 정보를 하나의 테이블로 통합할 수 있다. 두 개의 테이블을 각각 이용하는 경우에 비해 프로그램이 다소 복잡해질 수 있지만, 양쪽 정보를 동시에 볼 수 있다. 또한 다양한 정보 검색화면을 만들 수 있는 장점을 가지고 있다.

매입,매출장

구분	날짜	제품명	단가	수량	금액	비고
매출	06-01-01	제품1	1,000	1	1,000	A사
매출	06-01-01	제품2	1,500	2	3,000	
매입	06-01-01	제품1	9000	4	3,600	B사
매입	06-01-01	제품2	1,300	3	3,900	
매출	06-01-02	제품1	1,000	5	5,000	
매입	06-01-02	제품4	1,200	1	1,200	B사
매출	06-01-02	제품1	1,000	8	8,000	외상
…	…	…	…	…	…	

통합된 매입, 매출 테이블

통합 테이블

구분
날짜
제품명
단가
수량
금액
비고

통합 구조

그리고 위의 테이블을 약간 변형하여 다음 표와 같이 수량을 매입수량, 매출수량으로 분리하여 저장하는 구조를 사용할 생각이다. 이와 같이 변형한 이유는 매입과 매출의 수량 칼럼을 하나의 칼럼에 저장하면, 한 화면에서 매입, 매출에 관련된 다양한 정보를 동시에 볼 수 없으며, 제품의 재고계산이 어려워지기 때문이다. 이런 처리를 위해서는 다음 그림과 같이 수량이 하나로 있는 것보다는 공간 낭비가 되겠지만, 매입수량, 매출수량과 같이 분리하여 저장하는 것이 더 효율적이다.

매입,매출장

구분	날짜	제품명	매입수량	매출수량	단가	금액	비고
매출	06-01-01	제품1		1	1,000	1,000	…
매출	06-01-01	제품2		2	1,500	3,000	
매입	06-01-01	제품1	4		9000	3,600	…
매입	06-01-01	제품2	3		1,300	3,900	
매출	06-01-02	제품1		5	1,000	5,000	
매입	06-01-02	제품4	1		1,200	1,200	…
매출	06-01-02	제품1		8	1,000	8,000	…
…	…	…	…	…	…	…	

통합 테이블
구분
날짜
제품명
매입수량
매출수량
단가
금액
비고

통합 구조

마지막으로 테이블 구조를 마무리하기 전에 한 가지 더 생각해 볼 것이 있다. 위의 표를 보면 유한한 개수의 값이 반복적으로 들어가는 부분이 있는데, 바로 구분과 제퓨명이다. 제품명 칼럼의 경우 그대로 이용한다면 다음과 같은 문제가 생길 수 있다.

1) 제품명 칼럼을 위하여 문자 자료형 30자 길이를 지정하였다면 레코드 당 30 Byte의 공간을 차지하게 된다.
2) 제품명을 입력할 때 일일이 입력을 해야 하며, 글자를 잘못 입력한다면 전혀 다른 제품으로 처리가 된다.(예: "제품1"과 "제 품 1"은 다른 자료이다.)
3) 제품명을 입력할 때 자동으로 제품에 대한 단가 입력처리가 어렵다.

이러한 문제를 해결하기 위해서, 다음 그림과 같이 장부테이블과 제품테이블을 떼어놓고 생각해 보자.

제품테이블

제품번호	제품명	단가
1	제품1	900
2	제품2	1,300
3	제품3	900
4	제품4	1,500
…	…	…

장부테이블

구분	날짜	제품번호	매입수량	매출수량	단가	금액	비고
1	06-01-01	1		1	1,000	1,000	…
1	06-01-01	2		2	1,500	3,000	…
0	06-01-01	1	4		900	3,600	
0	06-01-01	3	3		900	2,700	…
1	06-01-02	1		5	1,000	5,000	…
0	06-01-02	4	3		1,500	4,500	
1	06-01-02	1		8	1,000	8,000	…
…	…	…	…	…	…	…	…

관계 설정

구분 : 매입=0, 매출=1

1) **제품명**: 위의 그림처럼 장부테이블에 제품명을 입력하는 것이 아니라 제품번호를 입력한다. 그리고 제품번호에 해당하는 제품명은 제품테이블에서 구할 수 있다. 따라서 장부테이블의 제품명은 제품번호를 저장하므로, 문자열 30 바이트가 아닌 정수형 4 바이트만 있으면 된다. 레코드 당 26 바이트를 절약할 수 있다. 26 바이트가 크지 않다고 생각할지는 모르지만 몇 달, 몇 년 자료를 생각해 본다면 매우 큰 공간이 될 것이다. 저장 공간 절약을 더 고려한다면 장부테이블의 단가는 제품테이블의 단가에 있으므로 장부테이블에서 생략할 수 있다. 그러나 실제로 물건을 판매할 때 실제 판매가격이 단가와 다를 수 있다. 따라서 장부테이블에 단가 필드는 그대로 두는 것도 좋을 것이다.
2) **구분**: 구분은 매출, 매입 두 가지 값만 있으므로 매입은 0, 매출은 1과 같이 숫자로 저장하면 저장 공간을 줄일 수 있으며, 정수형이 문자형보다 검색속도가 빠르므로 더 효과적이다.

이렇게 서로 다른 테이블의 정보를 서로 공유할 수 있게 해 주는 데이터베이스를 **관계형 데이터베이스**(Relational Database)라고 한다. 현재 사용하고 있는 대부분의 데이터베이스 프로그램들은 관계형을 지원하고 있으므로, 반드시 관계형 개념과 구조를 이용하여 데이터베이스를 설계하는 방법에 대하여 잘 알아야 한다. 관계형 데이터베이스를 이용하는 경우에는 다음과 같은 장점이 있다

관계형 데이터베이스의 장점

1) 저장할 칼럼 크기가 작아지므로, 하드디스크 공간을 절약할 수 있다.
2) 테이블 크기가 작아지므로, 데이터 입출력 및 검색 속도가 빨라진다.
3) 자료 입력할 때, 콤보박스나 목록박스를 이용할 수 있어 입력 실수를 막아준다.
4) 모든 테이블 구조가 단순해지며 업무구조 분석 및 수정이 쉬워진다.

계속하여 작업을 진행하기 전에 관계형 테이블을 설계할 때, 관계를 맺는 두 테이블 간의 관계 종류에 대하여 먼저 알아보자. 관계종류는 크게 "일대일", "일대다" 혹은"다대일"이 있으며, "다 대 다"의 관계는 없다. 어느 쪽이 일 쪽인지, 다 쪽인지는 아래와 같이 구분하면 된다.

"일대일" 관계와 "일대다" 관계

두 테이블의 관계를 맺는 관계형식은 크게 일대일, 일대다와 같은 두 가지가 있다. 위에서 설명한 장부테이블인 경우는 일대다의 관계다. 이것을 구분하는 방법은 아주 쉽다.
예를 들어 제품테이블에서 "제품1"이라는 단어는 딱 한 번 나올 것이다. 그러나 장부테이블에서 제품1은 여러 번 매출이나 매입을 하므로, 여러 번 나올 것이다. 따라서 제품테이블은 "일"이 될 것이고 장부테이블은 "다"가 될 것이다.

"일대일"과 "일대다"를 먼저 설명하는 이유는 관계를 맺는 두 테이블의 칼럼을 선택할 때 아무 칼럼이나 연결하면 안 되기 때문이다. 따라서 관계를 맺을 때 주의할 사항에 대하여 먼저 알아야 할 것이다.

관계형 맺을 때 주의 사항
1) 관계는 두 개의 테이블 간의 칼럼을 연결하여 맺어야 한다. 2) 두 테이블 중 한쪽 테이블의 칼럼은 반드시 Primary Key여야 한다. 3) 관계를 맺는 두 칼럼은 반드시 자료형이 같아야 한다.

판매관리인 경우 제품과 장부테이블의 관계는 "일대다"의 관계가 될 것이고, "일"쪽이 되는 제품테이블의 제품번호 필드는 반드시 기본키(Primary Key)로 설정해야 한다. 그리고 제품테이블의 번호 필드 자료형과 장부테이블의 제품_번호 필드 자료형은 반드시 같아야 한다.

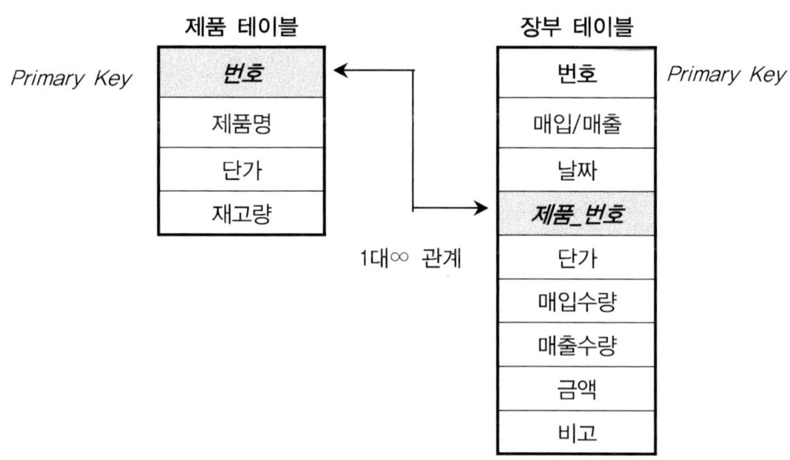

그리고 제품 종류에 따라 제품을 구분하기 위하여, 아래 그림과 같이 구분 테이블을 작성하여 제품과 관계를 맺는다.

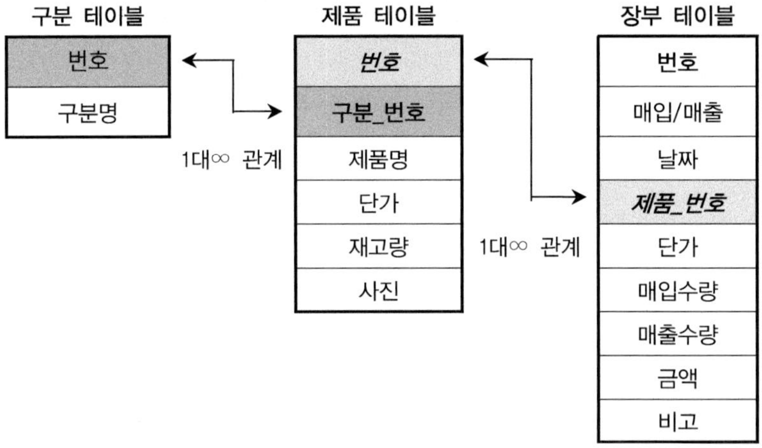

이제 판매관리 프로그램에서 사용할 테이블이 결정되었다. 구분, 제품, 장부테이블 3 개를 이용할 것이며, 이 3개의 테이블은 제품번호와 구분번호를 이용하여 관계를 맺도록 설계하였다. 그밖에 제품의 재고량을 파악하기 위하여 제품테이블에 재고량 jaego 필드를 추가하였다. 그리고 제품사진을 표시하기 위하여 사진이름을 저장하는 pic 필드도 추가하였다. 최종 필드는 다음과 같으며, 필드이름과 테이블이름은 한글을 이용할 수 있지만, 다음과 같은 영문이름을 사용하도록 하겠다.

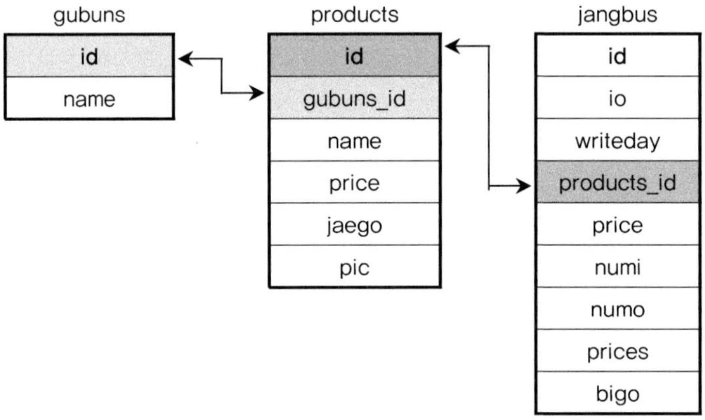

판매관리 테이블들의 구조

앞에서 이미 구분, 제품, 장부테이블에 어떤 내용이 필요한지 알아보았으니, 이제 구체적인 테이블 구조에 대해 알아보자. 먼저 gubuns 테이블구조는 다음과 같이 구분명만 갖도록 단순하게 만들었다.

	필드	종류	NULL	추가	(키본키)
번호	id	int	☐	auto_increment	◉
구분명	name	varchar(20)	☑		

gubuns 테이블 구조

1) **id** : 구분의 번호는 일일이 사용자가 입력하는 것보다는 자동으로 입력되는 것이 편리하다. 자동으로 값이 1 증가하는 일련번호는 정수형(int)에 auto_increment 옵션을 지정하면 된다.
2) **Primary Key** : 관계형을 설정하기 위해서는 반드시 테이블 내에 Primary Key 칼럼이 있어야 한다. 그리고 Primary Key 칼럼은 반드시 Null이 No(☐)이어야 하며, 유일한 값만 있어야 한다. gubuns 테이블의 id필드를 Primary Key로 사용하겠다.

제품 테이블의 구조는 다음과 같다.

	필드	종류	NULL	추가	(키본키)
번호	id	int	☐	auto_increment	◉
구분_번호	gubuns_no	int	☑		
제품명	name	varchar(30)	☑		
단가	price	int	☑		
재고량	jaego	int	☑		
사진	pic	varchar(255)	☑		

products 테이블 구조

1) **id** : product의 id필드 역시 일련번호를 이용하는 것이 편리하며, 기본키이므로, null을 No로 지정해야 한다.
2) **gubuns_id** : 구분정보를 표시하는 필드이며, gubuns 테이블의 id필드와 관계를 맺는 필드이다. 따라서 필드이름을 gubuns_id(테이블이름_필드이름)으로 지정하였으며, 같은 자료형이 되도록 int를 지정하였다.
2) **name** : 가변길이 문자열 저장방식의 varchar형으로 크기는 30을 지정하였다.
4) **price** : 단가는 통화형이므로, 우리나라 화폐단위는 정수형이므로, int와 bigint형을 사용해야 한다. 만약 입력할 최대 금액이 약 21억 이상인 경우는 8 바이트 bigint형을 이용해야 한다.
5) **jaego** : 제품의 재고량을 저장하는 필드이다.
6) **pic** : 제품 사진의 파일이름을 저장하는 필드이다.

다음은 jangbu 테이블의 구조이다.

	필드	종류	NULL	추가	(키본키)
번호	id	int	☐	auto_increment	◉
구분	gubuns_id	tinyint	☑		
날짜	writeday	date	☑		
제품_번호	products_id	int	☑		
단가	price	int	☑		
매입수량	numi	int	☑		
매출수량	numo	int	☑		
금액	prices	int	☑		
비고	bigo	varchar(20)	☑		

jangbus 테이블 구조

1) **id** : jangbus 테이블인 경우는 테이블을 대표하면서 유일한 값으로 되어 있는 필드가 없어, Primary Key로 설정할 만한 필드가 없다. 이런 경우는 Primary Key로 설정할 문서번호와 같은 필드를 추가해야 하며, 여기서는 자동으로 값이 증가되는 일련번호형의 id 필드를 추가하기 위하여 default값을 auto_increment로 지정하였다.
2) **gubuns_id** : 이 칼럼은 매입인 경우 0, 매출인 경우 1로 표시하기로 했으므로, bit형이나 tinyint로 지정하면 된다. 여기서는 tinyint를 이용하였다.
3) **writeday** : 날짜자료를 처리하기 위하여 date형으로 지정한다.
4) **products_id** : 이 필드는 제품명 필드이지만 products 테이블과 관계를 맺어야 하므로 제품의 번호가 저장되어야 한다. 따라서 products 테이블에서 제품의 번호를 int형으로 지정하였으므로, 관계를 맺을 이 필드 역시 동일한 자료형인 int형이 되어야 한다. 필드이름을 products_id와 같이 밑줄을 삽입한 이유는 product 테이블의 id 필드와 관계를 맺는다는 의미이다.
5) **price, numi, numo, prices** : 이 필드들은 숫자 자료로서 모두 int형을 지정하였다. 만약 price, prices 필드에서 입력할 수 있는 최대값이 약 21억이 넘는 경우에는 8바이트 bigint로 지정해야 한다.

2.1.2 판매관리 화면 및 메뉴

판매관리 화면과 메뉴

테이블 구조가 결정이 되었으므로, 이제 사용자화면과 메뉴를 설계해 보자. 화면과 메뉴를 설계하려면, 먼저 판매관리 프로그램에서 필요한 기능에 대하여 알아야 할 것이다. 일반적으로 관리 프로그램에는 입력, 조회, 통계처리, 출력기능이 있어야 한다. 다양한 기능의 프로그램을 만들 수 있겠지만, 여기서는 다음과 같은 기능을 만들어 보겠다.

1) **입력기능**:
   - 제품의 종류를 나타내는 구분관리 기능.
   - 제품 정보와 사진을 관리할 수 있는 제품관리 기능.
   - 날짜별로 매입, 매출정보(제품명, 단가, 수량, 비고)를 관리할 수 있는 기능.
   - 사용자 정보를 관리할 수 있는 기능.
2) **조회기능**:
   - 기간별이나 제품으로 매입, 매출을 검색할 수 있는 기능.
   - 제품의 재고현황을 조회할 수 있는 기능.
3) **통계기능**:
   - 기간내 가장 많이 팔린 제품정보를 조회할 수 있는 기능
   - 월별 제품별 판매실적을 조회할 수 있는 기능.
   - 구분별 판매실적을 차트로 보여줄 수 있는 기능.
4) **기타**:
   - 사용자 로그인할 수 있는 기능.
   - 제품사진을 앨범처럼 표시하는 기능.
   - Ajax를 이용한 구분관리 기능.

이러한 기능들을 위한 판매관리 프로그램의 메뉴 구조는 다음과 같이 풀다운메뉴로 구성하였다.

매입	매출	기간조회	통계	기초정보	사진	Ajax	로그인
			Best제품	구분			
			월별제품별현황	제품			
			종류별분포도	사용자			

판매관리 메뉴

다음 그림은 앞으로 만들 판매관리 화면 중에 메인화면이며,

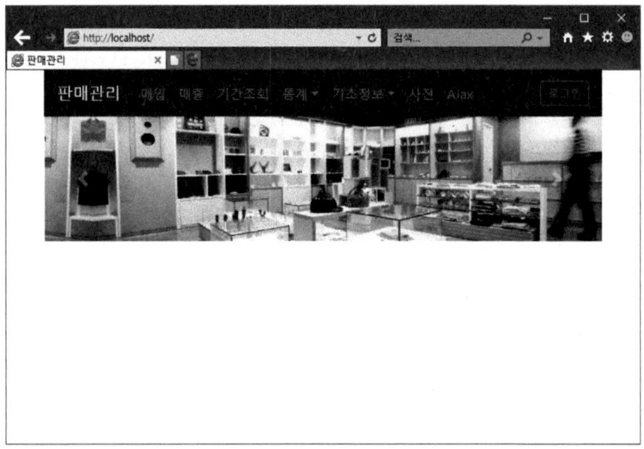

메인화면

다음 그림들은 직원과 관리자 정보를 관리할 수 있는 화면들이다.

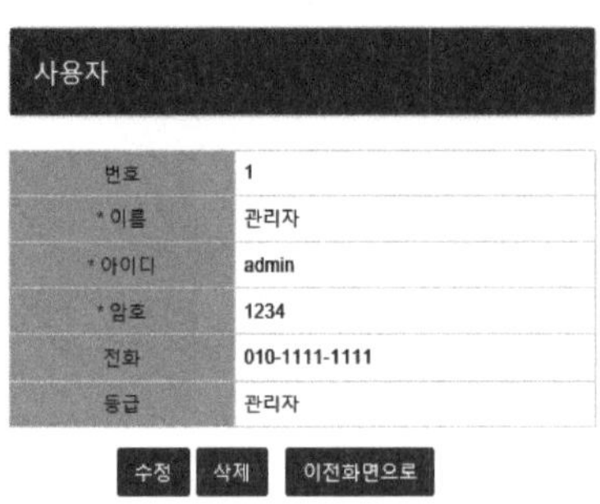

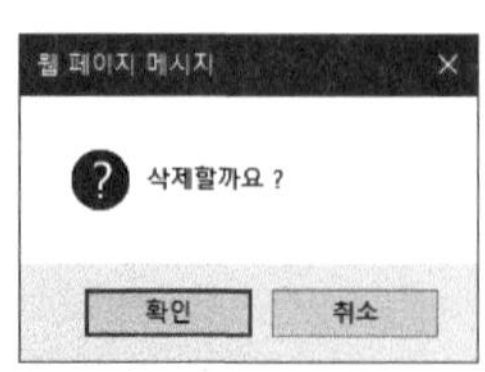

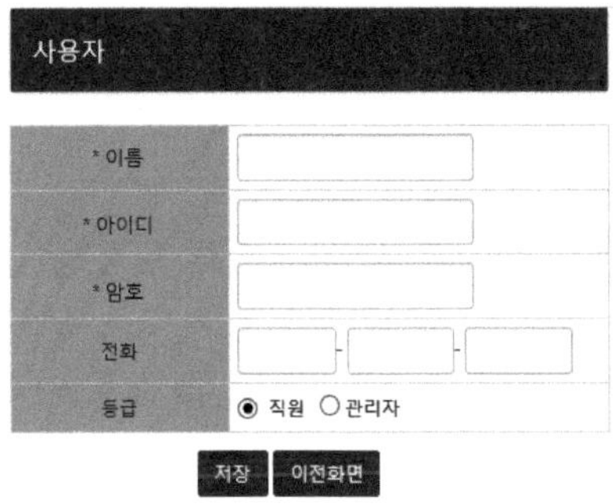

다음 그림은 판매관리의 기초정보인 구분관리 화면들이다.

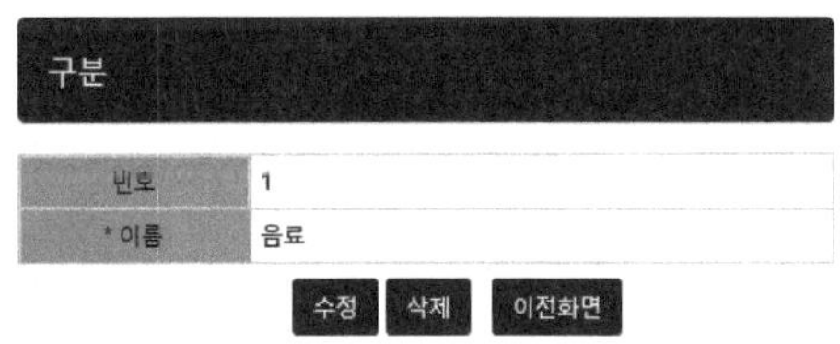

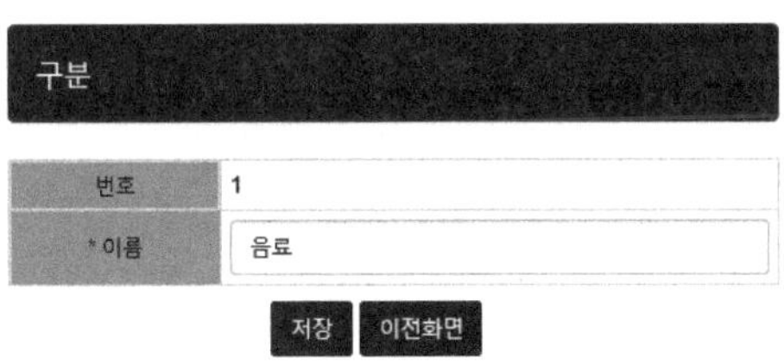

다음 그림은 제품사진을 포함한 제품관리 화면들로서, 이 화면에서 Laravel를 이용해 파일을 업로드하는 화면들이다.

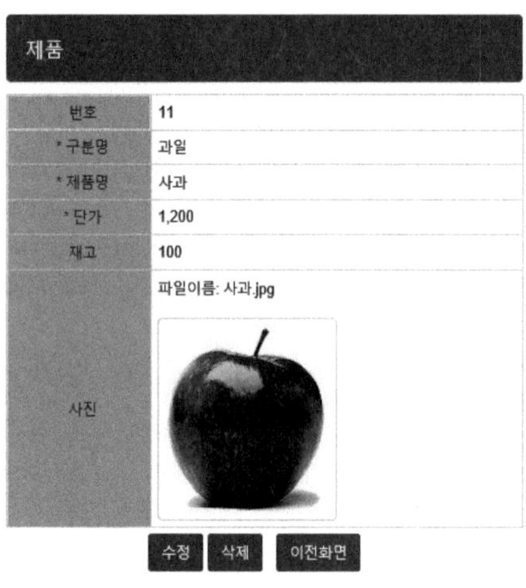

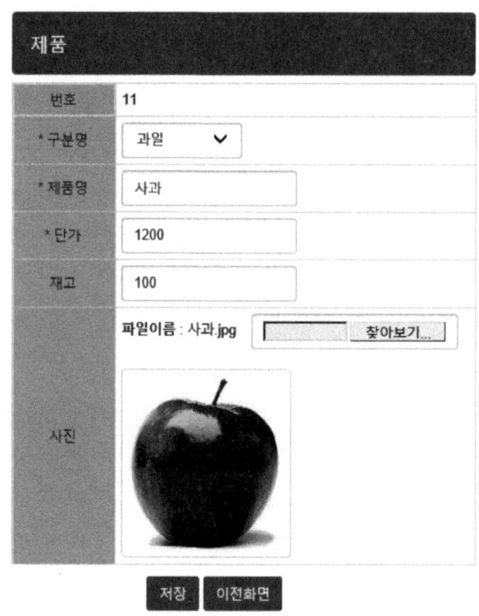

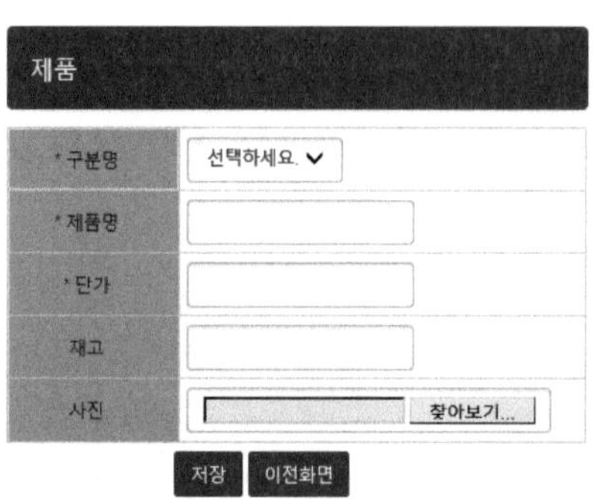

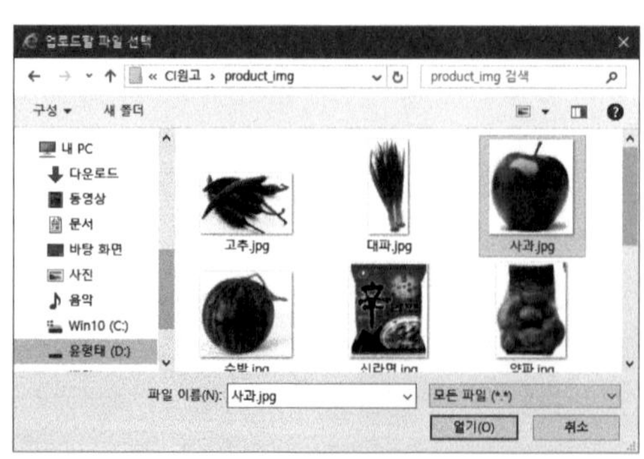

다음 그림은 날짜별로 관리하는 매입장 화면들로서, 콤보박스로 제품정보를 선택하며, 자동으로 금액을 계산 처리하도록 만들겠다.

다음 그림은 매출장 화면으로서, 매입장과 달리 제품정보 입력을 콤보박스가 아닌 제품선택 팝업창을 이용하여 처리하도록 만들겠다.

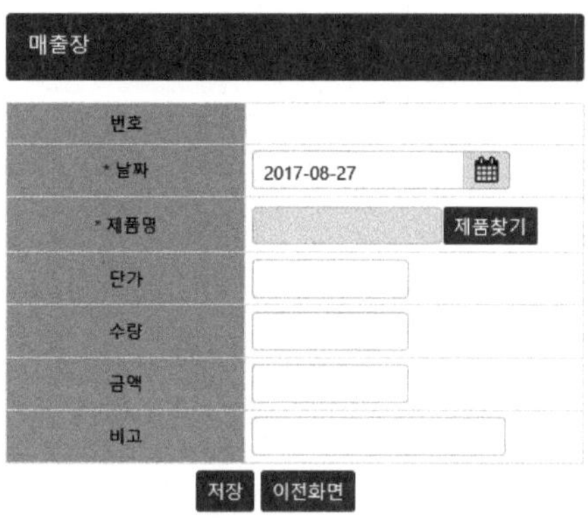

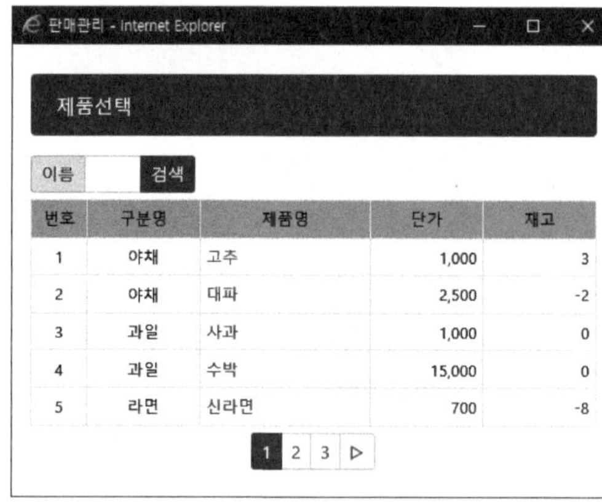

다음 그림은 기간과 제품명으로 조회할 수 있는 기간조회 화면으로서, 제품은 특정제품이나 제품 전체로 조회할 수 있도록 만들겠다.

다음 그림은 첫 번째 통계화면으로서, 주어진 기간 동안 가장 많이 팔린 제품을 조회하는 BEST제품 조회 화면이다.

두 번째 통계화면은 제품별 월별 판매현황을 년별로 조회할 수 있는 화면이다.

세 번째 통계화면은 주어진 기간 동안 구분별 판매현황을 도너츠형 그래프로 조회할 수 있는 화면이다.

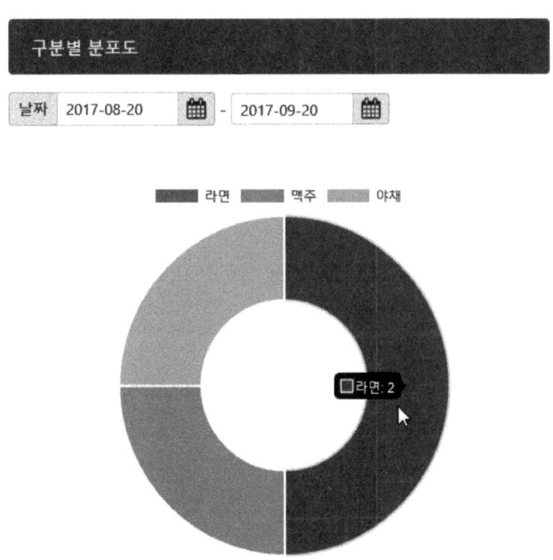

그 밖에 다음 화면은 사용자의 로그인 처리를 Bootstrap의 modal을 이용하여 처리하는 화면이며,

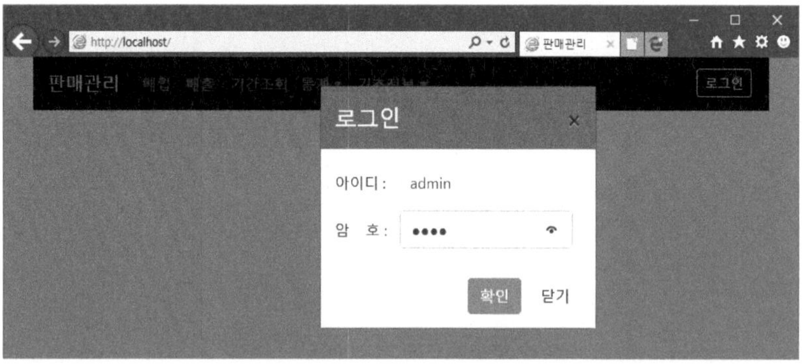

사용자가 관리자인지, 일반 사용자인지에 따라 사용할 수 있는 메뉴를 제한하도록 만들겠다.

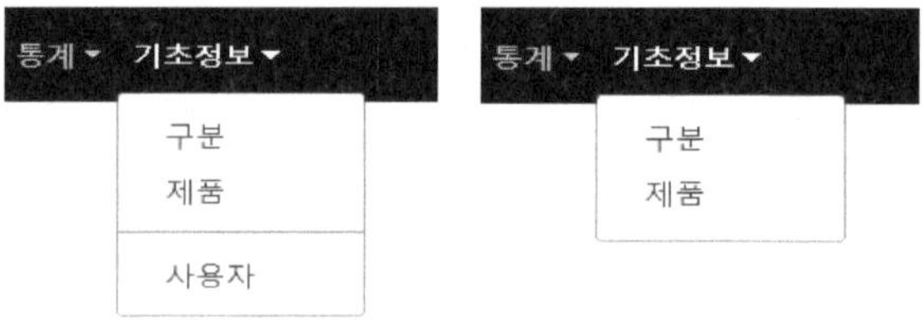

관리자 로그인한 경우　　직원이 로그인한 경우

다음 그림은 Bootstrap의 Carousel 기능을 이용하여 자동으로 메인 이미지가 이동하는 애니메이션이 되도록 만들겠다.

또한 제품사진들을 다음 그림과 같이 2차원 구조로 표시되는 앨범처럼 만들겠고, 이미지를 클릭했을 때는 확대이미지를 볼 수 있는 팝업창이 표시되도록 만들겠다.

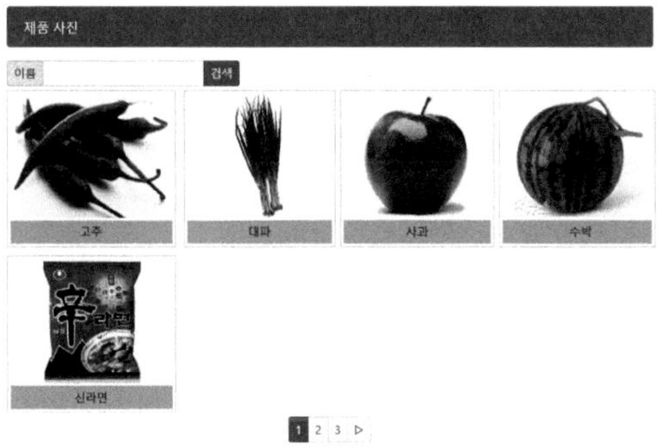

마지막으로 Ajax원리를 이해하기위하여 구분관리 화면을 Modal창과 Ajax로 동작하도록 만들어 보겠다.

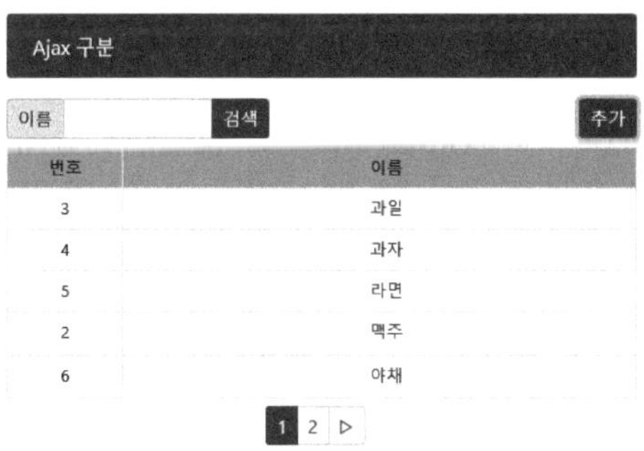

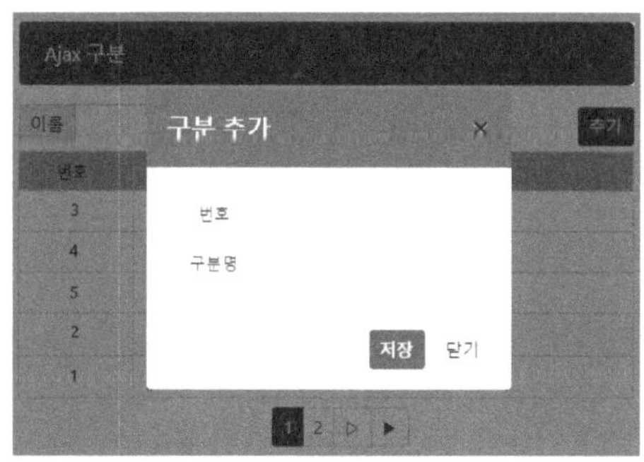

추가 버튼을 클릭한 경우

2.2 sale 프로젝트

2.2.1 sale 프로젝트 생성하기

실습목적

Laravel을 이용하여 판매관리를 위한 sale 프로젝트를 만들어라.

실습이론

1 **Sale 프로젝트 생성 및 실습용 통합파일 :** Laravel을 이용하여 Sale 프로젝트를 생성하

는 방법은 명령프롬프트창에서 다음 명령어를 치면 Sale 이라는 빈 프로젝트가 생성되며,

laravel new 프로젝트이름

Laravel과 프로젝트를 동시에 설치를 하는 경우는 다음과 같이 하면 된다.

composer create-project laravel/laravel 프로젝트이름

그리고 이 책 부록파일에는 이 책에서 사용하는 sale 프로젝트와 라이브러리 등 모든 파일들을 압축한 실습용 통합파일이 있다. htdocs 폴더아래에 실습용 통합파일을 압축 풀어 사용하면 된다.

2 **artisan** : artisan은 명령어와 옵션을 지정하여 실행하며, Laravel의 환경설정이나 관련된 처리를 제공하는 프로그램이다. 명령어와 옵션에는 명령어 목록을 보여주는 list, Laravel 서버를 기동시키는 serve, 특정소스를 생성해주는 make, 데이터베이스에 관련된 migrate, 모델에 관련된 model, 경로에 관련된 route, 저장장소 설정에 관련된 storage 등 … 아주 다양한 명령어와 옵션들이 있다. artisan은 만들어진 프로젝트 root 폴더에서 실행해야하며, 다음과 같이 php명령어와 함께 사용한다.

php artisan 명령어

이 책에서는 자주 사용하는 주요 명령어는 다음과 같으며, 사용법은 필요할 때 자세하게 설명하도록 하겠다. 다른 명령어에 대한 자세한 설명은 Laravel 문서를 참고하길 바란다.

	자주 사용하는 명령어	설명
1	php artisan serve	서버 기동
2	php artisan make:model 모델명 -m	모델 파일 생성
3	php artisan migrate	DB에 테이블 생성
4	php artisan make:controller --resource 컨트롤러명	컨트롤러 파일 생성
5	php artisan storage:link	저장장소 링크생성
6	php artisan route:list	route 목록

③ **Laravel서버 기동방법과 직접 실행방법** : Laravel환경에서 웹문서를 실행하려면 다음과 같이 먼저 artisan serve 명령어를 이용하여 프로젝트 root 폴더에서 웹서버를 기동할 수 있다. 만약 다른 도메인이름과 포트를 이용하는 경우는 명령어에 직접 도메인이름과 포트번호를 지정하여 실행하면 된다.

php artisan serve

만약 다른 도메인이름과 포트를 이용하는 경우는 명령어에 직접 도메인이름과 포트번호를 지정하여 실행하면 된다.

php artisan serve —host=도메인이름 —port=포트번호

이렇게 기동된 서버는 웹브라우저에서는 8000 port를 통해 웹문서를 실행할 수 있다.

http://localhost:8000

만약 서버를 기동하지 않고 직접 웹문서를 실행하려면, 제일 먼저 실행할 index.php가 public폴더에 있으므로 다음과 같이 public폴더를 직접 지정하여 실행하면 된다. 이 책에서는 서버를 기동하지 않고, 이 방법을 이용하여 작업을 설명하도록 하겠다.

http://localhost/sale/public

STEP 01 Sale 프로젝트 만들기

① **Laravel 설치하기** : 명령프롬프트 창에서 "C:₩APM₩Apache24₩htdocs" 폴더에서 다음과 같은 명령어를 입력하여 sale 프로젝트를 만든다. 설치하는데, 다소 시간이 걸릴 수 있다.

```
1  laravel new sale
```

htdocs폴더안에 sale폴더가 생성되며 프로젝트가 만들어진다.

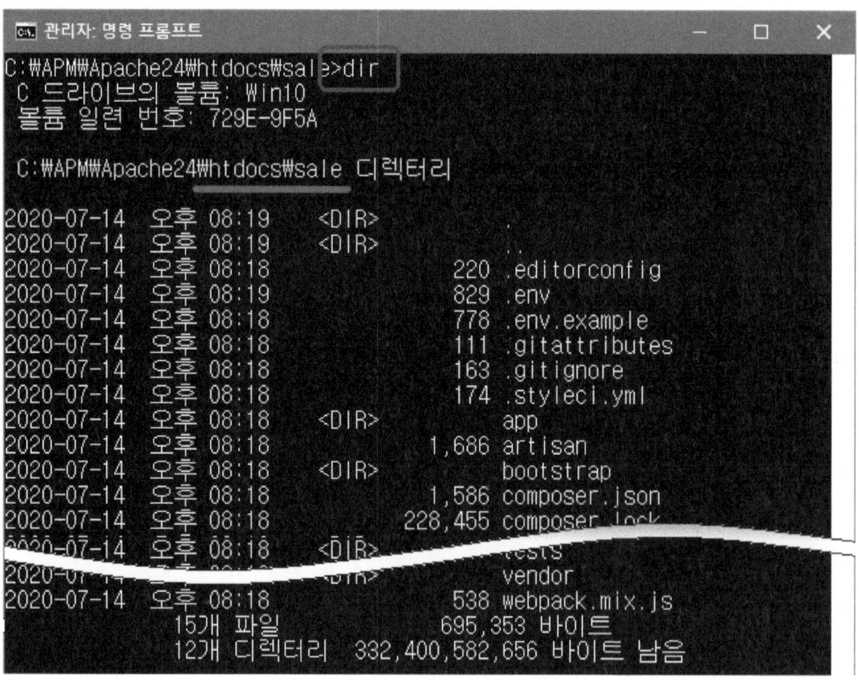

② **Laravel Server 기동하기 :** 명령프롬프트창에서 다음과 같이 명령어를 입력하여 서버를 기동시킨다.

```
php artisan serve
```

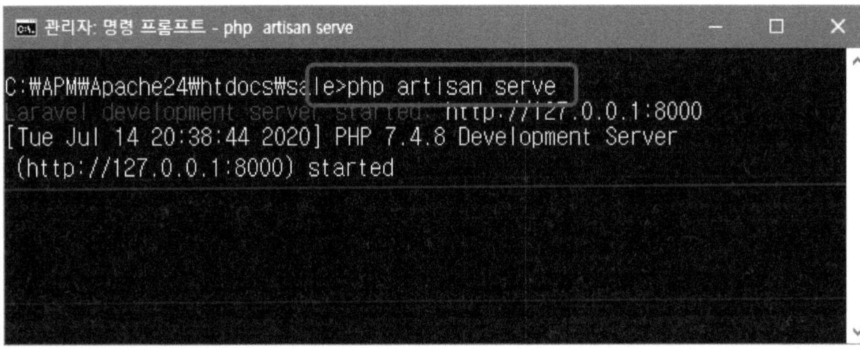

③ **Laravel 테스트하기 1** : 웹브라우저에 "localhost:8000"을 입력하여 아래 그림과 같이 나오면 정상적으로 프로세스가 생성된 것이다.

1	URL	localhost:8000

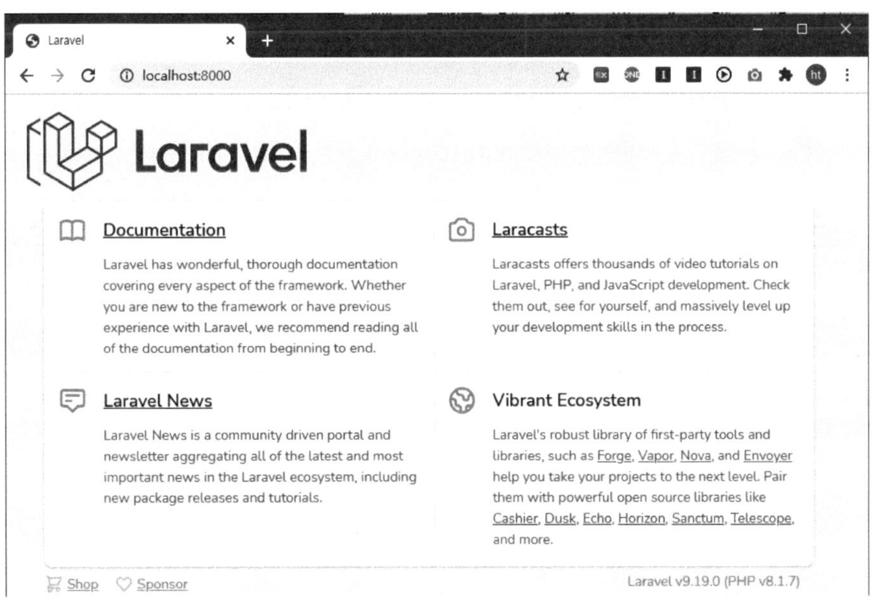

④ **Laravel 테스트하기 2** : "php artisan serve" 명령없이 직접 실행하고 싶으면, 다음과 같이 입력하면 된다.

1	URL	localhost/sale/public

public폴더에는 제일 먼저 실행해야 할 index.php파일이 있으므로, 이 파일을 직접 실행하면 된다. 그리고 매번 웹서버를 artisan명령어로 port 8000를 통해 기동시키려면 불편하므로, 이 책에서는 직접 실행하는 방법으로 설명하도록 하겠다.

2.3 데이터베이스 만들기

2.3.1 Sale 데이터베이스 만들기

실습목적

MariaDB에 판매관리 sale 데이터베이스와 sale 사용자계정을 만들어라.

실습이론

1 **sale Database** : phpMyAdmin을 이용하여 Sale 데이터베이스와 이 데이터베이스를 접속할 수 있는 사용자 sale을 등록하여라.

STEP 01 Sale 데이터베이스와 계정 만들기

① **phpMyAdmin 프로그램 실행하기** : 웹브라우저에서 다음 URL을 입력한다. phpMyAdmin 로그인 화면이 나오면 ,아이디는 “root”, 암호는 “1234”를 입력하여 로그인한다.

1	URL	http://localhost/phpmyadmin			
2	사용자명	root	3	암호	1234

② **데이터베이스 만들기:** [데이터베이스]탭을 선택한다. 새 데이터베이스 이름 입력란에 “sale”을 입력한 후, [만들기]버튼을 클릭한다.

1	새 데이터베이스 이름	sale

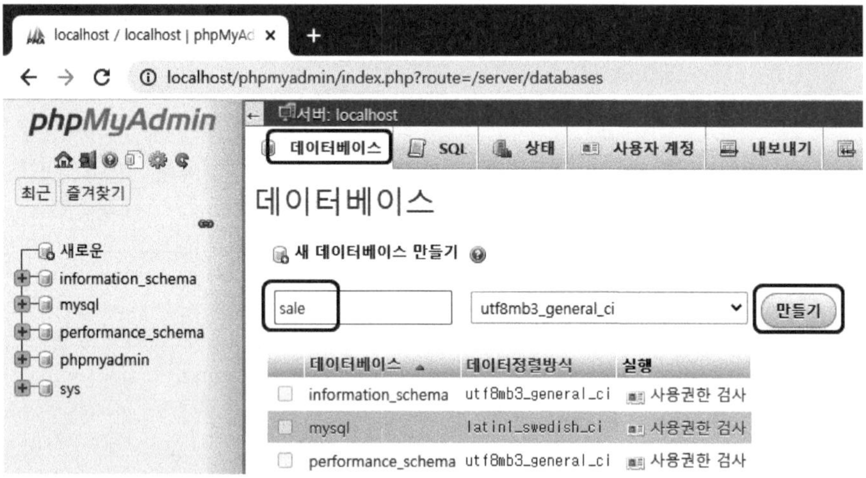

③ **사용자 계정 만들기:** [사용자 계정]탭을 선택한 후, 그림과 같이 "사용자 추가"를 클릭한다.

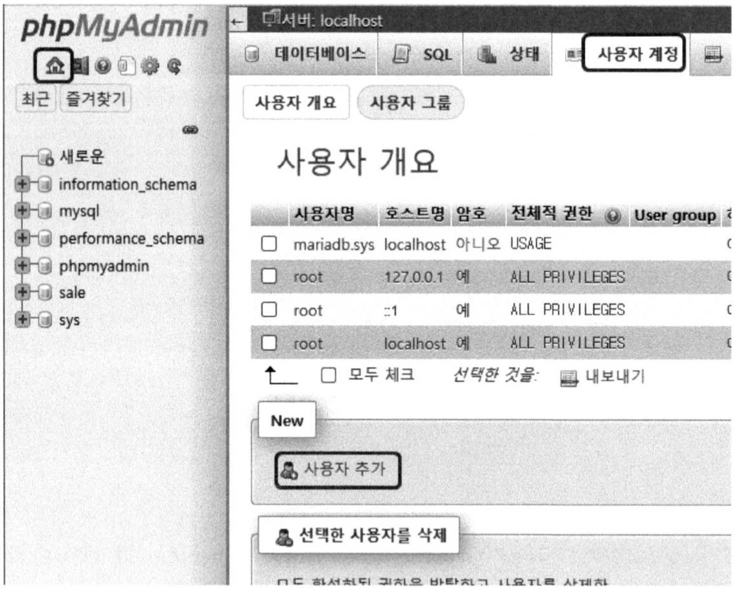

③ **사용자 계정 추가하기:** 사용자 계정의 정보를 다음과 같이 입력한 후, [실행]버튼을 클릭한다.

1	사용자명	sale	3	암호	1234
2	호스트명	%	4	재입력	1234
5	동명의 데이터베이스를 생성하고 모든 권한을 부여				☑

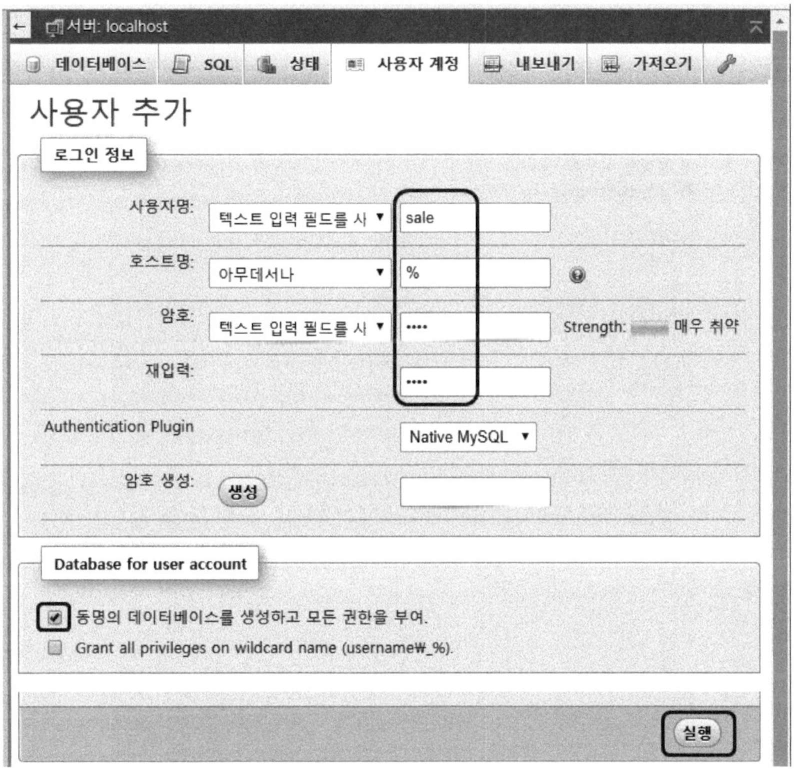

다음 그림은 sale 사용자 계정을 추가했을 때, mysql 데이터베이스의 db 테이블에 sale 데이터베이스를 sale 사용자가 소유하고 있다는 정보가 추가된 결과 화면이다.

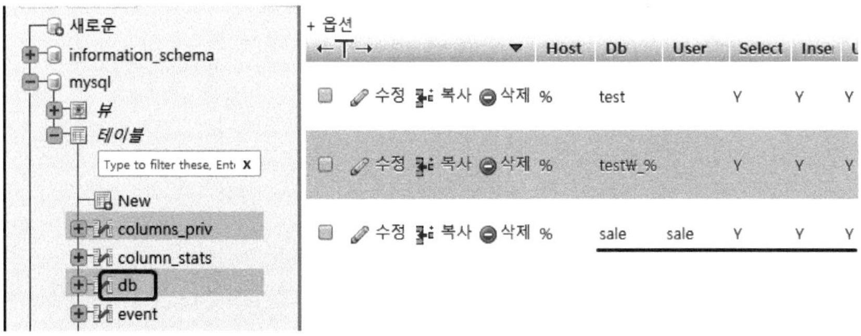

그리고 아래 그림은 user테이블에 사용자 sale 계정이 추가된 결과화면이다.

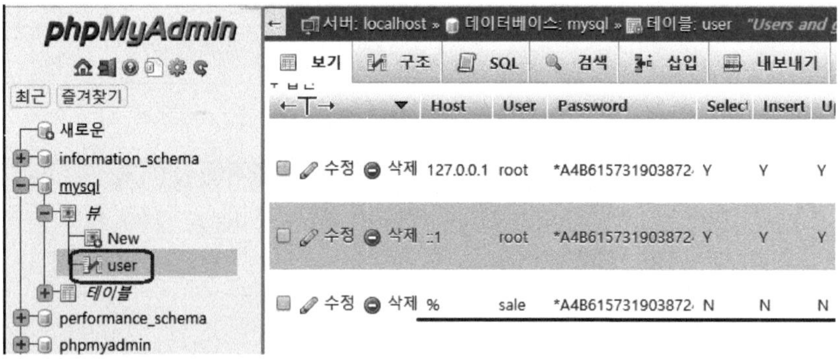

2.3.2 데이터베이스 연결

실습목적

설치한 Laravel에 sale 데이터베이스를 사용할 수 있도록 환경설정을 한다.

실습이론

1 **Laravel 폴더구조** : Laravel의 폴더 구조는 다음과 그림과 같이 다소 복잡한 구조를 가지고 있다. config폴더는 사용하는 환경설정을 하고, routes 폴더에서 경로 설정을 한다. 그리고 사용자 MVC 프로그램은 models(M), views(V), controllers(C) 폴더에서 프로그램을 한다. 당장은 이정도 폴더만 기억하길 바란다.

```
\─┬app─┬ Console, Exceptions, Providers
  │     │ Http ─┬ Controllers   → C : 컨트롤러 파일
  │     │       └ Middleware
  │     └ Models                → M : 모델파일(테이블, 관계, 정의)
  │ bootstrap - cache
  │ config
  │ database - factories, migrations, seeders
  │ lang
  │ public
  │ resources ─┬ css, js, lang
  │            └ views          → V : 화면 파일
  │ routes                      → 경로 설정
  │ storage ─┬ app - public
  │          │ framework - cache, sessions, testing, views
  │          └ logs
  │ tests - Feature, Unit
  └ vendor - asm89 ...          → 제3자 라이브러리들
```

② **Database 설정** : 앞에서 만든 sale데이터베이스를 연결하는 것은 sale폴더에 있는 .env 파일이나 config 폴더의 database.php에서 할 수 있다. 여기서는 .env 파일에서 설정하는 방법을 소개하겠다.

```
...
DB_CONNECTION = mysql
DB_HOST = 127.0.0.1
DB_PORT = 3306
DB_DATABASE = sale        → 사용자 데이터베이스 이름
DB_USERNAME = sale        → 사용자 ID
DB_PASSWORD = 1234        → 사용자 암호
...
```

STEP 01 Sale 데이터베이스 연결

① **sale 연결** : sale 폴더의 .env 파일을 열어 다음과 같이 수정한다.

1	DB_DATABASE	sale	2	DB_USERNAME	sale
3	DB_PASSWORD	1234			

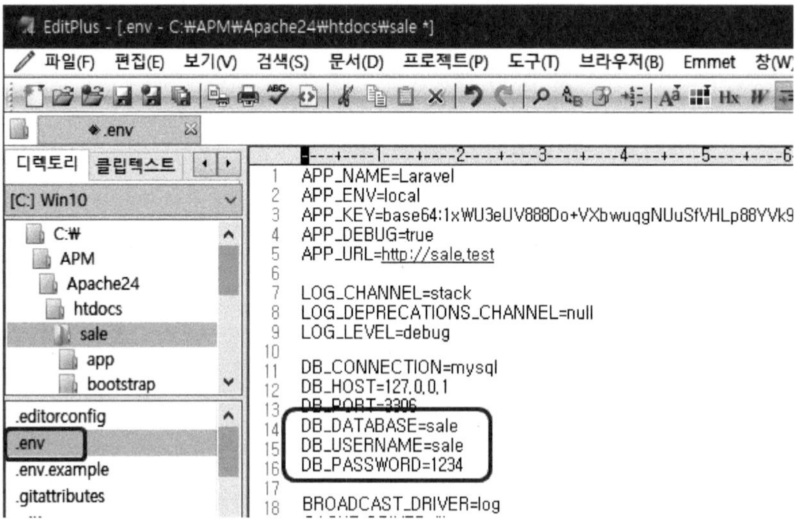

Chapter 03

Bootstrap 디자인

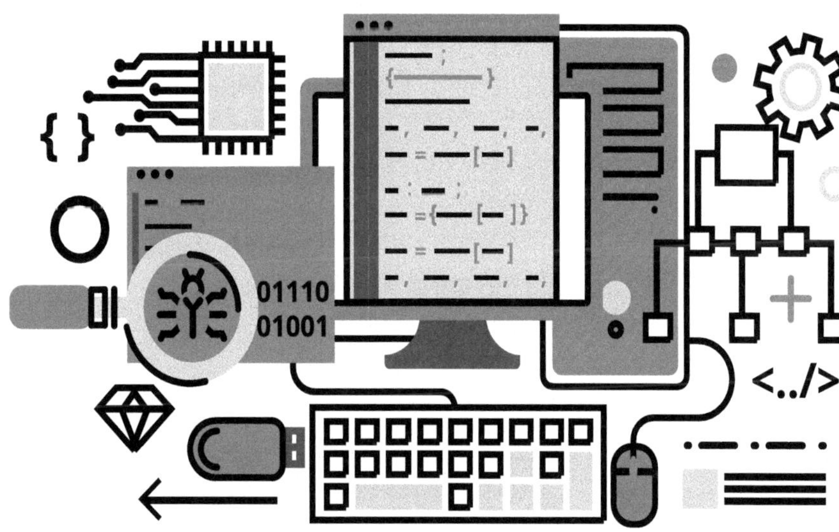

3.1 Bootstrap과 Jquery 설치

Bootstrap은 웹 사이트나 웹 응용 프로그램을 작성하기 위해 사용하는 무료 소프트웨어로서, 동적인 웹 사이트 및 웹 응용 개발을 위한 FrontEnd & BackEnd Framework이다. 웹 페이지에서 사용되는 입력 창, 버튼, 내비게이션 및 기타 구성요소, 각종 레이아웃 등 모든 요소를 내장하고 있기 때문에 Bootstrap의 CSS와 자바스크립트, 관련 이미지만 있으면 대부분의 웹 페이지를 손쉽게 제작할 수 있도록 도와주는 프로그램이다. 이 책의 판매관리 프로그램의 디자인은 Bootstrap을 이용할 생각이며, 이 절에서 Bootstrap으로 사용자관리 화면을 디자인하는 방법에 대해 알아보겠다. 이 책에서는 Bootstrap 5 버전을 사용하고 있다.

실습목적

Bootstrap과 Jquery, popper를 다운받아 자신의 PC에 설치한다.

실습이론

1 **Bootstrap 다운받기** : Bootstrap은 다음 사이트에서 최신버전의 프로그램을 다운 받을 수 있다.

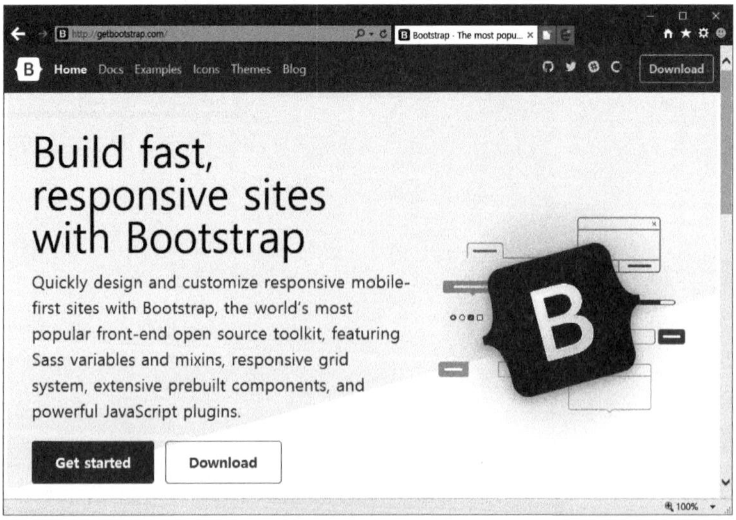

getbootstrap.com

2 **Jquery 다운받기** : Bootstrap을 사용하기 위해서는 jquery 프로그램이 필요하다. jquery 프로그램은 다음 사이트에서 최신 버전을 다운 받을 수 있다.

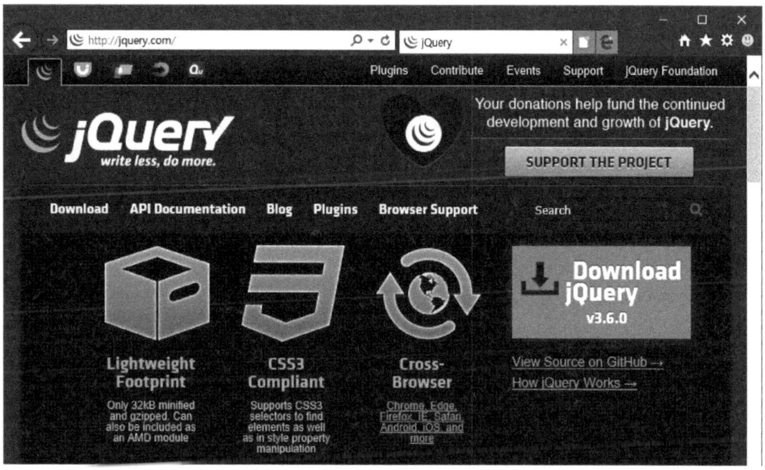

jquery.com

3 **popper 다운받기** : Bootstrap에서 jquery와 같이 popup에 관련된 다양한 기능을 사용하기 위해서는 popper.js 프로그램이 필요하다. 이 프로그램은 popper.js.org 사이트에서 최신 버전을 다운 받을 수 있다. 만약 bootstrap 파일에서 bootstrap.min.js 파일 대신에 bootstrap.bundle.min.js 파일을 사용하면 bundle파일안에는 popper.js 파일이 포함되어 있으므로 따로 등록할 필요가 없다.

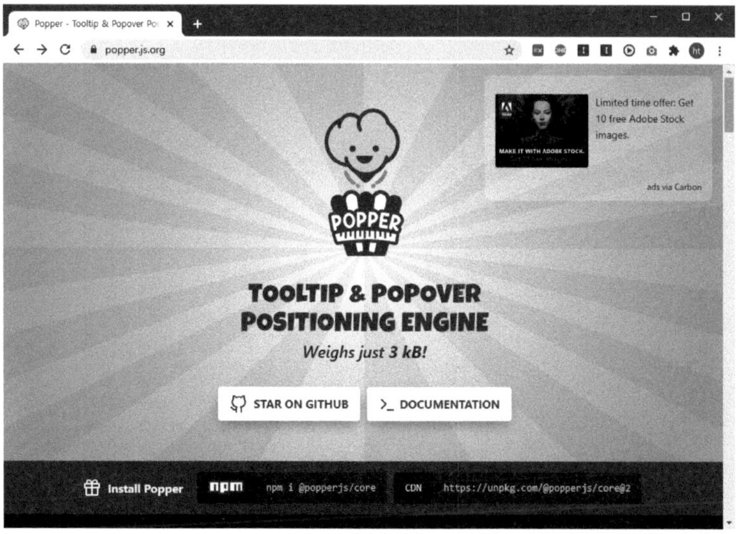

popper.js.org

3 **my 폴더 만들기** : 앞으로 사용할 Bootstrap, jquery와 같은 다양한 라이브러리를 사용하기 편리하도록 미리 설치를 할 필요가 있다. 설치할 폴더는 laravel 프로젝트 sale 폴더 아래에 보면 public이라는 폴더가 있다. 이 폴더는 웹브라우저로 사용자가 직접 접근할 수 있는 폴더로서 앞으로 사용할 웹디자인용 html 파일과 my 폴더는 이곳에 있어야 한다. 여기서는 아래와 같이 public폴더 아래에 my 폴더를 만들고 필요한 파일들을 복사하여 사용하겠다.

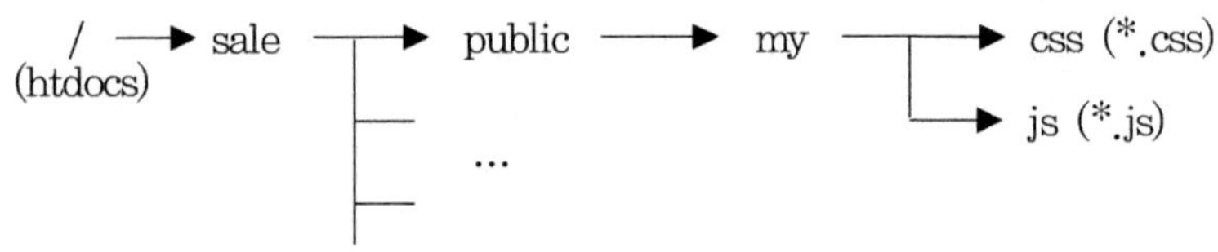

4 **부록파일 my.zip** : 앞에서 설명한 bootstrap, jquery 이외에 이 책에서는 다양한 제3자 라이브러리를 이용하여 프로그램을 만드는 과정을 소개하고 있다. 이 파일들을 매번 다운받아 설치를 하면 불편하므로, 이 책에서는 실습에 관련된 모든 파일을 한 번에 설치할 수 있도록 my.zip 파일을 제공하고 있다. 이 파일을 앞서 설명한 public 폴더 밑에 my라는 폴더에 압축을 풀어 사용하면 된다. 만약 통합용실습파일을 설치한 경우에는 이미 포함되어 있으므로 다시 설치할 필요 없다.

STEP 01 my.zip 압축풀기

① **my 폴더 만들기** : 아래 그림과 같이 c:₩APM₩Apache24₩hdocs₩sale₩public 폴더 밑에 "my" 폴더를 만든다.

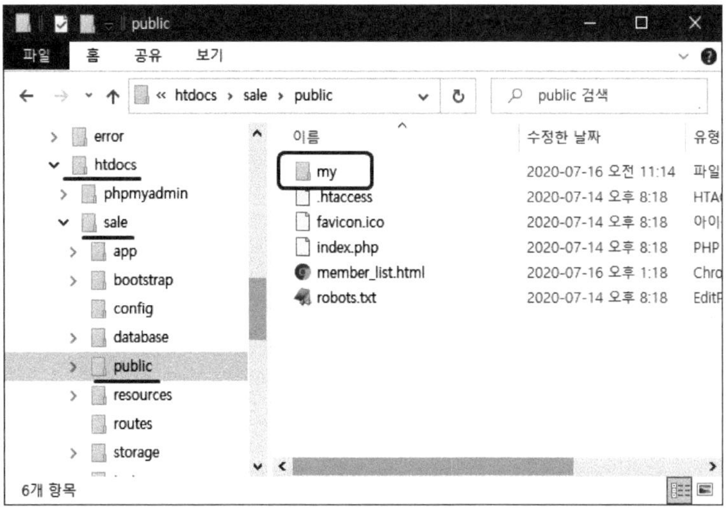

② **my.zip 압축풀기** : my폴더에 my.zip 파일의 압축을 푼다.

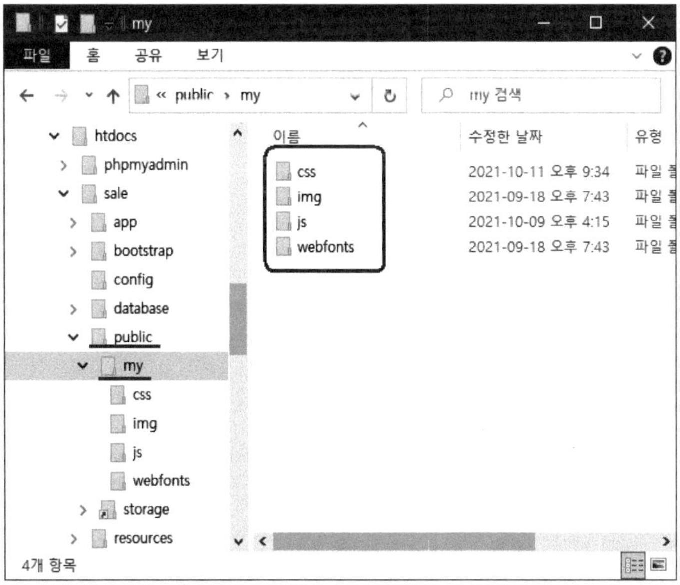

3.2 member_list.html 만들기

3.2.1 기본화면

실습목적

Bootstrap을 이용하여 다음그림과 같이 사용자 목록을 표시하는 사용자 html 디자인 소스를 만들어라.

실습이론

1. **Bootstrap 기본 Template** : Bootstrap 홈페이지에는 Bootstrap에 이용되는 예제 소스를 쉽게 가져다 쓸 수 있다. 예를 들어 Bootstrap 기본 소스는 아래 그림과 같이 "Getting started"를 선택한 후, 화면 오른쪽에서 "Starter template"를 클릭하면, Bootstrap 기본 소스가 나온다. 이 소스를 드래그하여 복사하거나 [Copy]버튼을 이용하여 복사한 후, "붙여넣기"를 이용하여 자신의 프로그램에 사용하면 된다.

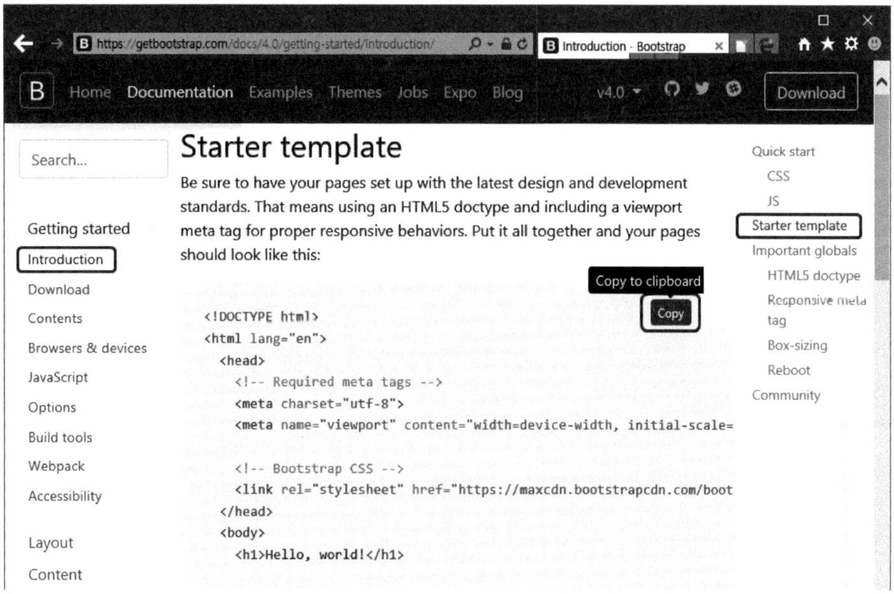

2 **파일 경로명** : Bootstrap이나 jquery 파일은 my폴더 밑의 css, js폴더(my/css, my/js)에 있으므로, 파일을 연결할 때 경로명을 다음과 같이 지정해야 한다.

```
<link  href="my/css/bootstrap.min.css" rel="stylesheet">
<script src="my/js/jquery-3.6.0.min.js"></script>
<script src="my/js/popper.min.js"></script>
<script src="my/js/bootstrap.min.js"></script>
```

혹은 bundle 버전을 이용하여 popper.min.js를 생략해도 된다.

```
<link  href="my/css/bootstrap.bundle.min.css" rel="stylesheet">
<script src="my/js/jquery-3.6.0.min.js"></script>
<script src="my/js/bootstrap.bundle.min.js"></script>
```

3 **container 클래스** : PC나 모바일 장치의 가로길이에 따라 화면에 표시되는 구성요소들이 동적으로 표시되기 위해서는 Bootstrap에서 제공하는 영역 안에 구성요소들이 있어야 한다. 이 영역을 설정하는 방법은 다음과 같이 설정한다. container는 고정된 가로폭을 갖는 반응형 디자인을 하는 경우 사용하며, container-fluid는 화면 가로폭을 모두 이용하는 경우 사용한다.

〈div class="**container**"〉
html 소스
〈div〉

〈div class="**container-fluid**"〉
html 소스
〈/div〉

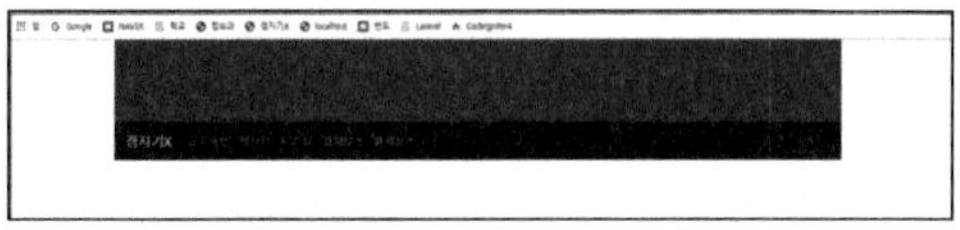

STEP 01 기본소스 만들기

① **member_list.html 만들기** : 아래 그림과 같이 편집기에서 [새로작성]메뉴를 이용하여 public 폴더에 "member_list.html"파일을 새로 만든다.

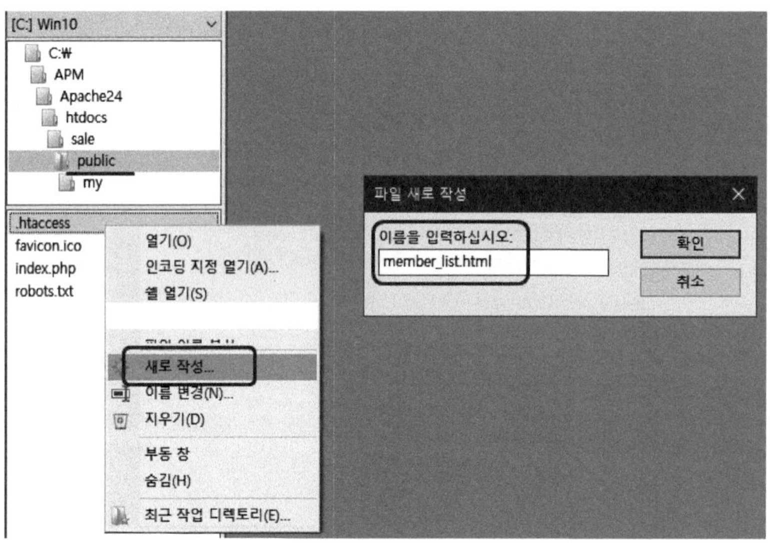

② **기본프로그램 작성하기** : Bootstrap 사이트의 소스를 복사하여 입력하거나, 직접 입력하여 기본 프로그램을 작성한다.

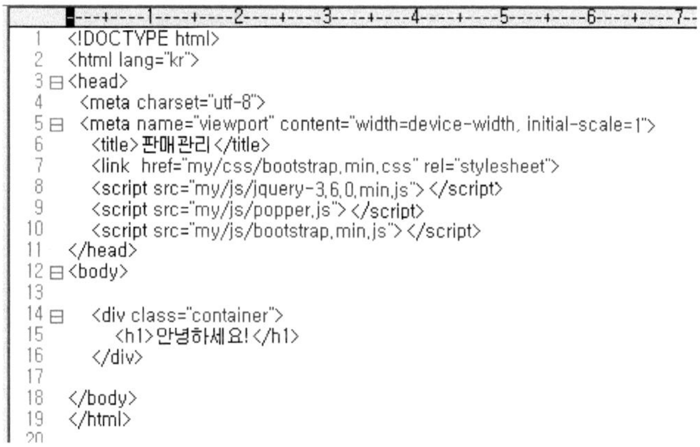


```
<!doctype html>
<html lang="kr">
<head>
  <meta charset="utf-8">
  <meta name="viewport" content="width=device-width, initial-scale=1">
  <title>판매관리</title>
  <link href="my/css/bootstrap.min.css" rel="stylesheet">
  <script src="my/js/jquery-3.6.0.min.js"></script>
  <script src="my/js/popper.js"></script>
  <script src="my/js/bootstrap.min.js"></script>
</head>
<body>
  <div class="container">
    <h1>안녕하세요!</h1>
  </div>
</body>
</html>
```

③ **실행하기** : 웹브라우저를 실행하여 결과를 확인한다.

http://localhost:8000/member_list.html

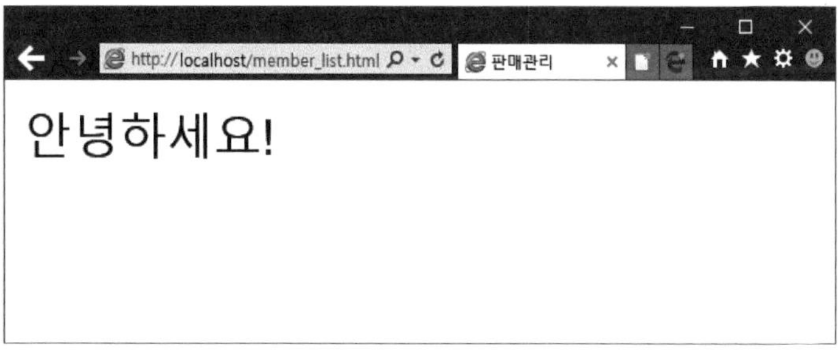

만약 결과가 나오지않는 경우는 명령프롬프트창에서 Laravel 서버가 먼저 기동되어 있는지 확인해보길 바란다.

Laravel 서버 기동없이 직접 실행을 하는 경우에는 다음과 같이 URL을 직접 입력하면 된다.

http://localhost/sale/public/member_list.html

3.2.2 풀다운메뉴

실습목적

Bootstrap의 Navbar 클래스를 이용하여 다음 그림과 같은 판매관리 풀다운 메뉴를 만든다.

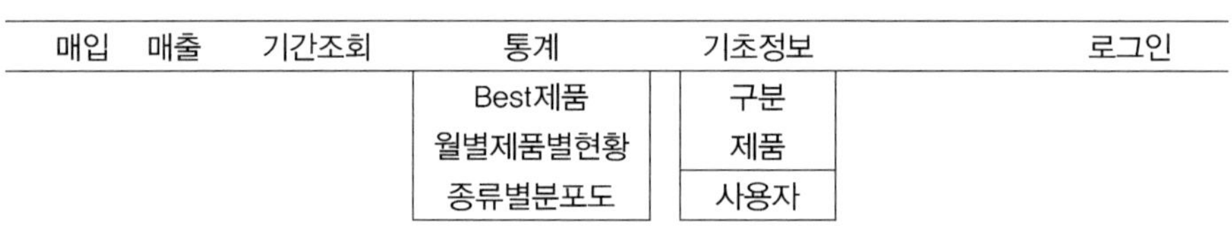

판매관리 메뉴

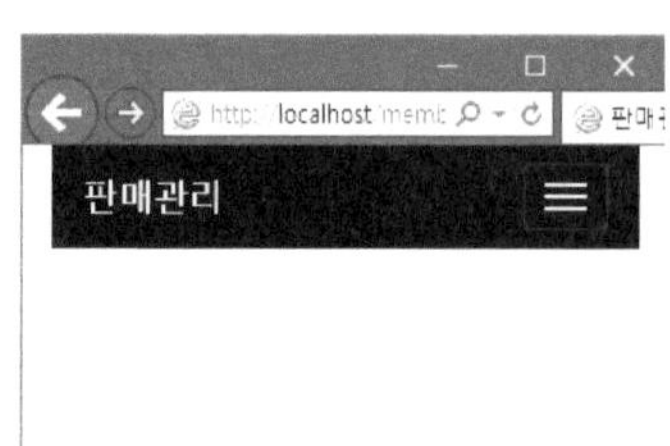

실습이론

1 **Navbar** : Bootstrap에는 풀다운메뉴를 손쉽게 만들어주는 Navbar 기능이 있다. 이 기능은 아래 그림과 같이 "Components"의 "Navbar"에서 프로그램의 소스를 복사하여 만들면 쉽게 만들 수 있다.

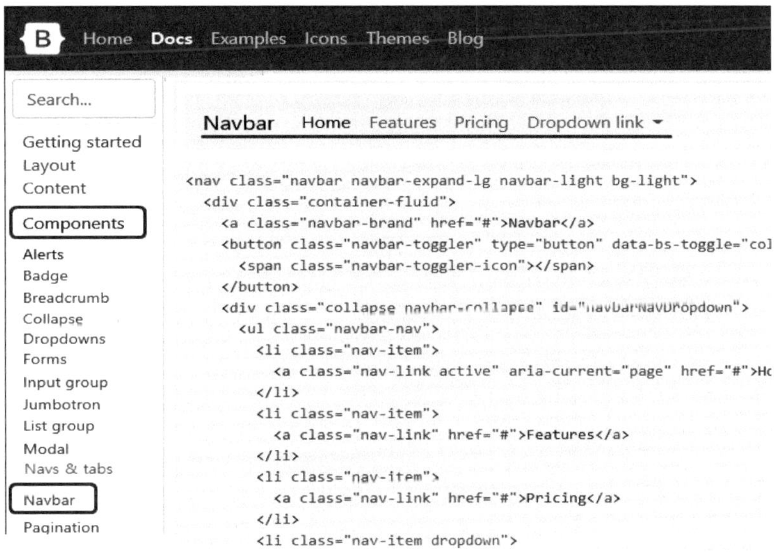

2 **Navbar 소스** : Navbar의 내용을 보면 제목부인 "제목 부분"과 "메뉴 부분"에 원하는 내용을 입력하면 된다.

```
〈nav class="navbar navbar-expand-lg navbar-dark bg-dark"〉
  〈div class="container-fluid"〉
    〈a class="navbar-brand" href="#"〉제목 부분〈/a〉
    〈button class="navbar-toggler" type="button" data-bs-toggle="collapse"
      data-bs-target="#navbarSupportedContent"
aria-controls="navbarSupportedContent"
      aria-expanded="false" aria-label="Toggle navigation"〉
      〈span class="navbar-toggler-icon"〉〈/span〉
    〈/button〉
    〈div class="collapse navbar-collapse" id="navbarSupportedContent"〉
      〈ul class="navbar-nav me-auto mb-2 mb-lg-0"〉
          ...
          메뉴 부분
          ...
      〈/ul〉
    〈/div〉
  〈/nav〉
```

기본 풀다운 메뉴의 배경색은 옅은 회색이며 글자색은 검정색이다. 만약에 배경색과 글자색을 반전시키고 싶으면 첫 줄의 light대신에 dark로 수정하면 된다.

```
<nav class="navbar navbar-expand-lg navbar-dark bg-dark">
```

그리고 me-auto는 메뉴들의 배치를 좌우 양 끝에 맞추어 배치되도록 정렬한다.

me-auto 적용한 경우

3 **단순 메뉴 Link** : 단순 메뉴를 이용하는 경우는 다음과 같이 nav-item과 nav-link 사용할 수 있다.

```
<li class="nav-item">
  <a class="nav-link" href="#">메뉴이름</a>
</li>
```

4 **콤보박스 메뉴 Dropdown** : 콤보박스 메뉴인 경우는 다음과 같이 사용할 수 있다.

```
<li class="nav-item dropdown">
  <a class="nav-link dropdown-toggle" href="#" id="navbarDropdown" role="button"
data-bs-toggle="dropdown" aria-expanded="false">메뉴이름</a>
  <ul class="dropdown-menu" aria-labelledby="navbarDropdown">
    <li><a class="dropdown-item" href="#">하위메뉴1</a></li>
    <li><a class="dropdown-item" href="#">하위메뉴2</a></li>
    <li><a class="dropdown-item" href="#">하위메뉴3</a></li>
  </ul>
</li>
```

메뉴와 메뉴 사이에 구분선을 삽입하는 경우에는 dropdown-divider 삽입하면 된다.

```
<li><hr class="dropdown-divider"></li>
```

STEP 01 기본소스 만들기

① **메뉴 만들기** : "안녕하세요!" 대신에 아래 표와 같은 풀다운 메뉴가 나오도록 메뉴를 작성한다. bootstrap 사이트에서 기본 소스를 복사하여 수정 작업하면 편리하다.

매입	매출	기간조회	통계	기초정보	로그인
			Best제품	구분	
			월별제품별현황	제품	
			종류별분포도	사용자	

판매관리 메뉴

```
<body>

<div class="container">

  <nav class="navbar navbar-expand-lg navbar-dark bg-dark">
    <div class="container-fluid">
      <a class="navbar-brand" href="#">판매관리</a>
      <button class="navbar-toggler" type="button" data-bs-toggle="collapse"
        data-bs-target="#navbarSupportedContent" aria-controls="navbarSupportedContent"
        aria-expanded="false" aria-label="Toggle navigation">
        <span class="navbar-toggler-icon"></span>
      </button>
      <div class="collapse navbar-collapse" id="navbarSupportedContent">
        <ul class="navbar-nav me-auto mb-2 mb-lg-0">
          <li class="nav-item"><a class="nav-link" href="#">매입</a></li>
          <li class="nav-item"><a class="nav-link" href="#">매출</a></li>
          <li class="nav-item"><a class="nav-link" href="#">기간조회</a></li>
          <li class="nav-item dropdown">
            <a class="nav-link dropdown-toggle" href="#" id="navbarDropdown"
              role="button" data-bs-toggle="dropdown" aria-expanded="false">통계</a>
            <ul class="dropdown-menu" aria-labelledby="navbarDropdown">
              <li><a class="dropdown-item" href="#">BEST제품</a></li>
              <li><a class="dropdown-item" href="#">월별제품별현황</a></li>
              <li><a class="dropdown-item" href="#">종류별 분포도</a></li>
            </ul>
          </li>
          <li class="nav-item dropdown">
            <a class="nav-link dropdown-toggle" href="#" id="navbarDropdown"
              role="button" data-bs-toggle="dropdown" aria-expanded="false">기초정보</a>
            <ul class="dropdown-menu" aria-labelledby="navbarDropdown">
              <li><a class="dropdown-item" href="#">구분</a></li>
              <li><a class="dropdown-item" href="#">제품</a></li>
              <li><hr class="dropdown-divider"></li>
              <li><a class="dropdown-item" href="#">사용자</a></li>
            </ul>
          </li>
        </ul>
        <a class="btn btn-sm btn-outline-secondary btn-dark" href="#">로그인</a>
      </div>
    </div>
  </nav>

</div>

</body>
</html>
```

```
... ... ...
<body>
<div class="container">

<nav class="navbar navbar-expand-lg navbar-dark bg-dark">
  <div class="container-fluid">
    <a class="navbar-brand" href="#">판매관리</a>
    <button class="navbar-toggler" type="button" data-bs-toggle="collapse"
      data-bs-target="#navbarSupportedContent"
aria-controls="navbarSupportedContent"
       aria-expanded="false" aria-label="Toggle navigation">
    <span class="navbar-toggler-icon"></span>
    </button>
    <div class="collapse navbar-collapse" id="navbarSupportedContent">
      <ul class="navbar-nav me-auto mb-2 mb-lg-0">
        <li class="nav-item"><a class="nav-link" href="#">매입</a></li>
        <li class="nav-item"><a class="nav-link" href="#">매출</a></li>

        <li class="nav-item"><a class="nav-link" href="#">기간조회</a></li>
        <li class="nav-item dropdown">
          <a class="nav-link dropdown-toggle" href="#" id="navbarDropdown"
            role="button" data-bs-toggle="dropdown"
aria-expanded="false">통계</a>
          <ul class="dropdown-menu" aria-labelledby="navbarDropdown">
            <li><a class="dropdown-item" href="#">BEST제품</a></li>
            <li><a class="dropdown-item" href="#">월별제품별현황</a></li>
            <li><a class="dropdown-item" href="#">종류별 분포도</a></li>
          </ul>
        </li>
        <li class="nav-item dropdown">
          <a class="nav-link dropdown-toggle" href="#" id="navbarDropdown"
           role="button" data-bs-toggle="dropdown"
aria-expanded="false">기초정보</a>
           <ul class="dropdown-menu" aria-labelledby="navbarDropdown">
             <li><a class="dropdown-item" href="#">구분</a></li>
             <li><a class="dropdown-item" href="#">제품</a></li>
             <li><hr class="dropdown-divider"></li>
             <li><a class="dropdown-item" href="#">사용자</a></li>
           </ul>
        </li>
      </ul>
      <a class="btn btn-sm btn-outline-secondary btn-dark" href="#">로그인</a>
    </div>
  </div>
</nav>

</div>
... ... ...
```

③ **실행하기** : 웹브라우저에서 실행하여 결과를 확인한다.

3.2.3 my.css 스타일

실습목적

프로그램 전체에 적용할 나만의 CSS 파일인 my.css를 만든다.

실습이론

1 **my.css** : Bootstrap에서 제공하는 css 파일이외에도 사이트에 적용할 나만의 글꼴, 글꼴크기, 정렬, margin 등 스타일을 정의할 css 파일이 필요하다. 여기서는 취소한의 스타일만 지정할 생각이며, 다음과 같이 table과 margin, 색상에 대해서만 지정하겠다. 그리고 table의 수직정렬과 색상에 !important를 지정한 이유는 css 우선순위에 위해 bootstrap css와 사용자 css가 서로 겹쳐 원하지 않은 결과가 나온다. 따라서 사용자 css를 우선적으로 적용하기 위해 !important를 추가하여야 한다. bootstrap css를 사용하다보면 이런 경우가 발생할 수 있으니, 잘 기억해두길 바란다.

```
① table { font-size:10pt; text-align:center; vertical-align:middle  !important; }
② a:link { text-decoration: none; }
③ .mymargin5 { margin:5px 0px 5px 0px; }
④ .mycolor1 { background-color:steelblue  !important; color:white  !important; }
⑤ .mycolor2 { background-color:lightsteelblue  !important; }
⑥ .mycolor3 { background-color:lightyellow  !important; }
```

① **table** : 테이블내에서 사용할 글꼴크기를 10pt, 그리고 셀 안의 세로와 가로 정렬방식을 가운데 정렬로 지정한다는 의미.

② **a:link** : a tag 글자의 밑줄을 표시하지 말라는 의미.

③ **mymargin5** : 개체의 top, left, bottom, right marign을 (5, 0, 5, 0)으로 주어, 위, 아래 여백만 5px 씩 준다는 의미. 개체간의 세로 사이간격이 딱 붙지 않도록 여백줄 때, 이용.

④ **mycolor1** : 버튼과 제목표시줄 배경색과 글자색.

⑤ **mycolor2** : 테이블의 칼럼제목부 색.

⑥ **mycolor3** : 테이블의 강조 칼럼용 배경색.

!important

!important는 지정한 css 이후의 css는 무시하라는 표시다. bootstrap css를 사용하다보면 사용자 css와 중복되는 경우가 있다. 이 경우 우선순위문제로 인해 원하지 않는 결과가 나오게 되는 경우가 있다. 이런 경우 style을 이용하여 직접 지정하거나 !important를 이용하여 문제를 해결 할 수 있다. 아래 예는 테이블내의 수직 정렬을 middle로 지정했지만, 실제 결과는 top으로 표시된다. 따라서 중앙정렬을 원하다면 !important를 지정해야 한다.

예) table { vertical-align:middle **!important**; }

그밖에 독자가 필요한 스타일이 있다면, 더 지정하여 사용하길 바란다.

STEP 01 my.css 만들기

① **my.css 만들기** : c:₩APM₩Apache24₩htdocs₩sale₩public₩my₩css 폴더에 my.css 파일을 새로 만들어 다음과 같이 입력한다.

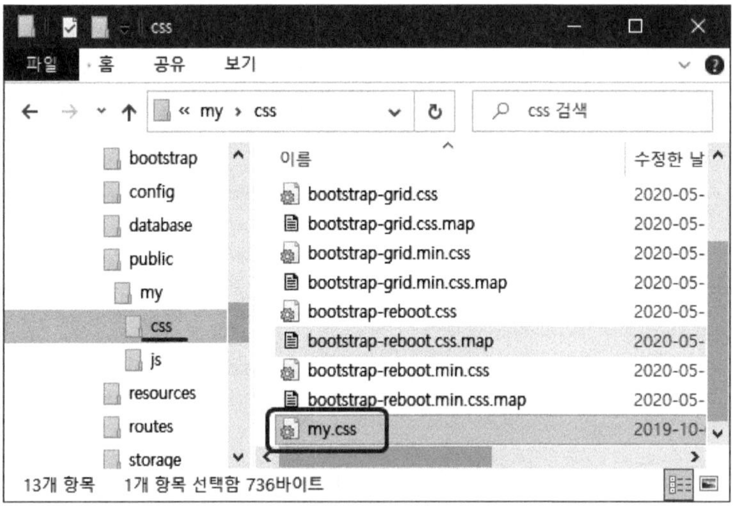


```
table { font-size:10pt; text-align:center; vertical-align:middle !important; }
a:link { text-decoration: none; }

.mymargin5 { margin:5px 0px 5px 0px; }

.mycolor1 { background-color:steelblue !important; color:white !important; }
.mycolor2 { background-color:lightsteelblue !important; }
.mycolor3 { background-color:lightyellow !important; }
```

```
table { font-size:10pt; text-align:center; vertical-align:middle !important; }
a:link { text-decoration: none; }

.mymargin5 { margin:5px 0px 5px 0px; }

.mycolor1 { background-color:steelblue !important; color:white !important; }
.mycolor2 { background-color: lightsteelblue !important; }
.mycolor3 { background-color: lightyellow !important; }
```

② **member_list.html 수정** : member_list.html파일을 읽어 다음과 같이 수정한다.

```
... ... ...
    <meta name="viewport" content="width=device-width, initial-scale=1">
    <title>판매관리</title>
    <link href="my/css/bootstrap.min.css" rel="stylesheet">
    <link href="my/css/my.css" rel="stylesheet">
    <link href="my/js/jquery-3.5.1.min.js" rel="stylesheet">
    <link href="my/js/popper.js" rel="stylesheet">
    <link href="my/js/bootstrap.min.js" rel="stylesheet">
</head>
... ... ...
```

```
<!DOCTYPE html>
<html lang="kr">
<head>
  <meta charset="utf-8">
  <meta name="viewport" content="width=device-width, initial-scale=1>
    <title>판매관리</title>
    <link  href="my/css/bootstrap.min.css" rel="stylesheet">
    <link  href="my/css/my.css" rel="stylesheet">
    <script src="my/js/jquery-3.5.1.min.js"></script>
    <script src="my/js/popper.min.js"></script>
    <script src="my/js/bootstrap.min.js"></script>
</head>
<body>
```

3.2.4 제목 표시줄

실습목적

Bootstrap의 alert를 이용하여 다음 그림과 같이 "사용자"라는 제목표시줄을 만든다.

실습이론

1 **Alert** : 화면내용을 표시하는 제목줄은 Component → Alert를 이용하면 손쉽게 만들 수 있다. 다른 배경색을 원한다면 alert-primary, alert-secondary, alert-success, alert-danger, alert-warning, alert-info, alert-light, alert-dark를 이용할 수 있다. 그밖에 utility → colors 클래스의 bg-primary, bg-secondary, bg-success, bg-danger, bg-warning, bg-info, bg-light, bg-dark도 이용할 수 있다.

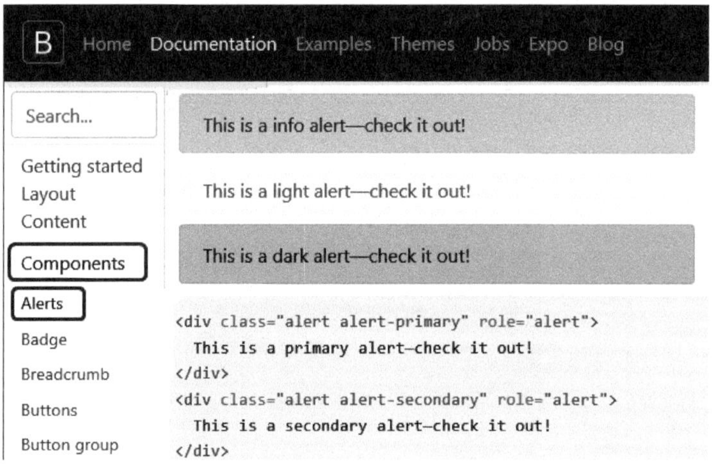

여기서는 my.css에 정의한 mycolor1을 이용하겠다.

```
<div class="alert mycolor1" role="alert">제목</div>
```

STEP 01 제목표시줄 만들기

① **Alert 프로그램 입력 :** 아래 프로그램을 풀다운메뉴 소스 다음에 입력한다.

```
…  …  …
        </div>
    </nav>

    <br>
    <div class="alert mycolor1" role="alert">사용자</div>

</div>
…  …  …
```

```
            </ul>
            <a class="btn btn-sm btn-outline-secondary btn-dark" href="#">로그인</a>
        </div>
    </nav>

    <br>
    <div class="alert mycolor1" role="alert">사용자</div>

</div>

</body>
</html>
```

② **실행하기 :** 웹브라우저를 실행하여 결과를 확인한다.

3.2.5 사용자목록

실습목적

Bootstrap의 table을 이용하여 다음 그림과 같이 사용자 목록 화면 디자인을 만든다.

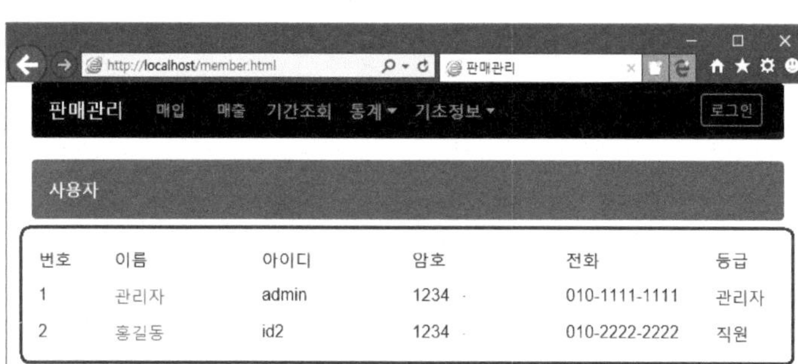

실습이론

1 **table-bordered** : 경계선이 있는 table은 Contents ➜ Table ➜ Bordered table을 이용하여 만들 수 있다.

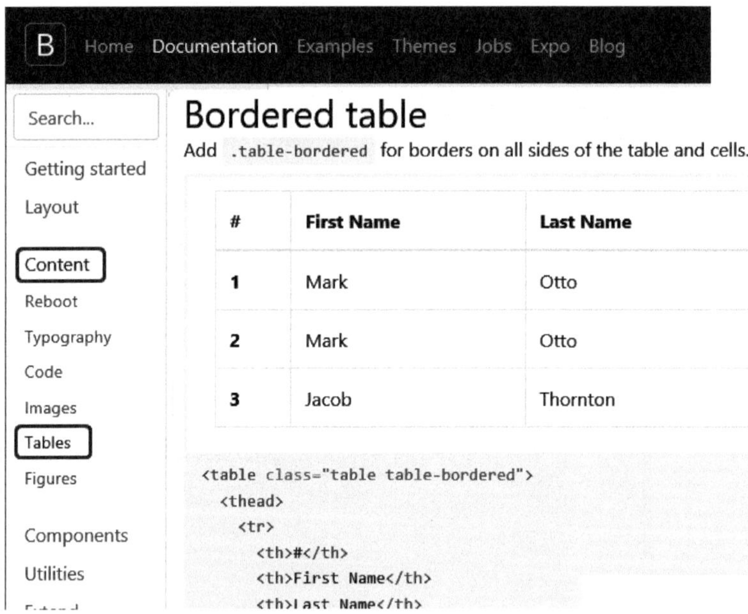

2 **table-sm** : 테이블의 글자크기를 작게, 행 세로길이를 딱 맞게 표시할 때 사용하는 클래스이다.

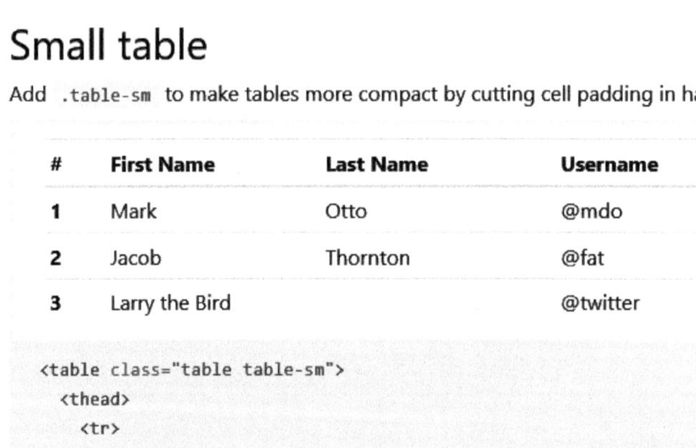

번호	아이디	암호
1	admin	1234
2	id2	1234

table-sm 안한 경우

번호	아이디	암호
1	admin	1234
2	id2	1234

table-sm 한 경우

③ **table-hover** : 마우스커저가 테이블 안에 있을 때, 해당 줄이 반전되도록 하는 기능이다.

Hoverable rows

Add `.table-hover` to enable a hover state on table rows within a `<tbody>`.

#	First	Last	Handle
1	Mark	Otto	@mdo
2	Jacob	Thornton	@fat
3	Larry the Bird		@twitter

```
<table class="table table-hover">
  ...
</table>
```

Copy

④ **칼럼제목부 색상과 테이블 margin** : 테이블의 칼럼 제목부 배경색상은 my.css에 선언한 mycolor2, margin은 mymargin5를 이용한다.

```
<table class="table table-sm table-bordered table-hover mymargin5">
    <tr class="mycolor2">
        <td width="10%">번호</td>
        <td width="20%">이름</td>
```

STEP 01 목록 화면 만들기

① **사용자 목록 프로그램 입력** : 아래 프로그램을 입력한다.

```
<table class="table table-sm table-bordered table-hover mymargin5">
  <tr class="mycolor2">
    <td width="10%">번호</td>
    <td width="20%">아이디</td>
    <td width="20%">암호</td>
    <td width="20%">이름</td>
    <td width="20%">전화</td>
    <td width="10%">등급</td>
  </tr>
  <tr>
    <td>1</td>
    <td>admin</td>
    <td>1234</td>
    <td>관리자</td>
    <td>010-1111-1111</td>
    <td>관리자</td>
  </tr>
  <tr>
    <td>2</td>
    <td>id1</td>
    <td>1234</td>
    <td>홍길동</td>
    <td>010-2222-2222</td>
    <td>직원</td>
  </tr>
</table>
```

```
    <br>
    <div class="alert mycolor1" role="alert">사용자</div>

    <table class="table table-sm table-bordered table-hover mymargin5">
        <tr class="mycolor2">
            <td width="10%">번호</td>
            <td width="20%">이름</td>
            <td width="20%">아이디</td>
            <td width="20%">암호</td>
            <td width="20%">전화</td>
            <td width="10%">등급</td>
        </tr>
        <tr>
            <td>1</td>
            <td><a href="#"> 관리자</a></td>
            <td>admin</td>
            <td>1234</td>
            <td>010-1111-1111</td>
            <td>관리자</td>
        </tr>
        <tr>
            <td>2</td>
            <td><a href="#">홍길동</a></td>
            <td>id1</td>
            <td>1234</td>
            <td>010-2222-2222</td>
            <td>직원</td>
        </tr>
    </table>


</div>
```

② **실행하기 :** 웹브라우저를 실행하여 결과를 확인한다.

3.2.6 검색 및 추가버튼

실습목적

Bootstrap의 input group과 btn을 이용하여 이름 검색 입력란과 추가버튼이 있는 화면 디자인을 만든다.

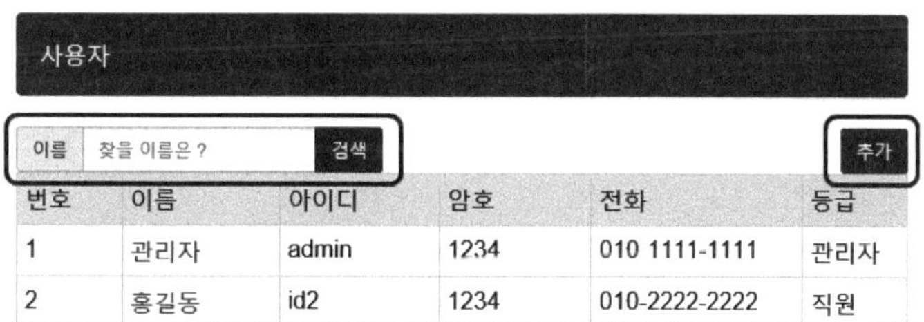

실습이론

1 **Grid System :** Bootstrap의 Grid System은 PC, 모바일 장치의 화면 크기에 관계없이 화면에 표시할 자료들을 자동으로 위치를 재조정할 수 있도록 구역을 설정하는 시스템을 말한다. 마치 행과 열을 갖는 투명 경계선이 있는데, 화면크기에 따라 테이블 내의 자료나 컨트롤이 재배치되도록 하는 것이라고 생각하면 된다. 보다 자세한 내용은 Layout ➜ Grid를 참조하길 바란다.

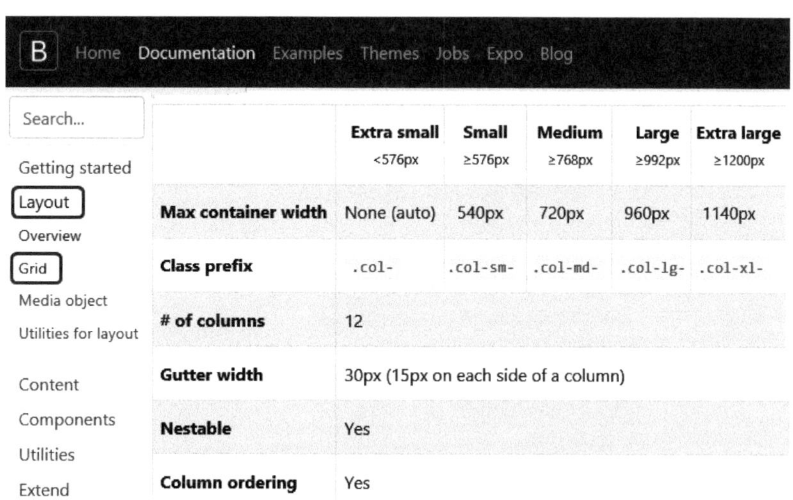

	Extra small <576px	Small ≥576px	Medium ≥768px	Large ≥992px	Extra large ≥1200px
Max container width	None (auto)	540px	720px	960px	1140px
Class prefix	`.col-`	`.col-sm-`	`.col-md-`	`.col-lg-`	`.col-xl-`
# of columns	12				
Gutter width	30px (15px on each side of a column)				
Nestable	Yes				
Column ordering	Yes				

Grid System은 1행(row)을 12개의 열(column)로 나누어 사용자가 원하는 열로 재조합하여 사용할 수 있다. 이때 아래 그림처럼 반드시 class="row"를 이용하여 행(row)에 대한 정의를 먼저 하고 열을 지정해야 한다. 또한 기기의 화면 크기에 따라 열의 너비를 자동으로 조정할 수 있도록 col, col-, col-sm-, col-md-, col-lg-, col-xl- 중 하나를 또한 여러 개를 동시에 지정할 수 있다.

```
<div class="row">
  <div class="col-? col-sm-? …">
    열에 대한 정의
  </div>
  …
</div>
```

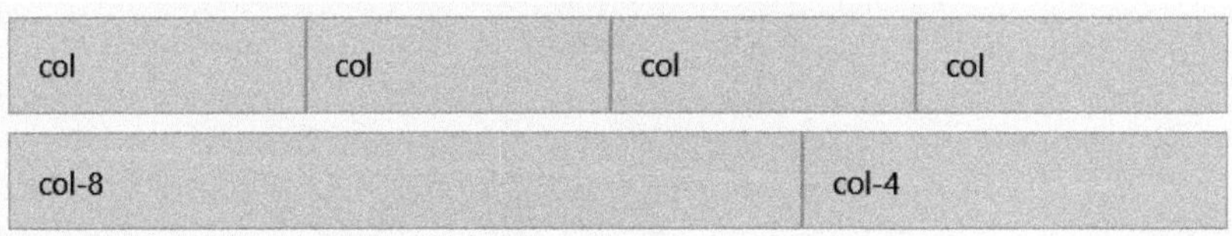


```
<div class="row">
  <div class="col">col</div>
  <div class="col">col</div>
  <div class="col">col</div>
  <div class="col">col</div>
</div>
<div class="row">
  <div class="col-8">col-8</div>
  <div class="col-4">col-4</div>
</div>
```

여기서는 col을 기준으로 행(row)을 이름검색부분(col-3)과 추가버튼(col-9) 부분으로 나누고, 검색부분은 왼쪽정렬, 추가버튼은 오른쪽 정렬이 되도록 지정하였다. 검색부분 칼럼개수를 3으로 한 이유는 컬럼 개수값이 클수록 입력란 가로길이가 더 길어져 보기가 싫기 때문이다.

```
<div class="row">
  <div class="col-3" align="left">
    이름검색부분
  </div>
  <div class="col-9" align="right">
    추가버튼
  </div>
</div>
```

2 **input-group, input-group-sm** : Bootstrap의 Component ➜ Input group ➜ Basic example을 클릭하면 다음 그림과 같은 입력란과 사용글꼴크기를 지정하는 소스를 볼 수 있다. 맨 앞에 삽입할 내용을 지정할 때 사용하며, 글자를 삽입하는 경우 input-group-text를 이용한다. 여기서는 "@" 대신에 "이름"으로 변경하고, 글꼴은 가장 작은 input-group-sm을 이용하도록 수정하였다. 그리고 입력란과 같은 <input> tag 컨트롤을 삽입하는 경우는 form-control을 지정해야 한다. bootstrap 4에서는 input-group-prepend, input-group-append가 있었지만, 5버전에서는 없어졌다.

Basic example

Place one add-on or button on either side of an input. You may also place one on both sides of an input. Remember to place <label>s outside the input group.

```
<div class="input-group mb-3">
  <span class="input-group-text" id="basic-addon1">@</span>
  <input type="text" class="form-control" placeholder="Username" aria-label
</div>
```

따라서 다음 그림처럼 작은 글꼴의 입력란 text1을 만들려면 다음 같이 코딩하면 된다.

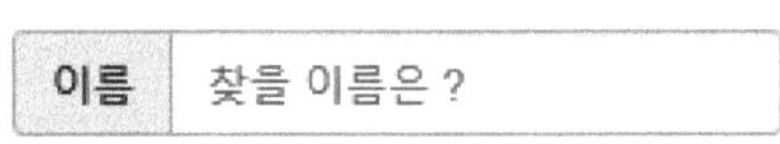


```
<div class="input-group  input-group-sm">
  <span class="input-group-text">이름</span>
  <input type="text" name="text1" class="form-control" placeholder="찾을 이름은?">
</div>
```

그림처럼 입력란 text1 뒤에 검색 버튼을 추가하기 위해서는 <button> tag를 사용하면 된다. input-group-sm을 이용하여 group내의 모든 컨트롤 크기를 지정하였으므로, btn-sm은 사용할 필요가 없다.

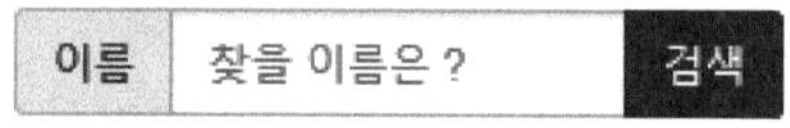

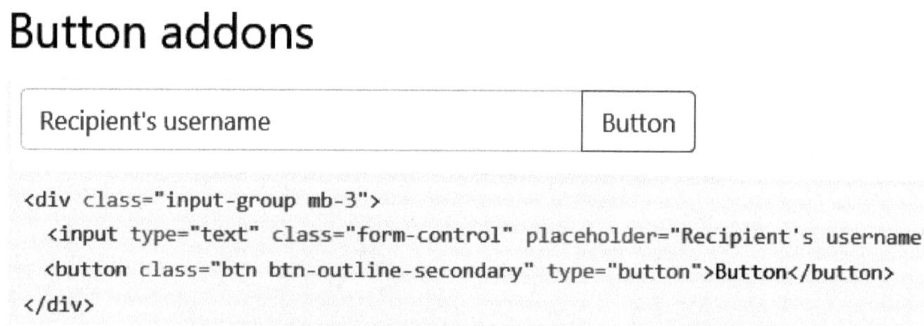

그리고 버튼의 배경색 변경은 my.css의 mycolor1을 이용하였다. 최종적인 소스는 다음과 같다.

```
〈div class="input-group input-group-sm"〉
    〈span class="input-group-text"〉이름〈/span〉
    〈input type="text" name="text1" class="form-control"〉
    〈button class="btn mycolor1" type="button"〉검색〈/button〉
〈/div〉
```

4 **추가버튼** : 추가버튼은 〈button〉 tag를 이용하여 만들 수 있지만, 다음과 같이 〈a〉 tag에 "btn btn-sm mycolor1"을 이용하여 만들 수 있다. btn-sm 은 버튼크기와 버튼내의 글자크기를 input-group-sm과 동일하게 맞추기 위하여 지정하였다.

```
〈a href="#" class="btn btn-sm mycolor1"〉추가〈/a〉
```

5 **〈form〉 tag** : 검색버튼을 클릭한 경우, 검색처리를 하려면, 검색란과 추가버튼은 모두 〈form〉 tag 처리를 해야 한다. method를 생략하는 경우, get방식 전송이 된다.

```
<form name="form1" action="">
  <div class="row">
    <div class="col-3" align="left">
      이름검색 부분
    </div>
    <div class="col-9" align="right">
      추가버튼 부분
    </div>
  </div>
</form>
```

STEP 01 검색 및 추가버튼 만들기

① **프로그램 입력** : 다음 프로그램을 제목표시줄과 테이블 소스 사이에 입력한다.

```
... ... ...
<br>
<div class="alert mycolor1" role="alert">사용자</div>

<form name="form1" action="">
<div class="row">
  <div class="col-3" align="left">
    <div class="input-group input-group-sm">
      <span class="input-group-text">이름</span>
      <input type="text" name="text1" value="" class="form-control">
      <button class="btn mycolor1" type="button">검색</button>
    </div>
  </div>
  <div class="col-9" align="right">
    <a href="#" class="btn btn-sm mycolor1">추가</a>
  </div>
</div>
</form>

<table class="table table-sm table-bordered mymargin5">
  <tr class="mycolor2">
    <td width="10%">번호</td>
... ... ...
```

```
<br>
<div class="alert mycolor1" role="alert">사용자</div>

<form name="form1" action="">
<div class="row">
    <div class="col-3" align="left">
        <div class="input-group input-group-sm">
            <span class="input-group-text">이름</span>
            <input type="text" name="text1" value="" class="form-control" >
            <button class="btn mycolor1" type="button" >검색</button>
        </div>
    </div>
    <div class="col-9" align="right">
        <a href="#" class="btn btn-sm mycolor1">추가</a>
    </div>
</div>
</form>

<table class="table table-sm table-bordered mymargin5">
    <tr class="mycolor2">
        <td width="10%">번호</td>
        <td width="20%">이름</td>
```

② **실행하기** : 실행하여 결과를 확인한다.

3.2.7 페이지 번호

실습목적

Bootstrap의 pagination을 이용하여 목록 밑에 페이지 번호를 만들어라.

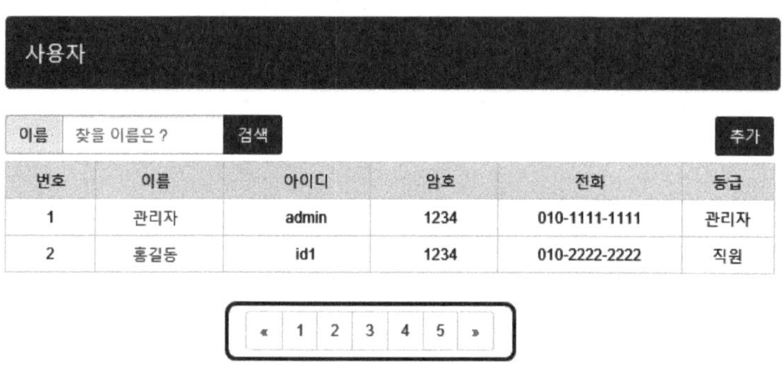

실습이론

1 **pagination** : Bootstrap의 pagination은 목록 밑에 페이지번호 표시와 이동을 할 수 있는 디자인을 제공하며, Component ➜ Pagination에 있다.

Working with icons

Looking to use an icon or symbol in place of text for some pagination links? Be sure to provide proper screen reader support with `aria` attributes and the `.sr-only` utility.

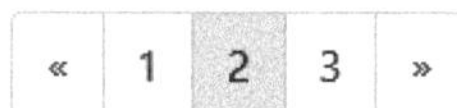


```
<nav aria-label="Page navigation example">
  <ul class="pagination">
    <li class="page-item">
      <a class="page-link" href="#" aria-label="Previous">
        <span aria-hidden="true">&laquo;</span>
        <span class="sr-only">Previous</span>
      </a>
    </li>
    <li class="page-item"><a class="page-link" href="#">1</a></li>
    <li class="page-item"><a class="page-link" href="#">2</a></li>
    <li class="page-item"><a class="page-link" href="#">3</a></li>
    <li class="page-item">
      <a class="page-link" href="#" aria-label="Next">
        <span aria-hidden="true">&raquo;</span>
        <span class="sr-only">Next</span>
      </a>
    </li>
  </ul>
</nav>
```

이 페이지표시를 가운데 정렬하기 위해서는 justify-content-center를, 글자크기를 줄이기 위해서는 pagination-sm을 지정하면 된다. 그리고 mymargin5를 지정하여 상하 margin도 지정한다. 그리고 현재 페이지는 active를 이용하여 표시하며, 이전 페이지(«), 다음 페이지(»)기호는 ◁, ▷로 변경하였다. 프로그램을 입력할 때, ◁, ▷ 기호는 한글 "ㅁ"자에서 한자 키를 누르면 입력할 수 있다.

```
<nav aria-label="page navigation example">
  <ul class="pagination pagination-sm justify-content-center mymargin5">

    <li class="page-item">
      <a class="page-link" href="#" aria-label="Previous">
        <span aria-hidden="true">◁</span>
      </a>
    </li>
    <li class="page-item"><a class="page-link" href="#">1</a></li>
    <li class="page-item active" aria-current="page">
```

```
      <span class="page-link mycolor1">2</span>
    </li>
    ... ... ...
    <li class="page-item">
      <a class="page-link" href="#" aria-label="Next">
        <span aria-hidden="true">▷</span>
      </a>
    </li>
  </ul>
</nav>
```

STEP 01 페이지번호 만들기

① **프로그램 입력** : 테이블 관련 코딩 뒤에 페이지관련 프로그램을 입력한다.

```
... ... ...
        <td>010-2222-2222</td>
        <td>직원</td>
      </tr>
    </table>

    <div align="center">
      <nav aria-label="Page navigation example">
        <ul class="pagination pagination-sm justify-content-center mymargin5">
          <li class="page-item">
            <a class="page-link" href="#" aria-label="Previous">
              <span aria-hidden="true">◁</span>
            </a>
          </li>
          <li class="page-item"><a class="page-link" href="#">1</a></li>
          <li class="page-item active" aria-current="page">
             <span class="page-link mycolor1">2</span>
          </li>
          <li class="page-item"><a class="page-link" href="#">3</a></li>
          <li class="page-item"><a class="page-link" href="#">4</a></li>
          <li class="page-item"><a class="page-link" href="#">5</a></li>
          <li class="page-item">
            <a class="page-link" href="#" aria-label="Next">
              <span aria-hidden="true">▷</span>
            </a>
          </li>
        </ul>
```

```
    </nav>
  </div>

</div>
</body>
</html>
```

```
            <td>id1</td>
            <td>1234</td>
            <td>010-2222-2222</td>
            <td>직원</td>
        </tr>
    </table>

    <nav aria-label="Page navigation example">
      <ul class="pagination pagination-sm justify-content-center mymargin5">
        <li class="page-item">
          <a class="page-link" href="#" aria-label="Previous">
            <span aria-hidden="true">◁</span>
          </a>
        </li>
        <li class="page-item"><a class="page-link" href="#">1</a></li>
        <li class="page-item active" aria-current="page">
          <span class="page-link mycolor1">2</span>
        </li>
        <li class="page-item"><a class="page-link" href="#">3</a></li>
        <li class="page-item"><a class="page-link" href="#">4</a></li>
        <li class="page-item"><a class="page-link" href="#">5</a></li>
        <li class="page-item">
          <a class="page-link" href="#" aria-label="Next">
            <span aria-hidden="true">▷</span>
          </a>
        </li>
      </ul>
    </nav>


  </div>
```

② **실행하기** : 실행하여 결과를 확인한다.

3.2.8 이벤트 프로그램

실습목적

검색버튼을 클릭하거나 입력란에서 엔터키를 친 경우, 이름검색이 되도록 자바스크립트 프로그램을 작성하라.

실습이론

1 **find_text()** : 입력한 text1값을 가지고 자료를 검색할 수 있도록 submit 하는 사용자 자바스크립트 함수이다. 〈form〉 tag의 action에는 submit하는 문서이름을 지정한다.

```
<script>
   function find_text()
   {
      form1.action="#";
      form1.submit();
   }
</script>
```

2 **엔터키 처리** : text1 입력란에서 엔터키를 쳤을 때 form을 submit 시키기 위하여 다음과 같이 프로그램해야 한다. 〈input〉 tag의 onKeydown 이벤트에서 누른 키의 값이 Enter(13)이면, find_text() 함수를 호출하도록 프로그램을 작성하면 된다.

```
<input type="text" name="text1" value="" class="form-control"
     onKeydown="if (event.keyCode == 13) { find_text(); }" >
```

3 **검색 버튼 처리** : 버튼의 onClick 이벤트에도 find_text() 함수를 호출하도록 프로그램을 작성한다.

```
<button class="btn btn-sm mycolor1" type="button" onClick="find_text();">
   검색
</button>
```

STEP 01 이벤트 프로그램하기

① **이벤트 프로그램** : 다음과 같이 자바스크립트 프로그램을 입력한다.

```
… … …
〈br〉
〈div class="alert mycolor1" role="alert"〉사용자〈/div〉

〈script〉
  function find_text()
  {
    form1.action="#";
    form1.submit();
  }
〈/script〉

〈form name="form1" action=""〉
〈div class="row"〉
  〈div class="col-3" align="left"〉
    〈div class="input-group input-group-sm"〉
      〈span class="input-group-text"〉이름〈/span〉
      〈input type="text" name="text1" value="" class="form-control"
        onKeydown="if (event.keyCode == 13) { find_text(); }" 〉
      〈button class="btn mycolor1" type="button"
onClick="find_text();"〉검색〈/button〉
    〈/div〉
  〈/div〉
… … …
```

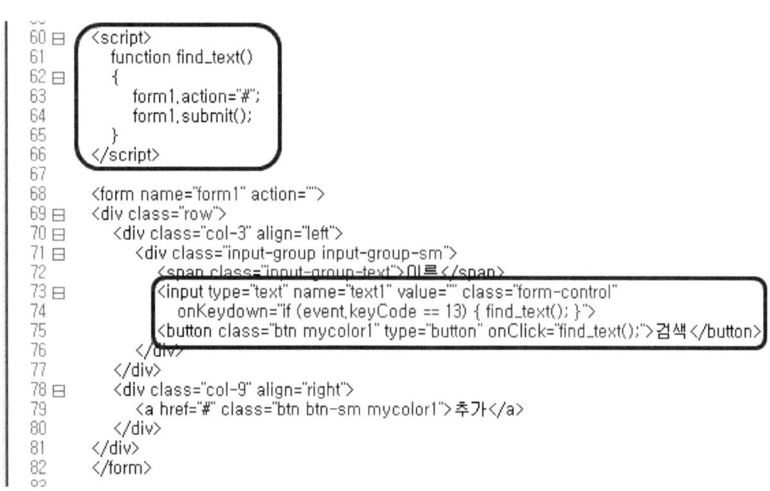

② **실행하기** : 실행하여 결과를 확인한다.

3.3 member_row.html 만들기

다음 그림은 사용자 정보를 보고(view), 추가(add)하고, 수정(edit)하는 화면이다. 화면을 보면 알겠지만, 데이터 표시만 차이가 있지 같은 구조의 화면이다. 따라서 가장 복잡한 수정화면을 기준으로 기준화면 member_row.html을 만들어 사용하도록 하겠다.

보기화면

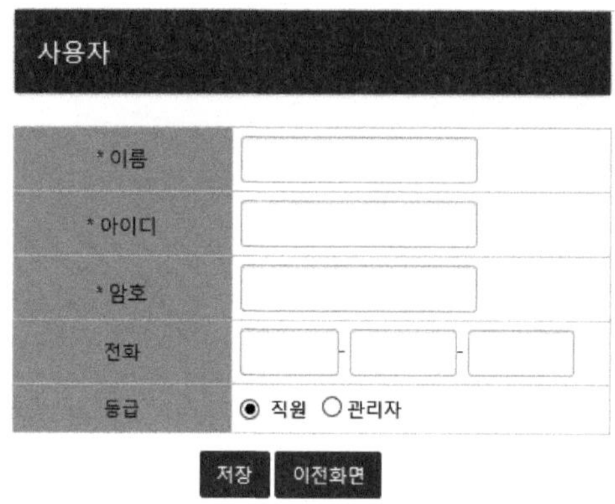

추가화면

수정화면

실습목적

Bootstrap을 이용하여 다음과 같이 화면 하단에는 수정, 삭제, 저장, 이전화면 버튼 4개가 있으면서 회원 정보를 수정할 수 있는 member_row.html을 만들어라.

실습이론

1 **단일폼 화면** : 한사람의 자료를 표시하는 기본 〈table〉 tag는 다음과 같으며, 입력한 값들을 전송할 수 있도록 〈form〉 tag로 감싸야한다. 이때 method는 반드시 post로 지정해야 한다.

```
<form name="form1" method="post" action="">

<table class="table table-bordered table-sm mymargin5">
  <tr>
    <td width="20%" class="mycolor2">번호</td>
    <td width="80%" align="left">1</td>
  </tr>
  <tr>
    <td width="20%" class="mycolor2">
      <font color="red">*</font> 이름
    </td>
    <td width="80%" align="left">
        <div class="d-inline-flex">
          <input type="컨트롤종류"name="필드이름" size="길이" … >
        </div>
    </td>
  </tr>
  … … …
</table>

div align="center">"
  <a href="#" class="btn btn-sm mycolor1">버튼이름</a>
  <input type="button" value="버튼이름" class="btn btn-sm hmycolor1"></a>
```

```
  … … …
〈/div〉

〈/form〉
```

제목부는 전체 너비의 20%, 바탕색은 mycolor2로 재지정하였다. 필수입력항목인 경우에는 빨간색 "*" 표시를 하였으며, "아이디, 암호, 이름"항목은 필수입력이다. 자료부는 너비를 80%이고, 왼쪽 정렬로 지정하였다.

	너비	배경색	가로정렬	필수항목
제목부	20%	mycolor2		〈font ciolor="red"〉*〈/font〉
자료부	80%		align="left"	

2 **아이디, 암호, 이름 필드** : 아이디(uid), 암호(pwd), 이름(name)은 input type을 "text"로 지정하여 최대 입력 길이 20으로 만든다. 그리고 모든 컨트롤들은 form-control 을 지정해야 하며, 작은 글꼴을 사용하는 경우는 form-control-sm 을 같이 지정한다.

```
〈input type="text" name="필드이름" size="20" maxlength="20" value="" class=
"form-control form-control-sm"〉
```

3 **전화** : 전화는 지역번호, 국, 번호와 같이 3영역으로 되어 있다. 따라서 각 text 컨트롤 이름은 tel1, tel2, tel3으로 하였으며, 길이는 3, 4, 4가 되어야 한다. 핸드폰 정보인 경우에는 tel1의 초기값인 value를 "010"으로 지정해도 좋다.

tel1 - **tel2** - **tel3**

```
〈input type="text" name="tel1" size="3" maxlength="3" value="010"
   class="form-control form-control-sm"〉-
〈input type="text" name="tel2" size="4" maxlength="4" value=""
   class="form-control form-control-sm"〉-
〈input type="text" name="tel3" size="4" maxlength="4" value=""
   class="form-control form-control-sm"〉
```

4 **등급** : 등급은 관리자인지 직원인지를 표시하는 자료이므로, 옵션단추를 이용하여 직원은 0, 관리자는 1이 되도록 표현하였다. Bootstrap에서 옵션컨트롤을 표시하는 경우에는 option 클래스를 이용해야 한다.

◉ 직원 ○ 관리자

```
<input type="radio" name="rank" value="0" checked> 직원  
<input type="radio" name="rank" value="1"> 관리자
```

5 **d-inline-flex** : d-inline-flex 는 한 줄에 여러 컨트롤을 붙여서 표시하라는 의미이다. 만약 d-inline-flex를 사용하지 않으면, 전화번호인 경우 그림처럼 여러 줄에 꽉 차게 표시된다.

```
<div class="d-inline-flex">
  <input type="컨트롤종류"name="필드이름" … >
  …
</div>
```

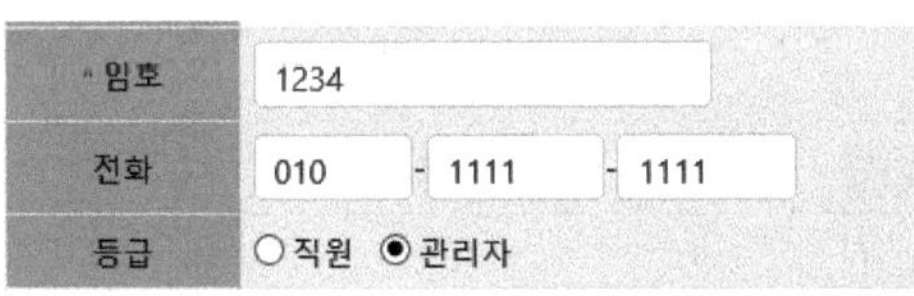

d-inline-flex 한 경우

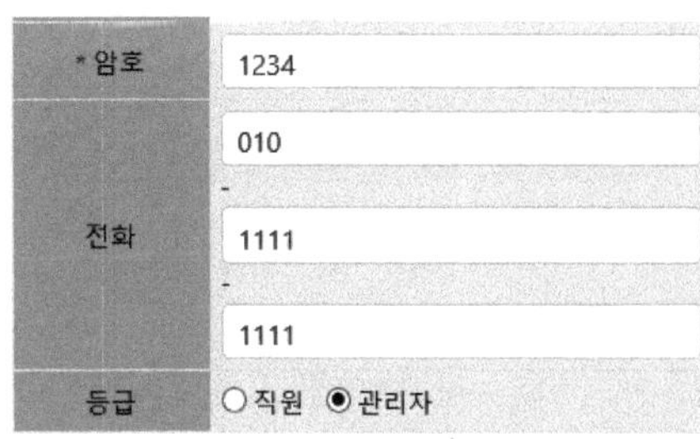

d-inline-flex 안한 경우

6 **수정, 삭제, 저장, 이전화면 버튼** : 수정버튼은 〈a〉 tag를 이용하여 단순히 수정화면으로 이동처리만 하면 된다. 삭제버튼은 "삭제할까요?"라고 묻는 창 처리를 하며, "예"를 선택하는 경우만 삭제되도록 이벤트프로그램을 해야 한다.

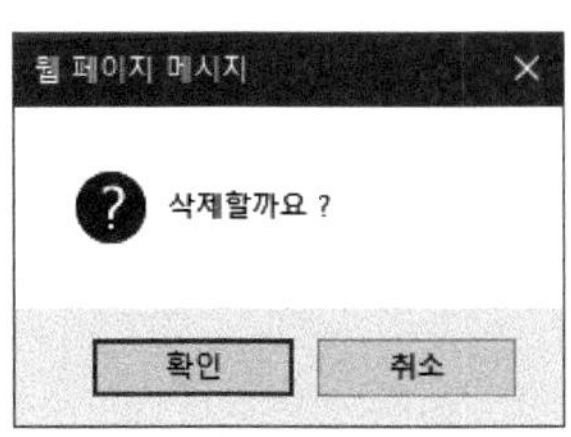

"저장"버튼은 〈form〉 tag 정보를 다음 문서에게 전달하기 위하여 type을 submit로 지정하였다. "이전화면으로"버튼은 이전화면으로 이동하기 위하여 Click 이벤트에 "history.back()"이라고 작성한다. 이 4개의 "수정, 삭제, 저장, 이전화면으로"버튼은 화면 정중앙에 위치하도록 align을 center로 지정하였다.

```
〈div align="center"〉
  〈a href="#" class="btn btn-sm mycolor1""〉수정〈/a〉
  〈a href="#" class="btn btn-sm mycolor1""
     onClick="return confirm('삭제할까요 ?');"〉삭제〈/a〉  
  〈input type="submit" value="저장" class="btn btn-sm mycolor1"〉  
  〈input type="button" value="이전화면으로" class="btn btn-sm mycolor1"
      onclick="history.back();"〉
〈/div〉
```

STEP 01 이벤트프로그램하기

① **복사하기 :** [새 이름으로] 메뉴를 이용하여 member_list.html을 "member_row.html"이라는 이름으로 저장한다. 그리고 검색, 테이블, 페이지번호 프로그램 부분을 삭제한다.

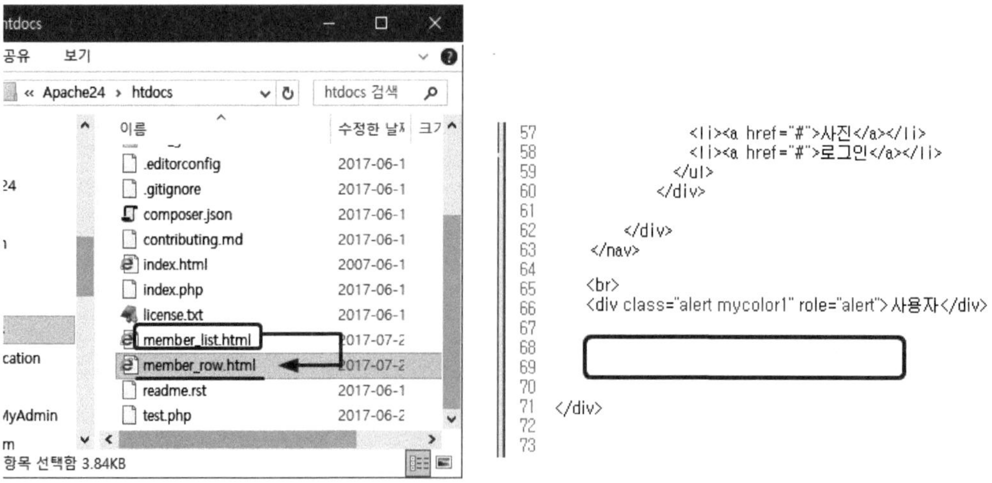

```
... ... ...
    <br>
    <div class="alert mycolor1" role="alert">사용자</div>
    이 부분을 삭제한다.
</div>
... ... ...
```

② **프로그램 하기** : 삭제한 부분에 단일폼 형식의 자료 표시 프로그램과 수정, 삭제, 저장, 이전화면 버튼 프로그램을 작성한다.

```
... ... ...
<form name="form1" method="post" action="">

<table class="table table-sm table-bordered mymargin5">
    <tr>
        <td width="20%" class="mycolor2">번호</td>
        <td width="80%" align="left">1</td>
    </tr>
    <tr>
        <td width="20%" class="mycolor2"><font color="red">*</font> 이름</td>
        <td width="80%" align="left">
            <div class="d-inline-flex">
                <input type="text" name="name" size="20" maxlength="20" value="홍길동"
class="form-control form-control-sm">
            </div>
        </td>
    </tr>
    <tr>
        <td width="20%" class="mycolor2"><font color="red">*</font> 아이디</td>
        <td width="80%" align="left">
            <div class="d-inline-flex">
                <input type="text" name="uid" size="20" maxlength="20" value="admin"
class="form-control form-control-sm">
            </div>
        </td>
    </tr>
    <tr>
        <td width="20%" class="mycolor2"><font color="red">*</font> 암호</td>
        <td width="80%" align="left">
            <div class="d-inline-flex">
                <input type="text" name="pwd" size="20" maxlength="20" value="1234"
class="form-control form-control-sm">
```

```
            </div>
        </td>
    </tr>
    <tr>
        <td width="20%" class="mycolor2">전화</div></td>
        <td width="80%" align="left">
            <div class="d-inline-flex">
                <input type="text" name="tel1" size="3" maxlength="3" value="010"
class="form-control form-control-sm">-
                <input type="text" name="tel2" size="4" maxlength="4" value="1111"
class="form-control form-control-sm">-
                <input type="text" name="tel3" size="4" maxlength="4" value="1111"
class="form-control form-control-sm">
            </div>
        </td>
    </tr>
    <tr>
        <td width="20%" class="mycolor2">등급</td>
        <td width="80%" align="left">
            <div class="d-inline-flex">
                <input type="radio" name="rank" value="0"
checked> 직원  
                <input type="radio" name="rank" value="1"> 관리자
            </div>
        </td>
    </tr>
</table>

<div align="center">
    <a href="#" class="btn btn-sm mycolor1">수정</a>
    <a href="#" class="btn btn-sm mycolor1" onClick="return confirm('삭제할까요 ?');"
>삭제</a>  
    <input type="submit" value="저장" class="btn btn-sm mycolor1"> 
    <input type="button" value="이전화면" class="btn btn-sm mycolor1"
onclick="history.back();">
</div>

</form>
... ... ...
```

```
<br>
<div class="alert mycolor1" role="alert">사용자</div>

<form name="form1" method="post" action="">

<table class="table table-sm table-bordered mymargin5">
    <tr>
        <td width="20%" class="mycolor2">번호</td>
        <td width="80%" align="left">1</td>
    </tr>
    <tr>
        <td width="20%" class="mycolor2"><font color="red">*</font> 이름</td>
        <td width="80%" align="left">
            <div class="d-inline-flex">
                <input type="text" name="name" size="20" maxlength="20" value="홍길동"
                class="form-control form-control-sm">
            </div>
        </td>
    </tr>
    <tr>
        <td width="20%" class="mycolor2"><font color="red">*</font> 아이디</td>
        <td width="80%" align="left">
            <div class="d-inline-flex">
                <input type="text" name="uid" size="20" maxlength="20" value="admin"
                class="form-control form-control-sm">
            </div>
        </td>
    </tr>
    <tr>
        <td width="20%" class="mycolor2"><font color="red">*</font> 암호</td>
        <td width="80%" align="left">
            <div class="d-inline-flex">
                <input type="text" name="pwd" size="20" maxlength="20" value="1234" class="form-control
                form-control-sm">
            </div>
        </td>
    </tr>
    <tr>
        <td width="20%" class="mycolor2">전화</div> </td>
        <td width="80%" align="left">
            <div class="d-inline-flex">
                <input type="text" name="tel1" size="3" maxlength="3" value="010" class="form-control
                form-control-sm">-
                <input type="text" name="tel2" size="4" maxlength="4" value="1111" class="form-control
                form-control-sm">-
                <input type="text" name="tel3" size="4" maxlength="4" value="1111" class="form-control
                form-control-sm">
            </div>
        </td>
    </tr>
    <tr>
        <td width="20%" class="mycolor2">등급</td>
        <td width="80%" align="left">
            <div class="d-inline-flex">
                <input type="radio" name="rank" value="0" checked> 직원  
                <input type="radio" name="rank" value="1"> 관리자
            </div>
        </td>
    </tr>
</table>

<div align="center">
    <a href="#" class="btn btn-sm mycolor1">수정</a>
    <a href="#" class="btn btn-sm mycolor1" onClick="return confirm('삭제할까요 ?');" >삭제</a>
     
    <input type="submit" value="저장" class="btn btn-sm mycolor1"> 
    <input type="button" value="이전화면" class="btn btn-sm mycolor1" onClick="history.back();">
</div>

</form>
```

③ **실행하기 :** 실행하여 결과를 확인한다.

Chapter 04

Laravel 기초

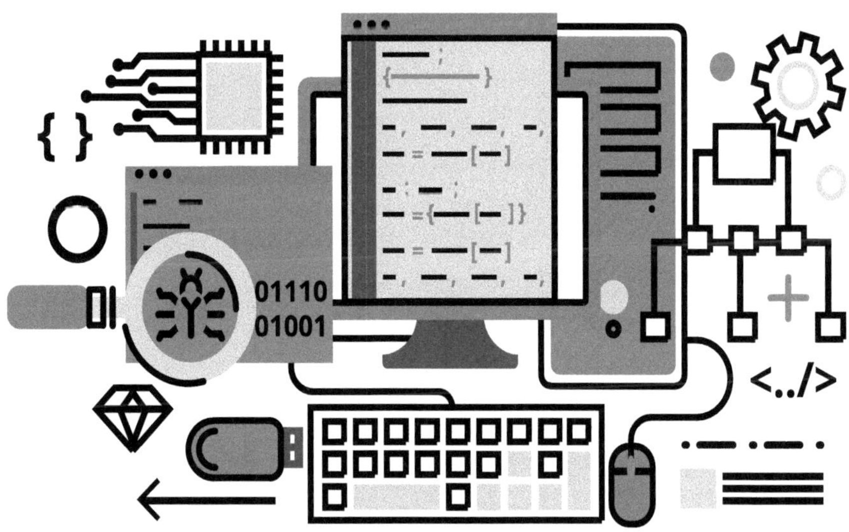

4.1 Blade 지시어

4.1.1 Blade지시어

본격적인 작업을 시작하기 전에, 먼저 Laravel에서 제공하는 blade 템플릿 엔진에 대하여 소개하겠다. 프로그램을 작성하다 보면, 반복되는 프로그램 문장이나 단어들이 있다. 예를 들어 하나의 값을 출력하는 PHP문은 "〈?=값 or 변수 ?〉"이다. 자주 사용하는 문장인데, 매번 〈? 와 ?〉를 이용해서 출력하려면 귀찮을 때가 있다. 특히 for문이나 if문 작성할 때는 더욱 그렇다. 몇몇 컴퓨터 도구들은 프로그램 작업을 편하게 하려고 일련의 작업들을 하나의 명령어를 이용해 처리할 수 있는 매크로 기능이나 단축 명령어를 제공한다. blade 템플릿도 같은 것이라 생각하면 된다. Laravel의 blade 템플릿 엔진은 PHP프로그램을 쉽게 해주는 blade 지시어를 제공하며, PHP 명령어로 번역해주는 시스템이다. blade를 사용하는 방법은 아주 간단한다. 파일이름 확장자를 다음과 같이 "파일이름.blade.php"로 사용하고, 프로그램내에서 blade 지시어를 사용하면 된다.

blade파일 : 파일이름.**blade.php**

Laravel에는 다양한 blade지시어가 있지만, 여기서는 자주 사용하는 blade 지시어들만 알아보도록 하겠다.

1) **출력 지시어 : {{ 변수명 }}**

이 지시어는 "〈?=변수명 ?〉"과 같은 기능을 한다. 또한 XSS 공격을 방지하기 위하여 자동으로 htmspecialchars 함수를 실행해주므로, "〈?=변수명 ?〉"보다 아주 유용하다.

```
<?="abc"?>                 ➜    {{ "abc" }}
<?=$a ?>                   ➜    {{ $a }}
<?=date("Y-m-d") ?>        ➜    {{ date("Y-m-d") }}
```

2) **조건 지시어 : @if ... @elseif ... @else ... @endif**

이번에 소개할 @if 역시 PHP의 if문과 사용법은 동일하다고 생각하면 된다. 특히 blade 지시어는 〈?과 ?〉를 사용하지 않기 때문에 html과 함께 혼용해서 쓸 때 매우 편리하다. 아래 프로그램을 보면 blade 지시어를 이용하는 것이 대단히 편리하다는 것을 알 수 있다.

```
<? if ($a>10) ?>
    <b>크다</b>
<? else ?>
    <b>작다</b>
<? endif ?>
```

➜

```
@if ($a>10)
    <b>크다</b>
@else
    <b>작다</b>
@endif
```

3) **조건지시어 : @switch … @case … @default … @endswitch**

PHP의 switch문과 같은 기능을 한다.

```
@switch( 변수 )
    @case( 값1 )
        첫 번째 경우
        @break
    @case( 값2 )
        두번째 경우
        @break
    @default
        디폴트 경우
@endswitch
```

4) **반복문 : @for(초기값; 조건값; 증감값) … @endfor**

5) **반복문 : @foreach($배열 as $변수) … @endforeach**

6) **반복문 : @while(조건) … @endwhile**

반복문 역시 PHP의 반복문과 동일하다. for문인 경우, @for문과 @endfor 지시어를 이용하여 아래와 같이 사용할 수 있다.

```
<?
   for($i=0;$i<10;$i++) {
?>
   변수값은 {{ $i }}입니다.<br>
<?
   }
?>
```

➜

```
@for($i=0;$i<10;$i++)
    변수값은 {{ $i }}입니다.<br>
@endfor
```

또한 $continue와 $break지시어를 이용하여 일반적인 continue, break문처럼 흐름을 제어할 수 있으며, $continue(조건), $break(조건)과 같이 조건도 지정할 수 있다. 그리고 반복문 안에서 $loop 변수가 있어 반복문이 첫 번째인지 또는 마지막인지 알 수 있다. 중첩된 반복문인 경우는 상위 반복문 $loop 변수를 parent 속성을 이용하여 $loop->parent->first 와 같이 이용할 수 있다.

```
@foreach ($users as $user)
    @continue($user->type == 1)
    {{ $user->name }}
    @break($user->number == 5)

    @if ($loop->first)
        첫번째 루프
    @endif

    @if ($loop->last)
        마지막 루프
    @endif
@endforeach
```

7) **주석 : {{-- 주석내용 --}}**

이 지시어는 PHP의 주석연산자 // 와 같은 기능을 한다.

8) **하위 뷰 포함 : @include('뷰이름')**

PHP의 include문과 동일하며, 현재 blade 문서에 하위 blade 문서를 포함시키는 지시어다.

9) **CSRF : @csrf**

자료의 추가, 수정, 삭제를 하는 경우, form에서 입력한 값을 전송할 때 외부의 공격을 차단하기 위하여 서버에 요청을 한 웹문서가 실제 서버에서 보낸 웹문서가 맞는지 확인하는 과정이 필요하다. 이 확인 작업은 form으로 데이터를 전송할 때, CSRF Token이라는 값을 숨겨서 같이 전송하고, 이 값이 맞는지를 확인함으로서 보안처리를 할 수 있는 방법이다.

```
@csrf ➜ <input type="hidden" name="_token" value="난수값">
```

Blade의 @csrf 지시어는 이 토큰 필드를 생성 할 수 있는 지시어로 다음과 같이 사용한다.

```
<form method="POST" action="URL주소">
    @csrf
    ...
</form>
```

10) HTTP 함수 : @method('PUT or PATCH or DELETE')

HTTP Method에는 자료에 대해 처리할 수 있는 5가지 GET, POST, PUT, PATCH, DELETE 함수가 있다. form에서는 입력한 자료들을 전송할 수 있지만, 어떤 동작(수정, 추가, 삭제)을 할 것인지를 알려 줄 수 없다. 따라서 원하는 함수를 알려주기 위해서는 숨겨진 method 필드를 추가하여 HTTP Method중 어떤 요청을 할 것인지 알려줘야 한다. Blade의 @method 지시어로 이 필드를 생성 할 수 있다. PUT은 전체자료를 수정할 때, PATCH는 자료 일부를 수정할 때, DELETE는 자료를 삭제할 때 사용한다.

```
@method("PUT") ➜ <input type="hidden" name="_method" value="PUT">
```

@method 지시어는 다음과 같이 form tag와 같이 사용하며, PUT 대신에 PATCH, DELETE 도 사용할 수 있다.

```
<form method="POST" action="URL주소">
    @method('PUT')
    ...
</form>
```

11) 유효성검증 실패 : @error('이름') … @enderror

Larabel에서는 form에서 입력한 값이 올바른 값인지 확인하는 유효성검사 기능이 있다. 이때 유효성 검사가 실패했을 때 $message를 통해 에러메시지를 표시할 수 있는 Blade 지시어다.

```
<input type="text" name="이름" value="">

@error('이름') {{ $message }} @enderror
```

12) **레이아웃 : @yield('이름'), @extends('이름'), @section('이름')…@endsection,**

대부분의 웹화면들은 화면 상단, 메뉴, 화면 하단과 같은 공통된 화면 구성들을 가지고 있다. 따라서 반복적인 작업을 피하기 위해서 보통 PHP의 include 명령어를 이용하여 아래 그림과 같이 작업을 한다.

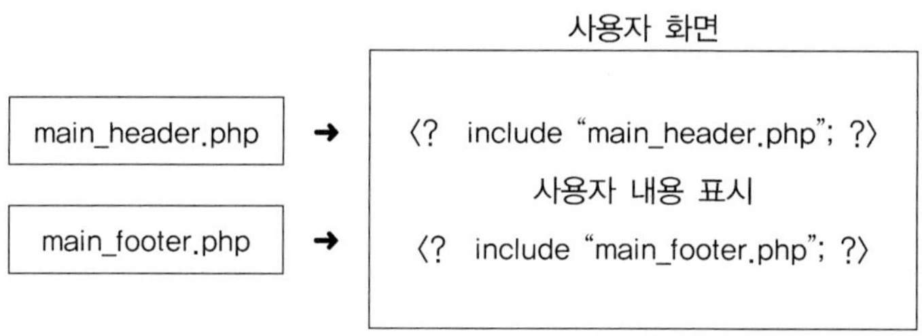

blade 템플릿에는 이 작업을 쉽게 해주는 blade지시어가 있다. 아래 그림에서 사용자.php를 만드는 경우를 생각해보자. 먼저 화면 공통부분에 해당하는 레이아웃 파일인 ① 레이아웃.blade.php를 작성하고, 화면마다 바뀌는 부분에 대한 섹션을 출력하기 위해 @yield지시어를 이용해 섹션 명칭을 정의한다. 그리고 사용자 화면인 ② 사용자.blade.php에서 laylout 파일에 대한 정의를 @extend 지시어로 하고, 삽입할 내용인 섹션에 대한 정의를 하면 된다. 자세한 사용법은 다음에 설명할 main 화면을 만들면서 알아보도록 하겠다.

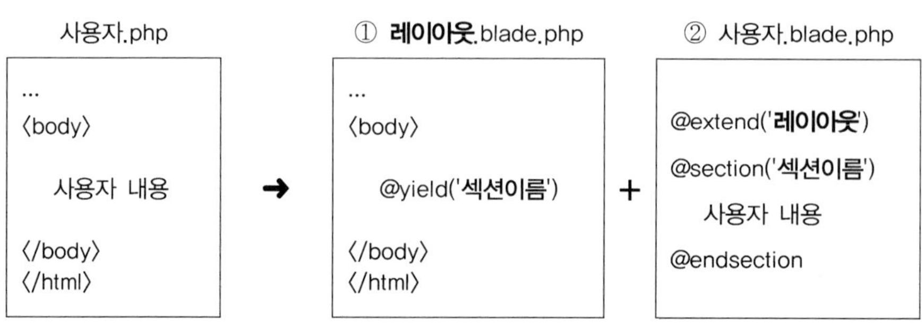

13) **그 밖의 blade 지시어 :**

앞에서 설명한 지시어 이외에도 다양한 blade 지시어들이 있으며, 자세한 사용법은 Laravel 문서를 참고하길 바란다.

4.1.2 Rounting

Routing이란 웹프로그램에서 요청한 URL에 따라 어떤 파일들을 실행해야하는지 그 경로를 알려주는 역할을 하며, 이 점을 이용하면 보안처리를 할 수 있다. Laravel에서는 보안을 위하여 서버에 들어오는 모든 경로를 차단하고, routes폴더에 있는 web.php에 등록된 경로들만 허용하도록 되어있다. 다시 말해 허가 받지 않은 경로로는 들어 올 수 없게 하여 보안을 한다는 것이다. 따라서 Laravel을 이용하여 웹작업을 하기위해서는 실행할 파일들의 경로를 잘 설정해야 한다.

routes폴더의 web.php를 보면, 웹브라우저에서 해당사이트의 홈 "/" 에 접속하는 경우, 제일 먼저 실행할 프로그램의 경로를 정의하고 있다.

```
Route::get('/', function () {
    return view('welcome');
});
```

이 경로 설정은 GET 함수를 이용하여 resources/view 폴더에 있는 welcome.blade.php를 실행하라는 의미이며, Laravel을 처음 설치했을 때 나오는 환영메시지 화면을 표시한다.

1) **기초 라우터 사용법 :**

Router는 다음과 같이 HTTP함수에 해당하는 응답을 위한 경로를 등록할 수 있다.

```
Route::HTTP함수( 'URI경로', '콜백함수' );
```

1번째는 URI경로에 해당하는 처리를 콜백함수에 정의하여 사용하는 방법으로 welcome 메시지 경로 등록과 같은 방법이다. 2번째는 컨트롤러 클래스안의 함수를 호출함으로서 실행하는 방법이다. 예를 들어 web.php의 라우터에 다음과 같이 등록을

하고,

Route::get('member', [MemberController::class, 'index']);

웹브라우저에서 다음과 같이 실행하면

http://localhost/member

MemberController 클래스 안의 index() 함수를 호출할 수 있다. Router에는 GET함수 이외에 POST, PUT, PATCH, DELETE, OPTION 함수 등이 있어 자료의 추가, 수정, 삭제와 같은 처리를 할 수 있다. 그 밖에 다른 URI로 접근할 수 있도록 다른 경로로 변경해주는 Redirect 함수와 welcome 환영 화면처럼 View로 보내는 view 함수가 있다.

```
Route::redirect( '/이 경로를', '/다른 경로로' );
Route::view( '경로', 'view폴더의 '웹문서' );
```

그밖에 id번째 자료를 수정하거나 삭제하는 경우에는 경로와 id 값이 필요한데, 이런 경우는 “member/{id}”와 같이 경로와 함께 {id} 값도 함께 전달할 수 있다.

```
Route::get('member/{id}', function ($id) {
    return $id;
});
```

2) **RESTful Resource Router 사용법 :**

HTTP 함수에는 GET 이외에 POST, PUT, PATCH, DELETE 함수가 있다. 이 함수들은 자료에 대한 추가, 보기, 수정, 삭제인 CRUD(Create, Read, Update, Delete) 동작에 관련된 함수들이다. 값을 읽어오는 GET과 POST 함수, 자료 전체를 수정하는 PUT 함수, 자료 일부를 수정할 수 있는 PATCH 함수, 그리고 자료를 삭제하는 DELETE 함수이다.

```
Route::get( 'URI경로', '콜백함수' );
Route::post( 'URI경로', '콜백함수' );
Route::put( 'URI경로', '콜백함수' );
Route::patch( 'URI경로', '콜백함수' );
Route::delete( 'URI경로', '콜백함수' );
Route::options( 'URI경로', '콜백함수' );
```

다음 표는 CRUD를 위한 member 컨트롤러의 액션에 대한 HTTP 함수 정의는 다음과 같으며,

Method	URI	Action	Route Name	설명
GET	/member	index	member.index	목록화면
GET	/member/create	create	member.create	추가화면
POST	/member	store	member.store	저장(insert)
GET	/member/{id}	show	member.show	보기
GET	/member/{id}/edit	edit	member.edit	수정화면
PUT/PATCH	/member/{id}	update	member.update	수정(update)
DELETE	/member/{id}	destroy	member.destroy	삭제

이에 대한 Router는 다음과 같이 설정할 수 있다.

```
Route::get( '/member', [MemberController::class,'index'] );
Route::get( '/member/create', [MemberController::class,'create'] );
Route::post( '/member', [MemberController::class,'store'] );
Route::get( '/member/{id}', [MemberController::class,'show'] );
Route::get( '/member/{id}/edit', [MemberController::class,'edit'] );
Route::patch( '/member/{id}', [MemberController::class,'update'] );
Route::delete( '/member/{id}', [MemberController::class,'destroy'] );
```

이 방법을 사용하는 경우에는 컨트롤러 1개당 7개의 Router를 등록해야 하고, 컨트롤러가 많아지면, 그 만큼 많은 등록을 해야 하므로 번거롭다. 따라서 Laravel에서는

RESTful을 이용한 Resource Router를 이용하는 경우에는 다음과 같이 resource함수를 이용하여 1줄로 짧게 등록하여 사용할 수 있다.

```
Route::resource( 'member', Member::class );
```

이 책에서는 RESTful Resource Router를 이용하여 작업을 소개할 생각이므로, Router에 대해 필요한 내용을 간략하게 설명하였다. 자세한 Router 사용법은 Laravel 문서를 참고하길 바란다.

4.1.3 Database

Laravel에서 데이터베이스의 자료를 접근하는 방법은 다음과 같은 3가지 방법이 있다.

1) 로우쿼리(Raw Query)
2) 쿼리빌더(Query Builder)
3) 엘로퀀트 ORM(Eloquent Object RM)

로우쿼리는 이전에 SQL문을 직접 지정하는 방식의 쿼리로서, Laravel에서는 잘 사용하지 않는다. 대신 쿼리빌더와 Eloquent ORM과 같이 SQL 관련 클래스와 함수를 이용해 쿼리를 지정하는 방법을 더 많이 시용한다. 그 이유는 SQL문을 함수로 정형화함으로써, 어느 회사의 데이터베이스 제품이든간에 소스 변환없이 그대로 사용할 수 있기 때문이다. 현재 Laravel은 MySQL, PostgresSQL, SQLite, SQL Server 데이터베이스를 지원하고 있다. 이 책에서는 SQL문 사용법이 목적이 아니기 때문에, 중요한 내용만 소개하겠으며, 자세한 것은 Laravel 문서를 참고하길 바란다.

4.1.4 로우쿼리(Raw Query)

Laravel에서는 DB 파사드(Facade)라는 것을 통해 쿼리를 실행 할 수 있다. use문을 이용하여 DB 파사드를 선언한 후, 기본적인 쿼리는 DB 파사드의 select, update, delete ... 함수를 이용하면 된다.

```
use Illuminate₩Support₩Facades₩DB;
```

쿼리빌더와 Eloquent ORM보다 이 방법은 잘 사용하지는 않지만, 그 사용법에 대해 알아보도록 하겠다. 여기서는 함수에 대한 설명보다는 예제를 이용하여 사용법을 설명하도록 하겠다.

1) **Select 함수 :**

자료를 검색하는 문으로서, 리턴 값은 배열로 돌려준다. 매개변수 바인딩은 SQL injection을 방지하는데 도움이 되며, 값은 배열로 지정해야 한다.

```
• $변수명 = DB::select('select SQL문');
• $변수명 = DB::select('매개변수를 이용한 select SQL문', 매개변수값);
```

예 1 members 테이블에서 id가 2인 자료를 검색하여라.

```
• $result = DB::select('select * from members where id=2');
• $result = DB::select('select * from members where id=?', [2]);        // 매개변수
```

예 2 members 테이블에서 이름이 $text1인 자료를 검색하여라.

```
• $result = DB::select("select * from members where name=?", [ $text1 ]);
• $result = DB::select("select * from members where name=:aaa", [ 'aaa'=> $text1 ]);
```

예 3 members 테이블에서 이름 일부가 $text1인 자료를 이름순으로 검색하여라.

```
• $sql = "select * from members where name like '%" . $text1 . "%' order by name";
  $result=DB::select(sql);
```

2) **insert 함수 :**

```
• DB::insert('insert SQL문');
• DB::insertt('매개변수를 이용한 insert SQL문', 매개변수값);
```

예 1 members 테이블에 이름, 아이디, 암호가 홍길동, hong, 1234인 자료를 추가하여라.

```
• $result = DB::insert into members (uid, pwd, name) values (?, ?, ?)',
            ['hong', '1234', '홍길동'] );
```

- $data = array('hong', '1234', '홍길동');
  $result = DB::insert into members (uid, pwd,name) values (?, ?, ?)', $data);

3) update 함수 :

이 함수는 실행한 후, 영향받은 레코드개수를 돌려준다.

- DB::update('update SQL문');
- DB::update('매개변수를 이용한 update SQL문', 매개변수값);

예 1 members 테이블에 id=5인 자료의 등급을 관리자(rank=1)로 변경하여라.

- $result = DB::update('update members set rank=1 where id=5');
- $result = DB::update('update members set rank=? where id=?', [1, 5]);

4) delete 함수 :

이 함수는 실행한 후, 삭제된 레코드개수를 돌려준다.

- DB::delete(delete SQL문');
- DB::delete('매개변수를 이용한 delete SQL문', 매개변수값);

예 1 members 테이블에 id=5인 자료를 삭제하여라.

- $result = DB::update('delete from members where id=5');
- $result = DB::update('delete from members where id=?', [5]);

5) 일반적인 구문의 쿼리 :

- DB::statement(' SQL문 ');

예 1 members 테이블을 삭제하여라.

- $result = DB::statement('drop table members');

4.1.5 쿼리빌더(Query Builder)

쿼리빌더는 쿼리를 만들 때 다양한 함수를 연결하여 원하는 쿼리를 만들 수 있다. 그리고 매개변수 바인딩을 사용하여 SQL injection 공격을 방지하며, 바인딩할 문자열들을 따로 전달할 필요가 없어 편리하다. 쿼리빌더도 설명보다는 예제를 이용하여 설명하도록 하겠다.

- $변수명 = DB::table('테이블명') -> 함수1 -> ··· ··· ··· -> 함수n

다음 예제는 테이블에서 SQL문의 기본인 where, orderby 함수와 전체자료를 가져오는 get함수, 검색한 첫 번째 자료를 가져오는 first함수, 그리고 기본키 필드만을 이용해 검색하는 find 함수 예제이다. 여기서는 각 예제에 대한 설명은 하지 않겠으며, 실제 판매관리 프로그램에서 사용예를 보여주며 설명하겠다.

예 1 기본 검색 예제 :

- DB::table('테이블명')->get() ➜ 전체 레코드
- DB::table('테이블멍')->select('name','tel as phone')->get(); ➜ 이름, 전화만
- DB::table('테이블명')->first(); ➜ 첫 번째 레코드만
- DB::table('테이블명')->distinct()->get(); ➜ 유일한 값만

예 2 조건 예제 :

- DB::table('테이블명')->where('rank', 0)->get();
- DB::table('테이블명')->where('name', '홍길동')->get();
- DB::table('테이블명')->where('name', 'like', '%김%')->get();
- DB::table('테이블명')->where([['name', 'like', '%김%'], ['rank', '=', 0]])->get(); ➜ and 조건
- DB::table('테이블명')->where('name', 'like', '%김%')->where('rank',0)->get(); ➜ and 조건
- DB::table('테이블명')->where('name','like','%김')->orwhere('rank', 0)->get(); ➜ or 조건
- DB::table('테이블명')->whereBetween('num', [10,20])->get(); ➜ between 연산자
- DB::table('테이블명')->whereIn('rank', [1,2,3])->get(); ➜ in 연산자
- DB::table('테이블명')->whereNull('name')->get(); ➜ null인지 확인
- DB::table('테이블명')->whereDate('writeday','2020-08-09')->get(); ➜ 날짜
- DB::table('테이블명')->whereYear('writeday','2020')->get(); ➜ 년도
- DB::table('테이블명')->whereMonth('writeday','8')->get(); ➜ 월
- DB::table('테이블명')->whereDay('writeday','31')->get(); ➜ 일
- DB::table('테이블명')->whereTime('savetime','12:10:10')->get(); ➜ 날짜

예 3 정렬 예제 :

- DB::table('테이블명')->**orderby('name')**->get();
- DB::table('테이블명')->**orderby('name','asc')**->get();
- DB::table('테이블명')->**orderby('name','desc')**->get();
- DB::table('테이블명')->**orderby('rank','asc')->orderby('name','desc')**->get(); ➜ 복합정렬
- DB::table('테이블명')->**inRabdomOrder()**->get(); ➜ 랜덤정렬

예 4 기본키 필드 검색 예제 :

- DB::table('테이블명')->**find(5);** ➜ id=5인 레코드
- DB::table('테이블명')->where('id',5)->first();

예 5 groupby와 having 예제 :

- DB::table('테이블명')->**groupBy('rank')->having('raw','=',0)**->get();
- DB::table('테이블명')->groupBy(**'io','writeday'**)->having('price','>',10000)->get();

레코드개수 count, 최대값 max, 최소값 min, 합 sum, 평균값 avg 같은 함수를 사용하는 경우는 다음과 같이 알아낼 수 있으며, where 함수를 이용하여 부분적인 통계값을 구할 수 있다. 그밖에 특정값이 존재하는지 없는지를 검사할 수 있는 exists, doesntExist 함수도 있다.

예 6 레코드개수, 최대값, 최소값, 합, 평균값 예제 :

- DB::table('테이블명')->**count()**;
- DB::table('테이블명')->**max('price')**;
- DB::table('테이블명')->**min('price')**;
- DB::table('테이블명')->**sum('price')**;
- DB::table('테이블명')->**avg('price')**;

예 7 자료가 있는지 조사하는 예제 :

- DB::table('테이블명')->where('name','홍길동')->**exists()**;
- DB::table('테이블명')->where('name','홍길동')->**doesntExist()**;

쿼리빌더에서 쿼리 일부분을 로우쿼리처럼 작성하고 싶은 경우에는 DB::raw, selctraw, whereraw, orderbyraw, groubyraw, havingraw 함수를 이용할 수 있다.

예 8 쿼리빌더의 로우쿼리 예제 :

- DB::table('테이블명')->select(DB:raw('num', 'pice', 'num * price as prices'))->get();
- DB::table('테이블명')->selectraw('num * price as prices')->get();
- DB::table('테이블명')->whereraw('price between 10000 and 20000')->get();
- DB::table('테이블명')->orderbyraw('writeday desc, name asc')->get();
- DB::table('테이블명')->selectraw('sum(price) as total')->groupbyraw('writeday')->get();
- DB::table('테이블명')->selectraw('sum(price) as total')->groupby('writeday')
  ->havingraw('sum(price) > 100000')->get();

예 9 skip, take, limit, offset 예제 :

- DB::table('테이블명')->skip(10)->take(5)->get(); // 10번째부터 5개 레코드
- DB::table('테이블명')->offset(10)->limit(5)->get();

예 10 inner join, left join, right join 관계표시 예제 :

- DB::table('jangbu')
  ->join('product','jangbu.product_id','=','product.id')
  ->join('gubun','jangbu.gubun_id','=','gubun.id')
  ->select('jangbu.*','gubun.name','product.name')->get();

- DB::table('jangbu')
  ->leftjoin('product','jangbu.product_id','=','product.id')
  ->leftjoin('gubun','jangbu.gubun_id','=','gubun.id')
  ->select('jangbu.*','gubun.name','product.name')->get();

그 밖에도 cross join, union, subquery, jason 관련기능 등 다양한 기능이 있으며, 자료를 추가하는 insert, 수정하는 update, 삭제를 하는 delete, 특정필드의 값을 1 증가하거나 1 감소시키는 increment, decrement 등이 있다. 이외 소개하지 않은 다양한 기능이 있으며 자세한 내용은 Laravel 문서를 참고하기를 바란다.

예 11 insert, insertGetId, update, delete, increment, decrement 예제 :

- DB::table('테이블명')->insert(['name'=>'홍길동', 'uid'=>'idhgd', 'pwd'=>'1234']);
- $id= DB::table('테이블명')->insertGetId(['name'=>'홍길동', 'uid'=>'idhgd', 'pwd'=>'1234']);
  ➜ 방금 추가한 레코드의 id값을 알아내는 경우

- DB::table('테이블명')->update(['rank'=>0]);
- DB::table('테이블명')->where('id',5)->update(['name'=>'홍길동1', 'pwd'=>'1234']);

- DB::table('테이블명')->delete( ); ➜ 삭제
- DB::table('테이블명')->where('id','>','5')->delete( );

- DB::table('테이블명')->increment('cnt'); ➜ 1 증가
- DB::table('테이블명')->decrement('cnt'); ➜ 1 감소

4.1.6 Eloquent ORM

일반적으로 데이터베이스는 테이블들간의 관계로 표현할 수 있으며, 각 테이블은 구성요소인 필드로 정의할 수 있다. Laravel에서는 테이블들을 모델 클래스(Model Class)로 표현할 수 있으며, 테이블들의 관계를 이 모델 클래스들의 관계로 정의할 수 있다. 이와같이 데이터베이스를 모델 클래스들의 관계로 정의하는 것을 Eloquent ORM(Object Relational Mapper)이라고 한다. 이런 모델 클래스를 이용하면, 데이터베이스 드라이버(DB Driver)와 데이터베이스 정의(Model Classs)를 분리시킬 수 있다. 따라서 mysql을 sqlite로 바꿀 때, 소스 한 줄 수정없이 다른 데이터베이스로 바꿀 수 있게 된다.

1) **모델 만들기 :**

Laravel에서 Eloquent ORM을 사용하려면, 먼저 모델(Model)을 만들어야 한다. 이 처리는 다음 명령어를 이용해 쉽게 기본 소스를 만들 수 있다. 이 경우 테이블이름은 모델명에 "s"가 추가되어 만들어진다. 예를 들어 model명을 member라고 하면 테이블이름은 members 가 되며, 클래스 이름은 Member가 된다.

```
php artisan make:model 모델명 -m
```

artisan으로 만들어진 모델파일은 app폴더에 "모델명.php" 라는 이름으로 자동생성 된다.

```
?
    namespace App;
    use Illuminate₩Database₩Eloquent₩Model;

    class 모델명 extends Model
    {
        … … …
    }
?>
```

아래 프로그램은 생성된 member모델의 Member.php 내용이다. 이때 파일이름의 첫 글자는 반드시 대문자로 지정해야하며, 클래스이름과 같아야 한다.

```
<?
  namespace App;
  use Illuminate₩Database₩Eloquent₩Model;

  class Member extends Model
  {
     … … …
  }
?>
```

2) **Eloquent 쿼리 :**

Eloquent ORM을 이용하여 원하는 쿼리를 만들려면, 먼저 member의 controller 프로그램에서 use문을 이용해 사용할 모델을 미리 지정하고, 모델 클래스명을 이용하여 접근할 수 있다.

```
use App/모델클래스명;
 …   …   …
모델클래스명::함수1 ->  … -> 함수n;
```

예를 들어 member 모델인 경우는 다음과 같이 사용한다.

```
use App/Member;
 …   …   …
$result = Member::orderby('name','asc')->get();
```

쿼리빌더인 경우는 DB 파사드와 테이블명을 DB::table('테이블명')와 같이 직접 지정하여 사용하지만, Eloquent ORM은 정의된 모델클래스를 이용해 접근하며, 쿼리빌더에서 설명했던 대부분의 모든 함수들을 똑같이 이용할 수 있다.

3) **fillable 속성 :**

모델 클래스에서는 모델에 대한 다양한 속성과 옵션을 정의할 수 있지만, 여기서는 모델 정의에 꼭 필요한 fillerable 속성을 소개하도록 하겠다. Laravel에서는 자료를 추가하는 경우 create 함수를 사용한다. 폼을 통해 받은 값들을 테이블에 저장할 때, 악의적인 방법으로 값을 입력하는 것이 가능할 수 있다. 이것을 막기위하여 테이블의 필드 정보를 해당 모델의 $fillerable 속성에 다음과 같이 정의하여 이를 방지할 수 있다.

```
protected $fillable = [
    '필드이름1',
    '필드이름2',
        ...
];
```

4) **자료 추가 :**

앞서 말했듯이 Eloquent ORM에서 사용할 수 있는 함수는 쿼리빌더에서 사용할 수 있는 대부분의 함수를 그대로 사용할 수 있으므로, 다시 설명하지 않도록 하겠다. 그러나 자료를 추가, 수정, 삭제하는 과정은 쿼리빌더와 다르므로, member모델을 이용하여 설명하겠다.

자료를 추가하는 경우, Controller의 store 함수에서는 다음과 같은 방식으로 프로그램을 작성한다. 이때 필드들은 모델에 $fillerable 속성으로 정의되어 있어야 한다.

```
public function store(Request $request)
{
    $row = new Member([
            '필드1'   => $request->input('필드1') 혹은 값1,
            '필드2'   => $request->input('필드2') 혹은 값2,
                ...
    ]);
    $row->save();
}
```

혹은

```
public function store(Request $request)
{
    $row = new Member;
    $row->'필드1'  = $request->input('필드1') 혹은 값1,
    $row->'필드2'  = $request->input('필드2') 혹은 값2,
       …
    $row->save();
}
```

5) **자료 수정 :**

기존 자료를 수정하는 경우는 Controller의 update 함수에 다음과 같이 작성한다.

```
public function update(Request $request, $id)
{
    $row = Member::find($id);

    $row->'필드1'  = $request->input('필드1') 혹은 값1,
    $row->'필드2'  = $request->input('필드2') 혹은 값2,
       …
    $row->save();
}
```

6) **자료 삭제 :**

기존 자료를 삭제하는 경우는 Controller의 destroy 함수에 다음과 같이 작성한다.

```
public function destroy($id)
{
    $row = Member::find($id);
    $row->delete();
}
```

그밖에도 특정 자료를 찾는 경우, 자료가 해당 자료가 없으면 새로 추가하는 firstOrCreate 함수와 firstOrNew함수가 있다. 그리고 해당자료가 있는 경우만 업데이트를 하지만, 없는 경우에는 새로 추가하는 UpdateOrCreate함수가 있다. 자세한 사용법은 Laravel의 문서를 참고하길 바란다.

Chapter

사용자

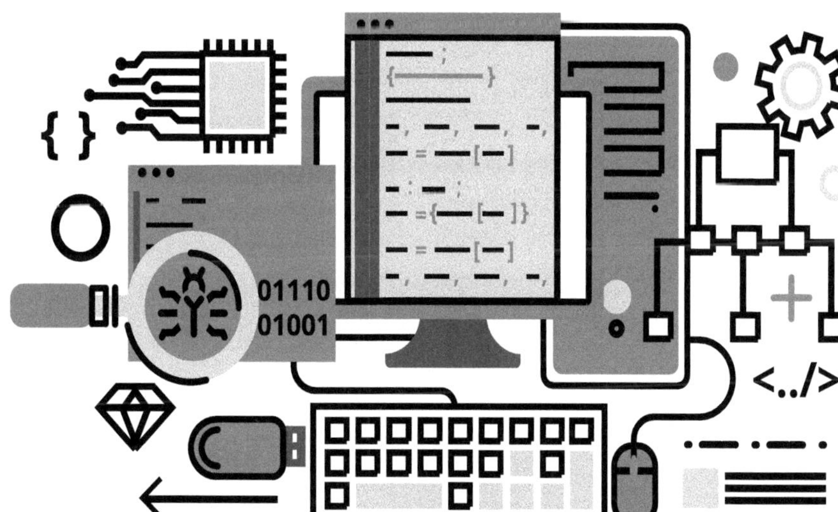

5.1 사용자 관리

5.1.1 Main 화면

blade 지시어 사용법을 알았으니, 레이아웃 blade지시어들을 이용하여 판매관리 메인화면을 만들어 보도록 하겠다. 앞서 언급했지만 프로그램 실행은 artisan serve와 port 8000을 이용하지 않고 public 폴더에 있는 index.php를 실행하는 방법으로 설명하도록 하겠다.

실습목적

웹브라우저에 http://localhost/sale/public 이라고 입력할 때, 다음 그림과 같은 메인화면이 나오도록 main.blade.php 를 만들어라.

Main 화면

실습이론

1. **화면 분할** : 앞에서 만든 memebr_list.html 디자인을 보면 메뉴, 사용자 화면 영역으로 나눌 수 있다.

사용자 화면 영역은 내용에 따라 계속 바뀌는 부분이지만, 메뉴 영역은 고정이다. 따라서 이 두 영역을 분리해서 작업하지 않는다면, 모든 화면에 있는 메뉴에 대해 같은 PHP 프로그램을 매번 해야 한다. 이런 방식은 매우 비효율적이다. 따라서 메뉴 영역은 독립된 파일로 따로 작성하고 필요할 때 include와 같은 PHP 명령어를 이용해 호출하면 편리할 것이다. 여기서는 아래 그림과 같이 blade지시어를 이용하여 main.blade.php를 만들어 중복되는 프로그램 작업을 효율적으로 처리하도록 하겠다.

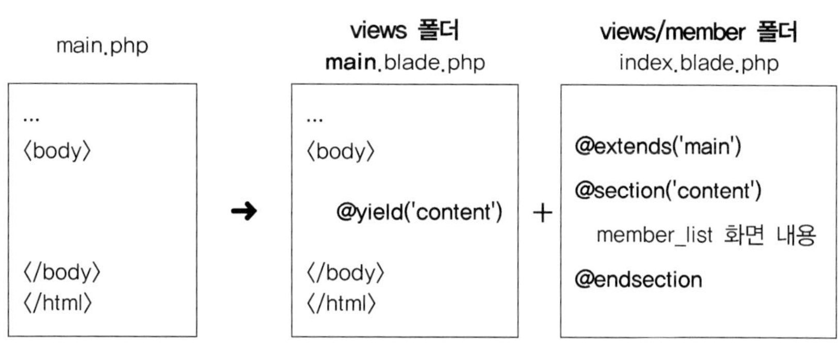

2 **asset 함수** : asset함수를 이용하여 main.blade.php에서 bootstrap과 jquery 관련 css, js파일의 경로를 정확히 지정하도록 수정한다. 그 이유는 main.blade.php와 index.blade.php가 같은 폴더에 있으면 문제가 발생하지 않는다. 그러나 views폴더에 main.blade.php가 있고, 하위폴더인 views/member 폴더에 index.blade.php가 있으면, @extends blade지시어를 이용하는 경우 경로에 문제가 생길 수 있다. 따라서 경로 문제를 해결하기 위해서는 asset함수를 다음과 같이 사용해야 한다.

```
... ... ...
    <title>판매관리</title>
    <link  href="{{ asset('my/css/bootstrap.min.css') }}" rel="stylesheet">
    <link  href="{{ asset('my/css/my.css') }}" rel="stylesheet">
    <script src="{{ asset('my/js/jquery-3.6.0.min.js') }}"></script>
    <script src="{{ asset('my/js/popper.js') }}"></script>
    <script src="{{ asset('my/js/bootstrap.min.js') }}"></script>
</head>
<body>
... ... ...
```

asset(경로문자열)
Request(HTTP나 HTTPS)의 현재 스키마를 사용하여 asset을 위한 URL을 생성하는 함수이다.
예) asset('my/css/my.css') ➜ http://localhost/sale/public/my/css/my.css

2 **Laravel 시작화면 변경** : 앞에서 Laravel 설치 후, 테스트할 때 "Laravel!" 이라는 화면이 나왔다. 이는 resources/views 폴더에 있는 welcome.blade.php 를 제일 먼저 시작하도록 routes 폴더의 web.php에 welcome이라고 등록되어 있기 때문이다.

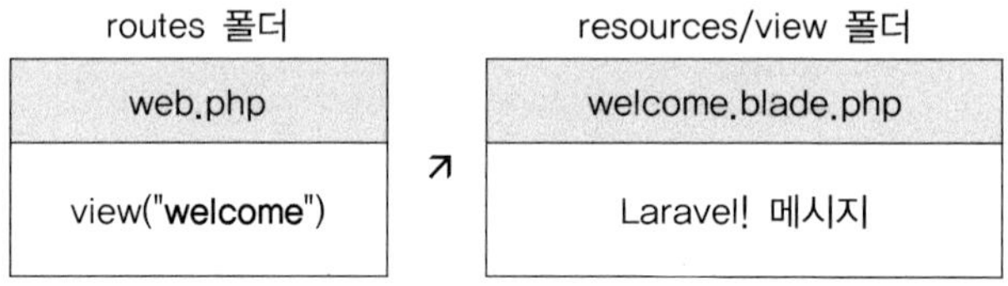

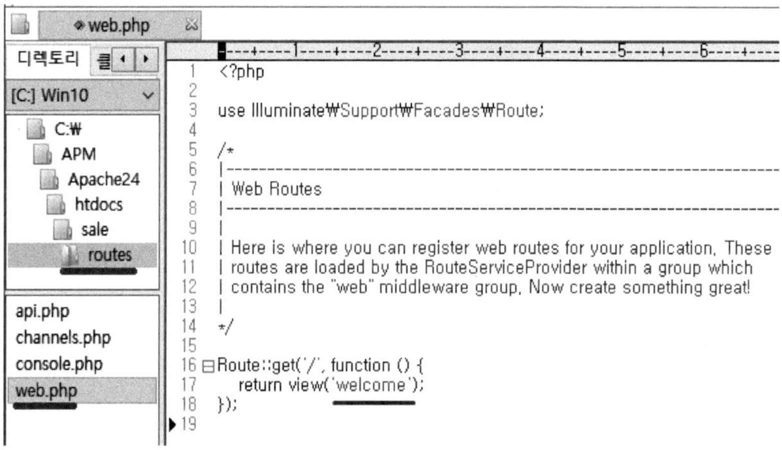

routes폴더의 web.php

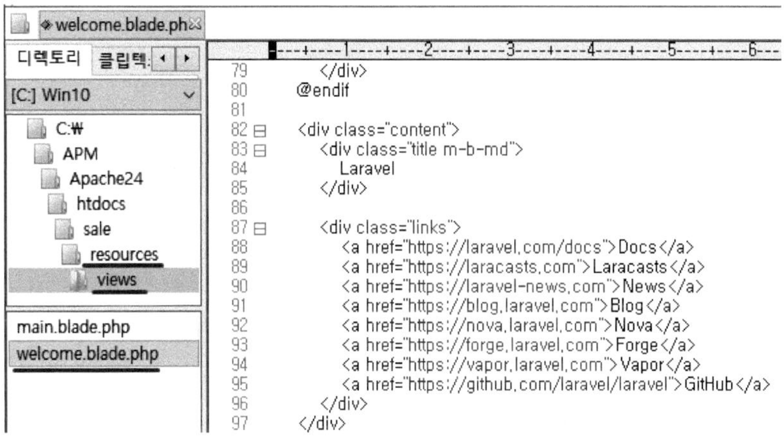

resources/views폴더의 welcome.blade.php

따라서 web.php의 welcome을 제일 먼저 실행하기를 원하는 파일 main.blade.php의 이름인 "main"으로 변경하면, resource/views폴더의 main.blade.php가 실행되게 된다.

3 **Route** : 웹프로그램을 하면서 개발자에게 제일 골치 아픈 부분은 보안이며, 보안을 고려하면서 프로그램을 하는 것은 쉬운 일이 아니다. 그러나 기본적으로 보안 관련된 프로그램이 준비되어있는 Framework를 이용하면, 이 문제는 해결된다. 따라서 개발자는 Framework의 보안 관련 사용법만 지킨다면, 보안 문제에 신경 쓸 필요가 없다. Laravel에서는 클라이언트의 모든 웹 접근을 Route폴더의 web.php를 거치게 되어있으며, 이 web.php에 Route를 이용하여 등록된 곳만 접근할 수 있다. 따라서 실행을 원하는 문서가 있다면, 반드시 web.php에 Route를 이용하여 등록해야 한다. 앞서 설명한 web.php의 등록된 아래 프로그램은 홈디렉토리("/")에 접근했을 때, resource/vews 폴더에 있는 main 프로그램을 실행하라는 의미다. Route사용법에 대한 자세한 내용은 Laravel 문서를 참고하길 바란다.

```
… … …
Route::get('/', function () {
    return view('main');
});
```

STEP 01 main.blade.php 만들기

① **main.blade.php 만들기** : member_list.html을 읽어 회원목록 부분만 모두 삭제한다. 그리고 [새이름으로 메뉴]를 이용하여 resources₩views 폴더에 “main.blade.php”로 저장한다.

```
… … …
        </ul>
        <a class="nav-item"><a class="nav-link" href="#">로그인</a></li>
      </div>
    </nav>

 회원목록 내용 모두 삭제

</div>

</body>
</html>
```

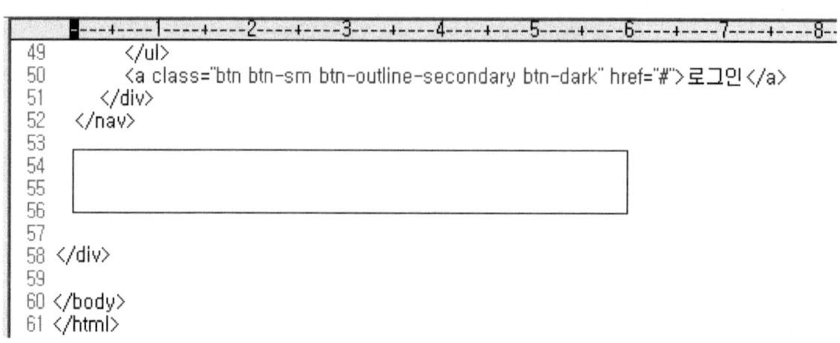

② **@yield 삽입** : 삭제한 부분에 다음과 같은 프로그램을 입력한다.

```
… … …
      </div>
    </nav>

    @yield("content")

</div>
… … …
```

```
        </ul>
        <a class="btn btn-sm btn-outline-secondary btn-dark" href="#">로그인</a>
      </div>
    </nav>

@yield("content")

</div>

</body>
</html>
```

③ **asset 추가 :** 다음과 같이 css, js 파일 경로 부분을 asset 함수를 이용하여 수정한다.

```
… … …
    <title>판매관리</title>
    <link  href="{{ asset('my/css/bootstrap.min.css') }}" rel="stylesheet">
    <link  href="{{ asset('my/css/my.css') }}" rel="stylesheet">
    <script src="{{ asset('my/js/jquery-3.6.0.min.js') }}"></script>
    <script src="{{ asset('my/js/popper.js') }}"></script>
    <script src="{{ asset('my/js/bootstrap.min.js') }}"></script>
</head>
<body>
… … …
```

```
<!DOCTYPE html>
<html lang="kr">
<head>
  <meta charset="utf-8">
  <meta name="viewport" content="width=device-width, initial-scale=1, shrink-to-fit=no">
    <title>판매관리</title>
    <link href="{{ asset('my/css/bootstrap.min.css') }}" rel="stylesheet">
    <link href="{{ asset('my/css/my.css') }}" rel="stylesheet">
    <script src="{{ asset('my/js/jquery-3.6.0.min.js') }}"></script>
    <script src="{{ asset('my/js/popper.js') }}"></script>
    <script src="{{ asset('my/js/bootstrap.min.js') }}"></script>
</head>
<body>
```

STEP 02 main 경로 수정하기

① **web.php 수정하기 :** sale₩routes 폴더에 있는 web.php를 읽어 다음과 같이 welcome을 "main"으로 수정한다.

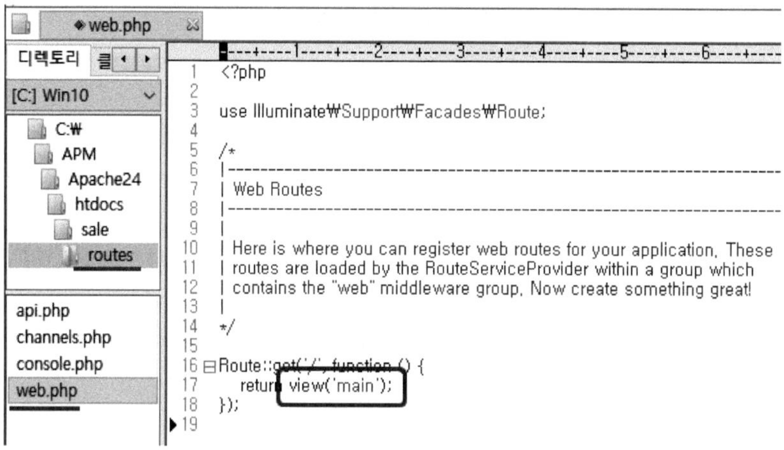

```
...   ...   ...
Route::get('/', function () {
    return view('main');
});
...   ...   ...
```

② **실행하기** : 실행하여 결과를 확인한다.

5.1.2 members 테이블

실습목적

판매관리에 필요한 members 테이블들을 만들고 실습에 필요한 자료를 import한다.

실습이론

1 **members 테이블** : 회원관리를 위하여 제일 먼저 해야 할 작업은 members 테이블을 데이터베이스 sale에 만드는 일이다. members 테이블 구조는 아래 표와 같이 비교적 간단한 구조가 되도록 만들었다.

		필드명	자료형	비고
1	번호	id	unsigned bigint	auto_increment, 기본키
2	아이디	uid	varchar(20)	
3	암호	pwd	varchar(20)	
4	이름	name	varchar(20)	
5	전화	tel	varchar(11)	
6	등급	rank	tinyint	직원=0, 관리자=1

1) **id** : 기본키(primary key)로서, 자동으로 번호가 입력되는 옵션 auto_increment 를 선택한다.
2) **uid, pwd, name** : 길이 20자인 varchar으로, 필수입력이 되도록 null값을 No 로 지정한다.
3) **tel** : 전화 필드인 경우는 숫자로 된 자료이지만, 02와 같은 지역번호 때문에 반드시 문자형으로 지정해야 한다. 길이는 "000-0000-0000"형식에서 "-"기호를 뺀 11 로 지정한다.
4) **rank** : 프로그램의 작업 편리를 위해 일반 고객, 직원, 관리자 정보를 members 테이블에 같이 등록하고 rank 필드로 사용권한을 주도록 구성하였다. 가장 작은 정수형인 1바이트 tiny integer로 지정했다. 그리고 직원은 0, 관리자는 1로 사용하도록 하겠다.

2 **테이블 만드는 방법** : members 테이블은 기존의 phpmyadmin을 이용하여 만들거나 Laravel의 artisan 명령을 아래와 같이 실행하면 app/Models 폴더에 model 파일이 생성되며, -m 옵션을 사용하면, database₩migrations 폴더에 migration 파일도 만들어진다. 여기서는 artisan을 이용하는 방법을 이용하겠다. 원한다면 phpmyadmin을 이용하여 직접 만들어도 무방하다.

```
php artisan make:model Member -m
```

STEP 01 members 테이블 만들기

① **member Model 파일 자동 생성하기** : 명령프롬프트 창에서 다음과 같은 명령어를 입

력하여 member Model 파일을 자동 생성한다.

```
php artisan make:model Member -m
```

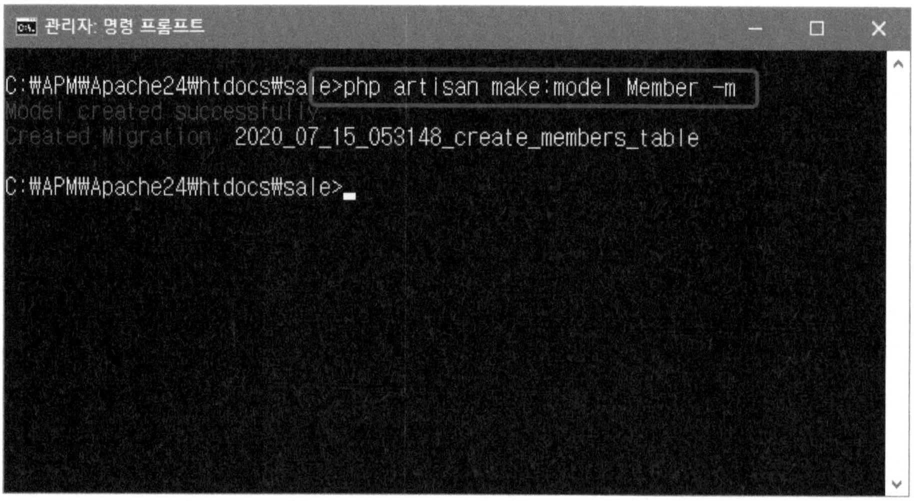

② **members 테이블 정의 파일 열기** : database/migrations 폴더안에 있는 "년도_월_일_??????_create_members_table.php" 파일을 클릭하여 연다.

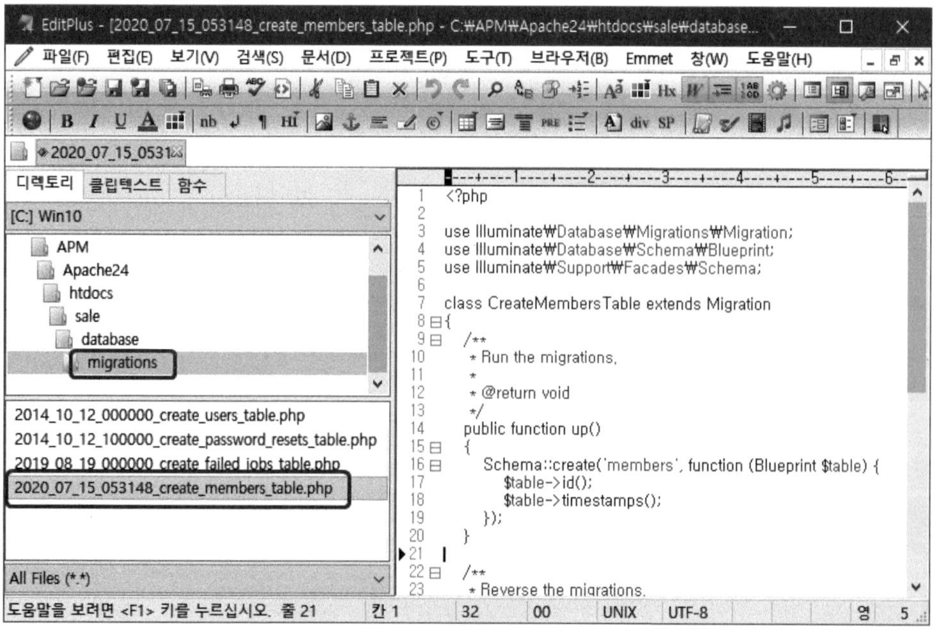

③ **members 필드 입력하기 :** 나머지 uid, pwd, name, tel, rank를 입력한 후, [저장]버튼을 클릭하여 테이블을 저장한다. 아이디, 암호, 이름은 필수 입력사항이므로 Null을 체크하지 않는다.

	필드	종류	NULL	초기값
아이디	uid	varchar(20)	☐	
암호	pwd	varchar(20)	☐	
이름	name	varchar(20)	☐	
전화	tel	varchar(11)	☑	
등급	rank	tinyint	☑	0

```
… … …
public funciton up()
{
   Schema::create('members',function (Blueprint $table) {
      $table->id();

      $table->string('uid',20);
      $table->string('pwd',20);
      $table->string('name',20);
      $table->string('tel',11)->nullable();
      $table->tinyinteger('rank')->nullable()->default(0);

      $table->timestamps();
   });
}
… … …
```

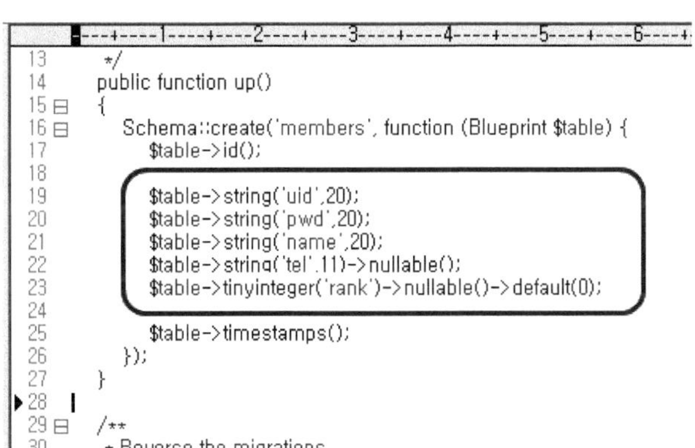

④ **member 테이블 생성** : 명령 프롬프트창에서 다음 명령어를 실행하여 테이블을 생성한다.

```
php artisan migrate
```

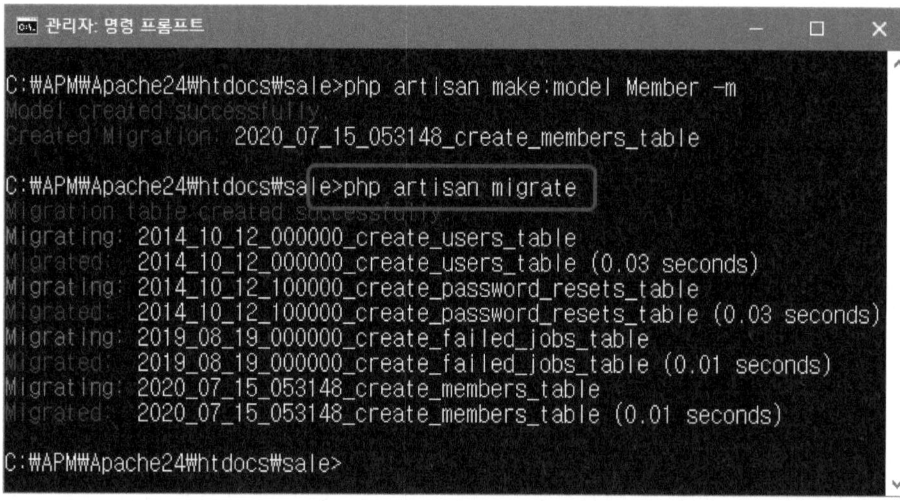

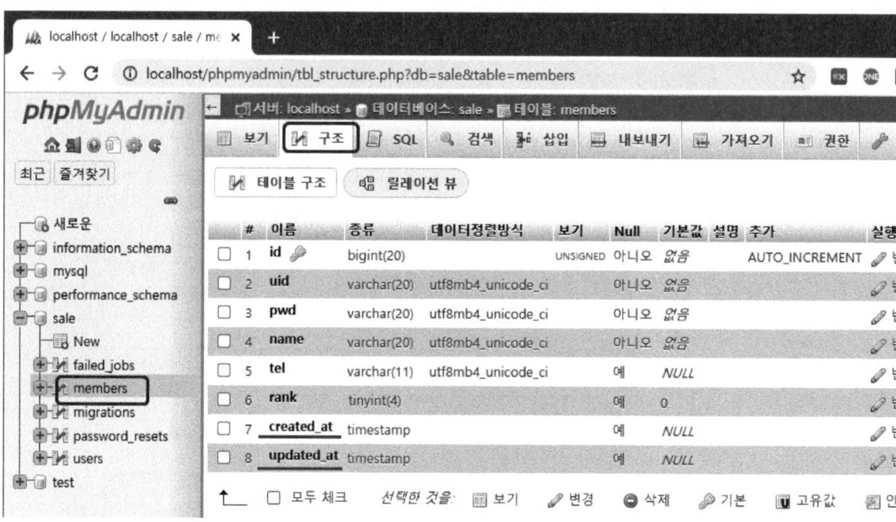

자동생성된 테이블 결과화면

테이블의 구조를 보면, created_at, updated_at 필드가 추가되어 있는 것을 볼 수 있다. 이 created_at 필드는 레코드가 처음 추가된 날짜와 시간을 저장하며, updated_at 필드는 수정했을때의 날짜와 시간이 저장된다. 그리고 앞서 언급했지만, artisan과

migrate를 이용하지 않고 phpmyadmin을 이용하여 직접 members 테이블을 만들어도 된다.

STEP 02 members 자료 가져오기

① **Import 하기** : phpmyadmin에서 "members"테이블을 선택한 후, [가져오기]탭을 선택한다. 그리고 [파일선택]버튼을 클릭한다.

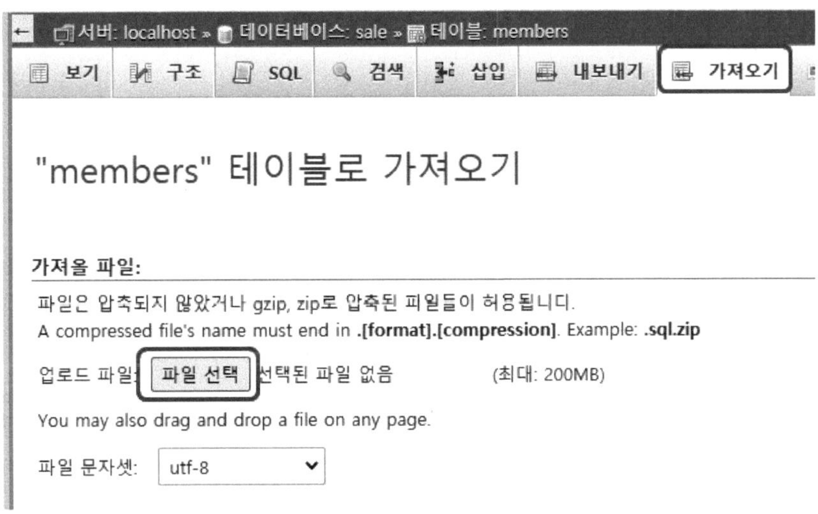

② **member_data.txt 파일 읽어오기** : 부록파일에 있는 50명의 테스트용 자료파일인 "member_data.txt" 파일을 선택한다.

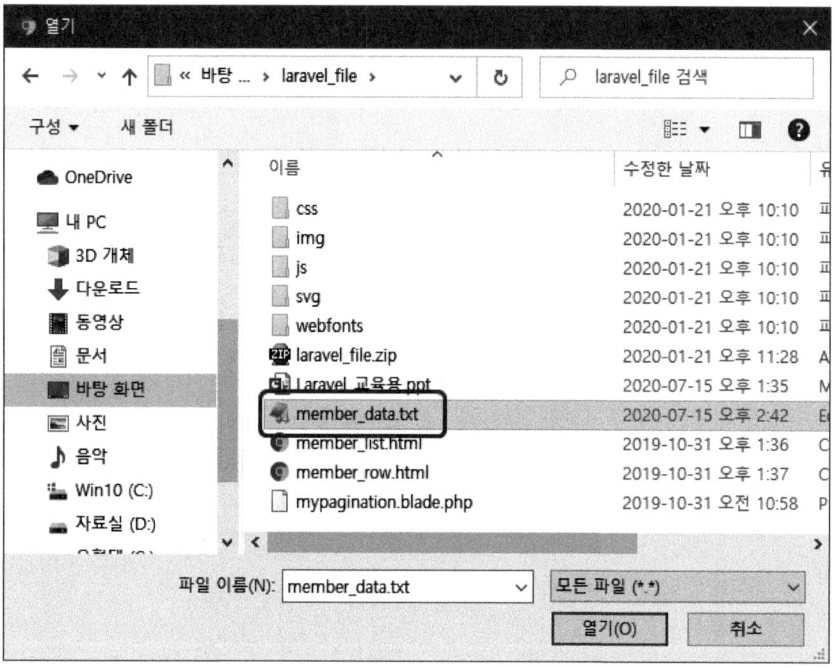

③ **CSV 파일형식 지정하기** : 아래 그림처럼 읽기 형식을 "CSV"파일 형식을 지정한 후, 열 구분자는 "₩t"와 열감싸기는 빈칸을 입력한다. 그리고 [실행]버튼을 클릭한다.

1	형식	CSV	2	열 구분자	₩t
3	열 감싸기	빈칸			

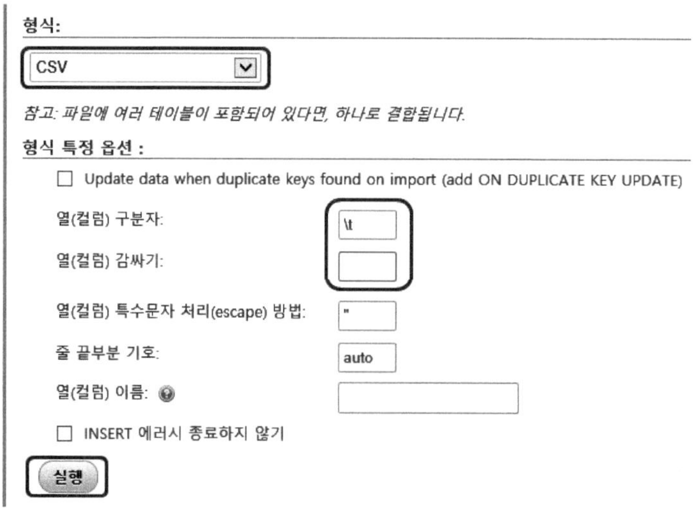

가져오기 결과화면

STEP 03 members fillable Property 수정하기

① **fillable property 수정하기 :** members 테이블에서 수정가능한 필드를 지정하기위해 app/Models 폴더에 있는 Member.php를 다음과 같이 수정한다.

```
… … …
class Member extends Model
{
    use HasFactory;

    protected $fillable = [
        'uid',
        'pwd',
        'name',
        'tel',
        'rank'
    ];
}
… … …
```

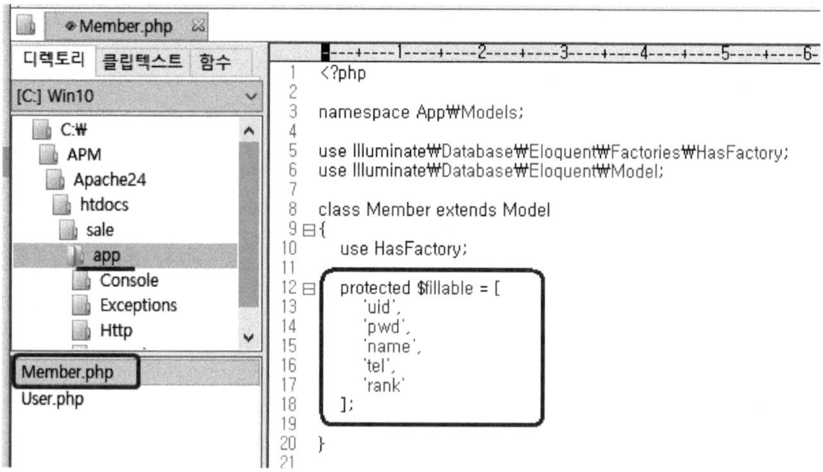

5.2 사용자 목록

실습목적

다음 그림과 같이 member 테이블의 사용자 정보들을 표시할 수 있는 사용자 목록 화면을 만들어라.

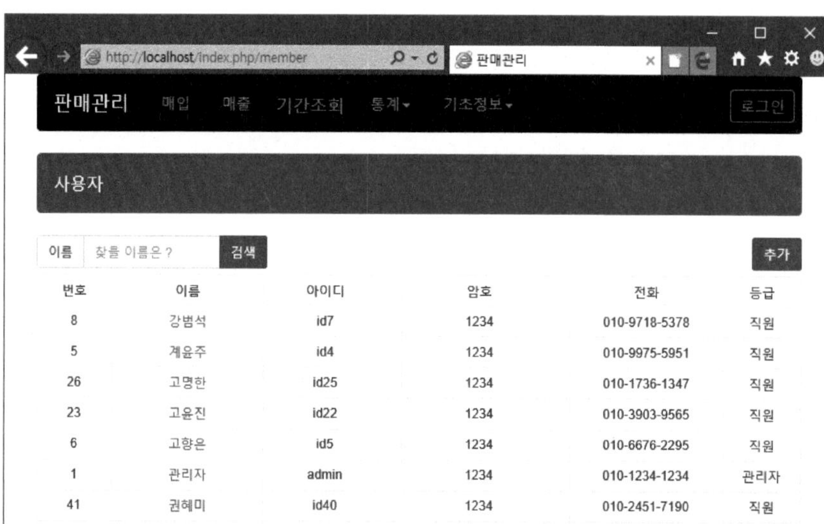

실습이론

[1] **사용자목록 MVC 구조** : 사용자의 목록을 보여주는 MVC 파일 구조와 처리과정은 다음과 같다.

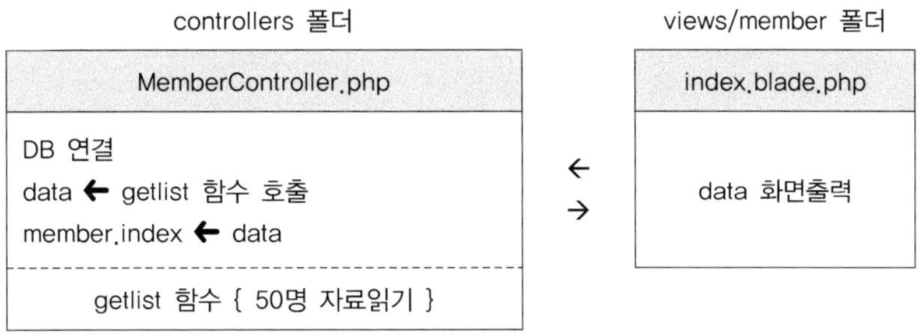

MemberController에서 50명의 자료를 가져오는 getlist함수를 호출하여 얻은 자료를 data라는 변수에 저장한다. 그리고 이 data를 view/member폴더의 index.blade.php에 전달하여 화면에 출력한다. 50명의 자료를 읽어오는 getlist함수는 데이터베이스에 관련된 사용사 함수이므로, Model에 프로그램을 작성해야 한다. 하지만 RESTful 처리에서는 자료 추가, 수정, 삭제와 같은 처리를 컨트롤러에서 store, update, destroy와 같은 함수로 함께 처리한다. 따라서 getlist함수는 Model에 작성하지 않고, 컨트롤러에 작성하도록 하겠다.

[2] **MemberController 만들기** : Laravel에서 resources controller를 만들려면, 다음과 같이 artisan 명령어를 이용하여 app/Http/Controller폴더에 필요한 소스를 자동 생성할 수 있다. 그리고 --resource 옵션을 붙이면, 만들어진 파일에 RESTful Resource를 위한 기본소스를 자동 생성해주므로, 아주 편리하다.

```
php artisan make:controller --resource 이름Controller.php
```

파일이름은 꼭 그럴 필요는 없지만 보통 "이름Controller.php"과 같은 형식을 사용한다. 그리고 클래스이름과 같아야 하므로, 이름 첫글자는 반드시 대문자래야 한다. 예를 들어 member인 경우, 클래스이름이 MemberController가 되며, 파일이름은 MemberController.php가 된다. 이 파일에는 프로그램에 필요한 초기설정과 사용자 함수, 그리고 데이터베이스를 연결하고 처리하는 함수등을 작성한다.

resource 안한 경우

MemberController

```
<?php

namespace App₩Http₩Controllers;

use Illuminate₩Http₩Request;

class MemberController extends Controller
{

}
```

resource 한 경우

MemberController

```
<?php

namespace App₩Http₩Controllers;

use Illuminate₩Http₩Request;

class MemberController extends Controller
{
    public function index()
    {
    }

    public function create()
    {
    }

    public function store(Request $request)
    {
    }

    public function show($id)
    {
    }

    public function edit($id)
    {
    }

    public function update(Request $request, $id)
    {
    }

    public function destroy($id)
    {
    }
}
```

함수이름	설명
index	제일 먼저 실행되는 함수, 자료 목록 표시
create	새 자료 추가하는 입력화면 표시
store	입력한 자료($request)를 저장
show	$id번째 자료를 화면에 표시
edit	$id번째 자료를 수정하는 화면 표시
update	$id번째 수정한 자료($request)를 저장
destroy	$id번째 자료를 삭제

3 **member 경로 등록하기** : URI에서 member 리소스 컨트롤러를 사용하려면, 먼저 use문을 이용하여 MemberController를 정의하고, Route::resource를 이용하여 경로를 등록해야 한다.

```
use App/Http/Controllers/MemberController;

Route::resource('member', MemberController::class);
```

4 **index.blade.php 만들기** : 앞의 main.blade.php에서 메뉴와 같이 공통된 부분에 대한 처리를 @yield blade지시어를 이용해 처리하도록 만들었다. 따라서 사용자 목록을 표시되는 index.blade.php는 @extend와 @section…@endsection을 이용해서 만들어야 하며, section내의 내용은 member_list.html의 사용자 목록부분을 이용해야 한다. 그리고 파일이름은 반드시 index.blade.php여야 하는데, 그 이유는 index.php가 제일 먼저 실행되는 파일이기 때문이다.

views 폴더		**views/member 폴더**
main.blade.php		index.blade.php
... <body> @yield('content') </body> </html>	➜	@extend('main') @section('content') member_list.html의 사용자 목록 @endsection

3 **Member 목록 자료 읽기** : 연결된 데이터베이스를 이용하려면, 먼저 컨트롤러 MemberController.php 앞부분에 다음과 같이 DB 클래스를 선언해야 한다. 그리고 Eloquent ORM을 사용하려면, 모델 Member에 대한 정보를 이용할 수 있도록 App/Models/Member라고 선언해야 한다.

```
use Illuminate/Support/Facades/DB;        // DB Lib 위한 선언
use App/Models/Member;                    // Eloquent ORM 위한 선언
```

클래스에서 가장 먼저 실행되는 함수는 index함수이며, 사용자 자료를 읽어 화면에 출력하는 프로그램을 작성해야 한다. index함수에 직접 작성해도 무방하지만, 여기서는 모듈화를 위해 사용자정보를 데이터베이스에서 읽어오는 getlist 함수를 따로 만들어 호출하는 방법을 이용하겠다. getlist 함수에 얻어진 사용자 정보는 $data배열에 list라는 변수명으로 저장된다. 그리고 이 $data는 view함수에 의해 view/member폴더의 index.blade.php에 전달되어 화면에 출력된다.

```
public function index()
{
    $data['list'] = $this->getlist();           // 자료 읽기
    return view('member.index', $data);         // 자료 표시
}
```

getlist함수는 이름순으로 정렬한 member 테이블 목록을 읽는 $sql 문을 DB 클래스의 DB::Select(SQL문) 함수를 이용하여 구한 후, 리턴시킨다.

```
public function getlist()
{
    $sql = 'select * from members order by name';
    $result = DB::select($sql);
    return $result;
}
```

만약에 2번째 방법인 쿼리빌더를 이용하는 경우에는 다음과 같으며,

```
public function getlist()
{
    $result = DB::table('members')->orderby('name')->get();
    return $result;
}
```

3번째 방법인 Eloquent ORM을 이용하는 경우에는 다음과 같다.

```
public function getlist()
{
    $result = Member::orderby('name')->get();
    return $result;
}
```

getlist함수없이 index함수에 해당 프로그램을 바로 작성해도 되지만, 나중에 getlist 함수를 활용하기 위하여 따로 만들어 호출하는 형식으로 만들었다. 독자는 원한다면 index 함수에 작성해도 무방하다.

4 **views/member폴더의 index.blade.php** : 컨트롤러 MemberController.php에서 받은 자료 $data['list'] 를 화면에 출력시키는 프로그램이다.

```
… … …
      <td width="20%">아이디</td>
      <td width="20%">암호</td>
      <td width="20%">전화</td>
      <td width="10%">등급</td>
   </tr>

   @foreach ($list as $row)          // 연관배열 list를 row를 통해 출력한다.
<?
   $tel1 = trim(substr($row->tel,0,3));              // 전화 지역번호 추출
   $tel2 = trim(substr($row->tel,3,4));              // 전화 국번호 추출
   $tel3 = trim(substr($row->tel,7,4));              // 전화 번호 추출
   $tel = $tel1 . "-" . $tel2 . "-" . $tel3;         // 합치기
   $rank = $row->rank==0 ? '직원' : '관리자';         // 0->직원, 1->관리자
?>
   <tr>
      <td>{{ $row->id }}</td>
      <td><a href="#">{{ $row->name }}</a></td>
      <td>{{ $row->uid }}</td>
      <td>{{ $row->pwd }}</td>
      <td>{{ $tel }}</td>
      <td>{{ $rank }}</td>
   </tr>
   @endforeach

</table>
   … … …
```

MemberController.php에서 50명의 사용자 전체정보를 $data["list"]로 받았다. 따라서 이 값들을 한 레코드(row)씩 읽으려면, foreach($list as $row)를 통해 읽을 수 있다. foreach문은 @foreach … @endforeach blade지시어를 이용하여 처리하였다. 각 필드 값들은 "$row->연관키"를 통해 접근할 수 있다. 따라서 연관키값은 필드이름과 같으므로, "$row->필드이름"과 같다. 전화번호 tel 필드인 경우는 지역(3), 국(4), 번호(4)인 "01011112222" 형식으로 저장되어 있다. 따라서 이 값을 "010-1111-2222" 형식으로 출력하려면, 전화번호에서 지역, 국, 번호에 해당하는 부분 문자열을 추출한다. 그리고 추출된 문자열들은 문자열 연결연산자(.)를 이용하여 다시 합쳐야 한다. substr 함수는 지정한 위치에서 길이만큼 문자열을 추출하는 함수이며, trim함수는 문자열 양쪽 여백을 제거하는 함수이다.

0	1	2	3	4	5	6	7	8	9	10
0	0	0	0	0	0	0	0	0	0	0
지역(3)			국(4)				번호(4)			

```
$tel1=trim(substr($row->tel,0,3));          → 0번 위치에서 3자리 문자열 추출
$tel2=trim(substr($row->tel,3,4));          → 3번 위치에서 4자리
$tel3=trim(substr($row->tel,7,4));          → 7번 위치에서 4자리
$tel=$tel1 . "-" . $tel2 . "-" . $tel3;     → 추출된 문자열 합치기
```

등급 rank 필드는 정수로서, 직원은 0, 관리자는 1로 사용하기로 하였다. 만약 $row->rank를 이용하여 값을 출력한다면, 0과 1로 표시가 된다. 따라서 글자로 출력하려면 ? 조건연산자를 이용하여 문자열로 바꾼 후, $rank를 출력하면 된다.

```
$rank = $row->rank==0 ? "직원" : "관리자" ;
```

5 **main.index.php에 사용자 메뉴 연결하기** : 마지막으로 main.index.php의 사용자 메뉴를 클릭할 때, view/member폴더의 index.blade.php를 실행해야 한다. 그렇게 하기 위해서는 MemberController의 index함수를 호출하도록 route함수를 이용하여 〈a〉 tag에 route('member.index')라고 지정해야 하며, 다음과 같이 번역되어 실행된다.

route('member.index') ➜ http://localhost/sale/public/member
http://localhost:8000/member

```
... ... ...
<li class="nav-item dropdown">
  <a class="nav-link dropdown-toggle" href="#" id="navbarDropdown"
role=="button" data-bs-toggle="dropdown" aria-expanded="false">기초정보</a>
  <div class="dropdown-menu" aria-labelledby="navbarDropdown">
    <li><a class="dropdown-item" href="#">구분</a></li>
    <li><a class="dropdown-item" href="#">제품</a></li>
    <li><div class="dropdown-divider"></div></li>
    <li><a class="dropdown-item" href="{{ route('member.index') }}">사용자</a></li>
  </div>
</li>
<li class="nav-item"><a class="nav-link" href="#">사진</a></li>
... ... ...
```

STEP 01 Member 컨트롤러 만들기

① **MemberController 만들기 :** 새 명령프롬프트 창을 열고 다음과 같이 --resource 옵션으로 다음 명령을 실행하여 resource형식의 menber 컨트롤러(MemberController.php)를 만든다. 이때 MemberControl 이름은 반드시 첫 글자가 대문자가 되도록 해야 한다.

```
cd c:/apm/apache24/htdocs/sale

php artisan make:controller --resource MemberController
```

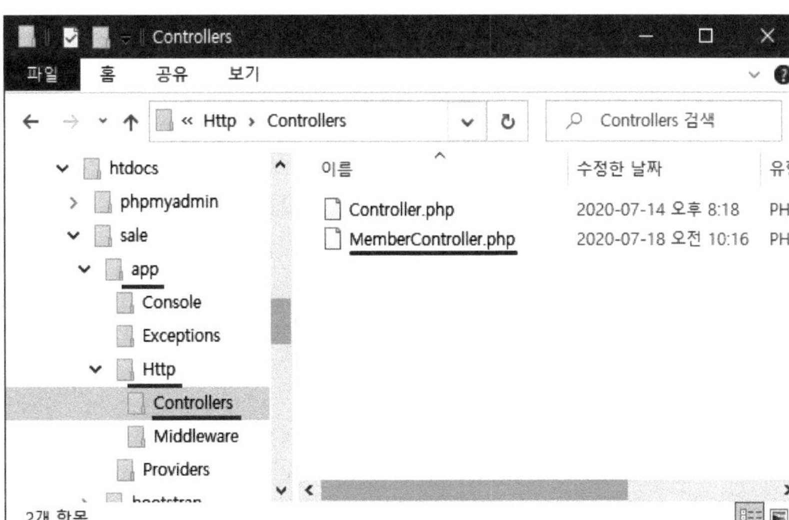

STEP 02 MemberController 경로 등록하기

① **MemberController 만들기** : routes 폴더의 web.php를 열고 다음 프로그램을 입력하여 MemberController 경로를 등록한다.

```
<?php

use Illuminate₩Support₩Facades₩Route;
use App₩Http₩Controllers₩MemberController;
…  …  …
Route::get('/', function () {
    return view('main');
});

Route::resource('member', MemberController::class );
```

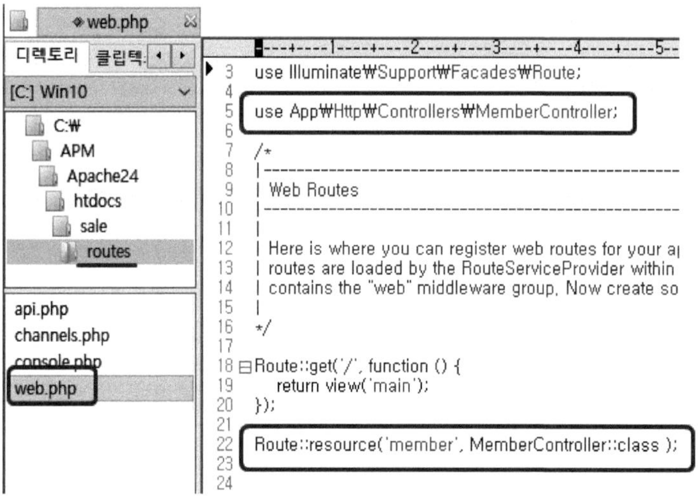

STEP 03 사용자 목록 화면 만들기

① **member 폴더 만들기** : resources/views 폴더위에서 [새로 작성] 메뉴를 이용하여 member 관련 모든 파일을 저장할 member 폴더를 만든다.

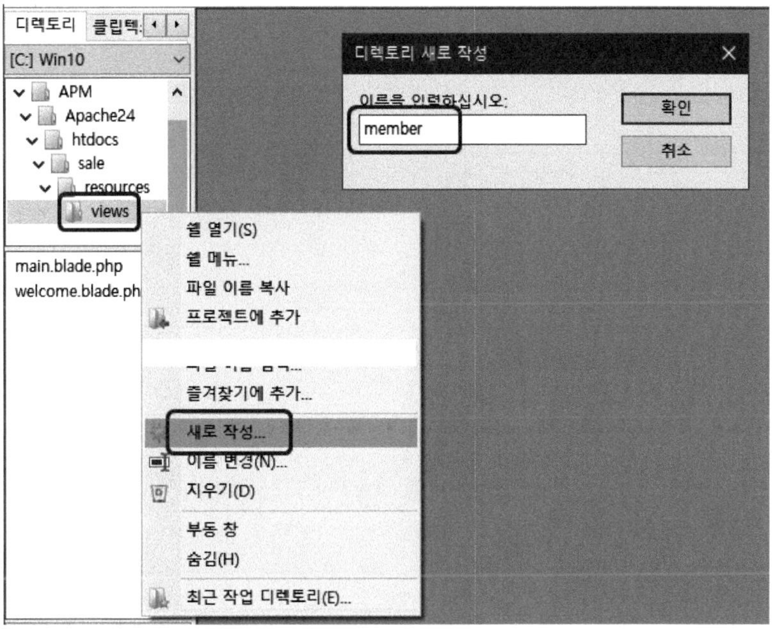

② **index.blade.php 만들기** : public 폴더의 member_list.html을 읽어 [파일]→[새 이름으로] 메뉴를 이용하여 방금 만든 resources/views/member 폴너에 "index.blade.php" 라는 이름으로 저장한다.

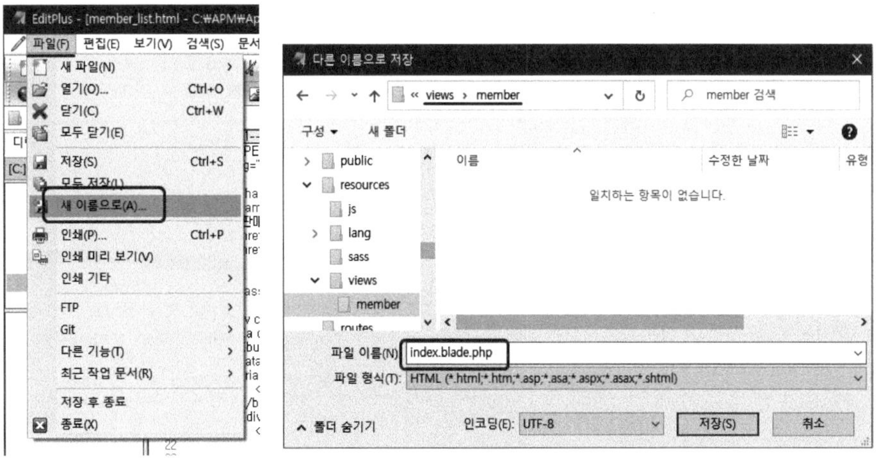

③ **index.blade.php 수정하기1** : 아래 그림처럼 소스 앞부분과 뒷부분을 삭제하고 @extend와 @section…@endsection을 이용하여 수정한다.

```
@extends('main')
@section('content')

<br>
<div class="alert mycolor1" role="alert">사용자</div>

<script>
   function find_text()
   {
      form1.action="#";
      form1.submit();
...   ...   ...
         <li class="page-item">
            <a class="page-link" href="#" aria-label="Next">
               <span aria-hidden="true">▷</span>
            </a>
         </li>
      </ul>
   </nav>
</div>

@endsection()
```

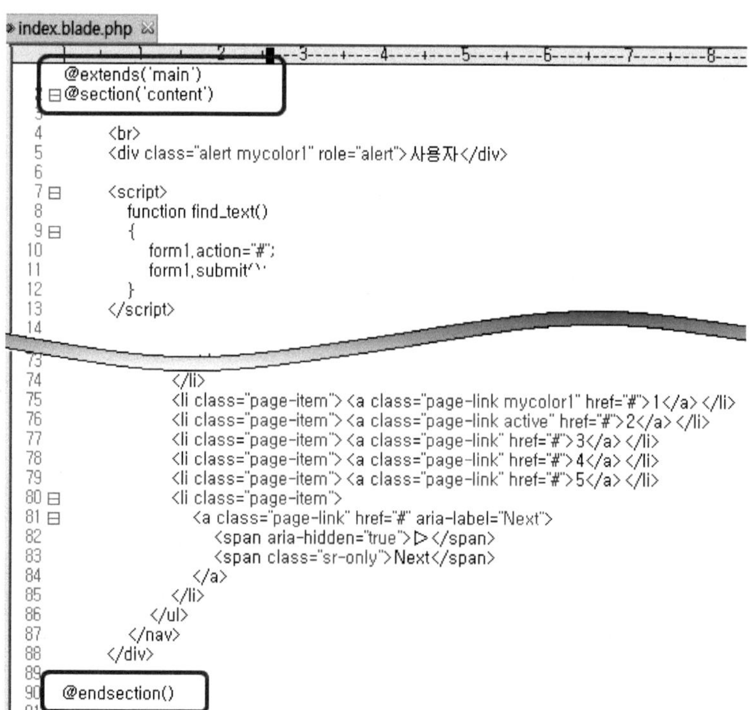

④ **member 메뉴 연결하기 :** 사용자 목록을 보기위하여 view 폴더의 main.blade.php에서 사용자 메뉴의 〈a〉 tag의 href를 다음과 같이 수정한다.

```
... ... ...
            <div class="dropdown-menu" aria-labelledby="navbarDropdown">
              <li><a class="dropdown-item" href="#">구분</a></li>
              <li><a class="dropdown-item" href="#">제품</a></li>
              <li><div class="dropdown-divider"></div></li>
              <li><a class="dropdown-item" href="{{ route('member.index')
}}">사용자</a></li>
            </div>
          </li>
        </ul>
        <a class="btn btn-sm btn-outline-secondary btn-dark" href="#">로그인</a>
    </div>
</nav>

@yield("content")
... ... ...
```

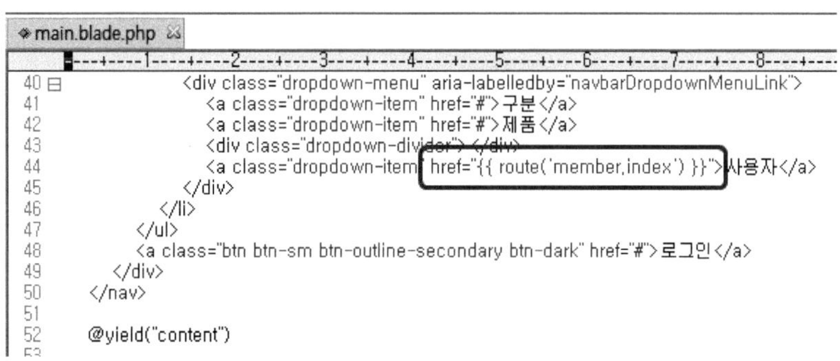

STEP 04 사용자 자료 출력하기

① **MemberController 수정하기 :** app/Http/Controller 폴더에 있는 MemberController.php를 읽어 다음과 같이 수정한다.

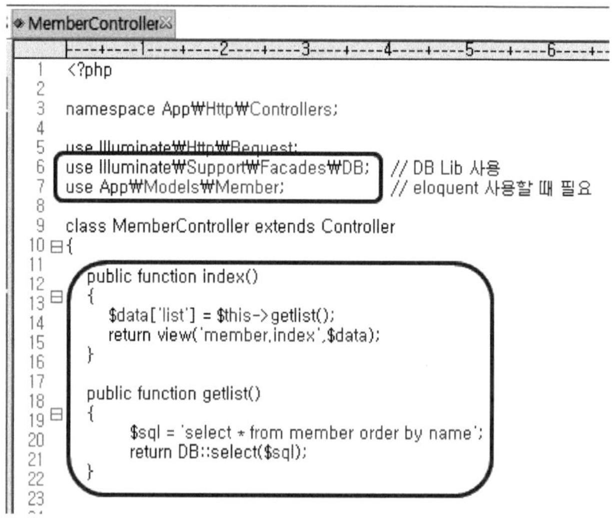


```
<?php

namespace App₩Http₩Controllers;

use Illuminate₩Http₩Request;
use Illuminate₩Support₩Facades₩DB;        // DB 클래스 사용
use App₩Models₩Member;                   // Eloquent 사용할 때만 필요

class MemberController extends Controller
{
    public function index()
    {
        $data['list'] = $this->getlist();
        return view('member.index', $data);
    }

    public function getlist()
    {
        $sql = 'select * from members order by name';
        return DB::select($sql);
    }
...   ...   ...
```

② **index.blade.php 수정하기** : resources/views/member/폴더의 index.blade.php를 열고 아래 그림처럼 사용자 목록이 출력되도록 수정한다.

```
... ... ...
        <td width="20%">이름</td>
        <td width="20%">전화</td>
        <td width="10%">등급</td>
      </tr>

    @foreach($list as $row)
    <?
      $tel1 = trim(substr($row->tel,0,3));
      $tel2 = trim(substr($row->tel,3,4));
      $tel3 = trim(substr($row->tel,7,4));
      $tel = $tel1 . "-" . $tel2 . "-" . $tel3;
      $rank = $row->rank==0 ? '직원' : '관리자';
    ?>
      <tr>
        <td>{{ $row->id }}</td>
        <td><a href="#">{{ $row->name }}</a></td>
        <td>{{ $row->uid }}</td>
        <td>{{ $row->pwd }}</td>
        <td>{{ $tel }}</td>
        <td>{{ $rank }}</td>
      </tr>
    @endforeach

    </table>

    <div align="center">
... ... ...
```

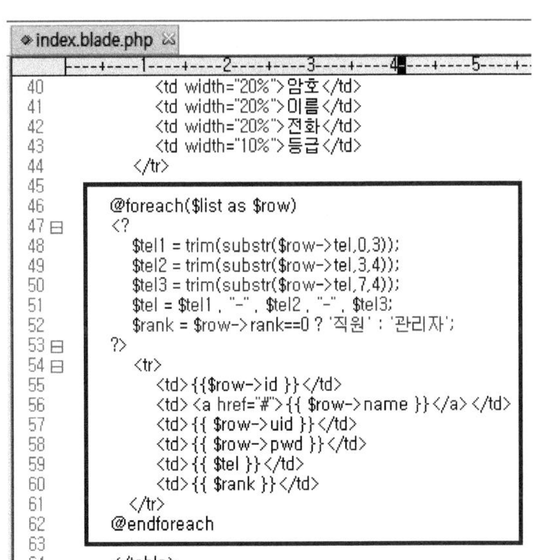

③ **실행하기** : 실행하여 결과를 확인한다.

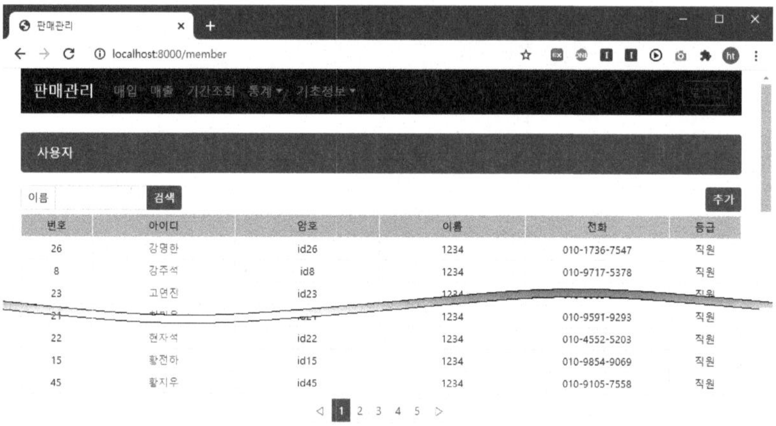

5.3 사용자 보기

실습목적

목록화면에서 사용자 이름을 클릭한 경우, 선택한 사용자 정보를 다음과 같은 단일폼 형식으로 표시하는 프로그램을 만들어라.

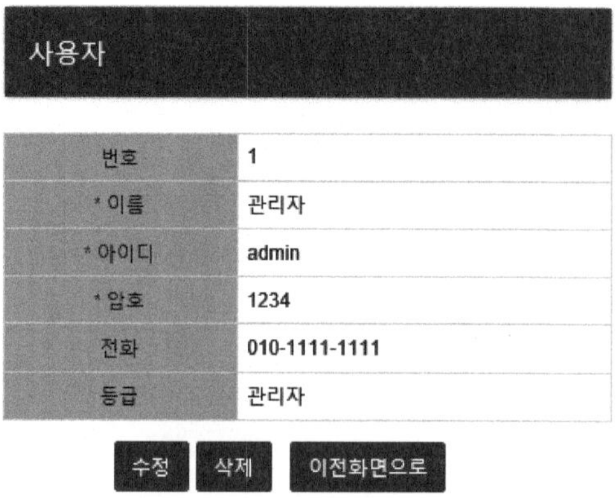

실습이론

1 **사용자 보기 처리과정** : 사용자목록 화면에서 사용자 이름을 클릭하면 선택한 사용자번호 $id의 자료를 구하기 위하여 MemberController의 show함수에 $id값을 전달한다. show 함수에서는 members 테이블에서 id=$id인 자료($row)를 찾아 show.blade.php에 전달한다. show.blade.php에서는 전달받은 자료를 화면에 출력한다.

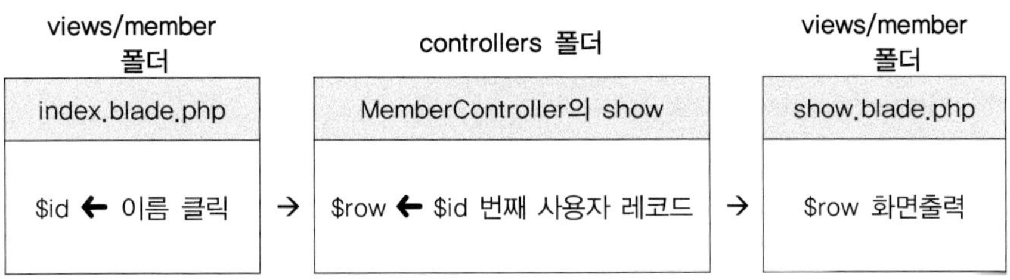

2 **Laravel에서 변수값 전달방법** : URL을 통해 어떤 값을 다음 문서에 전달하는 방식은 URL뒤에 ? 를 이용하여 변수와 값을 전달하는 query_string 방식과 전달할 문서뒤에 슬래쉬(/)를 이용하여 클래스, 함수, 전달할 변수와 값을 나열하는 URI 방식이 있다. 아래 예에서는 member_view.php에 id=1을 전달하는 2가지 방식을 보여주고 있다.

- Query String 방식 : http://localhost/member_view.php**?id=1**
- URI 방식 : http:// localhost / member / show / id / 1
  도메인 / 클래스 / 함수 / 변수 / 값

여기서 localhost는 서버이름이고, member는 controller 이름이다. show는 member 클래스내의 함수이고, 이 함수에 id=1 을 전달한다. 따라서 이름을 클릭할 때 〈a〉 tag의 href에 "/member/show/id/번호"와 같이 입력해야한다. 여기서 "id/번호"는 id=1이란 의미로 생각해야 한다. 이 책에서는 이 2가지 방법을 아래 예와 같이 혼합한 방식을 이용하도록 하겠다.

- 혼합 방식 : http:// localhost / member / show?id=1
  도메인 / 클래스 / 함수 ?변수=값& …

3 **member.show** : 컨트롤러에서 정보를 표시하는 함수는 show 이다. 따라서 사용자

이름을 클릭했을 때, 사용자 번호 $id 값을 컨트롤러 MemberController의 show 함수에 전달해야 한다. 이 처리는 다음 프로그램과 같이 route(URI, id값) 함수를 이용하여 전달할 수 있으며, member.show는 MemberController의 show함수를 의미한다. 따라서 "http://localhost/sale/public/member/show/id번호값"과 같은 URI로 번역되어 실행된다.

```
<a href="{{ route('member.show', $row->id) }}">{{ $row->name }}<a>
```

4 **id = $id 인 자료 찾기** : 해당 자료를 찾는 방법은 DB::Select함수보다 쿼리빌더나 Eloquent ORM을 이용하면 쉽게 구할 수 있는데, 여기서는 Eloquent를 이용했다. 그리고 구한 값은 $data['row'] 형식으로 member폴더의 show.blade.php에 전달된다. 여기서 member,show는 show.blade.php를 의미하며, find 함수는 기본키인 id 필드가 $id값인 레코드를 찾아주는 함수이다.

```
public function show($id)
{
   $data['row'] = Member::find($id);                    // Eloquent ORM
   return view('member.show', $data );
}
```

만약에 쿼리빌더를 이용하는 경우는 다음과 같이 Eloquent ORM처럼 find함수를 이용하거나 조건을 지정하는 where함수와 첫 번째 레코드를 의미하는 first함수를 이용할 수 있다.

- $data['row'] = DB::table('members')->where('id',$id)->first();
- $data['row'] = DB::table('members')->find($id);

5 **사용자 정보 표시** : 사용자 정보를 출력하기 위해서는 member_row.html을 이용하여 resources/views/member폴더에 shop.blade.php를 만들어야 한다. 그리고 전달받은 $row 정보를 이용하여 출력시킨다. 전화번호와 등급 출력은 member_list의 프로그램을 복사하여 이용하면 된다.

```
<?
  $tel1 = trim(substr($row->tel,0,3));
  $tel2 = trim(substr($row->tel,3,4));
  $tel3 = trim(substr($row->tel,7,4));
  $tel = $tel1 . "-" . $tel2 . "-" . $tel3;
  $rank = $row->rank==0 ? '직원' : '관리자';
?>

<table class="table table-bordered table-condensed mymargin5">
   <tr>
      <td width="20%" class="info" style="vertical-align:middle">번호</td>
      <td width="80%" align="left">{{ $row->id }}</td>
   </tr>
   <tr>
…  …  …
```

STEP 01 index.blade.php 수정하기

① **view 화면 연결하기** : resources/views/member폴더의 index.blade.php에서 view 화면을 호출하는 <a> tag의 href 내용을 다음과 같이 수정한다.

```
<a href="{{ route('member.show', $row->id) }}">{{ $row->name }}<a>
```

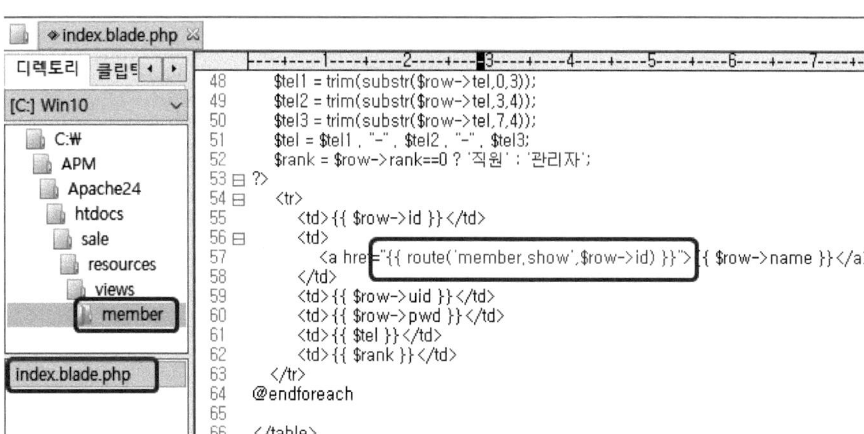

② **MemberController.php의 show 함수 수정하기** : app/Http/Controllers 폴더의 MemberController.php에 있는 show 함수를 다음과 같이 수정한다.

```
public function show($id)
{
   $data['row'] = Member::find($id);
   return view('member.show', $data );
}
```

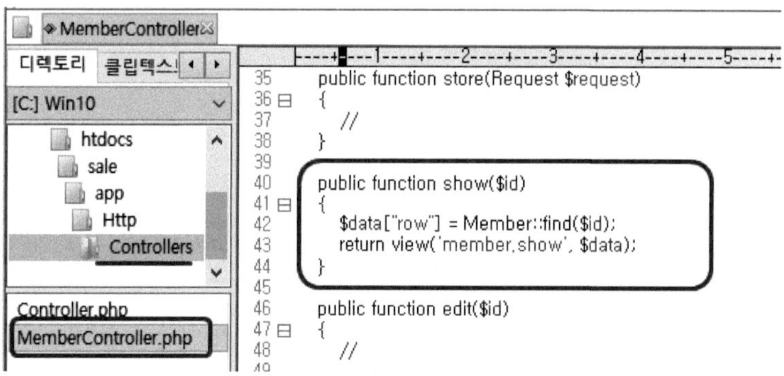

③ **show.blade.php 새로 만들기** : public폴더에 있는 디자인화면인 member_row.html을 읽는다. 그리고 resources/views/member폴더에서 마우스 오른쪽버튼을 클릭하여 [새로 작성] 메뉴를 선택한 후, "show.blade.php"로 저장한다.

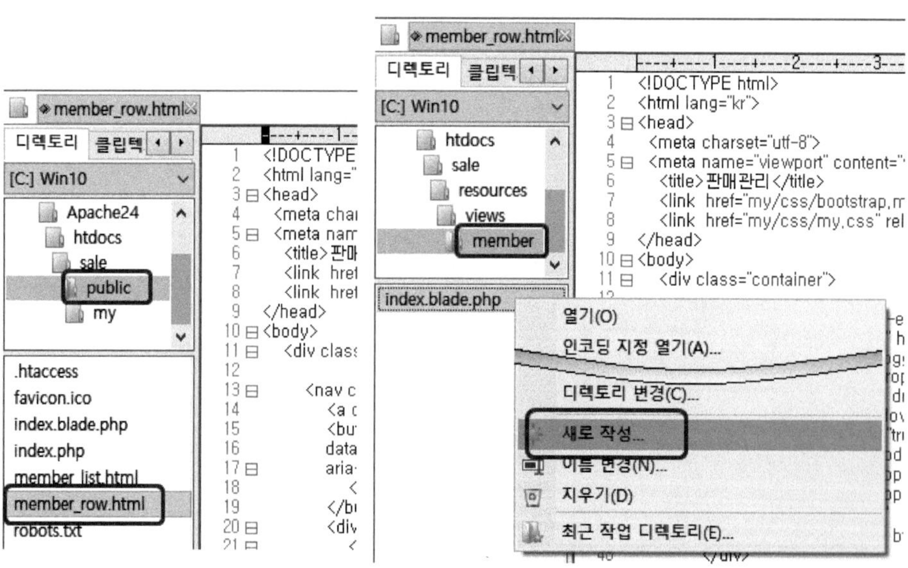

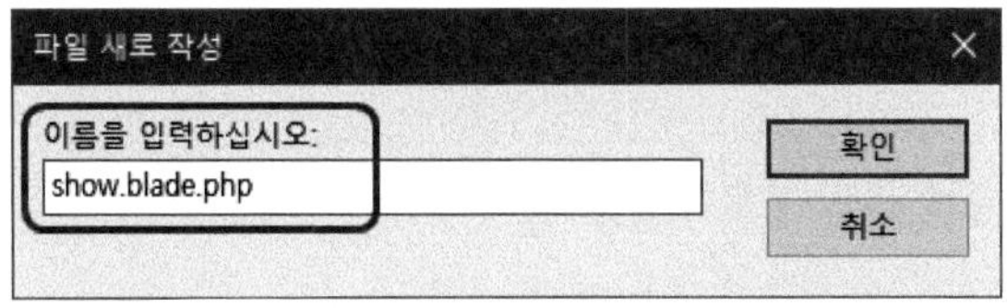

④ **show.blade.php 수정하기1** : 프로그램 앞분분과 뒷부분을 @extend, @section… @endsection을 이용하여 수정한다. 그리고 보기화면에서는 저장버튼이 필요없으므로, 삭제한다.

```
@extends('main')
@section('content')

<br>
<div class="alert mycolor1">사용자</div>

<form name="form1" method="post" action="">

<table class="table table-sm table-bordered mymargin5">
   <tr>
      <td width="20%" class="mycolor2">번호</td>
      <td width="80%" align="left">1</td>
   </tr>

…  …  …
      </td>
   </tr>
</table>

</form>

<div align="center">
   <a href="#" class="btn btn-sm mycolor1">수정</a>
   <a href="#" class="btn btn-sm mycolor1" onClick="return confirm('삭제할까요 ?');"
>삭제</a>  
 저장버튼 삭제
   <input type="button" value="이전화면" class="btn btn-sm mycolor1"
onclick="history.back();">
</div>

@endsection
```

⑤ **show.blade.php 수정하기2** : "<input type…>"부분을 삭제하고 자료가 출력되도록 "{{ $row->필드이름 }}"으로 수정한다. 그리고 전화번호 $tel과 등급 $rank 표시를 위해 관련 프로그램을 입력한다.

```
@extend('main');
@section('content');

<?
   $tel1 = trim(substr($row->tel,0,3));
   $tel2 = trim(substr($row->tel,3,4));
   $tel3 = trim(substr($row->tel,7,4));
   $tel = $tel1 . "-" . $tel2 . "-" . $tel3;
   $rank = $row->rank==0 ? '직원' : '관리자';
?>
<br>
<div class="alert mycolor1" role="alert">사용자</div>

<form name="form1" method="post" action="">

<table class="table table-sm table-bordered mymargin5">
   <tr>
      <td width="20%" class="mycolor2">번호</td>
      <td width="80%" align="left">{{ $row->id }} </td>
   </tr>
   <tr>
      <td width="20%" class="mycolor2"><font color="red">*</font> 이름</td>
      <td width="80%" align="left">{{ $row->name }} </td>
   </tr>
   <tr>
      <td width="20%" class="mycolor2"><font color="red">*</font> 아이디</td>
      <td width="80%" align="left">{{ $row->uid }} </td>
   </tr>
   <tr>
      <td width="20%" class="mycolor2"><font color="red">*</font> 암호</td>
      <td width="80%" align="left"> {{ $row->pwd }} </td>
   </tr>
   <tr>
      <td width="20%" class="mycolor2">전화</div></td>
      <td width="80%" align="left"> {{ $tel }} </td>
   </tr>
   <tr>
      <td width="20%" class="mycolor2">등급</td>
      <td width="80%" align="left"> {{ $rank }} </td>
   </tr>
</table>
... ... ...
```

```
@extends('main')
@section('content')
<?
    $tel1 = trim(substr($row->tel,0,3));
    $tel2 = trim(substr($row->tel,3,4));
    $tel3 = trim(substr($row->tel,7,4));
    $tel = $tel1 . "-" . $tel2 . "-" . $tel3;
    $rank = $row->rank==0 ? '직원' : '관리자';
?>
  <br>
  <div class="alert mycolor1" role="alert">사용자</div>

  <form name="form1" method="post" action="">

  <table class="table table-sm table-bordered mymargin5">
    <tr>
      <td width="20%" class="mycolor2">번호</td>
      <td width="80%" align="left">{{ $row->id }}</td>
    </tr>
    <tr>
      <td width="20%" class="mycolor2"><font color="red">*</font> 이름</td>
      <td width="80%" align="left">{{ $row->name }}</td>
    </tr>
    <tr>
      <td width="20%" class="mycolor2"><font color="red">*</font> 아이디</td>
      <td width="80%" align="left">{{ $row->uid }}</td>
    </tr>
    <tr>
      <td width="20%" class="mycolor2"><font color="red">*</font> 암호</td>
      <td width="80%" align="left">{{ $row->pwd }}</td>
    </tr>
    <tr>
      <td width="20%" class="mycolor2">전화</div> </td>
      <td width="80%" align="left">{{ $tel }}</td>
    </tr>
    <tr>
      <td width="20%" class="mycolor2">등급</td>
      <td width="80%" align="left">{{ $rank }}</td>
    </tr>
  </table>
```

⑥ **실행하기** : 실행하여 결과를 확인한다.

5.4 사용자 삭제

실습목적

보기 화면에서 삭제버튼을 클릭하는 경우, 사용자를 삭제하는 프로그램을 작성하여라.

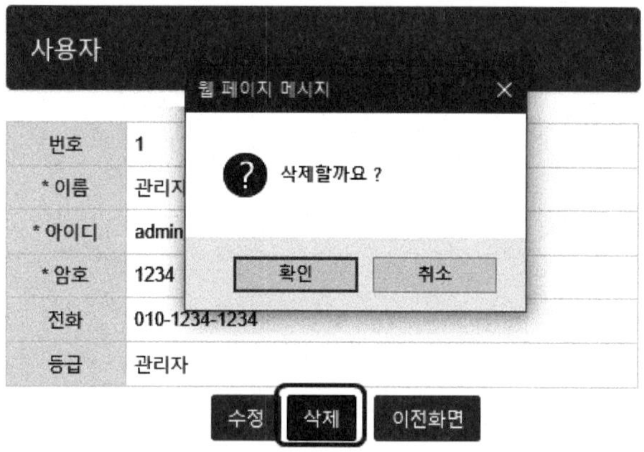

실습이론

1 **삭제 처리과정** : 사용자 보기화면에서 삭제버튼을 클릭하면, 선택한 사용자번호 $id를 MemberController의 destroy 함수에 전달한다. destroy 함수에서는 members 테이블에서 id=$id인 자료를 찾아 삭제하고 목록 화면 index.blade.php로 이동한다.

views/member 폴더		controllers 폴더		controllers 폴더
show.blade.php	→	MemberController의 destroy	→	member
$id ← 삭제버튼 클릭		$id 번째 레코드 삭제		목록 화면으로 이동 index.blade.php

2 **삭제버튼 수정** : 자료 삭제를 하기위해서는 컨트롤러의 destroy 함수를 이용해야 한다. 따라서 삭제버튼을 클릭한 경우, 삭제할 id 값을 MemberController의 destroy 함수에 전달해야 한다. 그런데 Laravel의 RESTful에서는 보안처리문제 때문에 show 함수와는 달리 destroy함수는 〈A〉 Tag로 실행할 수 없으며, 다소 복잡한 처리를 해야한다. 아래 프로그램과 같이 〈Form〉 Tag를 반드시 이용해 member controller의 destory에 $id값을 같이 submit해야 하며, @method를 이용해 HTTP Delete 함수를 전달해 삭제처리한다는 것을 알려야 한다. 그리고 보안을 위해 반드시 @csrf blade 지시어를 사용해야 한다.

```
  <td width="20%">아이디</td>
<form action="{{ route('member.destroy', $row->id) }}">
  @csrf
  @method('DELETE')
  <button type="submit" class="btn btn-sm mycolor1"
     onClick="return confirm('삭제할까요 ?');">삭제</button>  
</form>
```

이 blade지시어는 다음과 같이 _token과 _method로 번역되어 보안에 필요한 난수값과 delete 작업내용을 전달하게 된다.

```
<form action="http://localhost/sale/public/member/44">
  <input type="hidden" name="_token" value="난수문자열">
  <input type="hidden" name="_method" value="DELETE">
  <button type="submit" class="btn btn-sm mycolor1"
        onClick="return confirm('삭제할까요 ?');">삭제</button>  
</form>
```

3 **MemberController의 destroy 함수** : destroy 함수는 현 위치의 레코드를 삭제한다. 따라서 먼저 Eloquent의 find 함수를 이용하여 삭제할 $id 번째 레코드를 찾은 후, 해당 자료를 삭제해야 한다. 삭제 후에는 redirect함수를 이용하여 memebr 목록화면으로 이동한다.

```
public function destroy($id)
{
   Member::find($id)->delete();

   return redirect('member');
}
```

4 Helper : Laravel에는 프로그램 개발을 쉽게 해주기 위하여 배열, 문자열, 경로, URL, 기타와 같은 해당 영역에 미리 정의된 다양한 함수들이 있다. 이 함수들을 Helper라 한다. Laravel Framework 자체내에서도 이용하지만, 자신의 프로그램에도 사용할 수 있다. 함수들의 종류가 다양하고 많기 때문에 자세한 내용은 Laravel 문서를 참고하길 바란다. 이번 예제에서는 자료를 삭제하고 다시 목록화면으로 이동해야 하는데, 이 처리는 원하는 페이지로 이동시키는 URL Helper의 redirect라는 함수를 이용한다.

redirect('URI')

지정된 URI 위치로 이동시키는 helper 함수
 	
return redirect('/home');
return redirect()->route('route.name');

STEP 01 사용자 삭제 만들기

① **삭제버튼 수정하기** : views/member 폴더의 show.blade.php에서 삭제 버튼의 〈a〉 tag 부분을 다음과 같이 수정한다.

```
… … …
  <div align="center">
    <a href="#" class="btn btn-sm mycolor1">수정</a>
    <form action="{{ route('member.destroy', $row->id)}}">
      @csrf
      @method('DELETE')
      <button type="submit" class="btn btn-sm mycolor1"
        onClick="return confirm('삭제할까요 ?');">삭제</button>  
    </form>
    <input type="button" value="이전화면" class="btn btn-sm mycolor1"
      onClick="history.back();">
  </div>
… … …
```

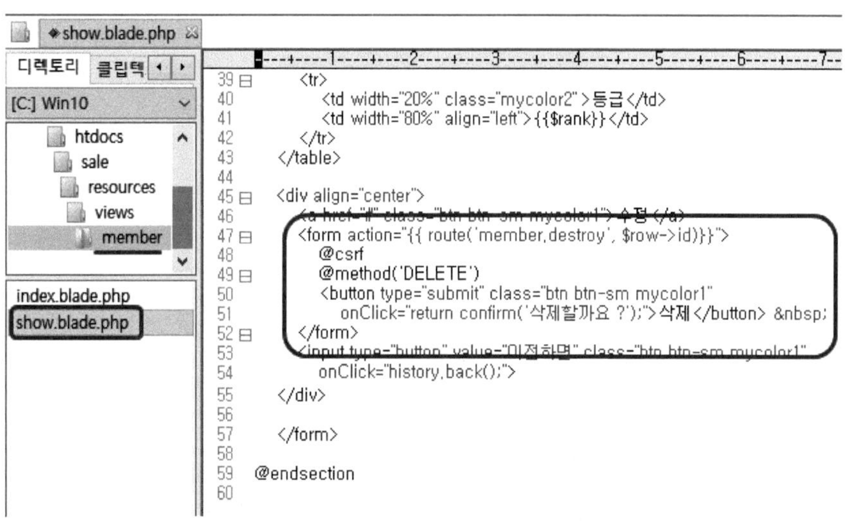

② **MemberController의 destroy 함수** : app/Http/Controller폴더의 MemberController.php에서 destroy함수를 다음과 같이 수정한다.

```
public function destroy($id)
{
    Member::find($id)->delete();

    return redirect('member');
}
```

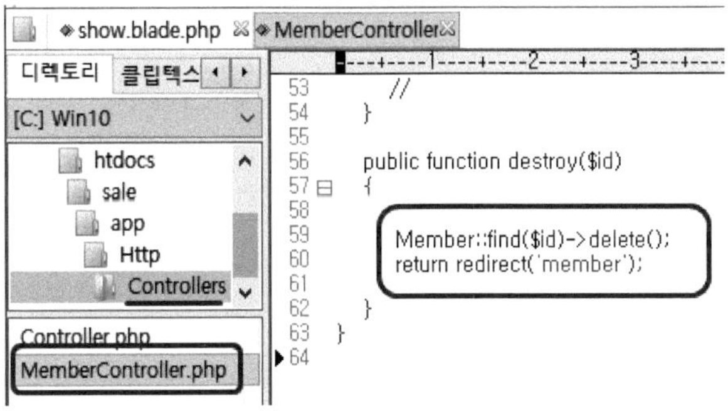

③ **실행하기** : 실행하여 결과를 확인한다.

5.5 사용자 추가

실습목적

목록화면에서 추가버튼을 클릭하는 경우, 사용자를 추가하는 프로그램을 작성하여라.

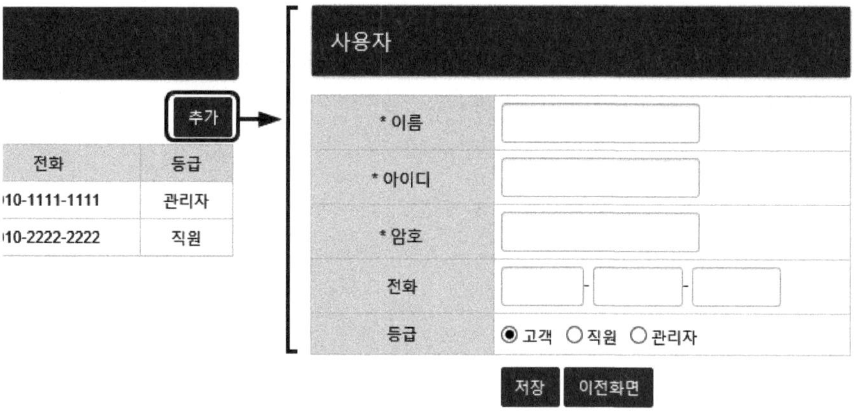

실습이론

[1] **새 자료 추가과정** : 추가 처리과정은 다음과 같이 2단계 작업으로 생각할 수 있다.

1) 추가버튼 클릭 : 입력화면 표시
2) 저장버튼 클릭 : 입력한 자료를 테이블에 저장

1단계에서 사용자목록 화면(index.blade.php)에서 추가버튼을 클릭하면, 컨트롤러(MemberController.php)의 create함수를 호출한다. 그리고 이 함수에서는 다시 새로운 자료를 입력할 수 있는 화면(create.blade.php)을 표시한다. 2단계에서는 입력한 자료를 저장하기 위하여 저장버튼을 클릭하면, 컨트롤러의 store함수를 호출하여 저장한다. 그리고 목록 화면으로 이동한다. 이 과정은 앞으로 작업할 모든 화면의 기본 공통과정이므로 잘 이해하길 바란다.

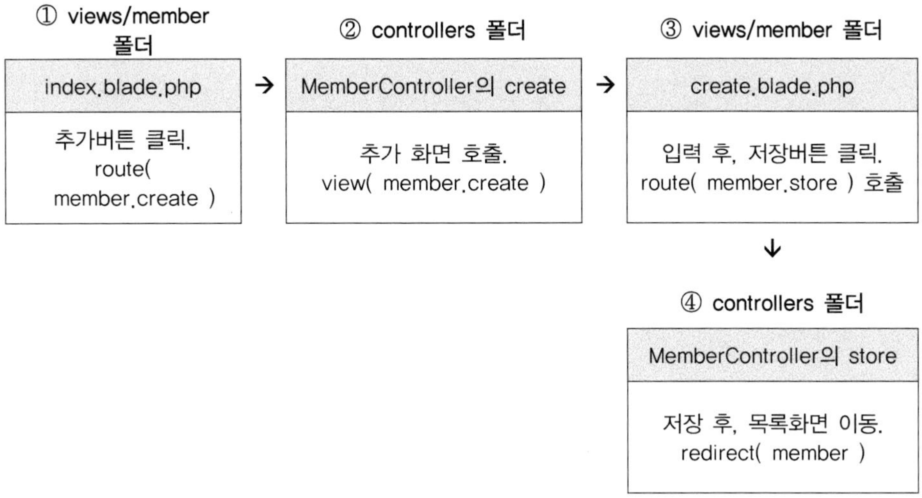

2 **추가버튼 :** 버튼을 클릭한 경우, 컨트롤러 MemberController.php의 create 함수를 호출해야한다. 따라서 추가버튼의 〈A〉 Tag의 href에 route함수를 이용해서 다음과 같이 지정해야 한다.

```
〈a href="{{ route('member.create') }}"〉추가〈a〉
```

3 **create 함수 :** create 함수에서는 단순히 resource/views/member 폴더에 있는 추가입력화면 create.index.php를 호출하여 출력시키면 된다.

```
public function create()
{
   return view('member.create');
}
```

4 **@csrf :** 앞에서 언급했지만 삭제, 입력, 수정과 같은 처리를 하기위해서는 보안을 위하여 @csrf를 〈form〉 tag 다음에 반드시 삽입하고 원하는 함수를 실행해야 한다. 여기서는 입력한 자료를 추가하는 것이므로, store함수를 호출해야 한다. 따라서 Member컨트롤러의 store함수를 호출하도록 〈form〉 tag의 action을 아래와 같이 수정해야 한다. 이 처리는 〈form〉 tag로 작성했으므로, 저장버튼은 submit만 하면 된다.

```
... ... ...
<br>
<div class="alert mycolor1" role="alert">사용자</div>

<form name="form1" method="post" action="{{ route('member.store') }}">
@csrf

<table class="table table-sm table-bordered mymargin5">
   <tr>
      <td width="20%" class="mycolor2" style="vertical-align:middle">번호</td>
... ... ...
```

5 **store 함수** : 여기서 자료를 테이블에 저장하는 방법은 Eloquent ORM을 이용하도록 하겠다. 이 경우, 모델 member를 사용해야 하므로, 프로그램 처음에 use를 이용하여 Member Model에 대해 선언해야며,

```
use App₩Member;
```

입력한 자료를 members 테이블에 저장하기 위해서는 다음과 같이 작성하면 된다.

```
public function store(Request $request)          // Eloquent ORM을 이용하는 경우
{
   $tel1= $request->input("tel1");
   $tel2= $request->input("tel2");
   $tel3= $request->input("tel3");
   $tel = sprintf("%-3s%-4s%-4s", $tel1, $tel2, $tel3);  // 전화번호 합치기

   $row = new Member;                               // member 모델변수 row 선언

   $row->uid   = $request->input("uid");            // 값 입력
   $row->pwd   = $request->input"'pwd");
   $row->name = $request->input("name");
   $row->tel    = $tel;
   $row->rank  = $request->input("rank");

   $row->save();                                    // 저장

   return redirect('member');                       // 목록화면으로 이동
}
```

store 함수에는 $request 인수를 가지고 있으므로, 추가화면에 입력한 값은 $request 개체의 input 함수를 이용하여 다음과 같이 알아낼 수 있다.

```
$변수명 = $request->input("변수명");
```

전화번호는 $tel1, $tel2, $tel3에 저장된 전화번호는 01011112222 형식으로 합쳐서 저장해야 한다. 이 처리는 연결연산자 '.'을 이용하거나 sprintf함수를 이용하면 쉽게 처리할 수 있다. sprintf의 "%-3s"에서 3s는 3자리 길이의 문자를 의미하며, - 기호는 왼쪽부터 문자열을 채우라는 의미다.

```
$tel = sprintf("%-3s%-4s%-4s", $tel1,$tel2,$tel3);
```

그리고 Model Member 변수 $row를 선언한 후,

```
$row = new Member;
```

저장할 각 값들을 row배열에 저장한다.

```
$row->uid   = $request->input('uid');
$row->pwd   = $request->input('pwd');
$row->name = $request->input('name');
$row->tel     = $tel;
$row->rank = $request->input('rank');
```

마지막으로 $row값을 save함수를 이용하여 저장하면 된다.

```
$row->save();
```

1) **Model Member 배열을 이용하는 경우** : 다음과 같이 작성하면 된다.

```
$row = new Member([
   'uid'     => $request->input('uid'),
   'pwd'   => $request->input('pwd'),
   'name' => $request->input('name'),
   'tel'      => $tel,
   'rank'   => $request->input('rank')
]);
$row->save();
```

2) **쿼리빌더를 이용하는 경우 :** 모델을 이용하지 않으므로, 저장할 데이터를 연관배열로 정의하여 저장하며, 다음과 같이 배열을 이용하여 작성하면 된다.

```
$row = array([
   'uid'    => $request->input('uid'),
   'pwd'    => $request->input('pwd'),
   'name'  => $request->input('name'),
   'tel'     => $tel,
   'rank'   => $request->input('rank')
]);
DB::table('members')->insert($row);
```

3) **insert SQL문을 이용하는 경우 :** Eloquent방법과는 달리 일반 배열을 이용하여 데이터를 정의해야 한다. 그리고 insert문에서 직접 값을 지정해도 되지만, 매개변수(?)를 이용하여 insert SQL문을 실행하도록 작성해 보았다.

```
$row = array(
   $request->input('uid'),
   $request->input('pwd'),
   $request->input('name'),
   $tel,
   $request->input('rank')
);
DB::insert("insert into members (uid, pwd, name, tel, rank) values (?, ?, ?, ?, ?)",
$row);
```

STEP 01 index.blade.php 수정하기

① **view 화면 연결하기 :** resources/views/member폴더의 index.blade.php에서 추가 버튼을 클릭하는 경우, 추가 화면을 호출하는 <a> tag의 href 내용을 다음과 같이 수정한다.

```
<a href="{{ route('member.create') }}">추가</a>
```

```
            <button class="btn mycolor1" type="button"
              onClick="find_text();">검색</button>
          </span>
        </div>
      </div>
      <div class="col-9" align="right">
        <a href="{{ route('member.create') }}" class="btn btn-sm mycolor1">추가</a>
      </div>
    </div>
    </form>

    <table class="table table-bordered table-sm mymargin5">
      <tr class="mycolor2">
        <td width="10%">번호</td>
        <td width="20%">아이디</td>
```

② **MemberController.php의 create 함수 수정하기** : app/Http/Controllers폴더에 있는 MemberController.php의 create 함수를 다음과 같이 수정한다.

```
public function create()
{
    return view('member.create');
}
```

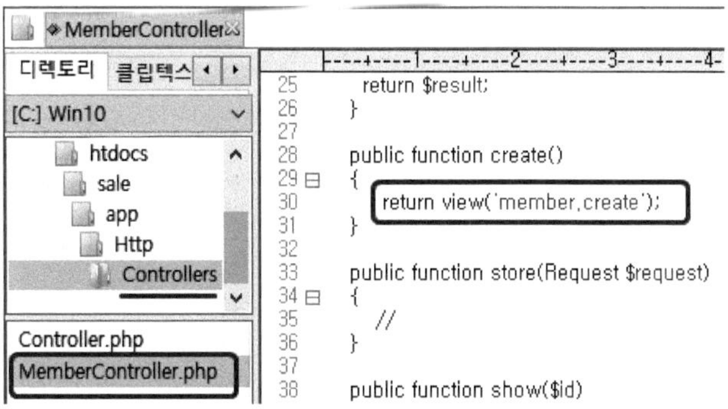

③ **create.blade.php 새로 만들기** : public폴더에 있는 디자인화면 member_row.html을 읽는다. 그리고 resources/views/member폴더에서 마우스 오른쪽버튼을 클릭하여 [새로 작성] 메뉴를 선택한 후, "create.blade.php"로 저장한다.

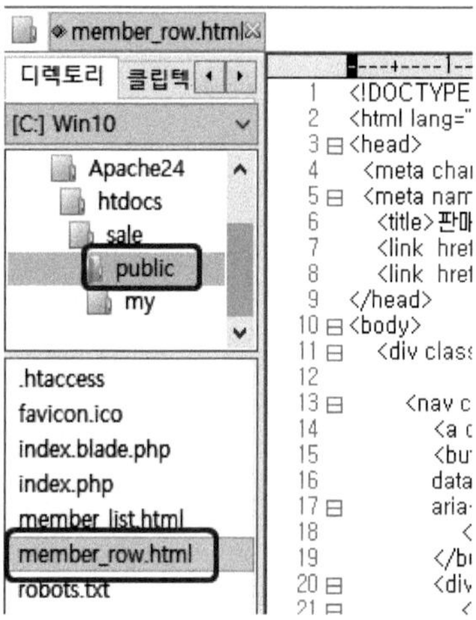

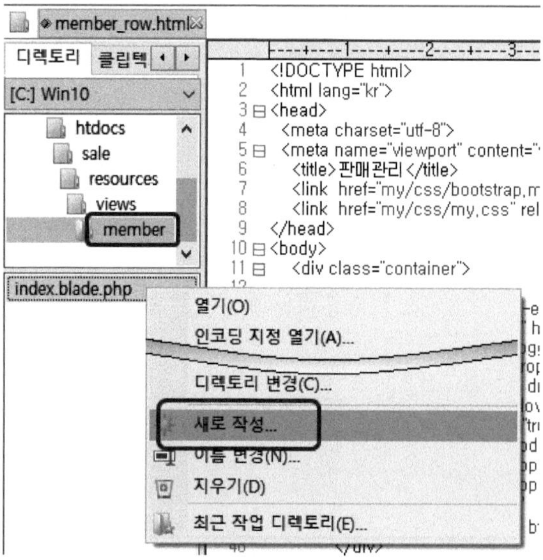

④ **create.blade.php 수정하기1** : 프로그램 앞분분과 뒷부분을 @extend, @section…@endsection을 이용하여 수정한다. 그리고 member_row.html의 가운데 소스 부분을 복사한다. 그리고 추가화면에서는 수정, 삭제버튼이 필요없으므로, 삭제한다.

```
@extends('main')
@section('content')

<br>
<div class="alert mycolor1">사용자</div>

<form name="form1" method="post" action="">

… … …
        <input type="radio" name="rank" value="0"> 직원  
        <input type="radio" name="rank" value="1" checked> 관리자
      </div>
      </div>
    </td>
  </tr>
```

```
</table>

<div align="center">
```

수정, 삭제 버튼 삭제

```
  <input type="submit" value="저장" class="btn btn-sm mycolor1"> 
  <input type="button" value="이전화면" class="btn btn-sm mycolor1"
onclick="history.back();">
</div>

</form>

@endsection
```

⑤ **create.blade.php 수정하기2** : 추가인 경우에는 입력란에 모두 빈 칸이 나오도록 <input> tag의 value값들은 빈 문자열("")을 지정한다. 그리고 번호 필드부분은 필요 없으니, 삭제하거나 빈 칸이 나오도록 한다.

```
… … …
<table class="table table-sm table-bordered mymargin5">
  <tr>
    <td width="20%" class="mycolor2">번호</td>
    <td width="80%" align="left"></td>
  </tr>
  <tr>
    <td width="20%" class="mycolor2"><font color="red">*</font> 이름</td>
    <td width="80%" align="left">
      <div class="d-inline-flex">
        <input type="text" name="name" size="20" maxlength="20" value=""
class="form-control form-control-sm">
      </div>
    </td>
  </tr>
  <tr>
    <td width="20%" class="mycolor2"><font color="red">*</font> 아이디</td>
    <td width="80%" align="left">
      <div class="d-inline-flex">
        <input type="text" name="uid" size="20" maxlength="20" value=""
class="form-control form-control-sm">
      </div>
    </td>
  </tr>
  <tr>
```

```
        <td width="20%" class="mycolor2"><font color="red">*</font> 암호</td>
        <td width="80%" align="left">
            <div class="d-inline-flex">
                <input type="text" name="pwd" size="20" maxlength="20" value=""
class="form-control form-control-sm">
            </div>
        </td>
    </tr>
    <tr>
        <td width="20%" class="mycolor2">전화</div></td>
        <td width="80%" align="left">
            <div class="d-inline-flex">
                <input type="text" name="tel1" size="3" maxlength="3" value=""
class="form-control form-control-sm">-
                <input type="text" name="tel2" size="4" maxlength="4" value=""
class="form-control form-control-sm">-
                <input type="text" name="tel3" size="4" maxlength="4" value=""
class="form-control form-control-sm">
            </div>
        </td>
    </tr>
    <tr>
        <td width="20%" class="mycolor2">등급</td>
        <td width="80%" align="left">
            <div class="d-inline-flex">
                <input type="radio" name="rank" value="0" checked> 직원  
                <input type="radio" name="rank" value="1"> 관리자
            </div>
        </td>
    </tr>
</table>
... ... ...
```

```
<table class="table table-sm table-bordered mymargin5">
    <tr>
        <td width="20%" class="mycolor2">번호</td>
        <td width="80%" align="left"></td>
    </tr>
    <tr>
        <td width="20%" class="mycolor2"><font color="red">*</font> 이름</td>
        <td width="80%" align="left">
            <div class="d-inline-flex">
                <input type="text" name="name" size="20" maxlength="20" value=""
                class="form-control form-control-sm">
            </div>
        </td>
    </tr>
    <tr>
        <td width="20%" class="mycolor2"><font color="red">*</font> 아이디</td>
        <td width="80%" align="left">
            <div class="d-inline-flex">
                <input type="text" name="uid" size="20" maxlength="20" value=""
                class="form-control form-control-sm">
            </div>
        </td>
    </tr>
    <tr>
        <td width="20%" class="mycolor2"><font color="red">*</font> 암호</td>
        <td width="80%" align="left">
            <div class="d-inline-flex">
                <input type="text" name="pwd" size="20" maxlength="20" value=""
                class="form-control form-control-sm">
            </div>
        </td>
    </tr>
    <tr>
        <td width="20%" class="mycolor2">전화</div> </td>
        <td width="80%" align="left">
            <div class="d-inline-flex">
                <input type="text" name="tel1" size="3" maxlength="3" value=""
                class="form-control form-control-sm">-
                <input type="text" name="tel2" size="4" maxlength="4" value=""
                class="form-control form-control-sm">-
                <input type="text" name="tel3" size="4" maxlength="4" value=""
                class="form-control form-control-sm">
            </div>
        </td>
    </tr>
    <tr>
        <td width="20%" class="mycolor2">등급</td>
        <td width="80%" align="left">
            <div class="d-inline-flex">
                <input type="radio" name="rank" value="0" checked> 직원  
                <input type="radio" name="rank" value="1"> 관리자
            </div>
        </td>
    </tr>
</table>
```

⑥ **실행하기 :** 추가버튼을 클릭했을 때 추가 입력화면이 잘 나오는지 결과를 확인한다.

STEP 02 입력한 자료 저장하기

① **create.blade.php 수정하기 :** create.blade.php에서 <form> tag 다음에 보안을 위하여 @csrf를 삽입한다. 그리고 입력한 자료를 저장하기위하여 Member컨트롤러의 store함수를 호출하도록 action을 수정한다.

```
… … …
<br>
<div class="alert mycolor1" role="alert">사용자</div>

<form name="form1" method="post" action="{{ route('members.store') }}">
@csrf

<table class="table table-sm table-bordered mymargin5">
   <tr>
      <td width="20%" class="mycolor2">번호</td>
… … …
```

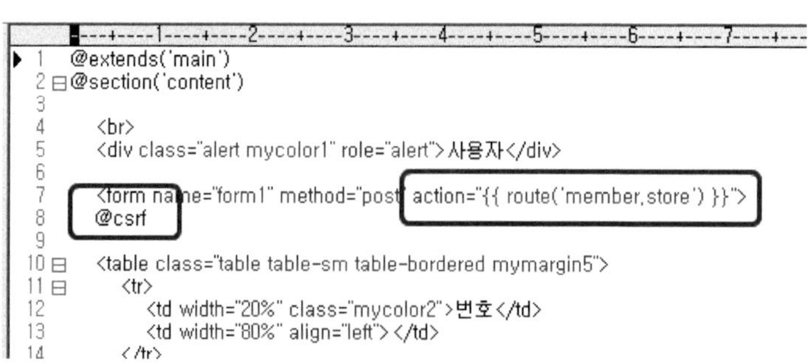

② **MemberController.php의 store() 함수** : app/Http/Controler폴더의 MemberController.php의 store 함수를 다음과 같이 수정한다.

```
public function store(Request $request)
{
    $tel1= $request->input("tel1");
    $tel2= $request->input("tel2");
    $tel3= $request->inputt("tel3");
    $tel = sprintf("%-3s%-4s%-4s", $tel1, $tel2, $tel3);

    $row = new Member;

    $row->uid   = $request->input('uid');
    $row->pwd  = $request->input('pwd');
    $row->name    = $request->input('name');
    $row->tel        = $tel;
    $row->rank = $request->input('rank');

    $row->save();

    return redirect('member');
}
```

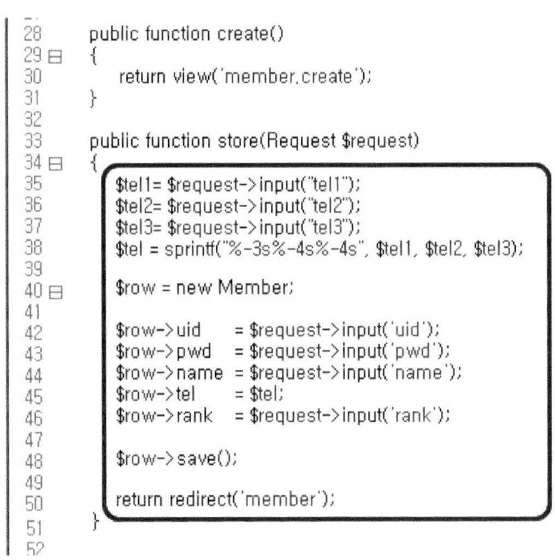

③ **실행하기** : 자료를 입력하고 저장하여 자료가 추가되는지 결과를 확인한다.

5.6 Validation

사용자가 자료를 실수로 잘못 입력하는 경우가 있다. 보통 이런 경우, Javascript 프로그램을 이용하여 입력한 자료 값의 길이, 문자, 숫자 등이 타당한지 검증하는 처리를 한다. Laravel에는 이 검증을 손쉽게 해주는 유효성검사방법(Form validation)이 있으며, 이 절에서는 그 사용법에 대해 알아보도록 하겠다.

실습목적

Laravel의 유효성검사 기능을 이용하여 사용자 추가화면의 입력한 값이 타당한지 확인하는 프로그램을 작성하여라. 아래 그림은 이름이 20자를 초과했을 때와 필수입력 항목에 값이 없을 때 경고메시지를 보여주는 화면이다.

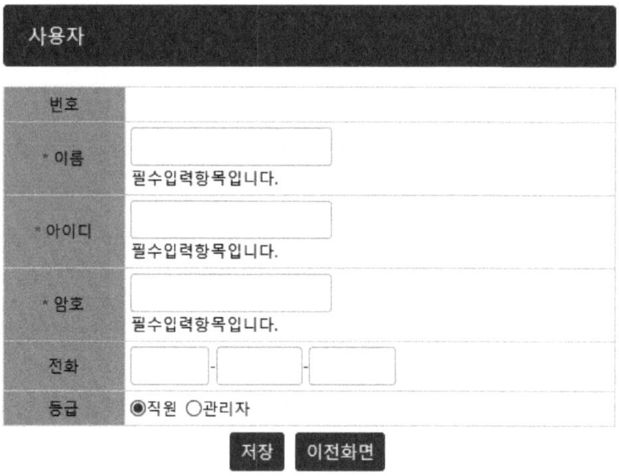

실습이론

1 **유효성검사 설정** : Laravel에서 입력한 값들이 유효한 값인지 검증하도록 조건을 지정하기위해서는 Request개체의 validate함수를 이용하여 원하는 컨트롤이름과 검사조건을 지정할 수 있다.

```
$request->validate( ["컨트롤이름" => "조건", … ] );
```

따라서 사용자정보의 아이디, 암호, 이름인 경우, 20자이내의 필수입력사항이므로, 아래와 같이 조건을 "required|max:20"이라고 지정해야 한다. 만약 다른 조건을 더 지정하려면, OR 연산자 "|" 를 이용하여 계속해서 지정할 수 있다.

```
$request->validate( [
    "uid"    => "required|max:20",
    "pwd"    => "required|max:20",
    "name"  => "required|max:20",
] );
```

다음 표는 유효성검사 조건지정에 사용할 수 있는 지정어들이며, 자세한 사용법은 Laravel 문서를 참고하길 바란다.

규칙	설명
accepted	필드의 값이 yes, on, 1, 또는 true 이어야 합니다. 이것은 "이용약관" 동의와 같은 필드의 검사에 유용.
active_url	값과 일치히지 조사.
after:date	필드의 값이 주어진 날짜 이후여야 함.
after_or_equal:date	필드의 값이 주어진 날짜와 동일하거나, 이후여야 함.
alpha	영문알파벳(한글포함)만 입력 가능.
alpha_dash	알파벳과 숫자, 빼기(-), 밑줄(_)만 입력 가능.
alpha_num	알파벳과 숫자만 입력 가능.
array	입력값이 배열인 경우만 가능.
bail	유효성 검사가 처음 실패하면 유효성 검사를 중단.
before:date	입력값이 반드시 주어진 날짜보다 앞서야 함.
before_or_equal:date	입력값이 반드시 주어진 날짜보다 앞서거나 같아야 함.
between:min,max	입력한 갑이 min과 max 사이의 값이어야 함.
boolean	입력값이 논리값이어야 함
confirmed	입력값이 foo_confirmation의 매칭되는 필드를 가져야 함.
date	입력값이 날짜형이어야 함.

date_equals:date	입력값이 반드시 주어진 날짜와 일지해야 함.
date_format:format	입력값이 반드시 주어진 format 과 일지해야 함.
different:field	입력값이 주어진 field 의 값과 달라야 함.
digits:value	입력값이 주어진 값과 길이가 같아야 함.
digits_between:min,max	입력값이 반드시 숫자 여야 하고, 주어진 min 과 max 사이의 길이를 가져야 함.
dimensions	필드의 값이 규칙에 지정된 항목들을 만족해야 함. 사용가능한 항목은 min_width, max_width, min_height, max_height, width, height, ratio 임.
distinct	배열에서 동작하며, 입력 값이 배열안의 다른 값과 중복되지 않아야 함.
email	입력값이 이메일 주소 형식이어야함.
ends_with:값1,값2,…	입력값이 주어진 값 중 하나로 끝나야 함.
exclude_unless:anotherfield,value	anotherfield 필드가 value 와 같은 경우 유효성 검증 대상 필드는 validate 및 validated 함수가 리턴 한 request 데이터에서 제외됨.
exists:table,column	anotherfield 의 필드가 value 와 같지 않으면 유효성 검증 대상 필드는 validate 및 validated 함수가 리턴 한 request 데이터에서 제외됨.
file	입력값이 완전히 업로드된 파일임.
filled	필드가 존재하는 경우 값이 비어있으면 안됨.
gt:field	입력값이 주어진 다른 필드의 값보다 커야 함.
gte:field	입력값이 주어진 다른 필드의 값보다 크거나 같아야 함.
image	이미지 파일(jpeg, png, bmp, gif, svg 또는 webp)이어야 합니다.
in:값,값2,…	입력값이 주어진 목록에 포함돼 있어야 합니다.
in_array:anotherfiled	입력값이 주어진 다른 필드의 값안에 존재해야만 합
integer	입력값이 정수여야 함.
ip, ipv4, ipv6	입력값이 IP, IPv4, IPv6 주소여야 함.
json	입력값이 유효한 JSON 문자열이어야 함.
lt:필드	입력값이 주어진 다른 필드의 값보다 작아야 함.

lte:필드	입력값이 주어진 다른 필드의 값보다 적거나 같아야 함.
max:값	입력값이 반드시 value 보다 작거나 같아야 함.
minetypes:text/plain	파일이 주어진 MIME 타입들 중 하나와 일치해야만 함.
mines:값,값2,…	파일의 MIME타입이 주어진 확장자 목록 중에 하나와 일치해야 함.
min:숫자	입력값이 반드시 value 보다 크거나 같아야 함.
not_in:값1,값2	입력값이 주어진 목록에 존재하지 않아야 함.
not_regex:패턴	입략값이 주어진 정규표현식과 매칭되지 않는 것을 확인함.
nullable	입력값이 null 인지 알 수 있습.
numeric	필드의 값이 숫자여야 함.
password	입력값이 인증 된 사용자의 비밀번호와 일치해야 함.
present	필드가 존재하고 있는지 확인하지만, 값이 비어있을 수 있음.
regex:패턴	이 규칙은 내부적으로 PHP의 preg_match 함수를 사용함. 지정된 패턴은 preg_match 에 필요한 것과 동일한 양식을 따리야히며 유효힌 구분 기호를 포힘해야힙니다. 예를 들면 다음과 같다. 'email' => 'regex:/^.+@.+$/i'.
required	입력 값 중에 해당 필드가 존재해야 함.
required_if:anotherfield,value,...	만약 anotherfield 의 값이 value 중의 하나와 일치한다면, 해당 필드는 존재하고 비어있지 않아야 함.
required_unless:anotherfield,value,...	anotherfield 가 어떤 value 와도 값이 일치하지 않다면 해당 필드는 존재하고 비어있지 않아야 함.
required_with:foo,bar,...	지정된 다른 필드중 하나라도 존재한다면, 해당 필드가 반드시 존재하고 비어있지 않아야 함.
required_with_all:foo,bar,...	지정된 다른 필드가 모두 존재한다면, 해당 필드가 반드시 존재하고 비어있지 않아야 함.
required_without:foo,bar,...	지정된 다른 필드중 하나라도 존재하지 않으면, 해당 필드가 반드시 존재하고 비어있지 않아야 함.
required_without_all:foo,bar,...	지정된 다른 필드들이 모두 존재하지 않으면, 해당 필드가 존재하고 비어있지 않아야 함.
same:field	입력값이 주어진 field 의 값과 일치해야 함.
size:value	입력값이 주어진 value 와 일치하는 크기를 가져야 함. 문자열 데이터에서는 문자의 길이, 숫자형식의 데이터에서

	는 주어진 정수값. 배열에서는 배열의 count 값. 파일에서는 KB 파일 사이즈가 일치.
starts_with:foo,bar,...	유효성 검사중인 필드는 주어진 값 중 하나로 시작해야 함.
string	입력값이 반드시 문자열이어야 함.
timezone	입력값이 timezone_identifiers_list PHP 함수에서 인식 가능한 유효한 timezone 식별자여야 함.
unique:table,column,except,idColumn	입력값이 주어진 데이터베이스 테이블에서 고유한 값이어야 함.

2 **@arror("컨트롤이름") … @enderror와 old("컨트롤이름")** : 아래 그림과 같이 조건에 만족하지 않을 경우, 경고 메시지를 표시하는 방법에 대해 알아보자.

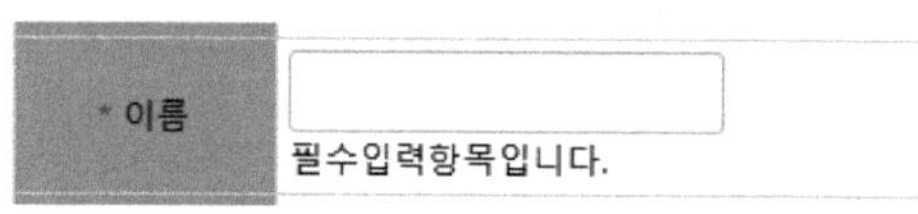

잘못된 입력인 경우 에러메시지를 출력하는 처리는 @error blade지시어를 이용하면 아주 쉽게 해결할 수 있다. 또한 입력박스에 빈칸으로 표시하고 싶으면, 〈input〉 tag의 value를 빈칸으로 두면 된다. 만약 입력한 잘못된 값을 그대로 표시하고 싶으면 Laravel의 old 함수를 이용하여 값을 초기화하면 된다. 여기서 $message는 유효성검사중에 에러가 난 내용에 대한 메시지가 저장된 변수이다. 따라서 빈 값으로 저장하려 하면 "필수입력항목"이라는 메시지가 표시된다.

```
<input type="text" name="name" value="{{ old('name') }}" class=" … ">
@error("name") {{ $message }} @enderror
```

3 **유효성검사 에러메시지 한글화 방법1** : 영문 에러메시지를 한글로 표시하고 싶다면, resources/lang/en 폴더 밑에 있는 validation.php의 영문 에러메시지를 한글로 번역하면 된다. 여기서 :attribute 는 컨트롤이름이며, :max, :min, :size …등은 유효성검사에 지정한 조건 값들로서, 메시지 표시할 때 해당값으로 대체되어 표시된다.

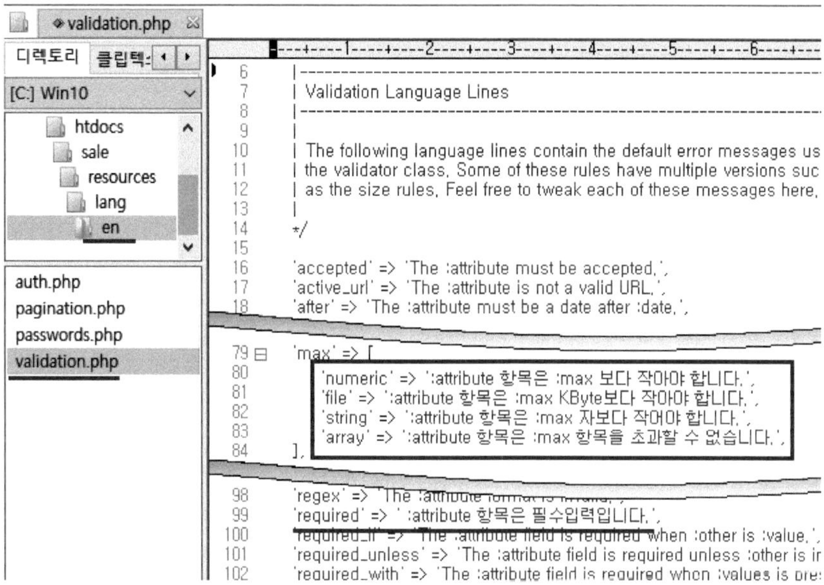

유효성검사 에러메시지를 한글로 변경한 예.

만약 영어를 위한 en폴더는 그대로 두고 따로 한글을 위한 ko폴더를 만들고 싶으면 다음과 같이 en폴더와 안의 파일들을 모두 복사해 ko폴더를 반든다. 그리고 config/app.php에서 〈locale〉항목을 en 대신에 "ko"로 수정하여 ko 폴더를 참조하도록 환경설정을 수정하면 된다.

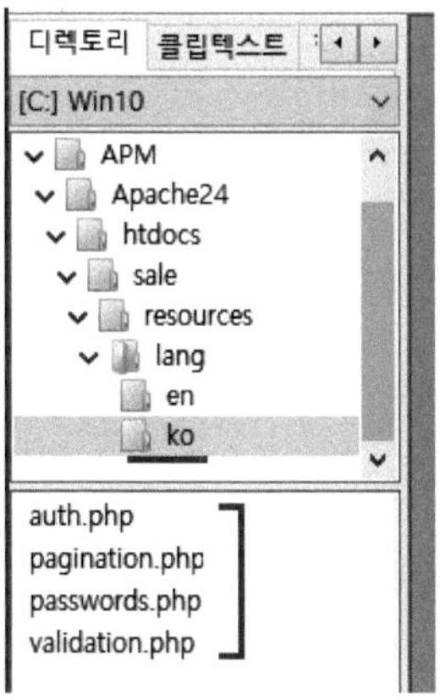

en폴더를 ko폴더로 복사

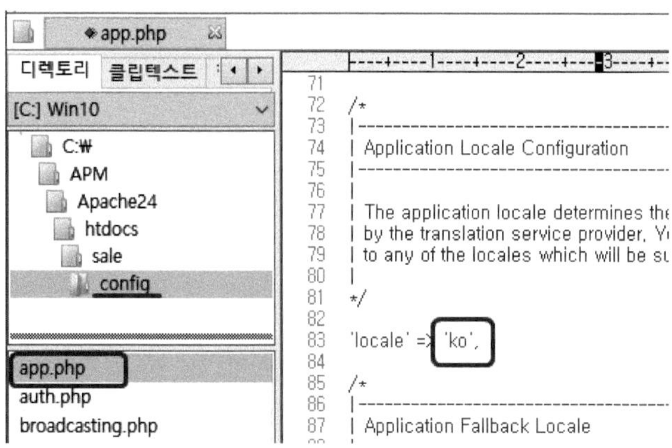

conffig/app.php에서 locale을 ko로 변경

4 **유효성검사 에러메시지 한글화 방법 2** : 앞의 한글화 방법을 이용해도 컨트롤이름인 name, uid, pwd는 변경할 수 없으며, 메시지가 모두 동일한 형식이 된다. 만약 이것도 변경하고 싶으면, 직접 사용자 메시지를 프로그램에 삽입하면 된다. 앞서 설명한

Request의 validate함수에는 유효성검사뿐만 아니라, 다음과 같이 에러 메시지도 같이 정의할 수 있다.

```
$request->validate( ["컨트롤이름" => "규칙", … ] , ["컨트롤이름.규칙" => "메시지", … ] );
```

따라서 uid, pwd, name에 대해 아래와 같이 사용자가 유효성검사 에러메시지를 정의할 수 있다. 이 책에서의 에러메시지 한글출력 방법은 2번째를 이용하도록 하겠다.

```
$request->validate([
      'uid'    => 'required|max:20',
      'pwd'    => 'required|max:20',
      'name'  => 'required|max:20',
   ] ,
   [
      'uid.required'     => '아이디는 필수입력입니다.',
      'pwd.required'     => '암호는 필수입력입니다.',
      'name.required'  => '이름은 필수입력입니다.',
      'uid.max'            => '20자 이내입니다.',
      'pwd.max'           => '20자 이내입니다.',
      'name.max'         => '20자 이내입니다.',
   ] );
```

STEP 01 유효성검사 추가하기

① **validation 추가하기** : app/Http/Controller폴더의 MemberController.php의 store 함수에 아래와 같이 uid, pwd, name에 대한 유효성감사 프로그램을 추가한다.

```
public function store(Request $request)
{
    $request->validate([
       'uid'     => 'required|max:20',
       'pwd'    => 'required|max:20',
       'name'  => 'required|max:20'
    ]);

    $tel1= $request->input("tel1");
    $tel2= $request->input("tel2");
… … …
```

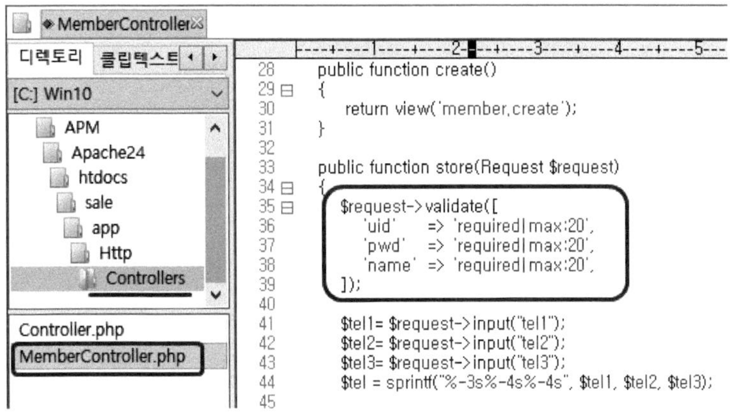

② **경고메시지 처리** : views/member 폴더의 create.blade.php 프로그램에서 이름, 아이디, 암호 입력란에 다음과 같이 프로그램을 수정한다. 전화번호와 등급은 폼검증을 하지 않으므로, 수정할 필요가 없다.

```
… … …
<table class="table table-sm table-bordered mymargin5">
  <tr>
     <td width="20%" class="mycolor2"><font color="red">*</font> 이름</td>
     <td width="80%" align="left">
      <div class="d-inline-flex">
         <input type="text" name="name" size="20" maxlength="20" value="{{
old('name') }}" class="form-control form-control-sm">
        </div>
        @error('name') {{ $message }} @enderror
     </td>
  </tr>
  <tr>
     <td width="20%" class="mycolor2"><font color="red">*</font> 아이디</td>
     <td width="80%" align="left">
      <div class="d-inline-flex">
         <input type="text" name="name" size="20" maxlength="20" value="{{
old('uid') }}" class="form-control form-control-sm">
        </div>
        @error('uid') {{ $message }} @enderror
     </td>
  </tr>
  <tr>
     <td width="20%" class="mycolor2"><font color="red">*</font> 암호</td>
     <td width="80%" align="left">
      <div class="d-inline-flex">
```

```
            <input type="text" name="name" size="20" maxlength="20" value="{{
old('pwd') }}" class="form-control form-control-sm">
         </div>
         @error('pwd') {{ $message }} @enderror
      </td>
   </tr>
   <tr>
      <td width="20%" class="mycolor2">전화</div></td>
...   ...   ...
```

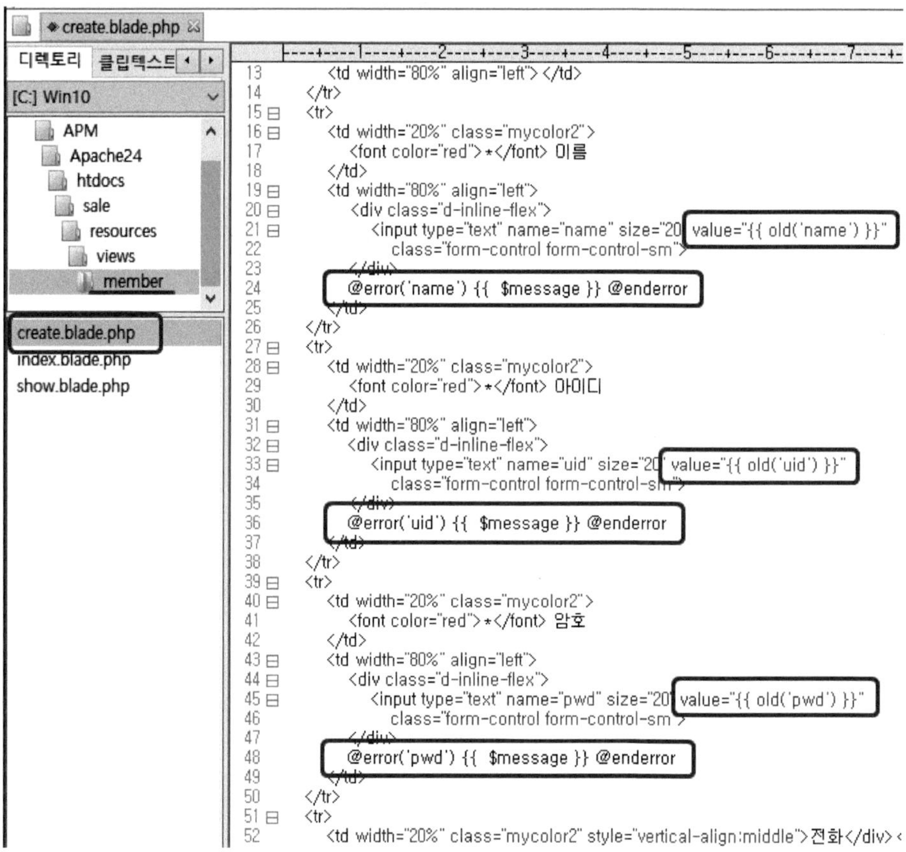

③ **실행하기** : 값을 입력하지 않고 저장버튼을 눌렀을 때 에러 메시지가 나오는지 확인한다.

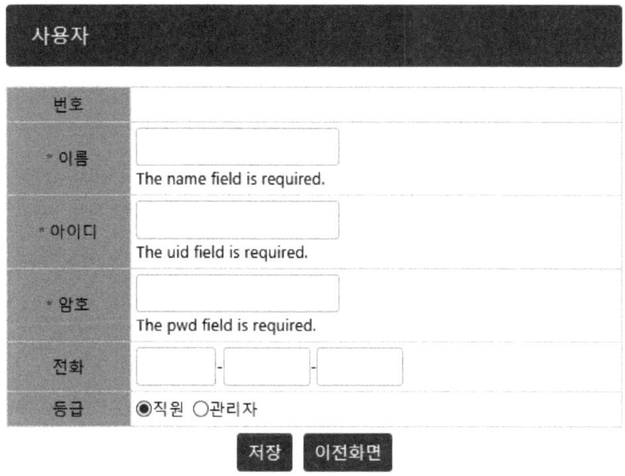

STEP 02 유효성검사 에러메시지 한글화

① **validation 추가하기** : app/Http/Controller폴더의 MemberController.php의 store 함수에 아래와 같이 uid, pwd, name에 대한 유효성검사 프로그램을 수정한다.

```
public function store(Request $request)
{
   $request->validate([
         'uid'    => 'required|max:20',
         'pwd'    => 'required|max:20',
         'name'  => 'required|max:20',
      ],
      [
         'uid.required'      => '아이디는 필수입력입니다.',
         'pwd.required'      => '암호는 필수입력입니다.',
         'name.required'    => '이름은 필수입력입니다.',
         'uid.max'            => '20자 이내입니다.',
         'pwd.max'            => '20자 이내입니다.',
         'name.max'          => '20자 이내입니다.',
    ]);

   $tel1= $request->input("tel1");
   $tel2= $request->input("tel2");
   ... ... ...
```

```
MemberController
    }

    public function store(Request $request)
    {
        $request->validate([
            'uid'    => 'required|max:20',
            'pwd'    => 'required|max:20',
            'name'   => 'required|max:20'
        ],
        [
            'uid.required'   => '아이디는 필수입력입니다.',
            'pwd.required'   => '암호는 필수입력입니다.',
            'name.required'  => '이름은 필수입력입니다.',
            'uid.max'        => '20자 이내입니다.',
            'pwd.max'        => '20자 이내입니다.',
            'name.max'       => '20자 이내입니다.',
        ]);

        $tel1= $request->input("tel1");
        $tel2= $request->input("tel2");
        $tel3= $request->input("tel3");
        $tel = sprintf("%-3s%-4s%-4s", $tel1, $tel2, $tel3);

```

5.7 사용자 수정

실습목적

보기화면에서 수정버튼을 클릭하는 경우, 사용자 정보를 수정하는 프로그램을 작성하여라.

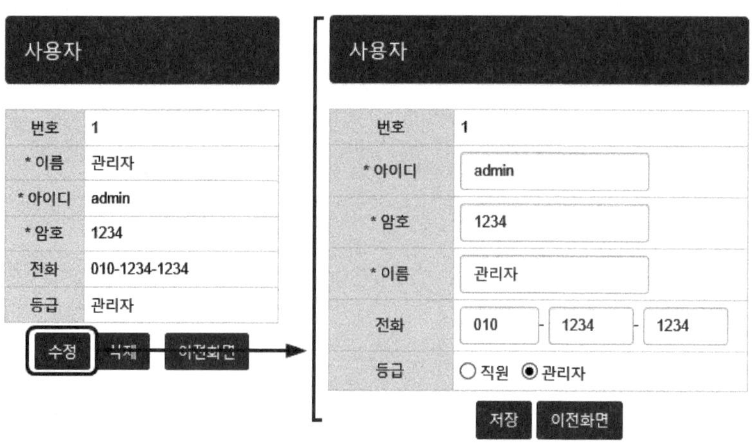

실습이론

1 **수정 과정** : 수정과정은 추가(insert)가 아니라 수정(update)이라는 점만 다르고, 나머지는 추가과정과 거의 같다. 따라서 추가 관련 프로그램을 복사하여 작업하면 빠르게 작업할 수 있다. 수정과정은 추가과정과 같이 2단계 작업으로 생각할 수 있다.

1) 수정버튼 클릭 : 수정화면 표시
2) 저장버튼 클릭 : 수정한 자료를 테이블에 저장

1단계에서 사용자 보기화면(show.blade.php)에서 수정버튼을 클릭하면, 컨트롤러(MemberController.php)의 edit함수를 호출한다. 이때 수정할 자료의 id 값도 같이 전달해야 한다. 그리고 edit 함수에서는 id 번째의 자료를 표시하기 위해 수정화면(edit.blade.php)을 호출한다. 2단계에서는 입력한 자료를 저장하기 위하여 저장버튼을 클릭하면, 컨트롤러의 update 함수를 호출하여 수정된 내용을 저장한다. 그리고 목록 화면으로 이동한다.

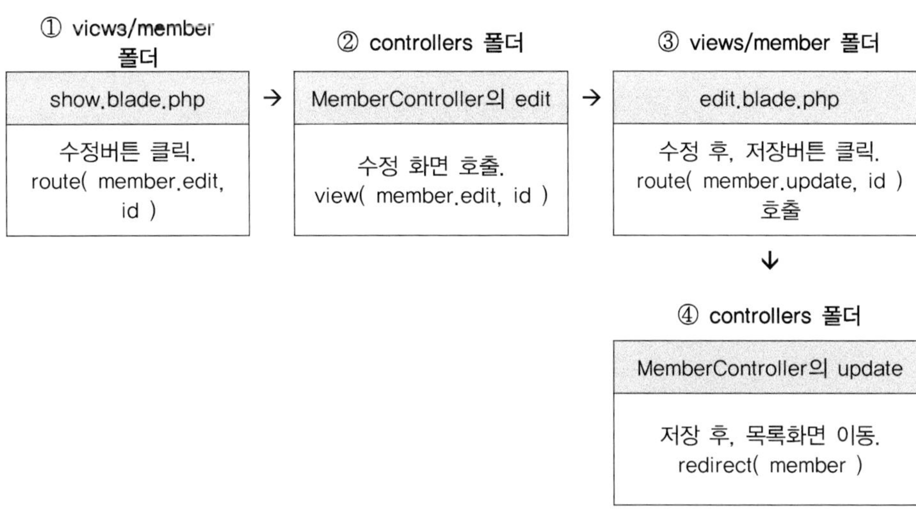

2 **수정버튼** : 수정버튼도 삭제버튼과 마찬가지로 수정할 번호 id를 member 컨트롤러의 edit 함수에 전달해야 한다. 따라서 <a> tag의 href에서 route함수를 이용하여 다음과 같이 수정해야한다.

```
<a href="{{ route( 'member.edit', $row->id ) }}"   …   >수정</a>
```

3 **edit 함수** : 선택한 자료를 화면에 표시하기 위해서는 먼저 자료를 찾아야한다. Eloquent ORM의 Find함수를 이용해 수정할 $id번째의 자료를 찾아 $data['row']에 저장한다. 그리고 resources/views/member 폴더에 있는 수정화면 edit.index.php에 값을 전달하여 출력시키면 된다.

```
public function edit( $id )
{
   $data['row'] = Member::find( $id );        // 자료 찾기
   return view('member.edit', $data );        // 수정화면 호출
}
```

4 **update 함수** : 수정한 자료를 members 테이블에 저장하기 위해서는 다음과 같이 작성하면 된다. 이 프로그램은 추가의 store함수와 거의 동일하므로, 복사하여 수정하면 편리하다.

```
public function update(Request $request, $id)
{
   $request->validate([
      'uid'    => 'required|max:20',
      'pwd'=> 'required|max:20',
      'name' => 'required|max:20',
   ],
   [
      'uid.required'      => '아이디는 필수입력입니다.',
      'pwd.required'      => '암호는 필수입력입니다.',
      'name.required'     => '이름은 필수입력입니다.',
      'uid.max'           => '20자 이내입니다.',
      'pwd.max'           => '20자 이내입니다.',
      'name.max'          => '20자 이내입니다.',
   ]);

   $tel1= $request->input('tel1');
   $tel2= $request->input('tel2');
   $tel3= $request->input('tel3');
   $tel = sprintf('%-3s%-4s%-4s', $tel1, $tel2, $tel3);

   $row = Member::find($id);                          // 자료 찾기

   $row->uid    = $request->input('uid');            // 자료 수정
   $row->pwd    = $request->input('pwd');
   $row->name   = $request->input('name');
```

```
    $row->tel   = $tel;
    $row->rank = $request->input('rank');

    $row->save();                          // 수정 모드

    return redirect('member');
}
```

자료를 수정하기 위해서는 반드시 수정할 자료를 먼저 찾은 후, 수정하고 저장해야 한다. 따라서 edit 함수처럼 Find함수를 이용하여 $id번째 자료를 찾는다. 그리고 각 필드값은 Member클래스를 이용하지 않고, $row값을 직접 수정하도록 프로그램을 작성해야 한다. 만약 추가때처럼 모델 Member를 이용하게 되면, 수정이 아니라 추가가 된다. 그리고 $row->save()는 앞에서 @method('PATCH')로 지정했기 때문에, 추가가 아닌 수정모드로 동작한다.

쿼리빌더를 이용하는 경우에는 모델을 이용하지 않으므로, 저장할 데이터를 연관배열로 정의하고, 다음과 같이 작성하면 된다.

```
$row = array([
    'uid'    => $request->input('uid'),
    'pwd'    => $request->input('pwd'),
    'name'  => $request->input('name'),
    'tel'     => $tel,
    'rank'   => $request->input('rank')
]);
DB::table('members')->where('id', $id)->update($row);
```

update SQL문을 이용하는 경우는 Eloquent ORM과는 달리 일반 배열을 이용하여 데이터를 정의해야 한다. 그리고 여러개의 매개변수(?)들을 배열을 이용하여 지정하도록 작성했다.

```
$row = array(
    $request->input('uid'),
    $request->input('pwd'),
    $request->input('name'),
    $tel,
    $request->input('rank')
);
DB::update("update members set uid=?, set pwd=?, name=?, tel=?, rank=? where
id=?", $row, $id);
```

5 **수정화면의 @csrf 와 @method('PATCH')** : 삭제, 수정과 같은 처리인 경우, <form> tag 안에 보안을 위해 반드시 @csrf를 삽입하고 실행할 해당 함수 PUT, PATCH, DELETE 중 하나를 지정해야 한다. 수정인 경우는 전체자료 수정인 PUT 함수나 자료 일부 수정이 가능한 PATCH 함수 중 하나를 지정해야 한다. 여기서는 필드 일부만 수정이 가능한 PATCH 함수를 이용하겠다. 그리고 edit.blade.php에서 수정된 값들을 저장하기 위하여 Member컨트롤러의 $row->id값과 함께 update함수를 호출하도록 <form> tag의 action을 다음과 같이 지정해야 한다.

```
... ... ...
<br>
<div class="alert mycolor1" role="alert">사용자</div>

<form name="form1" method="post" action="{{ route( 'member.update', $row->id )
}}">
@csrf
@method('PATCH')

<table class="table table-sm table-bordered mymargin5">
    <tr>
        <td width="20%" class="mycolor2" style="vertical-align:middle">번호</td>
... ... ...
```

6 **edit.blade.php** : 새로 만들 수정화면 edit.blade.php는 추가화면에서 만든 create.blade.php와 거의 동일하다. 따라서 복사하여 수정하는 것이 편리할 것이다. 먼저 수정화면에는 사용자번호 $row->id를 표시해야하며, 모든 <input> tag의 value에서 old("필드이름") 대신에 "$row->필드이름"을 이용하여 사용자정보를 표시해야 한다.

```
... ... ...
<table class="table table-sm table-bordered mymargin5">
  <tr>
    <td width="20%" class="mycolor2" style="vertical-align:middle">번호</td>
    <td width="80%" align="left">{{ $row->id }} </td>
  </tr>
  <tr>
    <td width="20%" class="mycolor2"><font color="red">*</font> 이름</td>
    <td width="80%" align="left">
      <div class="d-inline-flex">
          <input type="text" name="name" size="20" value="{{ $row->name }}"
class="form-control input-sm">
      </div>
      @error('name') {{  $message }} @enderror
    </td>
  </tr>
... ... ...
```

그리고 전화번호는 지역번호($tel1), 국($tel2), 번호($tel3)로 분리하여 표시해야 한다.

```
... ... ...
<?
  $tel1 = trim(substr($row->tel,0,3));
  $tel2 = trim(substr($row->tel,3,4));
  $tel3 = trim(substr($row->tel,7,4));
?>
  <tr>
    <td width="20%" class="mycolor2">전화</div></td>
    <td width="80%" align="left">
      <div class="d-inline-flex">
          <input type="text" name="tel1" size="3" maxlength="3" value="{{ $tel1 }}"
class="form-control form-control-sm">-
          <input type="text" name="tel2" size="4" maxlength="4" value="{{ $tel2 }}"
class="form-control form-control-sm">-
          <input type="text" name="tel3" size="4" maxlength="4" value="{{ $tel3 }}"
class="form-control form-control-sm">
      </div>
    </td>
  </tr>
... ... ...
```

그리고 등급의 라디오옵션 처리는 다음과 같이 @if … @endif blade지시어를 이용하여 0이면 직원, 1이면 관리자가 선택되도록 처리한다.

```
<tr>
  <td width="20%" class="mycolor2">등급</td>
  <td width="80%" align="left">
    <div class="d-inline-flex">
@if($row->rank==0)
      <input type="radio" name="rank" value="0" checked> 직원  
      <input type="radio" name="rank" value="1"> 관리자
@else
      <input type="radio" name="rank" value="0"> 직원  
      <input type="radio" name="rank" value="1" checked> 관리자
@endif
    </div>
  </td>
</tr>
</table>
```

STEP 01 사용자 수정화면 출력하기

① **수정버튼 연결하기** : views/member 폴더의 show.blade.php에서 수정 버튼의 <a> tag를 MemberController.php의 edit 함수를 호출하도록 다음과 같이 수정한다.

```
… … …
  <div align="center">
    <a href="{{ route('member.edit', $row->id) }}" class="btn btn-sm
mycolor1">수정</a>
    <form action="{{ route('member.destroy', $row->id)}}">
      @csrf
      @method('DELETE')
      <button type="submit" class="btn btn-sm mycolor1"
        onClick="return confirm('삭제할까요 ?');">삭제</button>  
    </form>
    <input type="button" value="이전화면" class="btn btn-sm mycolor1"
      onClick="history.back();">
  </div>
… … …
```

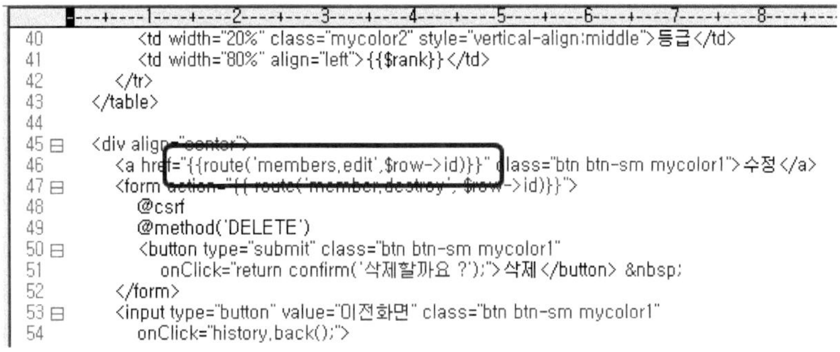

② **edit 함수** : controllers폴더의 MemberController.php에서 앞에서 만든 add 함수를 복사하여 다음과 같은 edit 함수가 되도록 수정한다.

```
public function edit( $id )
{
    $data['row'] = Member::find( $id );        // 자료 찾기
    return view('member.edit', $data );        // 수정화면 호출
}
```

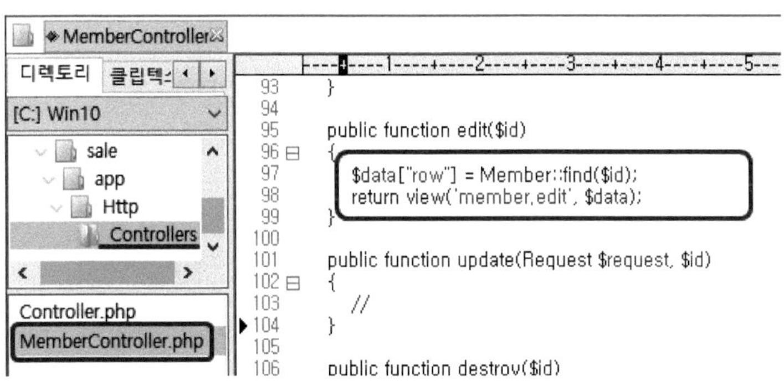

③ **edit.blade.php 새로 만들기** : views폴더에 create.blade.php를 복사하여 edit.blade.php를 만든다. 그리고 다음과 같이 프로그램을 사용자정보가 나오는 부분을 수정한다.

```
... ... ...
<table class="table table-sm table-bordered mymargin5">
    <tr>
        <td width="20%" class="mycolor2">번호</td>
```

```
        <td width="80%" align="left">{{ $row->id }}</td>
    </tr>
    <tr>
        <td width="20%" class="mycolor2"><font color="red">*</font> 이름</td>
        <td width="80%" align="left">
            <div class="d-inline-flex">
            <input type="text" name="name" size="20" maxlength="20" value="{{
$row->name }}" class="form-control form-control-sm">
            </div>
            @error('name') {{ $message }} @enderror
        </td>
    </tr>
    <tr>
        <td width="20%" class="mycolor2"><font color="red">*</font> 아이디</td>
        <td width="80%" align="left">
            <div class="d-inline-flex">
                <input type="text" name="uid" size="20" maxlength="20" value="{{
$row->uid }}" class="form-control form-control-sm">
            </div>
            @error('uid') {{ $message }} @enderror
        </td>
    </tr>
    <tr>
        <td width="20%" class="mycolor2"><font color="red">*</font> 암호</td>
        <td width="80%" align="left">
            <div class="d-inline-flex">
                <input type="text" name="pwd" size="20" maxlength="20" value="{{
$row->pwd }}" class="form-control form-control-sm">
            </div>
            @error('pwd') {{ $message }} @enderror
        </td>
    </tr>
<?
    $tel1 = trim(substr($row->tel,0,3));
    $tel2 = trim(substr($row->tel,3,4));
    $tel3 = trim(substr($row->tel,7,4));
?>
    <tr>
        <td width="20%" class="mycolor2">전화</div></td>
        <td width="80%" align="left">
            <div class="d-inline-flex">
            <input type="text" name="tel1" size="3" maxlength="3" value="{{ $tel1 }}"
class="form-control form-control-sm">-
            <input type="text" name="tel2" size="4" maxlength="4" value="{{ $tel2 }}"
class="form-control form-control-sm">-
            <input type="text" name="tel3" size="4" maxlength="4" value="{{ $tel3 }}"
class="form-control form-control-sm">
```

```
            </div>
        </td>
    </tr>
    <tr>
        <td width="20%" class="mycolor2">등급</td>
        <td width="80%" align="left">
            <div class="d-inline-flex">
    @if($row->rank==0)
                <input type="radio" name="rank" value="0" checked> 직원  
                <input type="radio" name="rank" value="1"> 관리자
    @else
                <input type="radio" name="rank" value="0"> 직원  
                <input type="radio" name="rank" value="1" checked> 관리자
    @endif
            </div>
        </td>
    </tr>
</table>
...   ...   ...
```

```
<table class="table table-sm table-bordered mymargin5">
    <tr>
        <td width="20%" class="mycolor2">번호</td>
        <td width="80%" align="left">{{ $row->id }}</td>
    </tr>
    <tr>
        <td width="20%" class="mycolor2"><font color="red">*</font> 이름</td>
        <td width="80%" align="left">
            <div class="d-inline-flex">
                <input type="text" name="name" size="20" maxlength="20" value="{{ $row->name }}"
                class="form-control form-control-sm">
            </div>
            @error('name') {{ $message }} @enderror
        </td>
    </tr>
    <tr>
        <td width="20%" class="mycolor2"><font color="red">*</font> 아이디</td>
        <td width="80%" align="left">
            <div class="d-inline-flex">
                <input type="text" name="uid" size="20" maxlength="20" value="{{ $row->uid }}"
                class="form-control form-control-sm">
            </div>
            @error('uid') {{ $message }} @enderror
        </td>
    </tr>
    <tr>
        <td width="20%" class="mycolor2"><font color="red">*</font> 암호</td>
        <td width="80%" align="left">
            <div class="d-inline-flex">
                <input type="text" name="pwd" size="20" maxlength="20" value="{{ $row->pwd }}"
                class="form-control form-control-sm">
            </div>
            @error('pwd') {{ $message }} @enderror
        </td>
    </tr>
<?
    $tel1 = trim(substr($row->tel,0,3));
    $tel2 = trim(substr($row->tel,3,4));
    $tel3 = trim(substr($row->tel,7,4));
?>
```

```
        <tr>
            <td width="20%" class="mycolor2">전화</div> </td>
            <td width="80%" align="left">
                <div class="d-inline-flex">
                    <input type="text" name="tel1" size="3" maxlength="3" value="{{ $tel1 }}"
                    class="form-control form-control-sm">-
                    <input type="text" name="tel2" size="4" maxlength="4" value="{{ $tel2 }}"
                    class="form-control form-control-sm">-
                    <input type="text" name="tel3" size="4" maxlength="4" value="{{ $tel3 }}"
                    class="form-control form-control-sm">
                </div>
            </td>
        </tr>
        <tr>
            <td width="20%" class="mycolor2">등급</td>
            <td width="80%" align="left">
                <div class="d-inline-flex">
@if($row->rank==0)
                <input type="radio" name="rank" value="0" checked> 직원  
                <input type="radio" name="rank" value="1"> 관리자
@else
                <input type="radio" name="rank" value="0"> 직원  
                <input type="radio" name="rank" value="1" checked> 관리자
@endif
                </div>
            </td>
        </tr>
    </table>
```

⑤ **실행하기 :** 수정버튼을 클릭했을 때 수정화면과 정보가 잘 나오는지 확인한다.

STEP 02 수정내용 저장하기

① **edit.blade.php 수정하기 :** edit.blade.php에서 데이터 처리가 수정모드라는 걸 알리기 위하여 @method('PATCH')를 삽입한다. 그리고 MemberController의 update 함수를 호출하기위하여 <form> tag의 action을 수정한다.

```
… … …
〈br〉
〈div class="alert mycolor1" role="alert"〉사용자〈/div〉

〈form name="form1" method="post" action="{{ route( 'member.update', $row–〉id ) }}"〉
@csrf
@method('PATCH');

〈table class="table table–sm table–bordered mymargin5"〉
   〈tr〉
      〈td width="20%" class="mycolor2"〉번호〈/td〉
… … …
```

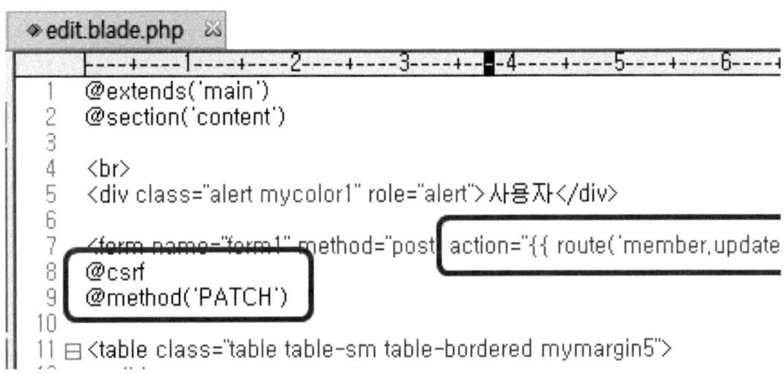

② **MemberController.php의 update 함수** : 수정한 자료를 members 테이블에 저장하기 위해서 app/Http/Controler폴더의 MemberController.php의 update 함수를 다음과 같이 수정한다. 이 프로그램은 추가의 store함수와 거의 동일하므로, 복사하여 수정하면 편리하다.

```
public function update(Request $request, $id)
{
   $request–〉validate([
      'uid'    =〉 'required|max:20',
      'pwd'    =〉 'required|max:20',
      'name'  =〉 'required|max:20',
   ],
   [
      'uid.required'      =〉 '아이디는 필수입력입니다.',
      'pwd.required'      =〉 '암호는 필수입력입니다.',
      'name.required'   =〉 '이름은 필수입력입니다.',
      'uid.max'          =〉 '20자 이내입니다.',
      'pwd.max'          =〉 '20자 이내입니다.',
```

```
        'name.max'          => '20자 이내입니다.',
    ]);

    $tel1= $request->input("tel1");
    $tel2= $request->input("tel2");
    $tel3= $request->input("tel3");
    $tel = sprintf("%-3s%-4s%-4s", $tel1, $tel2, $tel3);

    $row = Member::find($id);                   // 자료 찾기

    $row->uid   = $request->input('uid');       // 자료 수정
    $row->pwd    = $request->input('pwd');
    $row->name = $request->input('name');
    $row->tel    = $tel;
    $row->rank  = $request->input('rank');

    $row->save();                               // 수정 모드

    return redirect('member');
}
```

```
public function update(Request $request, $id)
{
    $request->validate([
        'uid'    => 'required|max:20',
        'pwd'    => 'required|max:20',
        'name'  => 'required|max:20'
    ],
    [
        'uid.required'     => '아이디는 필수입력입니다.',
        'pwd.required'     => '암호는 필수입력입니다.',
        'name.required'  => '이름은 필수입력입니다.',
        'uid.max'           => '20자 이내입니다.',
        'pwd.max'          => '20자 이내입니다.',
        'name.max'        => '20자 이내입니다.',
    ]);

    $tel1= $request->input("tel1");
    $tel2= $request->input("tel2");
    $tel3= $request->input("tel3");
    $tel = sprintf("%-3s%-4s%-4s", $tel1, $tel2, $tel3);

    $row = Member::find($id);

    $row->uid     = $request->input('uid');
    $row->pwd     = $request->input('pwd');
    $row->name  = $request->input('name');
    $row->tel      = $tel;
    $row->rank   = $request->input('rank');

    $row->save();

    return redirect('member');
}

public function destroy($id)
{
```

③ **실행하기** : 실행하여 결과를 확인한다.

5.8 사용자 검색

실습목적

사용자목록 화면에서 사용자 이름 일부를 이용하여 검색하는 프로그램을 작성하여라.

이름 중 “김”자가 있는 자료검색

실습이론

1 **검색과정** : 목록 프로그램(index.blade.php)에서 검색어 text1값이 없으면, 전체자료가 나오고, 있으면 검색한 자료만 나와야한다. 따라서 text1에 따라 자료를 추출하는 getlist함수에서 text1에 따라 자료를 검색하도록 수정해야 하며, 함수에 text1값을 전달하도록 모든 프로그램을 수정해야 한다.

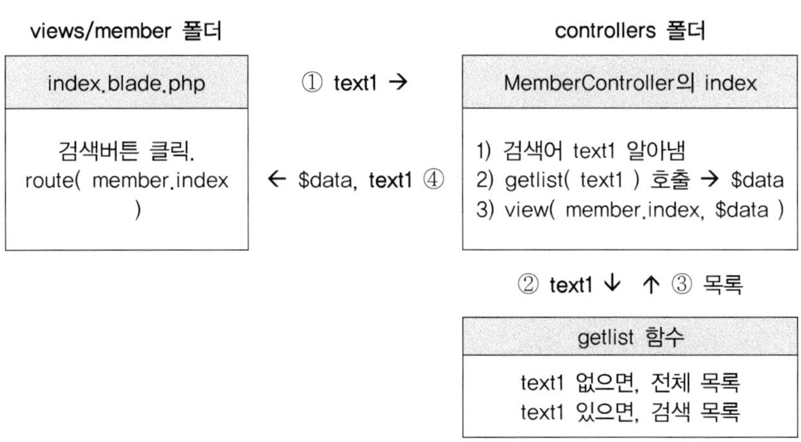

2 **text1 값 전달 및 초기화** : 목록화면에서 이름검색란의 컨트롤이름은 text1이다. text1값이 없는 경우에는 전체자료가 표시되지만, 값이 있는 경우는 이름 일부분이 일치하는 자료를 표시해야한다. 따라서 text1값이 있을 때, index.blade.php의 javascript find_text() 함수에서 Member 클래스의 index 함수에 전달할 수 있도록 〈form〉 tag의 action값을 지정해야 한다.

```
function find_text()
{
    form1.action="{{ route('member.index') }}";
    form1.submit();
}
```

그런데 문제는 store, update와는 달리 index 함수에는 route 헬퍼함수를 통해 text1 값을 전달할 수 없다. 이를 위해서는 다음 프로그램과 같이 Route폴더의 web.php에 MemberController의 index함수에 text1값을 get방식으로 값을 전달할 수 있도록 등록해야 한다. 한가지 주의할 점은 등록 순서를 바꾸면 에러가 나므로, resource보다 먼저 등록해야 한다.

```
Route::get('member', [MemberController::class,'index'] );
Route::resource('member', 'MemberController');
```

그리고 Route에서 get방식으로 등록했기 때문에 index.blade.php의 〈form〉 tag에도 반드시 method="get"으로 해야 한다. 만약 method를 생략하는 경우는 〈form〉 tag에서 디폴트인 get방식으로 설정된다. 그리고 검색어가 다음 화면에서도 그대로 표시되게 하려면, text1의 〈input〉 tag에서 value값을 다음과 같이 초기화해야 한다.

```
... ... ...
  </script>

  <form name="form1" method="get" action="">
  <div class="row">
    <div class="col-3" align="left">
      <div class="input-group input-group-sm">
        <div class="input-group-prepend">
          <span class="input-group-text">이름</span>
        </div>
        <input type="text" name="text1" value="{{ $text1 }}" class="form-control"
            onkeydown="if (event.keyCode == 13) { find_text(); }">
... ... ...
```

③ **URI에서 text1 값 알아내기 :** 이전 문서의 검색어 text1을 알아내는 2가지 방법을 소개하겠다. 1번째 방법은 Request개체를 이용하는 방법이다. 아래 프로그램과 같이 $request를 index인수로 지정하고, text1은 $request->input('text1')로 구할 수 있다. 이렇게 구해진 text1은 목록값을 구하는 getlist($text1) 함수의 인수로 전달이 된다.

```
public function index( Request $request )
{
    $text1=$request->input('text1');          // text1값 알아냄
    $data['text1'] = $text1;
    $data['list'] = $this->getlist($text1);

    return view('member.index', $data);
}
```

두번째 방법은 redirect helper함수처럼 request helper함수를 이용하는 방법이다. 이 함수는 앞서 설명한 $request->input("text1")과 같은 기능을 하는 함수이지만, $request가 필요없어 편리하다. 이 request helper함수를 이용하는 경우는 다음과 같이 프로그램을 작성하면 된다. 여기서는 2번째 방법을 이용히도록 하겠다.

```
public function index()
{
    $text1=request('text1');          // text1값 알아냄
    $data['text1'] = $text1;
    $data['list'] = $this->getlist($text1);

    return view('member.index', $data);
}
```

request('key값')

이 함수는 helper함수로서, 현재의 Request 인스턴스를 반환하거나 입력 항목들의 값을 가져온다.

예〉 request('text1')

그리고 text1의 〈input〉 tag에서 value값을 초기화하기위해서는 index.blade.php에 text1값을 전달해야 한다. 이 처리는 $data["text1"]=$text1로 data배열에 저장

한 후, view("member.index", $data)를 통해 전달할 수 있다. $data["text1"]에 값을 다시 입력하는 이유는 data 배열이름으로 다른 목록값들과 함께 전달하기 위해서다.

```
public function getlist( $text1 )
{
   $result=Member::where('name', 'like', '%' . $text1 . '%')->orderby('name','asc')->get();
   return $result;
}
```

getlist 함수도 검색을 위해 수정해야 한다. 특정값을 검색하기 위해서는 Eloquent ORM의 where('필드이름', '연산자', '값')을 이용할 수 있으며, 이름의 일부를 이용하여 검색하려면 wild문자 %를 이용해야 한다. 그리고 여기서는 로우쿼리 방식보다 Eloquent ORM 방법을 이용했는데, 그 이유는 다음 절에 소개할 pagination에서는 로우쿼리를 이용 할 수 없기 때문이다.

쿼리빌더를 이용하는 경우에는 다음과 같으며,

```
$result = DB::table('members')
               ->where('name', 'like', '%'.$text1.'%')->orderby('name','asc')->get();
```

로우쿼리를 이용하는 경우는 다음과 같다.

```
$sql = "select * from members where name like '%$text1%' order by name";
$result = DB::select($sql);
```

STEP 01 사용자 검색하기

① **index.blasde..php** : views폴더의 index.blade.php에 다음과 같이 프로그램을 수정한다.

```
… … …
〈script〉
   function find_text()
   {
      form1.action="{{ route('member.index') }}";
      form1.submit();
   }
〈/script〉

〈form name="form1" action=""〉
   〈div class="row"〉
      〈div class="col-3" align="left"〉
         〈div class="input-group input-group-sm"〉
            〈span class="input-group-addon"〉이름〈/span〉
            〈input type="text" name="text1" value="{{ $text1 }}" class="form-control"
                  onkeydown="if (event.keyCode == 13){ find_text(); }"〉
            〈span class="input-group-btn"〉
               〈button class="btn mycolor1" type="button"
                  onClick="javascript:find_text();"〉검색〈/button〉
            〈/span〉
         〈/div〉
      〈/div〉
… … …
```

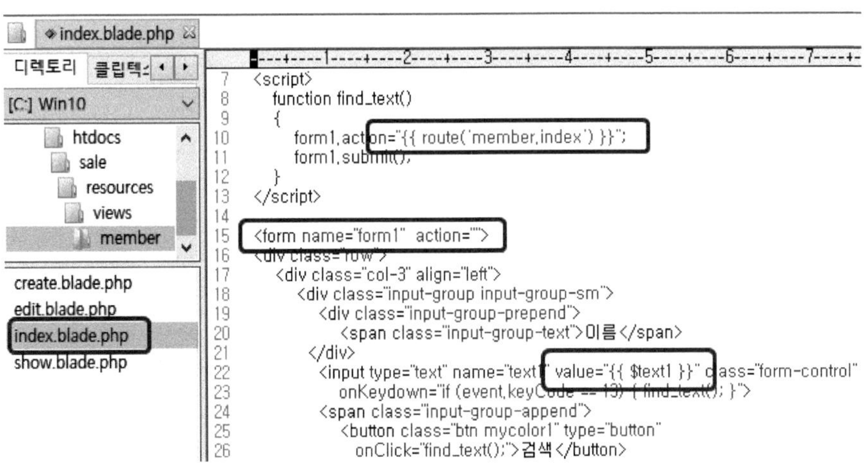

② **Route 경로 등록** : Routes폴더의 web.php를 다음과 같이 수정한다.

```
... ... ...
Route::get('/', function () {
    return view('main');
});

Route::get('member', [MemberController::class, 'index'] );
Route::resource('member', MemberController::class);
```

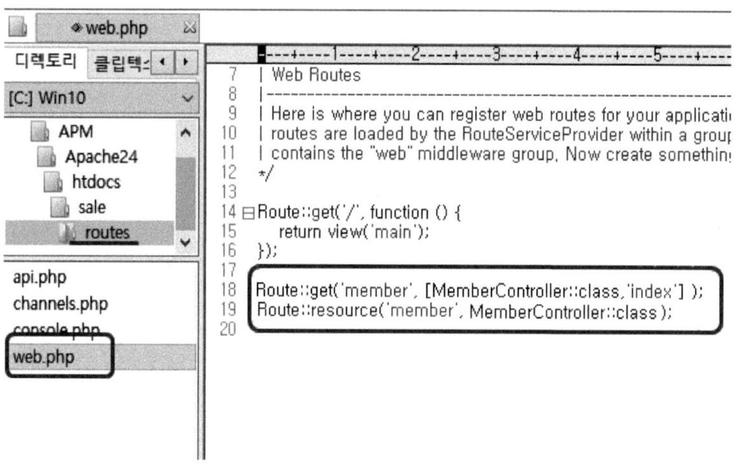

③ **Member 컨트롤러 수정하기** : app/Http/Controller폴더의 MemberController.php의 index함수와 getlist 함수를 다음과 같이 수정한다.

```
public function index( )
{
    $text1 = request('text1');        // text1값 알아냄
    $data['text1'] = $text1;
    $data['list'] = $this->getlist($text1);

    return view('member.index', $data);
}

public function getlist( $text1 )
{
    $result = Member::where('name', 'like', '%' . $text1 . '%')
              ->orderby('name','asc')->get();
    return $result;
}
```

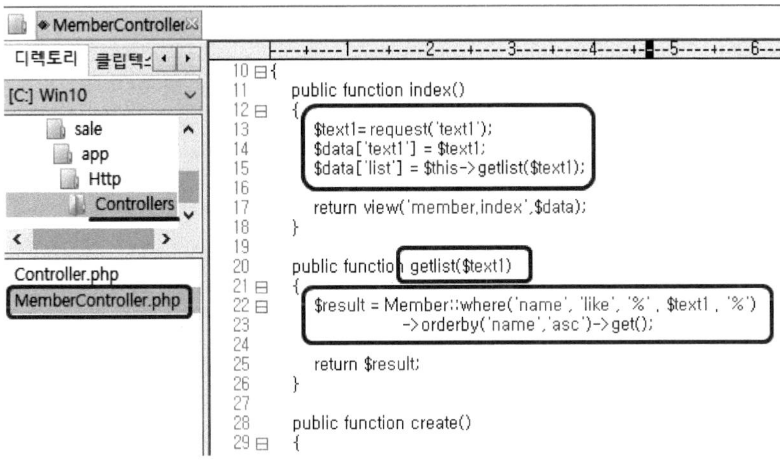

④ **실행하기** : 실행하여 결과를 확인한다.

5.9 Pagination

실습목적

Laravel의 Pageination 기능을 이용하여 사용자 목록 화면 하단에 페이지별로 목록을 표시 및 이동할 수 있는 페이지 내비게이션 프로그램을 작성하여라.

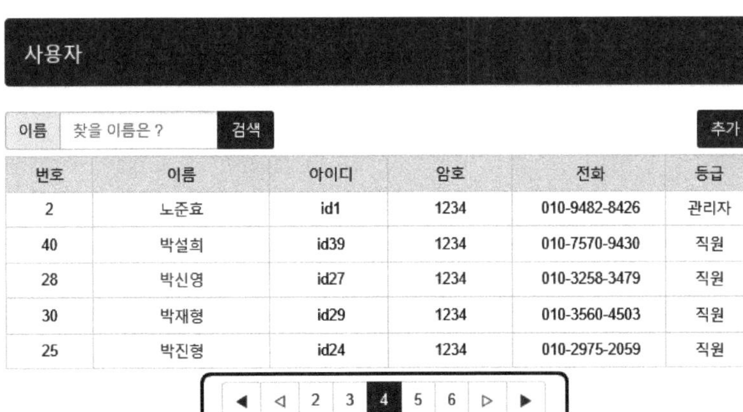

실습이론

1 **Pagination 처리** : Laravel에는 목록의 페이지처리를 아주 쉽게 해주는 기능이 있어, 다음과 같이 2단계로 처리하면 된다.

1) 컨트롤러 : 쿼리에 paginate 함수 추가
2) 목록화면 : paginate link 출력

1단계에서 목록 화면(index.blade.php)의 쿼리에 단순히 pagenate함수만 추가하면 되며, 지정된 숫자는 1페이지당 표시할 줄 수이다. 여기서는 페이지 테스트를 위해 5로 지정했다. 원한다면 수정해도 무방하다.

```
public function getlist($text1)
{
   $result = Member::where('name', 'like', '%' . $text1 . '%')
               ->orderby('name','asc')->paginate(5);
   return $result;
}
```

2단계인 목록화면(index.blade.php)에서의 출력은 단순히 paginator클래스의 links 함수를 호출하기만 하면 된다. 여기서 목록변수명은 출력할 목록값이 저장된 변수이름이며, 사용자화면에서는 $list->links()라고 작성하면 된다.

```
<div class="row">
   <div class="col">
      {{ $목록변수명->links( ) }}
   </div>
</div>
```

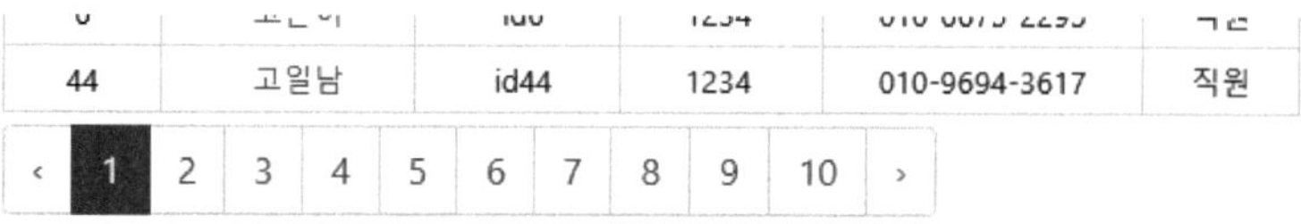

2 **Pagination 모양 수정** : 다음 그림처럼 pagination을 사용자가 원하는 모양으로 출

력하기위해서는 페이지 정의 blade 파일을 따로 만들어 연결시키면 된다.

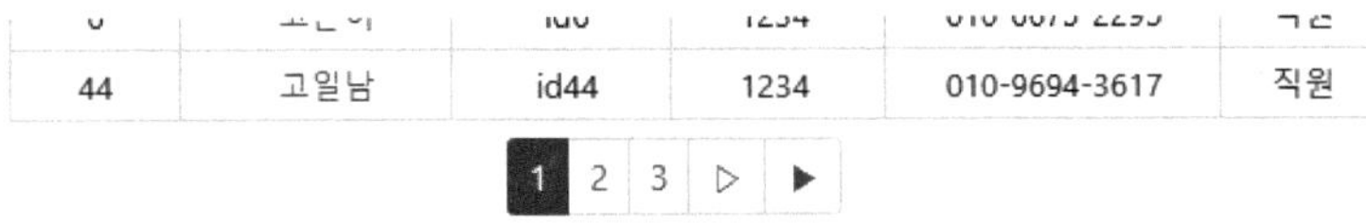

먼저 pagination 정의 파일은 views폴더에 mypagination.blade.php라는 blade 파일로 작성하면 된다. 여기서 페이지이동 표시가 특수문자 "◀◁▷▶"을 이용하여 표시했으며, 특수문자는 한글 "ㅁ"에서 한자 키를 누르면 입력할 수 있다.

```
@if (isset($paginator) && $paginator->lastPage() > 1)

  <nav aria-label="Page navigation example">
    <ul class="pagination pagination-sm justify-content-center mymargin5">

  <?
    $interval = isset($interval) ? abs(intval($interval)) : 2 ;
    $from = $paginator->currentPage() - $interval;
    if ($from < 1)  $from = 1;

    $to = $paginator->currentPage() + $interval;
    if ($to > $paginator->lastPage()) $to = $paginator->lastPage();
  ?>

  @if ($paginator->currentPage() > 1)   <!-- 처음, 이전 -->
    <li class="page-item">
      <a class="page-link" href="{{ $paginator->url(1) }}" aria-label="First">
        <span aria-hidden="true" style="color:steelblue">◀</span>
      </a>
    </li>

    <li class="page-item">
      <a class="page-link" href="{{ $paginator->url($paginator->currentPage() -
1) }}" aria-label="Previous">
        <span aria-hidden="true" style="color:steelblue">◁</span>
      </a>
    </li>
  @endif

  @for($i = $from; $i <= $to; $i++)          <!-- 페이지번호들... -->
  <?
    $isCurrentPage = $paginator->currentPage() == $i;
  ?>
```

```
        <li class="page-item {{ $isCurrentPage ? 'active' : '' }}">
    @if( !$isCurrentPage)
            <a class="page-link" href="{{ $paginator->url($i) }}"
style="color:#666666">{{ $i }}</a>
    @else
            <a class="page-link" href="#"
style="color:white;background-color:steelblue">{{ $i }}</a>
    @endif
        </li>
    @endfor

    @if($paginator->currentPage() < $paginator->lastPage())  <!-- 다음, 끝 -->
        <li class="page-item">
            <a class="page-link" href="{{ $paginator->url($paginator->currentPage() +
1) }}" aria-label="Next">
                <span aria-hidden="true" style="color:steelblue">▷</span>
            </a>
        </li>

        <li class="page-item">
            <a class="page-link" href="{{ $paginator->url($paginator->lastpage()) }}"
aria-label="Last">
                <span aria-hidden="true" style="color:steelblue">▶</span>
            </a>
        </li>
    @endif

        </ul>
    </nav>

@endif
```

그리고 index.blade.php에서는 다음과 같이 해당 pagination 정의 파일이름을 links 함수에 지정하면 된다.

```
{{ $list->links( 'mypagination' ) }}
```

3 **Paginate에서의 검색 문제** : pagination은 전체자료에 대한 페이지 표시를 하기때문에 이름검색을 한 후, 페이지를 이동시키면 다시 전체자료가 나타난다. 따라서 검색한 자료의 페이지가 표시되도록 하기위해서는 페이지를 클릭할 때 검색어 text1값을 가지고 가야한다. 이 처리는 index.blade.php에서 다음과 같이 paginator 클래스의

appends 함수를 삽입해 해결할 수 있다.

```
{{ $list->appends( ['text1' => $text1] )->links('mypagination') }}
```

다른 방법은 member 컨트롤의 getlist 함수에 다음과 같이 appends함수를 삽입하여 해결할 수 있다. 이때 주의할 점은 appends함수는 반드시 paginate뒤에 사용해야 한다. 여러 값들을 보내야 하는 경우는 [‘text1’=>$text1, ...] 와 같이 배열로 보내면 된다.

```
public function getlist($text1)
{
   $result = Member::where('name', 'like', '%' . $text1 . '%')
              ->orderby('name','asc')->paginate(5)->appends( ['text1' => $text1] );
   return $result;
}
```

appends를 이용해 text1을 전송했기 때문에 text1을 위해 등록했던 routes폴더의 web.php의 다음 프로그램을 삭제할 수 있다.

```
Route::get('member', [MemberController::class, 'index'] );    ➜ 삭제 가능
```

STEP 01 Pagination 만들기

① **pagination.blade.php 만들기 :** resources/views 폴더에서 [새로 작성] 메뉴를 이용하여 "mypagination.blade.php" 파일을 새로 만든다. 그리고 다음과 같은 프로그램을 입력한다.

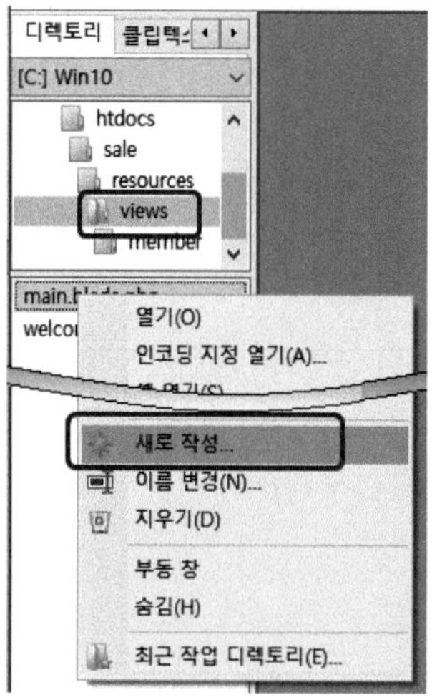

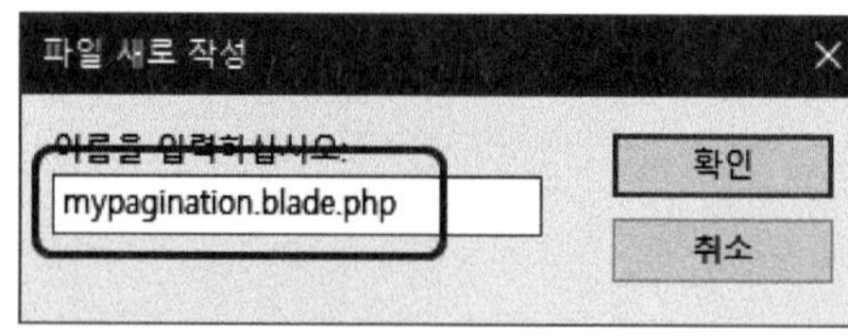


```
@if (isset($paginator) && $paginator->lastPage() > 1)

  <nav aria-label="Page navigation example">
    <ul class="pagination pagination-sm justify-content-center mymargin5">

  <?
    $interval = isset($interval) ? abs(intval($interval)) : 2 ;
    $from = $paginator->currentPage() - $interval;
    if ($from < 1)   $from = 1;

    $to = $paginator->currentPage() + $interval;
    if ($to > $paginator->lastPage()) $to = $paginator->lastPage();
  ?>

  @if ($paginator->currentPage() > 1)          <!-- 처음, 이전 -->
    <li class="page-item">
      <a class="page-link" href="{{ $paginator->url(1) }}" aria-label="First">
        <span aria-hidden="true">◀</span>
      </a>
    </li>

    <li class="page-item">
      <a class="page-link" href="{{ $paginator->url($paginator->currentPage() -
1) }}" aria-label="Previous">
        <span aria-hidden="true">◁</span>
      </a>
    </li>
  @endif

  @for($i = $from; $i <= $to; $i++)             <!--  페이지번호들... -->
  <?
```

```
        $isCurrentPage = $paginator->currentPage() == $i;
    ?>
        <li class="page-item {{ $isCurrentPage ? 'active' : '' }}">
            <a class="page-link" href="{{ !$isCurrentPage ? $paginator->url($i) : '#' }}">
                {{ $i }}
            </a>
        </li>
    @endfor

    @if($paginator->currentPage() < $paginator->lastPage())        <!-- 다음, 끝 -->
        <li class="page-item">
            <a class="page-link" href="{{ $paginator->url($paginator->currentPage() +
1) }}" aria-label="Next">
                <span aria-hidden="true">▷</span>
            </a>
        </li>

        <li class="page-item">
            <a class="page-link" href="{{ $paginator->url($paginator->lastpage()) }}"
aria-label="Last">
                <span aria-hidden="true">▶</span>
            </a>
        </li>
    @endif

        </ul>
    </nav>

@endif
```

```
@if (isset($paginator) && $paginator->lastPage() > 1)

    <nav aria-label="Page navigation example">
        <ul class="pagination pagination-sm justify-content-center mymargin5">

        <?
            $interval = isset($interval) ? abs(intval($interval)) : 2 ;
            $from = $paginator->currentPage() - $interval;
            if ($from < 1)  $from = 1;

            $to = $paginator->currentPage() + $interval;
            if ($to > $paginator->lastPage()) $to = $paginator->lastPage();
        ?>

        @if ($paginator->currentPage() > 1)     <!-- 처음, 이전 -->
            <li class="page-item">
                <a class="page-link" href="{{ $paginator->url(1) }}" aria-label="First">
                    <span aria-hidden="true">◀</span>
                </a>
            </li>

            <li class="page-item">
                <a class="page-link" href="{{ $paginator->url($paginator->currentPage() - 1) }}"
                    aria-label="Previous">
                    <span aria-hidden="true">◁</span>
                </a>
            </li>
        @endif
```

```
        @for($i = $from; $i <= $to; $i++)            <!-- 페이지번호들... -->
            <?
                $isCurrentPage = $paginator->currentPage() == $i;
            ?>
            <li class="page-item {{ $isCurrentPage ? 'active' : '' }}">
                <a class="page-link" href="{{ !$isCurrentPage ? $paginator->url($i) : '#' }}">
                    {{ $i }}
                </a>
            </li>
        @endfor

        @if($paginator->currentPage() < $paginator->lastPage())   <!-- 다음, 끝 -->
            <li class="page-item">
                <a class="page-link" href="{{ $paginator->url($paginator->currentPage() + 1) }}"
                    aria-label="Next">
                    <span aria-hidden="true">▷</span>
                </a>
            </li>

            <li class="page-item">
                <a class="page-link" href="{{ $paginator->url($paginator->lastpage()) }}"
                    aria-label="Last">
                    <span aria-hidden="true">▶</span>
                </a>
            </li>
        @endif

        </ul>
    </nav>

@endif
```

② **links 함수 수정** : resources/views/member폴더의 index.blade.php에서 다음과 같이 links함수를 수정한다

```
<div class="row">
    <div class="col">
        {{ $list->links( 'mypagination' ) }}
    </div>
</div>
```

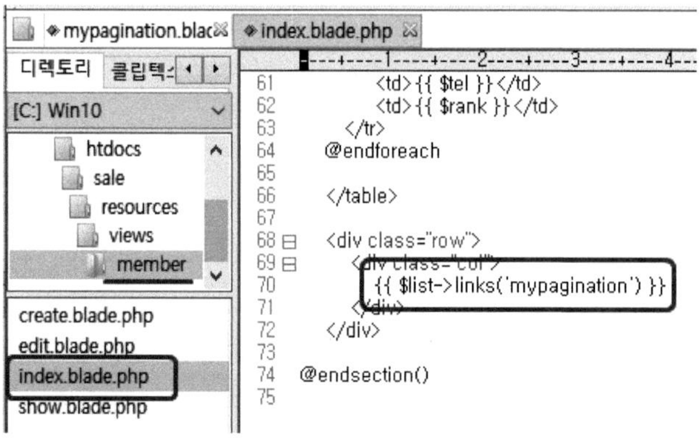

③ **appends 함수 삽입** : 검색어 text1 문제를 해결하기 위하여 member 컨트롤러의 getlist함수를 다음과 같이 수정한다.

```
public function getlist($text1)
{
   $result = Member::where('name', 'like', '%' . $text1 . '%')
              ->orderby('name','asc')->paginate(5)->appends( ['text1' => $text1] );
  return $result;
}
```

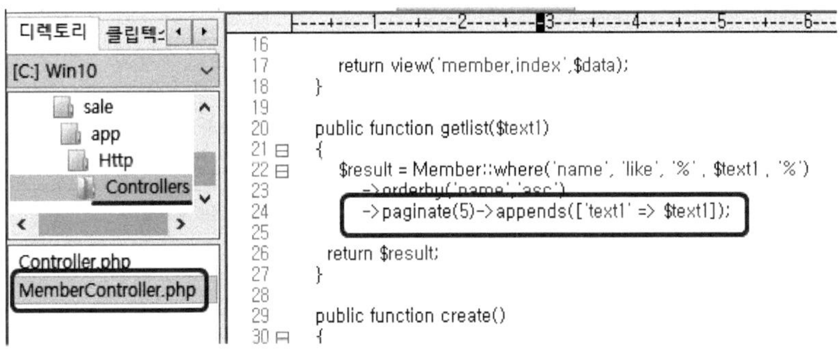

④ **실행하기** : 실행하여 결과를 확인한다.

5.10 save_row 함수

실습목적

추가의 store 함수와 수정의 update함수에서 같은 소스 내용을 save_row 함수로 만들어 호출할 수 있도록 수정하여라.

실습이론

1 **save_row 함수** : 추가의 store함수와 수정의 update함수 소스를 보면 아래와 같이 공통 부분이 있다.

```
public function store(Request $request)
{
  $request->validate([
     'uid'     => 'required|max:20',
     'pwd'     => 'required|max:20',
     'name'  => 'required|max:20',
  ],
  [
     'uid.required'      => '아이디는 필수입력입니다.',
     'pwd.required'     => '암호는 필수입력입니다.',
     'name.required'  => '이름은 필수입력입니다.',
     'uid.max'            => '20자 이내입니다.',
     'pwd.max'           => '20자 이내입니다.',
     'name.max'         => '20자 이내입니다.',
  ]);

  $tel1= $request->input("tel1");
  $tel2= $request->input("tel2");
  $tel3= $request->input("tel3");
  $tel = sprintf("%-3s%-4s%-4s", $tel1, $tel2, $tel3);

  $row = new Member;

  $row->uid      = $request->input('uid');
  $row->pwd     = $request->input('pwd');
  $row->name  = $request->input('name');
  $row->tel       = $tel;
  $row->rank    = $request->input('rank');

  $row->save();

  return redirect('member');
}
```

```
public function update(Request $request, $id)
{
  $request->validate([
     'uid'     => 'required|max:20',
     'pwd'     => 'required|max:20',
     'name'  => 'required|max:20',
  ],
  [
     'uid.required'      => '아이디는 필수입력입니다.',
     'pwd.required'     => '암호는 필수입력입니다.',
     'name.required'  => '이름은 필수입력입니다.',
     'uid.max'            => '20자 이내입니다.',
     'pwd.max'           => '20자 이내입니다.',
     'name.max'         => '20자 이내입니다.',
  ]);

  $tel1= $request->input("tel1");
  $tel2= $request->input("tel2");
  $tel3= $request->input("tel3");
  $tel = sprintf("%-3s%-4s%-4s", $tel1, $tel2, $tel3);

  $row = Member::find($id);

  $row->uid      = $request->input('uid');
  $row->pwd     = $request->input('pwd');
  $row->name  = $request->input('name');
  $row->tel       = $tel;
  $row->rank    = $request->input('rank');

  $row->save();

  return redirect('member');
}
```

따라서 이 부분을 다음과 같이 save_row라는 함수로 만들어 호출하면 프로그램이 간결해질 것이다.

```
public function save_row(Request $request, $row)
{
   $request->validate([
      'uid'     => 'required|max:20',
      'pwd'    => 'required|max:20',
      'name'  => 'required|max:20',
   ],
   [
      'uid.required'       => '아이디는 필수입력입니다.',
      'pwd.required'      => '암호는 필수입력입니다.',
      'name.required'   => '이름은 필수입력입니다.',
      'uid.max'             => '20자 이내입니다.',
      'pwd.max'            => '20자 이내입니다.',
      'name.max'          => '20자 이내입니다.',
   ]);

   $tel1= $request->input("tel1");
   $tel2= $request->input("tel2");
   $tel3= $request->input("tel3");
   $tel = sprintf("%-3s%-4s%-4s", $tel1, $tel2, $tel3);
```

```
    $row->uid   = $request->input('uid');
    $row->pwd   = $request->input('pwd');
    $row->name= $request->input('name');
    $row->tel   = $tel;
    $row->rank  = $request->input('rank');

    $row->save();
}
```

따라서 store함수와 update함수에서는 save_row함수를 다음과 같이 호출하도록 수정하면 된다.

```
public function store(Request $request)
{
    $row = new Member;
    $this->save_row($request, $row);

    return redirect('member');
}
```

```
public function update(Request $request, $id)
{
    $row = Member::find($id);
    $this->save_row($request, $row);

    return redirect('member');
}
```

STEP 01 save_row 함수 만들기

① **save_row 함수 만들기** : MemberController.php에 다음과 같은 save_row함수를 추가한다.

```
        return redirect('member');
    }

    public function save_row(Request $request, $row)
    {
        $request->validate([
            'uid'    => 'required|max:20',
            'pwd'    => 'required|max:20',
            'name'  => 'required|max:20',
        ],
        [
            'uid.required'    => '아이디는 필수입력입니다.',
            'pwd.required'    => '암호는 필수입력입니다.',
            'name.required' => '이름은 필수입력입니다.',
            'uid.max'           => '20자 이내입니다.',
            'pwd.max'          => '20자 이내입니다.',
            'name.max'        => '20자 이내입니다.',
        ]);

        $tel1= $request->input("tel1");
        $tel2= $request->input("tel2");
        $tel3= $request->input("tel3");
        $tel = sprintf("%-3s%-4s%-4s", $tel1, $tel2, $tel3);

        $row->uid      = $request->input('uid');
        $row->pwd     = $request->input('pwd');
        $row->name   = $request->input('name');
        $row->tel       = $tel;
        $row->rank     = $request->input('rank');

        $row->save();
    }

}
```

② **store 함수 수정** : store 함수에서 save_row함수를 호출하도록 수정한다.

```
    public function store(Request $request)
    {
        $row = new Member;
        $this->save_row($request, $row);

        return redirect('member');
    }

    public function show($id)
    {
```

③ **update 함수 수정** : update 함수에서 save_row함수를 호출하도록 수정한다.

```
    public function update(Request $request, $id)
    {
        $row = Member::find($id);
        $this->save_row($request, $row);

        return redirect('member');
    }

    public function destroy($id)
    {
```

④ **실행하기** : 실행하여 결과를 확인한다.

5.11 검색과 페이지를 고려한 목록화면

목록화면에서 김씨 성으로 검색한 후, 자료를 추가, 수정, 삭제를 하면, 김씨 성을 검색한 목록화면으로 돌아 오지 않고 처음 상태인 전체 자료가 나온다. 다른 페이지인 경우도 마찬가지로 자료를 추가, 수정, 삭제를 하면, 1페이지 목록화면으로 온다. 따라서 추가, 수정, 삭제한 후에도 해당 페이지나 검색상태를 유지할 수 있는 방법에 대해 알아보겠다.

실습목적

목록화면에서 검색을 하거나 다른 페이지인 상태에서 추가, 수정, 삭제를 해도 해당 목록화면이 되도록 프로그램을 수정하여라.

실습이론

1 **해결방법** : 추가, 수정, 삭제를 한 후에 검색이나 페이지 상태를 유지하려면, 추가, 수정, 삭제화면으로 이동할 때 검색값(text1)과 페이지 번호(page)를 같이 전달해야 한다. 따라서 다른 곳으로 이동을 시키는 〈A〉 tag의 href와 〈form〉 tag의 action값에 다음과 같이 해당 값을 같이 넘겨줘야 한다.

〈a href="member/edit/숫자**?text1=김&page=2**"〉수정〈/a〉
〈form name="form1" action="member/store**?text1=김&page=2**"〉

그리고 목록화면 URI에서 text1과 page값을 알아내어 목록화면 상태를 유지시키면 된다.

http://localhost/sale/public/member**?text1=김&page=2**

이때 알아낸 text1값으로 getlist함수를 실행시키면 되고, page는 Laravel의 Pagination에 의해 자동으로 해당 페이지로 이동하므로 따로 프로그램을 수정할 필요는 없다.

2 **qstring 함수** : 위에서 설명한 처리는 MemberController의 index, create, store,

show, edit, update, destroy 함수에서 모두 이용해야 한다. 따라서 공통으로 실행할 다음과 같은 qstring 함수를 만들어 호출하면 편리할 것이다.

```
public function qstring()
{
    $text1 = request("text1") ? request('text1') : "";
    $page = request('page') ? request('page') : "1";

    $tmp = $text1 ? "?text1=$text1&page=$page" : "?page=$page";

    return $tmp;
}
```

다음은 index, create, show, edit 함수인 경우의 프로그램이며,

```
public function 함수이름()        // index, create, show, edit
{
    $data['tmp'] = $this->qstring();

      ...   ...   ...
    return view('member.함수이름', $data);
}
```

다음은 store, update, destroy 함수인 경우의 수정된 프로그램이다.

```
public function 함수이름()      // store, update, destroy
{
    $data['tmp'] = $this->qstring();

      ...   ...   ...
    return redirect('member' . $tmp );
}
```

3 **화면의 link 수정** : qstring함수에 의해 얻은 $tmp는 각 화면에서 〈a〉 tag와 〈form〉 tag의 링크에 추가시켜야 한다. 다음은 index.blade.php에서 수정할 부분이다.

```
    ...    ...    ...
  <div class="col-9" align="right">
    <a href="{{ route('member.create') }}{{ $tmp }}" class="btn btn-sm
mycolor1">추가</a>
  </div>
</div>
</form>
    ...    ...    ...
  $rank = $row->rank==0 ? '직원' : '관리자';
?>
  <tr>
    <td>{{$row->id }}</td>
    <td><a href="{{ route('member.show', $row->id) }}{{ $tmp }}">{{ $row->name
}}</a></td>
    <td>{{ $row->uid }}</td>
    <td>{{ $row->pwd }}</td>
    <td>{{ $tel }}</td>
    <td>{{ $rank }}</td>
  </tr>
@endforeach
    ...    ...    ...
```

다음은 show.blade.php에서 수정할 부분이다.

```
    ...    ...    ...
  </table>

  <div align="center">
    <a href="{{ route('member.edit', $row->id)}}{{ $tmp }}" class="btn btn-sm
mycolor1"> 수정</a>
    <form action="{{ route('member.destroy', $row->id)}}">
      @csrf
      @method('DELETE')
    ...    ...    ...
```

다음은 create.blade.php에서 수정할 부분이다.

```
    ...    ...    ...
  <br>
  <div class="alert mycolor1" role="alert">사용자</div>

  <form name="form1" method="post" action="{{ route('member.store') }}{{ $tmp }}">
  @csrf

  <table class="table table-sm table-bordered mymargin5">
    ...    ...    ...
```

다음은 edit.blade.php에서 수정할 부분이다.

```
    ...    ...    ...
<br>
<div class="alert mycolor1" role="alert">사용자</div>

<form name="form1" method="post" action="{{ route('member.update',$row->id) }}{{
$tmp }}">
@csrf
@method('PATCH')
    ...    ...    ...
```

STEP 01 MemberController 수정

① **qstring 함수 추가 :** MemberController.php에 다음과 같은 qstring 사용자 함수를 추가한다.

```
public function qstring()
{
   $text1 = request("text1") ? request('text1') : "";
   $page = request('page') ? request('page') : "1";

   $tmp = $text1 ? "?text1=$text1&page=$page" : "?page=$page";

   return $tmp;
}
```

```
        $row->save();
    }

    public function qstring()
    {
        $text1 = request("text1") ? request('text1') : "";
        $page = request('page') ? request('page') : "1";

        $tmp = $text1 ? "?text1=$text1&page=$page" : "?page=$page";

        return $tmp;
    }

}
```

② **index, create, store, show, edit, update, destroy 함수 수정** : qstring 함수를 호출하는 프로그램을 index, create, store, show, edit, update, destroy 함수에 작성한다.

```
  …  …  …
public function index()
{
   $data['tmp'] = $this->qstring();

   $text1=request('text1');                    // tcxt1값 알아냄
   $data['text1'] = $text1;
   $data['list'] = $this->getlist( $text1 );   // 자료 읽기
   return view('member.index', $data );        // 자료 표시
}
  …  …  …
public function create( )
{
   $data['tmp'] = $this->qstring();
   return view('member.create', $data );
}

public function store(Request $request)
{

   $row = new Member;
   $this->save_row($request, $row);

   $tmp = $this->qstring();
   return redirect('member' . $tmp );
}

public function show($id)
{
   $data['tmp'] = $this->qstring();
```

```
    $data['row'] = Member::find($id);
    return view('member.show', $data);
}

public function edit($id)
{
    $data['tmp'] = $this->qstring();

    $data["row"] = Member::find($id);
    return view('member.edit', $data);
}

public function update(Request $request, $id)
{
    $row = Member::find($id);
    $this->save_row($request, $row);

    $tmp = $this->qstring();
    return redirect('member' . $tmp );
}

public function destroy($id)
{
    Member::find($id)->delete();

    $tmp = $this->qstring();
    return redirect('member' . $tmp );
}
  ...  ...  ...
```

```
class MemberController extends Controller
{
    public function index()
    {
        $data['tmp'] = $this->qstring();

        $text1=request('text1');
        $data['text1'] = $text1;
        $data['list'] = $this->getlist( $text1 );
        return view('member.index',$data);
    }
```

```
public function create( )
{
    $data['tmp'] = $this->qstring();
    return view('member.create',$data);
}

public function store(Request $request)
{

    $row = new Member;
    $this->save_row($request, $row);

    $tmp = $this->qstring();
    return redirect('member' . $tmp);
}

public function show($id)
{
    $data['tmp'] = $this->qstring();

    $data['row'] = Member::find($id);
    return view('member.show', $data);
}

public function edit($id)
{
    $data['tmp'] = $this->qstring();

    $data["row"] = Member::find($id);
    return view('member.edit', $data);
}

public function update(Request $request, $id)
{
    $row = Member::find($id);
    $this->save_row($request, $row);

    $tmp = $this->qstring();
    return redirect('member' . $tmp);
}

public function destroy($id)
{
    Member::find($id)->delete();

    $tmp = $this->qstring();
    return redirect('member' . $tmp);
}
```

③ **index.blade.php 수정** : resources/views/member 폴더의 index.blade.php를 수정한다.

```
  …   …   …
  <div class="col-9" align="right">
    <a href="{{ route('member.create') }}{{ $tmp }}" class="btn btn-sm
mycolor1">추가</a>
  </div>
</div>
</form>
  …   …   …
  $rank = $row->rank==0 ? '직원' : '관리자';
?>
  <tr>
```

```
        <td>{{$row->id }}</td>
        <td><a href="{{ route('member.show', $row->id) }}{{ $tmp }}">{{ $row->name
}}</a></td>
        <td>{{ $row->uid }}</td>
        <td>{{ $row->pwd }}</td>
        <td>{{ $tel }}</td>
        <td>{{ $rank }}</td>
    </tr>
@endforeach
      ...   ...   ...
```

```
        </div>
        <div class="col-9" align="right">
            <a href="{{ route('member.create') }}{{ $tmp }}" class="btn btn-sm mycolor1">추가</a>
        </div>
    </div>
    </form>

    <table class="table table-bordered table-sm mymargin5">
        <tr class="mycolor2">
            <td width="10%">번호</td>
            <td width="20%">아이디</td>
            <td width="20%">암호</td>
            <td width="20%">이름</td>
            <td width="20%">전화</td>
            <td width="10%">등급</td>
        </tr>

        @foreach($list as $row)
        <?
            $tel1 = trim(substr($row->tel,0,3));
            $tel2 = trim(substr($row->tel,3,4));
            $tel3 = trim(substr($row->tel,7,4));
            $tel = $tel1 . "-" . $tel2 . "-" . $tel3;
            $rank = $row->rank==0 ? '직원' : '관리자';
        ?>
            <tr>
                <td>{{$row->id }}</td>
                <td><a href="{{ route('member.show', $row->id) }}{{ $tmp }}">{{ $row->name }}</a></td>
                <td>{{ $row->uid }}</td>
                <td>{{ $row->pwd }}</td>
                <td>{{ $tel }}</td>
                <td>{{ $rank }}</td>
            </tr>
        @endforeach
```

④ **show.blade.php 수정** : show.blade.php를 수정한다.

```
  ...    ...    ...
</table>

<div align="center">
  <a href="{{ route('member.edit', $row->id)}}{{ $tmp }}" class="btn btn-sm
mycolor1"> 수정</a>
  <form action="{{ route('member.destroy', $row->id)}}">
    @csrf
    @method('DELETE')
  ...    ...    ...
```

```

<div align="center">
  <a href="{{ route('member.edit', $row->id)}}{{ $tmp }}" class="btn btn-sm mycolor1">수정</a>
  <form action="{{ route('member.destroy', $row->id)}}">
    @csrf
    @method('DELETE')
    <button type="submit" class="btn btn-sm mycolor1"
      onClick="return confirm('삭제할까요 ?');"> 삭제 </button>  
  </form>
  <input type="button" value="이전화면" class="btn btn-sm mycolor1" onClick="history.back();">
</div>
```

⑤ **create.blade.php 수정** : create.blade.php를 수정한다.

```
  ...    ...    ...
<br>
<div class="alert mycolor1" role="alert">사용자</div>

<form name="form1" method="post" action="{{ route('member.store') }}{{ $tmp }}">
@csrf

<table class="table table-sm table-bordered mymargin5">
  ...    ...    ...
```

```
@extends('main')
@section('content')

    <br>
    <div class="alert mycolor1" role="alert">사용자</div>

    <form name="form1" method="post" action="{{ route('member.store') }}{{ $tmp }}">
    @csrf

    <table class="table table-sm table-bordered mymargin5">
```

⑥ **edit.blade.php 수정 :** edit.blade.php를 수정한다.

```
    …   …   …
<br>
<div class="alert mycolor1" role="alert">사용자</div>

<form name="form1" method="post" action="{{ route('member.update',$row->id) }}{{
$tmp }}">
@csrf
@method('PATCH')
    …   …   …
```

⑦ **실행하기 :** 실행하여 결과를 확인한다.

Chapter

기초작업

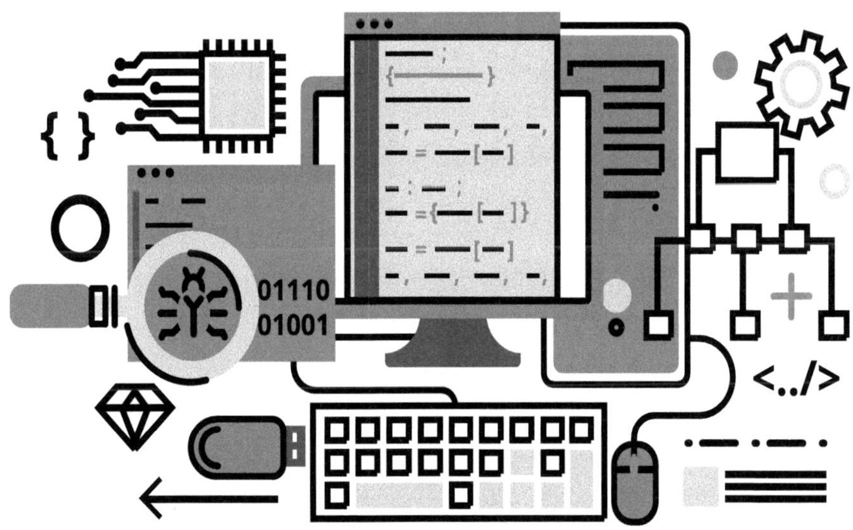

6.1 구분관리

지금까지 사용자관리 프로그램을 만드는 전 과정을 소개했으며, 이 프로그램은 앞으로 만들 모든 프로그램의 기본이 된다. 따라서 이후부터는 프로그램을 처음부터 일일이 만드는 것이 아니라, 기본이 되는 사용자관리 프로그램을 복사한 후, 수정하여 원하는 프로그램으로 만들도록 하겠다.

6.1.1 gubuns 테이블

실습목적

제품의 구분정보를 저장할 수 있는 gubuns 테이블을 만들어라.

실습이론

[1] **gubuns 테이블** : 제품의 종류를 나타내는 gubuns 테이블 구조는 아래와 같다.

		필드명	자료형	Null	비고
1	번호	id	unsigned bigint	☐	auto_increment, 기본키
2	구분명	name	varchar(20)	☑	

STEP 01 Gubun 모델 만들기

① **Gubun Model 자동 생성하기** : 명령프롬프트 창에서 artisan 명령을 이용하여 gubun Model 파일을 자동 생성한다.

```
php artisan make:model Gubun -m
```

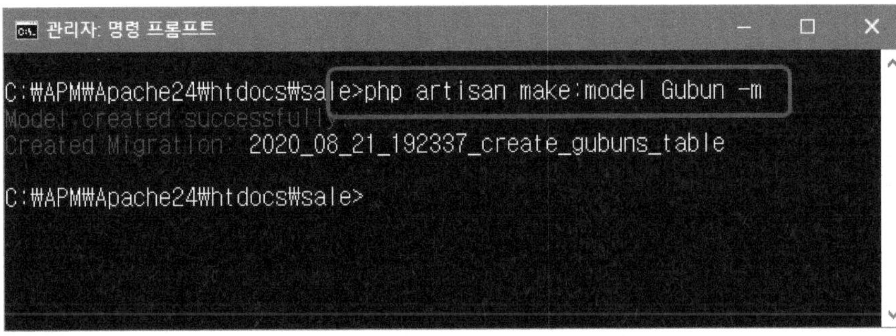

STEP 02 gubuns 테이블 만들기

① **gubun 테이블 정의 파일 열기** : "database/migrations"폴더안에 있는 방금 만든 날짜의 "년_월_일_??????_create_gubuns_table.php"파일을 클릭하여 연다.

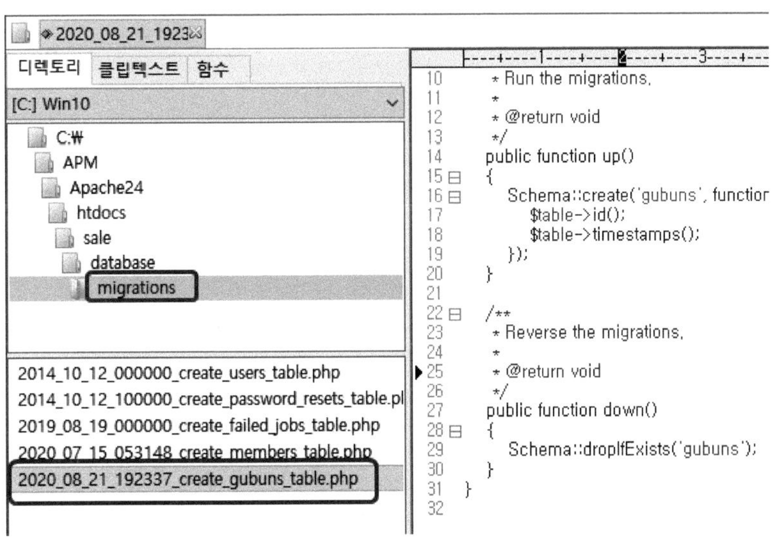

② **name 필드 입력** : name을 입력한 후, [저장]버튼을 클릭하여 저장한다.

	필드	종류	NULL	초기값
구분명	name	varchar(20)	☑	

```
… … …
public funciton up()
{
    Schema::create('gubuns',function (Blueprint $table) {
        $table->id();
        $table->string('name',20);
        $table->timestamps();
    });
}
… … …
```

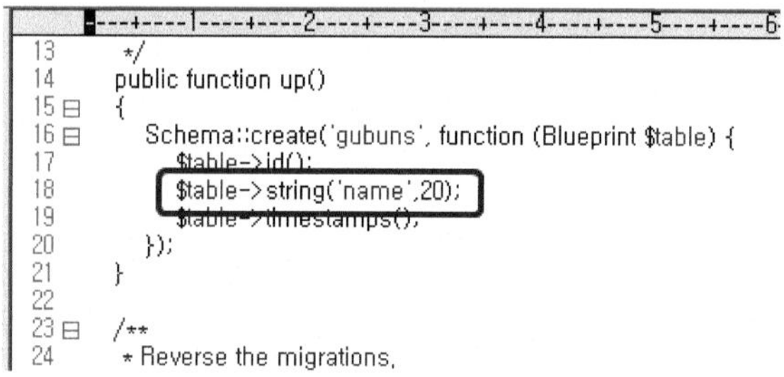

③ **gubuns 테이블 생성 :** 명령 프롬프트창에서 다음 명령어를 실행하여 테이블을 생성한다.

```
php artisan migrate
```

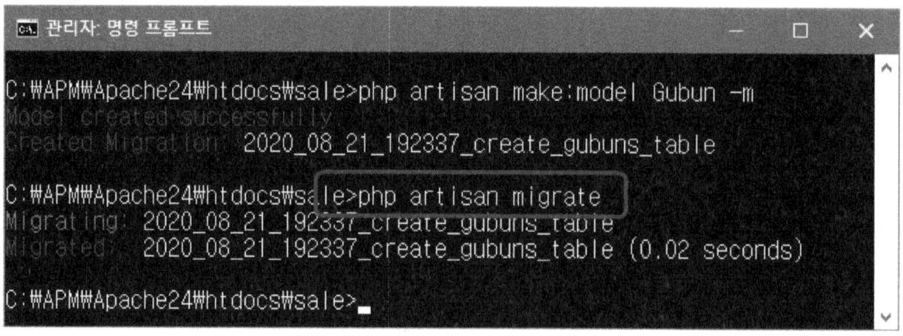

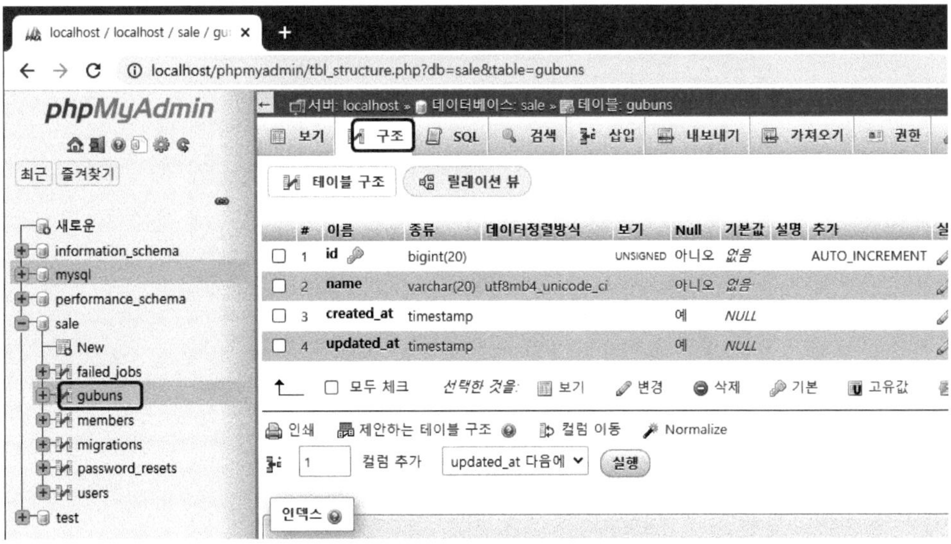

자동생성된 gubuns 테이블 결과화면

STEP 03 fillable Property 수정하기

① **fillable property 수정하기** : app/Models폴더에 있는 Gubun.php를 다음과 같이 수정한다.

```
... ... ...
class Gubun extends Model
{
    use HasFactory;

    protected $fillable = [
        'name',
    ];
}
```

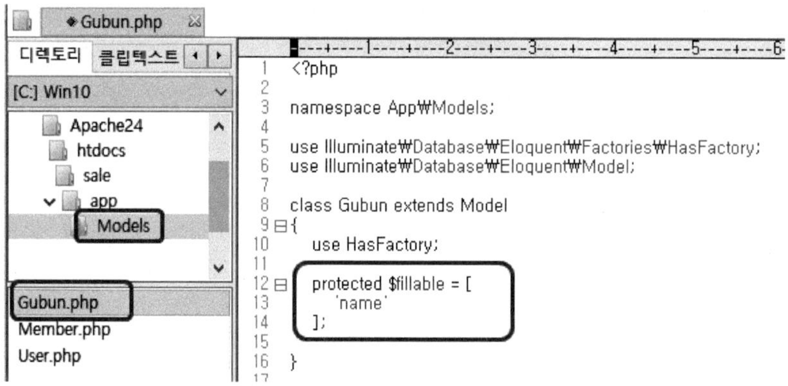

6.1.2 구분 만들기

구분관리 화면과 사용자관리 화면들을 비교해보면, 내용만 다를 뿐, 화면은 거의 같은 것을 알 수 있다. 따라서 사용자관리 프로그램을 복사하여 구분관리 내용으로 수정하면 매우 쉽게 만들 수 있다.

실습목적

구분관리 프로그램을 사용자관리 프로그램을 복사하여 만들어라.

실습이론

1 **GubunController 만들기 :** 사용자관리에서 MemberController를 만들 때 "artisan make:controller —resource" 명령어를 이용해 자동생성하였다. 이 경우 컨트롤러안의 프로그램도 모두 다시 작성해야한다. 따라서 작업의 효율을 높이기위해서 기존에 만들어진 MemberController.php를 복사하여 GubunController.php를 만들고, member 내용을 gubun 내용으로 수정하는 방식으로 만들면 작업시간을 줄일 수 있다.

1) MemberController.php ➜ GubunController.php 복사
2) "Member" ➜ "Gubun"으로, "member" ➜ "gubun"으로 모두 글자 수정
3) gubun 내용으로 프로그램 수정

2 **Gubun Routing 하기 :** GubunController를 사용하려면 Route폴더의 web.php에 gubun에 관련된 Routing을 다음과 같이 해야 한다.

```
use App/Http/Controllers/GubunController.php
...
Route::resource('gubun', GubunController::class );
```

3 **Gubun views 폴더의 index, create, show, edit 만들기 :** resources/views폴더의 index.blade.php, create.blade.php, edit.blade.php, show.blade.php 파일 역시 member나 gubun이나 거의 같은 화면 구조를 가지고 있다. 따라서 기존에 만들어진 member 관련 파일들을 복사하여 gubun 관련 파일을 만들고, member를 gubun 내용으로 수정하는 방식으로 만들면 쉬울 것이다.

1) views/gubun 폴더를 새로 만들고, member폴더의 모든 파일을 복사한다.
2) 프로그램 내용중 "Member" ➜ "Gubun", "member" ➜ "gubun"으로 모두 수정.
3) gubun 내용으로 프로그램 수정.

4 **작업 순서 :** 사용자관리 프로그램을 이용하여 구분관리를 만드는 순서는 다음과 같다.

1) app/Http/Controller폴더안의 MemberController.php를 복사하여 같은 내용의

GubunController.php를 만든다.
2) Route폴더의 web.php에 gubun에 관련된 Routing을 한다.
3) views/member폴더안의 파일들을 모두 복사하여 views/gubun 폴더를 만든다.
4) 1), 3) 과정에서 만들어진 프로그램 내용 중, Member를 Gubun으로, member를 gubun으로 모두 수정한다. 주의할 점은 대소문자를 구분하여 수정해야 한다.
5) member 테이블 관련 내용을 gubun 테이블 내용으로 수정한다.
6) main.php에서 구분 메뉴를 클릭한 경우 화면이 나오도록 링크를 수정한다.

STEP 01 GubunController.php 만들기

① **GubunController.php 만들기** : Controllers 폴더에 있는 MemberController.php 파일을 읽은 후, [새 이름으로]메뉴를 이용하여 "GubunController.php"라고 저장한다. 파일이름의 대소문자를 주의하여 저장한다.

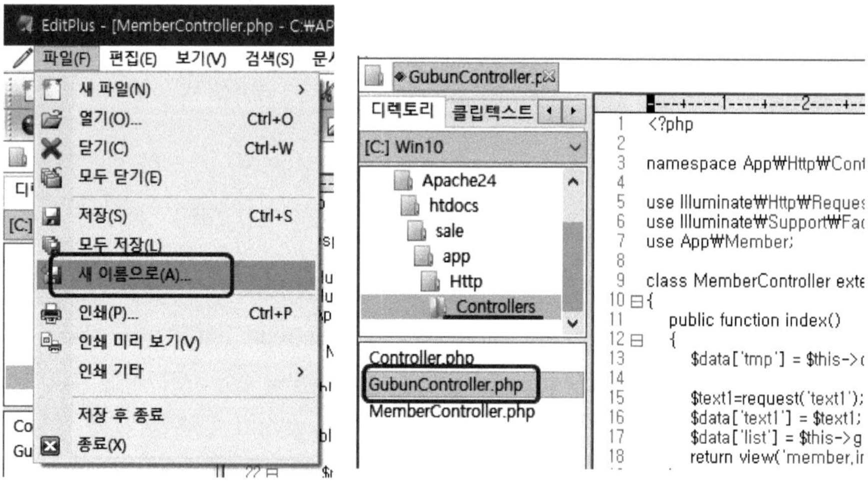

② **Member→Gubun, member→gubun으로 바꾸기** : "Ctrl+H"키를 눌러 바꾸기 창을 연다. 그리고 〈찾을 말〉은 "Member", 〈바꿀 말〉은 "Gubun"으로 입력한 후, [모두 바꿈]버튼을 클릭하여 바꾼다. 이때 반드시 〈대소문자 구분〉을 체크하여 바꾸기를 해야 한다. 다시 한번 "Ctrl+H"키를 눌러 이번에는 〈찾을 말〉은 "member", 〈바꿀 말〉은 "gubun"으로 모두 변경한다.

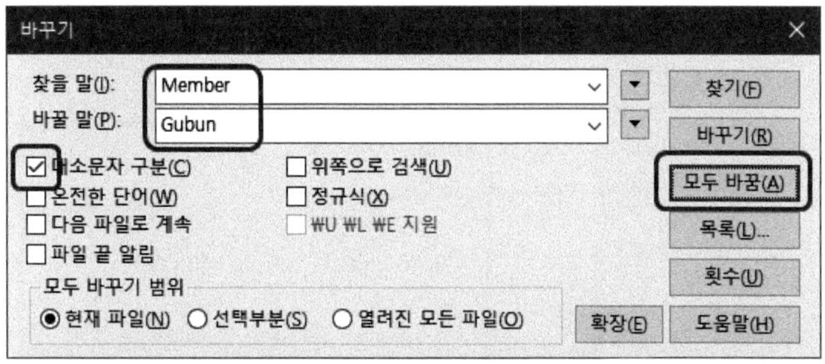

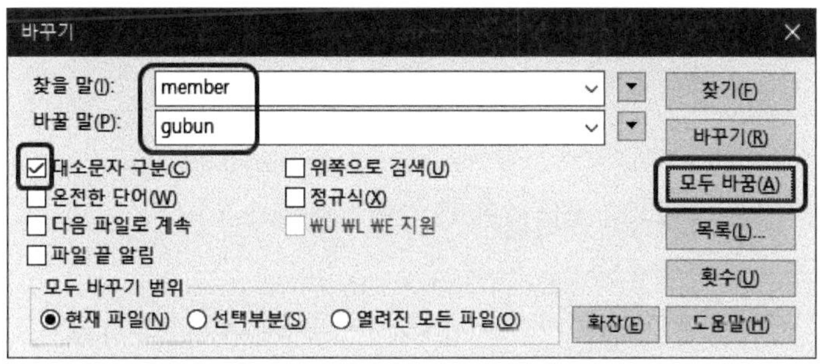

③ **save_row 함수를 gubun 테이블에 맞게 수정** : 함수에서 name 필드 관련 부분은 남기고, member에 관련된 uid, pwd, tel, rank 필드 관련 부분을 모두 삭제하다.

```
… … …
    public function save_row(Request $request, $row)
    {
        $request->validate( [
            'name'  => 'required|max:20'
        ],
        [
            'name.required'   => '이름은 필수입력입니다.',
            'name.max'        => '20자 이내입니다.'
        ] );

        $row->name = $request->input('name');

        $row->save();
    }

}
```

```
        return redirect('gubun' . $tmp);
    }

    public function save_row(Request $request, $row)
    {
        $request->validate([
            'name'  => 'required|max:20'
        ],
        [
            'name.required'  => '이름은 필수입력입니다.',
            'name.max'       => '20자 이내입니다.'
        ]);

        $row->name  = $request->input('name');

        $row->save();
    }
}
```

STEP 02 Gubun Route 등록하기

① **web.php 수정하기 :** route폴더의 web.php를 열어 다음과 같이 gubun을 위한 Route 프로그램을 추가한다.

```
<?php
    use Illuminate₩Support₩Facades₩Route;

    use App₩Http₩Controllers₩MemberController;
    use App₩Http₩Controllers₩GubunController;
...   ...   ...
Route::resource('member',  MemberController::class);
Route::resource('gubun',  GubunController::class);
```

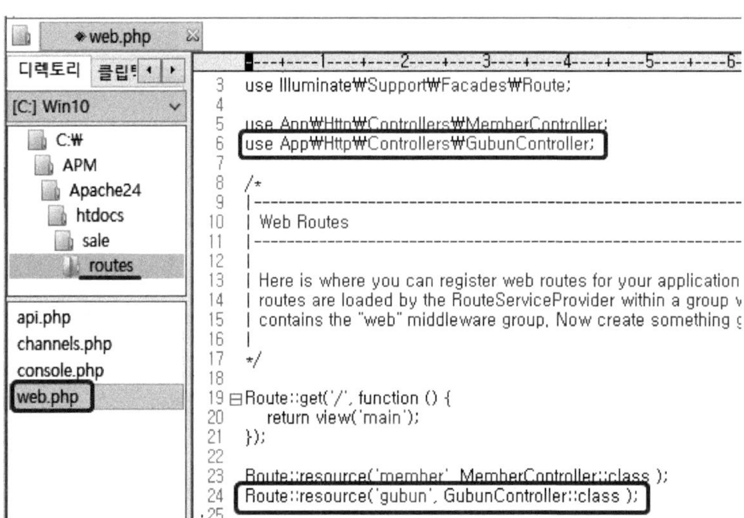

STEP 03 index.blade.php 만들기

① **gubun폴더 생성 및 복사** : resources/views/member 폴더와 폴더안의 파일들을 모두 복사하여 아래 그림과 같이 gubun 폴더를 만든다.

원격서버를 이용하는 경우에는 views폴더에서 Editplus의 [새로 작성]메뉴를 이용하여 gubun 폴더를 만들고, member폴더의 4개의 파일을 읽어 [원격저장] 메뉴를 이용해 gubun폴더에 저장하여 복사하면 된다.

② **"member"→"gubun"으로 수정** : gubun 폴더의 index.blade.php를 읽어 "Ctrl+H" 키를 눌러 바꾸기 창을 연다. 먼저 〈대소문자 구분〉를 체크하고, 〈찾을 말〉은 "member", 〈바꿀 말〉은 "gubun"으로 입력한 후, [모두 바꿈]버튼을 클릭하여 바꾼다.

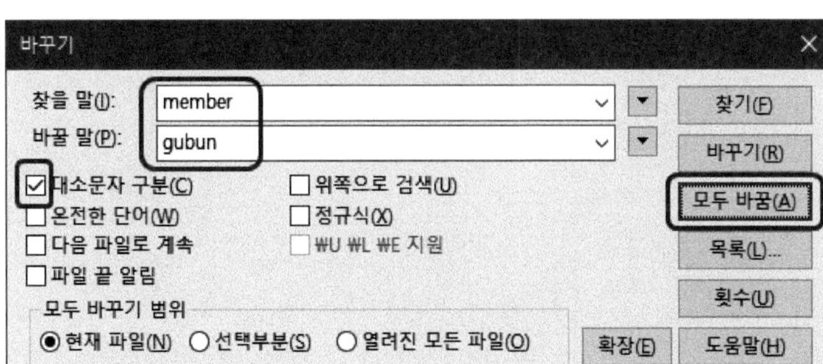

③ **gubun 내용으로 수정** : 제목표시를 "구분"으로 수정한다. 그리고 name 필드 관련 부

분은 남기고, member의 uid, pwd, tel, rank 필드 관련 부분을 모두 삭제한다. 이름 너비도 90%로 수정한다.

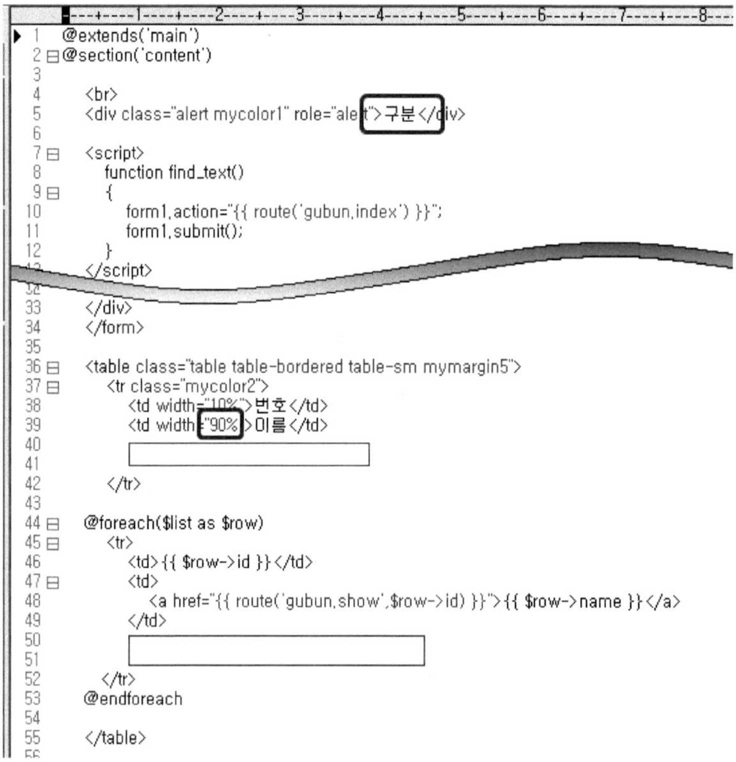

④ **구분 메뉴 연결하기 :** views폴더의 main.blade.php를 읽어와 구분 메뉴를 클릭했을 때 구분 목록화면이 나오도록 <a> tag의 href를 "{{ route('gubun.index') }}"로 수정한다.

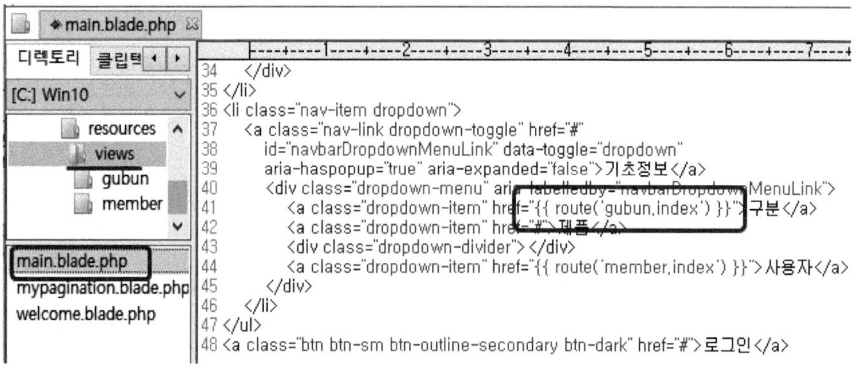

⑤ **실행하기 :** 실행하여 결과를 확인한다.

STEP 04 create.blade.php 만들기

① **"member"→"gubun"으로 수정** : gubun 폴더의 create.blade.php를 읽어 "Ctrl+H" 키를 눌러 바꾸기 창을 연다. 〈찾을 말〉은 "member", 〈바꿀 말〉은 "gubun"으로 입력한 후, [모두 바꿈]버튼을 클릭하여 바꾼다.

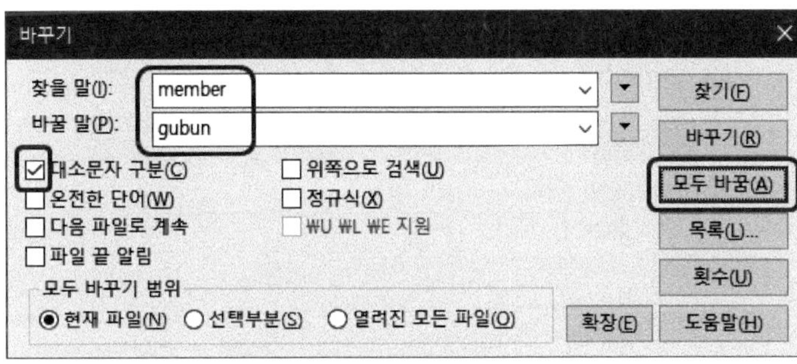

② **gubun 내용으로 수정** : name 필드 관련 부분은 남기고, member의 uid, pwd, tel, rank 필드 관련 부분을 모두 삭제한다. 제목과 구분명을 수정한다. 모든 작업이 마무리되면 저장한다.

```
<br>
<div class="alert mycolor1" role="alert">구분</div>

<form name="form1" method="post" action="{{ route('gubun.store') }}">
@csrf

<table class="table table-sm table-bordered mymargin5">
    <tr>
        <td width="20%" class="mycolor2">번호</td>
        <td width="80%" align="left"></td>
    </tr>
    <tr>
        <td width="20%" class="mycolor2"><font color="red">*</font> 구분명</td>
        <td width="80%" align="left">
            <div class="d-inline-flex">
                <input type="text" name="name" size="20" maxlength="20" value="{{ old('name') }}"
                    class="form-control form-control-sm">
            </div>
            @error('name') {{ $message }} @enderror
        </td>
    </tr>


</table>

<div align="center">
    <input type="submit" value="저장" class="btn btn-sm mycolor1"> 
    <input type="button" value="이전화면" class="btn btn-sm mycolor1" onClick="history.back();">
</div>

</form>
```

③ **실행하기** : 실행하여 결과를 확인한다.

STEP 05 show.blade.php 만들기

① **"member" ➔ "gubun"으로 수정** : gubun 폴더의 show.blade.php를 읽어 "Ctrl+H" 키를 눌러 바꾸기 창을 연다. 〈찾을 말〉은 "member", 〈바꿀 말〉은 "gubun"으로 입력한 후, [모두 바꿈]버튼을 클릭하여 바꾼다.

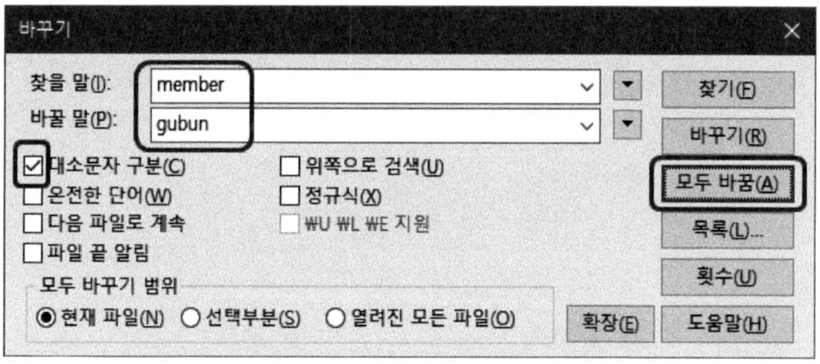

② **gubun 내용으로 수정** : name 필드 관련 부분은 남기고, member의 uid, pwd, tel, rank 필드 관련 부분을 모두 삭제한다. 제목과 구분명을 수정한다.

```
@extends('main')
@section('content')

<br>
<div class="alert mycolor1" role="alert">구분</div>

<form name="form1" method="post" action="">
@csrf

<table class="table table-sm table-bordered mymargin5">
    <tr>
        <td width="20%" class="mycolor2">번호</td>
        <td width="80%" align="left">{{$row->id}}</td>
    </tr>
    <tr>
        <td width="20%" class="mycolor2"><font color="red">*</font>구분명</td>
        <td width="80%" align="left">{{$row->name}}</td>
    </tr>


</table>

<div align="center">
    <a href="{{route('gubun.edit',$row->id)}}" class="btn btn-sm mycolor1">수정</a>
    <form action="{{ route('gubun.destroy', $row->id)}}">
```

③ **실행하기** : 실행하여 결과를 확인한다.

STEP 06 edit.blade.php 수정하기

① **"member"➜"gubun"으로 수정** : gubun 폴더의 edit.blade.php를 읽어"Ctrl+H"키를 눌러 바꾸기 창을 연다. 〈찾을 말〉은 "member", 〈바꿀 말〉은 "gubun"으로 입력한 후, [모두 바꿈]버튼을 클릭하여 바꾼다.

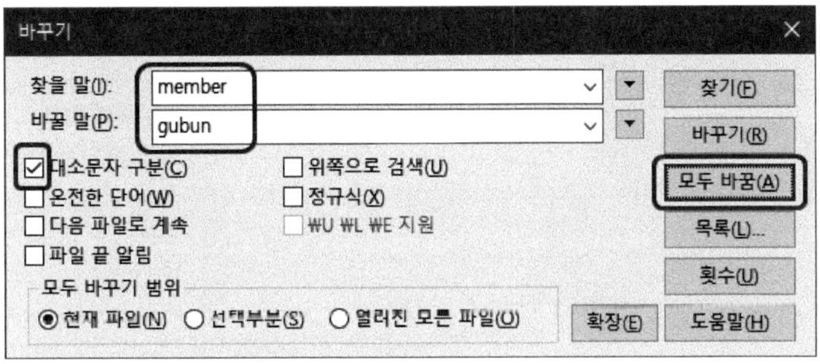

② **gubun 내용으로 수정** : name 필드 관련 부분은 남기고, member의 uid, pwd, tel, rank 필드 관련 부부을 모두 삭제한다. 제목과 구분명을 수정한다.

```
@extends('main')
@section('content')

<br>
<div class="alert mycolor1" role="alert">구분</div>

<form name="form1" method="post" action="{{ route('gubun.update',$row->id) }}">
@csrf
@method('PATCH')

<table class="table table-sm table-bordered mymargin5">
    <tr>
        <td width="20%" class="mycolor2">번호</td>
        <td width="80%" align="left">{{ $row->id }}</td>
    </tr>
    <tr>
        <td width="20%" class="mycolor2"><font color="red">*</font> 이름</td>
        <td width="80%" align="left">
            <div class="d-inline-flex">
                <input type="text" name="name" size="20" maxlength="20" value="{{ $row->name }}"
                    class="form-control form-control-sm">
            </div>
            @error('name') {{ $message }} @enderror
        </td>
    </tr>


</table>
```

③ **실행하기** : 실행하여 결과를 확인한다.

6.2 제품관리

제품관리 역시 구분관리처럼 구분관리를 복사하여 만들도록 하겠다. 제품관리가 구분관리와 다른 점은 제품등록에서 구분명을 입력할 때 콤보박스를 이용하고, select SQL문에서 join on을 이용하여 자료를 표시한다는 점이다. 독자는 이 처리를 어떻게 만드는지 이해하길 바란다.

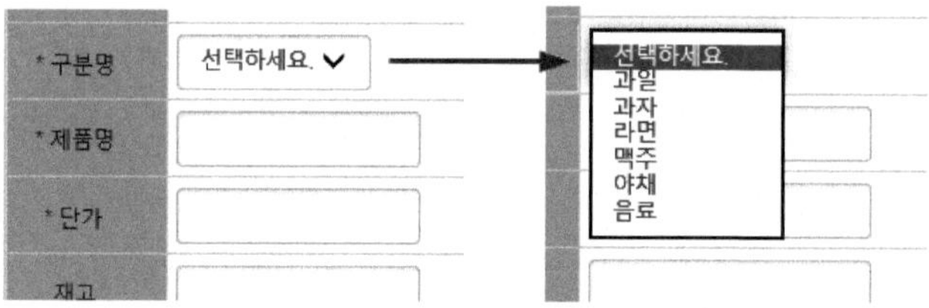

구분명 콤보박스 이용

6.2.1 products 테이블

실습목적

제품정보를 저장할 수 있는 products 테이블을 만들어라.

실습이론

1 **products 테이블** : 제품정보를 나타내는 products 테이블 구조는 아래 표와 같다. 필수 입력처리는 validation에서 처리가 가능하므로, Null은 기본키를 제외한 나머지 모든 필드에서 true로 지정하겠다.

		필드명	자료형	Null	비고
1	번호	id	unsigned bigint	☐	auto_increment, 기본키
2	구분종류	gubuns_id	int	☑	
3	제품명	name	varchar(50)	☑	

4	단가	price	int	☑	
5	재고	jaego	int	☑	
6	사진	pic	varchar(255)	☑	

STEP 01 products 테이블 만들기

① **product Model 파일 자동 생성하기 :** 명령프롬프트 창에서 다음과 같은 명령어를 입력하여 product Model 파일을 자동 생성한다.

```
php artisan make:model Product -m
```

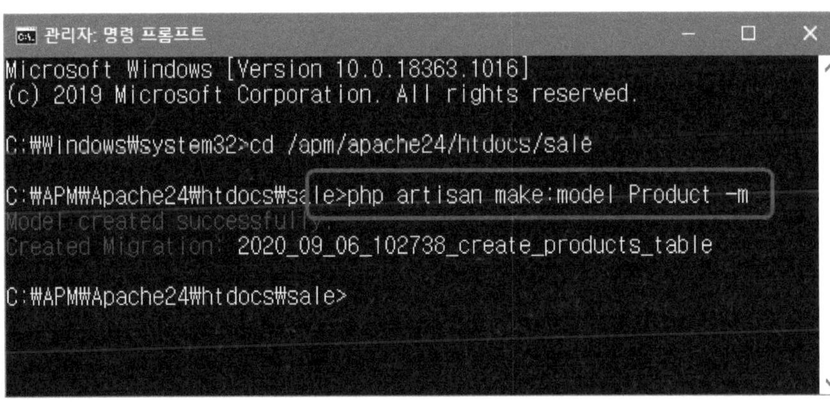

② **product 테이블 정의 파일 입력하기 :** "database/migrations"폴더안에 있는 "년도_월_일_??????_create_products_table.php"파일을 클릭하여 연다. 그리고 나머지 gubuns_id, name, price, jaego, pic을 입력한 후, [저장]버튼을 클릭하여 테이블을 저장한다.

	필드명	자료형	Null
구분종류	gubuns_id	int	☑
제품명	name	varchar(50)	☑
단가	price	int	☑

재고	jaego	int	V
사진	pic	varchar(255)	V

```
… … …
public funciton up()
{
   Schema::create('products',function (Blueprint $table) {
      $table->id();
      $table->integer('gubuns_id')->nullable();
      $table->string('name',50)->nullable();
      $table->integer('price')->nullable();
      $table->integer('jaego')->nullable();
      $table->string('pic',255)->nullable();
      $table->timestamps();
   });
}
… … …
```

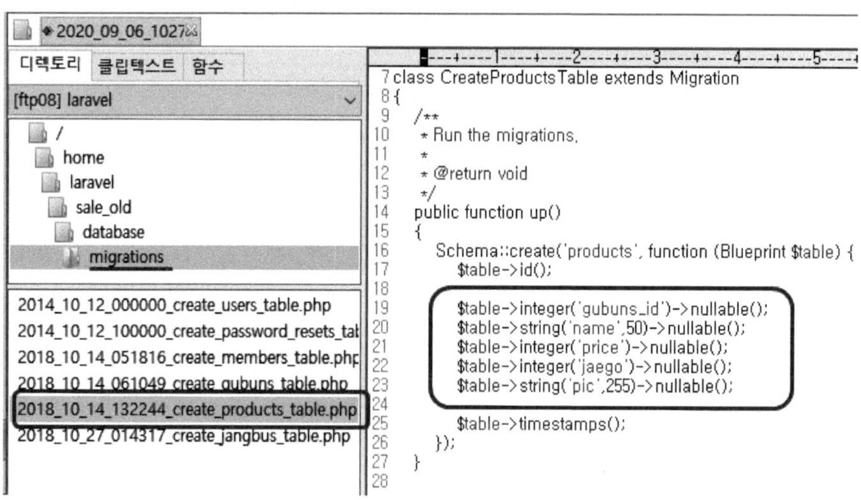

④ **member 테이블 생성** : 명령 프롬프트창에서 다음 명령어를 실행하여 products 테이블을 생성한다.

1	php artisan migrate

자동생성된 테이블 결과화면

STEP 02 products fillable Property 수정하기

① **fillable property 수정하기 :** app/Models폴더에 있는 Product.php를 다음과 같이 수정한다.

```
...  ...  ...
class Product extends Model
{
    protected $fillable = [
        'products_id',
        'name',
        'price',
        'jaego',
        'pic'
    ];
}
```

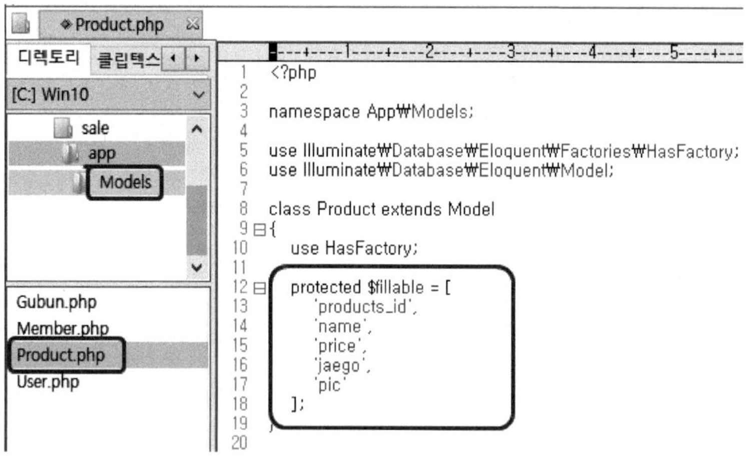

6.2.2 제품 기본 만들기

제품관리 작업은 일단 콤보박스와 join on 이용은 나중에 하고 일단 products 테이블에 맞게 기본 작업을 하겠다. 그리고 이 작업이 끝난 후, 콤보박스와 join on 처리를 하겠다.

실습목적

구분관리 프로그램을 복사하여 다음 그림과 같은 제품관리 프로그램을 만들어라. 단 gubuns테이블은 이용하지 말고 products 테이블만 이용하여 만들어라. 따라서 구분명은 구분 이름이 아니라 구분 번호가 표시된다.

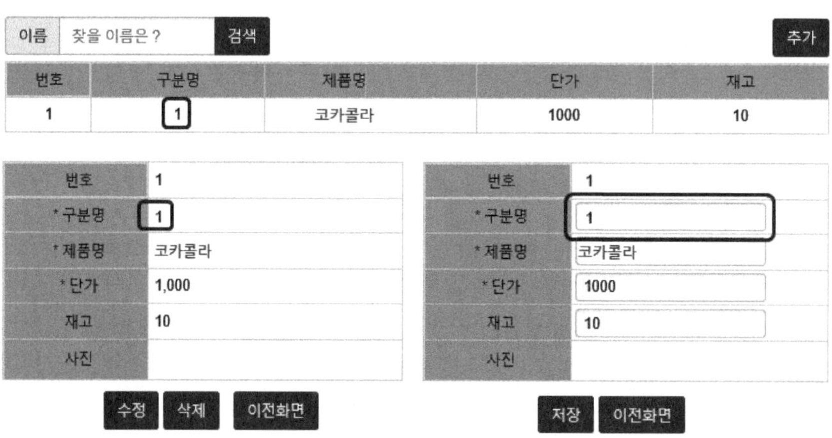

실습이론

1 **Product 컨트롤러 만들기** : 구분관리 만들 때 사용자 파일을 이용한 것처럼 제품화면들도 구분관리 파일들을 복사하여 만들면 쉽게 만들 수 있다. 따라서 GubunController를 복사하여 ProductController를 만들고, gubun 내용을 product 내용으로 수정하는 방식으로 작업하면 된다.

1) GubunController.php ➜ ProductController.php 복사.
2) "Gubun" ➜ "Product"로, "gubun" ➜ "product"로 모두 수정.
3) product 내용으로 프로그램 수정.

2 **Product Routing 하기** : Product 컨트롤러를 사용하려면 Route폴더의 web.php에 product에 관련된 Routing을 다음과 같이 해야 한다.

```
use App/Http/Controllers/ProductController.php
...
Route::resource('product', ProductController::class );
```

3 **Product views 폴더의 index, create, show, edit 만들기** : 이 작업 역시 resources/views/gubun 폴더의 프로그램을 복사하여 작업하면 쉽게 할 수 있다.

1) views/product 폴더를 새로 만들고, gubun폴더의 모든 파일을 복사.
2) 프로그램 내용중 "Gubun" ➜ "Product"로, "gubun" ➜ "product"로 모두 수정.
3) product 내용으로 프로그램 수정.

4 **작업 순서** : 구분관리를 이용하여 제품관리를 만드는 순서는 다음과 같다.

1) app/Http/Controller폴더안의 GubunController.php를 복사하여 같은 내용의 ProductController.php를 만든다.
2) Route폴더의 web.php에 product에 관련된 Routing을 작성한다.
3) views/gubun폴더안의 파일들을 모두 복사하여 views/product 폴더를 만든다.
4) 1), 3) 과정에서 만들어진 프로그램 내용 중, Gubun을 Product로, gubun을 product로 모두 수정한다. 주의할 점은 대소문자를 구분하여 수정해야 한다.

5) gubuns 테이블 관련 내용을 products 테이블 내용으로 수정한다.

6) main.php에서 제품 메뉴를 클릭한 경우 화면이 나오도록 링크를 수정한다.

5 **Form validation 수정** : 제품에서는 구분명의 번호(gubuns_no), 제품명(name), 가격(price)이 필수 입력, price는 숫자이므로, product 컨트롤러의 save_row 함수에서 수정해야한다.

```
… … …
  $request->validate([
    'gubuns_id'      => 'required|numeric',
    'name'           => 'required|max:50',
    'price'          => 'required|numeric'
  ],
  [
    'gubuns_id.required' => '구분명은 필수입력입니다.',
    'name.required'      => '이름은 필수입력입니다.',
    'price.required'     => '단가는 필수입력입니다.',
    'name.max'           => '50자 이내입니다.'
  ]);
… … …
```

6 **save_row 함수 수정** : products 테이블의 gubuns_id, name, price, jaego, pic 필드를 추가하거나 수정할 수 있도록 ProductController의 save_row 함수를 수정해야 한다.

```
… … …
  $row->gubuns_id = $request->input('gubuns_id');
  $row->name      = $request->input('name');
  $row->price     = $request->input('price');
  $row->jaego     = $request->input('jaego');
  $row->pic       = '';

  $row->save();
… … …
```

STEP 01 Product 컨트롤러 만들기

① **ProductController.php 만들기** : controllers 폴더에 있는 GubunController.php

파일을 읽은 후, [새 이름으로]메뉴를 이용하여 "ProductController.php"라고 저장한다. 파일이름의 대소문자를 주의하여 저장한다.

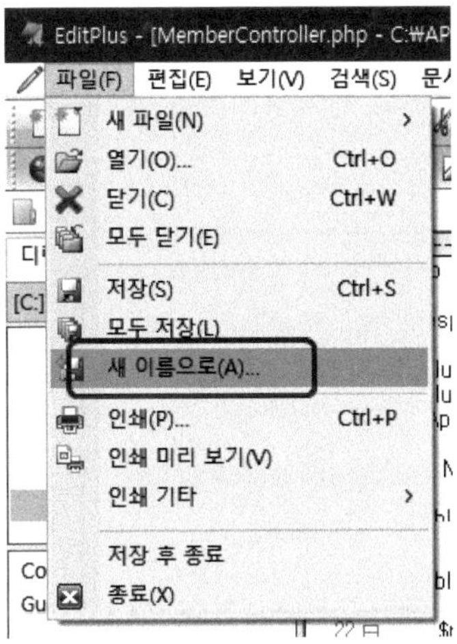

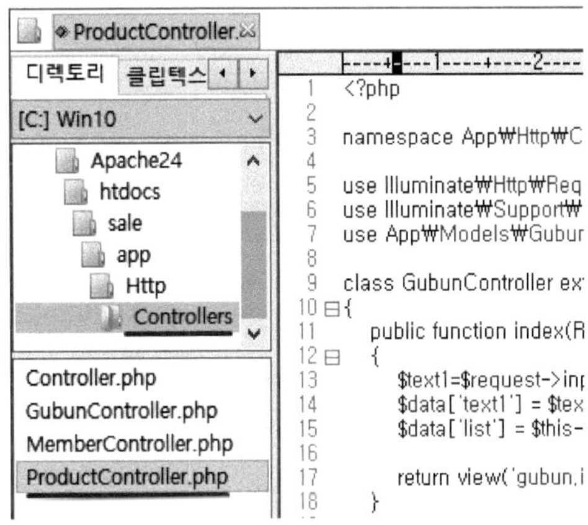

② **Gubun ➜ Product, gubun ➜ product로 바꾸기** : "Ctrl+H"키를 눌러 바꾸기 창을 연다. 그리고 〈찾을 말〉은 "Gubun", 〈바꿀 말〉은 "Product"로 입력한 후, [모두 바꿈]버튼을 클릭하여 바꾼다. 이때 반드시 〈대소문자 구분〉을 체크하여 바꾸기를 한다. 다시 한번 "Ctrl+H"키를 눌러 이번에는 〈찾을 말〉은 "gubun", 〈바꿀 말〉은 "Product"로 모두 변경한다.

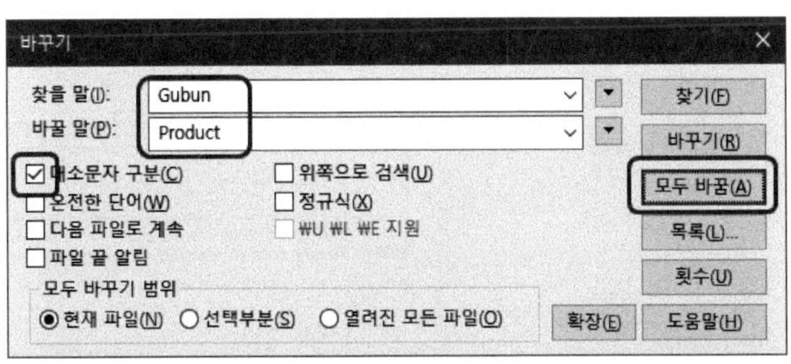

③ **save_row 함수 products 테이블에 맞게 수정** : gubun 내용대신에 products 테이블 내용에 맞게 gubuns_id, name, price, jaego 필드에 대한 유효성검사와 데이터 부분을 수정한다. gubuns_id, name, price는 필수입력사항이다. 제품사진 이름인 pic은 초기상태가 빈 값이 되도록 빈 문자열을 입력한다.

```
        return redirect('product');
    }

    public function save_row(Request $request, $row)
    {
        $request->validate([
            'gubuns_id'   =>  'required|numeric',
            'name'        =>  'required|max:50',
            'price'       =>  'required|numeric'
        ],
        [
            'gubuns_id.required'  =>  '구분명은 필수입력입니다.',
            'name.required'       =>  '이름은 필수입력입니다.',
            'price.required'      =>  '단가는 필수입력입니다.',
            'name.max'            =>  '50자 이내입니다.'
        ]);

        $row->gubuns_id   = $request->input('gubuns_id');
        $row->name        = $request->input('name');
        $row->price       = $request->input('price');
        $row->jaego       = $request->input('jaego');
        $row->pic         = '';

        $row->save();
    }
```

STEP 02 Product Route 등록하기

① **web.php 수정하기** : route폴더의 web.php를 열어 다음과 같이 gubun을 위한 Route 프로그램을 추가한다.

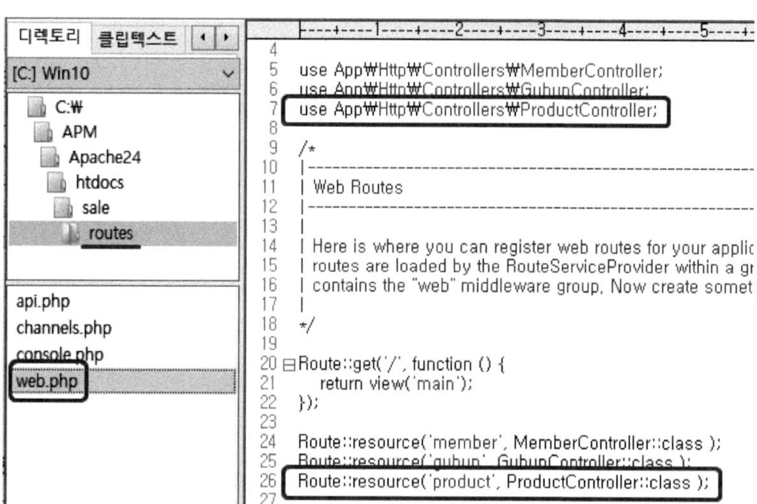

STEP 03 index.blade.php 만들기

① **product 폴더 생성 및 복사** : resources/views/gubun 폴더와 폴더안의 파일들을 모두 복사하여 아래 그림과 같이 product 폴더를 만든다.

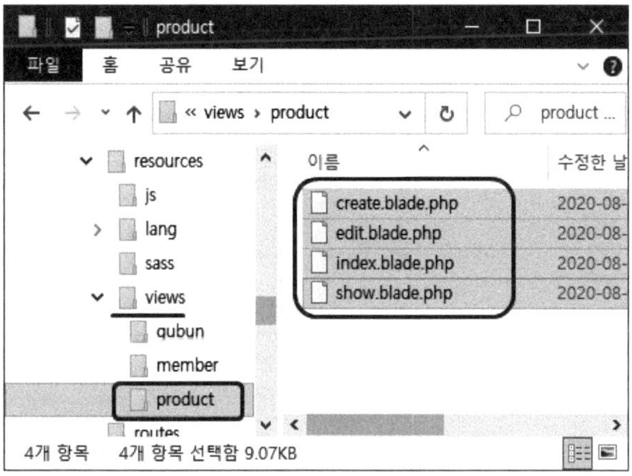

원격서버를 이용하는 경우에는 views폴더에서 Editplus의 [새로 작성]메뉴를 이용하여 product 폴더를 만들고, gubun폴더의 4개의 파일을 읽어 [원격저장] 메뉴를 이용해 product폴더에 저장하면 된다.

② **"gubun" ➜ "product"로 수정** : product 폴더의 index.blade.php를 읽어 "Ctrl+H" 키를 눌러 바꾸기 창을 연다. 〈찾을 말〉은 "gubun", 〈바꿀 말〉은 "product"로 입력한 후, [모두 바꿈]버튼을 클릭하여 바꾼다.

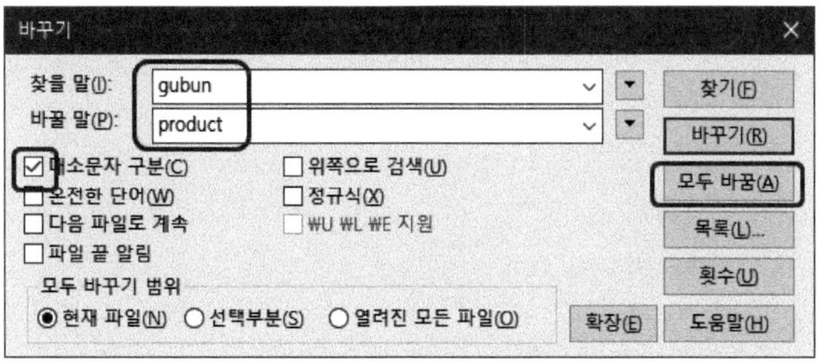

③ **product 내용으로 수정** : 제목표시와 출력할 데이터 내용을 products 테이블의 gubuns_id, price, jaego, pic 필드에 맞게 수정한다.

```
@extends('main')
@section('content')

    <br>
    <div class="alert mycolor1" role="alert">구분</div>

    <script>
        function find_text()
        {
            form1.action="{{ route('product.index') }}";
            form1.submit();
        }
    </script>

    <table class="table table-bordered table-sm mymargin5">
        <tr class="mycolor2">
            <td width="10%">번호</td>
            <td width="20%">구분명</td>
            <td width="30%">제품명</td>
            <td width="20%">단가</td>
            <td width="20%">재고</td>
        </tr>

    @foreach($list as $row)
        <tr>
            <td>{{ $row->id }}</td>
            <td>{{ $row->gubuns_id }}</td>
            <td>
                <a href="{{ route('product.show',$row->id) }}">{{ $row->name }}</a>
            </td>
            <td>{{ $row->price }}</td>
            <td>{{ $row->jaego }}</td>
        </tr>
    @endforeach

    </table>
```

④ **제품 메뉴 연결하기** : views폴더의 main.blade.php를 읽어와 제품 메뉴를 클릭했을 때 구제품 목록화면이 나오도록 〈a〉 tag의 href 를 "{{ route('product.index') }}"로 수정한다.

```
            <a class="nav-link dropdown-toggle" href="#"
              id="navbarDropdownMenuLink" data-toggle="dropdown"
              aria-haspopup="true" aria-expanded="false">기초정보</a>
              <div class="dropdown-menu" aria-labelledby="navbarDropdownMenuLink">
                <a class="dropdown-item" href="{{ route('gubun.index') }}">구분</a>
                <a class="dropdown-item" href="{{ route('product.index') }}">제품</a>
                <div class="dropdown-divider"></div>
                <a class="dropdown-item" href="{{ route('member.index') }}">사용자</a>
              </div>
            </li>
        </ul>
        <a class="btn btn-sm btn-outline-secondary btn-dark" href="#">로그인</a>
    </div>
</nav>

@yield("content")
```

⑤ **실행하기** : 실행하여 결과를 확인한다.

STEP 04 create.blade.php 만들기

① **"gubun"➜"product"로 수정** : product 폴더의 create.blade.php를 읽어 "Ctrl+H" 키를 눌러 바꾸기 창을 연다. 〈찾을 말〉은 "gubun", 〈바꿀 말〉은 "product"로 입력한 후, [모두 바꿈]버튼을 클릭하여 바꾼다.

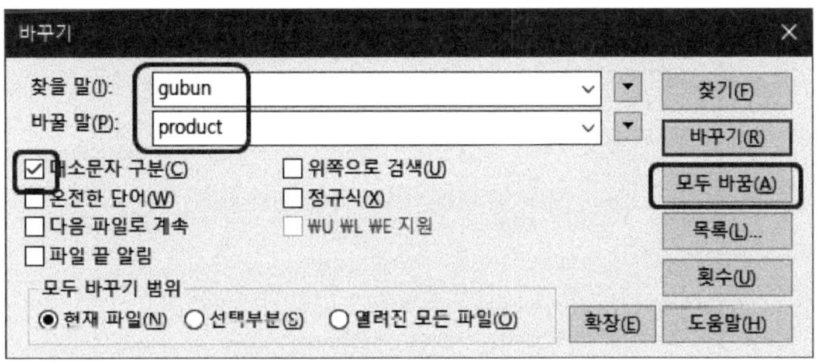

② **product 내용으로 수정** : 제목을 "제품"으로 수정한다. 그리고 gubuns 테이블의 내용을 products 테이블의 구분명(gubuns_id), 제품명(name), 단가(price), 재고(jaego), 사진(pic) 필드 내용이 되도록 추가 및 수정한다. 구분명, 제품명, 단가는 form validation 처리를 하지만, 재고와 사진은 하지 않는다.

```
@extends('main')
@section('content')

<br>
<div class="alert mycolor1" role="alert">제품</div>

<form name="form1" method="post" action="{{ route('product.store') }}"  enctype="multipart/form-data">
@csrf

<table class="table table-sm table-bordered mymargin5">
    <tr>
        <td width="20%" class="mycolor2">번호</td>
        <td width="80%" align="left"></td>
    </tr>
    <tr>
        <td width="20%" class="mycolor2"><font color="red">*</font> 구분명</td>
        <td width="80%" align="left">
            <div class="d-inline-flex">
                <input type="text" name="gubun" size="20" maxlength="20" value="{{ old('gubun') }}"
                    class="form-control form-control-sm">
            </div>
            @error('gubuns_id') {{  $message }} @enderror
        </td>
    </tr>
```

```
<tr>
    <td width="20%" class="mycolor2"><font color="red">*</font> 제품명</td>
    <td width="80%" align="left">
        <div class="form-inline">
            <input type="text" name="name" size="30" maxlength="50" value="{{ old('name') }}"
                class="form-control form-control-sm">
        </div>
        @error('name') {{ $message }} @enderror
    </td>
</tr>
<tr>
    <td width="20%" class="mycolor2"><font color="red">*</font> 단가</td>
    <td width="80%" align="left">
        <div class="d-inline-flex">
            <input type="text" name="price" size="20" maxlength="20" value="{{ old('price') }}"
                class="form-control form-control-sm">
        </div>
        @error('price') {{ $message }} @enderror
    </td>
</tr>
<tr>
    <td width="20%" class="mycolor2">재고</td>
    <td width="80%" align="left">
        <div class="d-inline-flex">
            <input type="text" name="jaego" size="20" value=""
            class="form-control form-control-sm">
        </div>
    </td>
</tr>
<tr>
    <td width="20%" class="mycolor2">사진</td>
    <td width="80%" align="left">
        <div class="d-inline-flex">
            <input type="file" name="pic" size="20" value=""
                class="form-control form-control-sm">
        </div>
    </td>
</tr>
</table>
```

③ **실행하기** : 실행하여 결과를 확인한다. 자료를 입력할 때 구분명은 구분이름이 아닌 구분 번호로 입력해야 한다. 예를 들어, 구분번호가 1인 야채이면, 제품의 구분명(gubuns_id)값은 1로 입력해야 한다.

STEP 05 show.blade.php 만들기

① **"gubun" ➜ "product"로 수정** : product 폴더의 show.blade.php를 읽어 "Ctrl+H" 키를 눌러 바꾸기 창을 연다. 〈찾을 말〉은 "gubun", 〈바꿀 말〉은 "product"로 입력한 후, [모두 바꿈]버튼을 클릭하여 바꾼다.

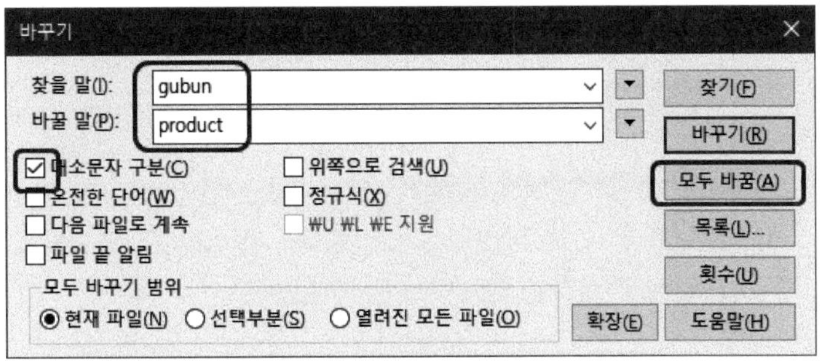

② **product 내용으로 수정** : 제목을 "제품"으로 수정한다. 그리고 gubun 테이블의 내용을 product 테이블의 구분명(gubun_no), 제품명(name), 단가(price), 재고(jaego), 사진(pic) 필드 내용이 되도록 추가 및 수정한다.

```
@extends('main')
@section('content')

<br>
<div class="alert mycolor1" role="alert">제품</div>

<form name="form1" method="post" action="">
@csrf

<table class="table table-sm table-bordered mymargin5">
    <tr>
        <td width="20%" class="mycolor2">번호</td>
        <td width="80%" align="left">{{ $row->id }}</td>
    </tr>
    <tr>
        <td width="20%" class="mycolor2"><font color="red">*</font> 구분명</td>
        <td width="80%" align="left">{{ $row->gubuns_id }}</td>
    </tr>
    <tr>
        <td width="20%" class="mycolor2"><font color="red">*</font> 제품명</td>
        <td width="80%" align="left">{{ $row->name }}</td>
    </tr>
    <tr>
        <td width="20%" class="mycolor2"><font color="red">*</font> 단가</td>
        <td width="80%" align="left">{{ $row->price }}</td>
    </tr>
    <tr>
        <td width="20%" class="mycolor2">재고</td>
        <td width="80%" align="left">{{ $row->jaego }}</td>
    </tr>
    <tr>
        <td width="20%" class="mycolor2">사진</td>
        <td width="80%" align="left">{{ $row->pic }}</td>
    </tr>
</table>

<div align="center">
    <a href="{{route('product.edit',$row->id)}}" class="btn btn-sm mycolor1">수정</a>
```

③ **실행하기** : 실행하여 결과를 확인한다.

STEP 06 edit.blade.php 수정하기

① **"gubun" ➜ "product"로 수정 :** product 폴더의 edit.blade.php를 읽어 "Ctrl+H" 키를 눌러 바꾸기 창을 연다. 〈찾을 말〉은 "gubun", 〈바꿀 말〉은 "product"로 입력한 후, [모두 바꿈]버튼을 클릭하여 바꾼다.

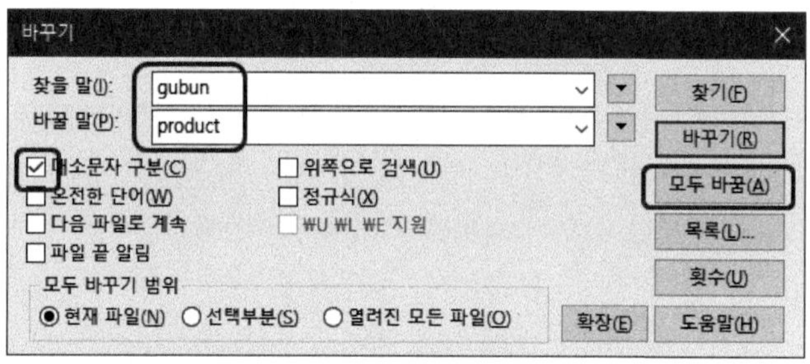

② **product 내용으로 수정 :** 제목을 "제품"으로 수정한다. 그리고 gubuns 테이블의 내용을 products 테이블의 구분명(gubun_no), 제품명(name), 단가(price), 재고(jaego), 사진(pic) 필드 내용이 되도록 추가 및 수정한다. edit인 경우에는 input type의 value 초기값은 form_validation을 이용하는 경우 old("필드이름")으로, 아닌 경우에는 테이블에 저장된 값으로 초기화하면 된다.

```
<br>
<div class="alert mycolor1" role="alert">제품</div>

<form name="form1" method="post" action="{{ route('product.update',$row->id) }}"
    enctype="multipart/form-data">
@csrf
@method('PATCH')

<table class="table table-sm table-bordered mymargin5">
    <tr>
        <td width="20%" class="mycolor2">번호</td>
        <td width="80%" align="left">{{ $row->id }}</td>
    </tr>
    <tr>
        <td width="20%" class="mycolor2"><font color="red">*</font> 구분명</td>
        <td width="80%" align="left">
            <div class="d-inline-flex">
                <input type="text" name="gubun" size="20" value="{{ $row->gubuns_id }}"
                    class="form-control form-control-sm">
            </div>
            @error('gubuns_id') {{ $message }} @enderror
        </td>
    </tr>
    <tr>
        <td width="20%" class="mycolor2"><font color="red">*</font> 제품명</td>
        <td width="80%" align="left">
            <div class="form-inline">
                <input type="text" name="name" size="30" value="{{ $row->name }}"
                    class="form-control form-control-sm">
            </div>
            @error('name') {{ $message }} @enderror
        </td>
    </tr>
```

```
<tr>
    <td width="20%" class="mycolor2"><font color="red">*</font> 단가</td>
    <td width="80%" align="left">
        <div class="d-inline-flex">
            <input type="text" name="price" size="20" value="{{ $row->price }}"
                class="form-control form-control-sm">
        </div>
        @error('price') {{ $message }} @enderror
    </td>
</tr>
<tr>
    <td width="20%" class="mycolor2">재고</td>
    <td width="80%" align="left">
        <div class="d-inline-flex">
            <input type="text" name="jaego" size="20" value="{{ $row->jaego}}"
            class="form-control form-control-sm">
        </div>
    </td>
</tr>
<tr>
    <td width="20%" class="mycolor2">사진</td>
    <td width="80%" align="left">
        <div class="d-inline-flex">
            <input type="file" name="pic" size="20" value=""
                class="form-control form-control-sm">
        </div>
    </td>
</tr>
</table>
```

③ **실행하기** : 실행하여 결과를 확인한다.

6.2.3 구분명 콤보박스 표시

실습목적

앞서 만든 제품화면에서 구분명이 구분번호가 아니라 구분이름이 나오고, 입력방법도 아래 그림과 같이 콤보박스를 이용할 수 있도록 만들어라.

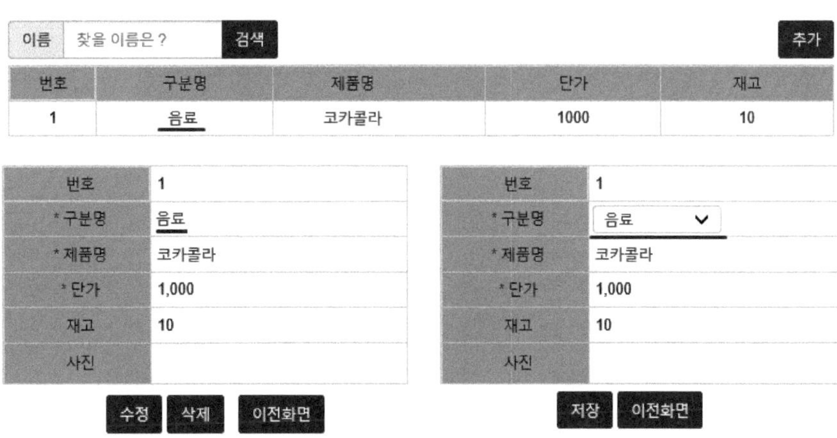

실습이론

1 **SQL문의 as 절** : SQL에서 필드나 테이블이름, 그리고 계산식은 as절을 이용하면 다른 이름으로 사용할 수 있다.

필드이름 혹은 테이블이름 혹은 계산식 **as 다른 이름**

예 1 필 드 이 름: select no, **name as aaa**, tel, …
테이블이름: select * from **member as bbb** where …
계 산 식: select no, **num*price as ccc** where …

2 **SQL문의 관계 표시 방법** : SQL에서 관계형을 표현하는 문법은 where절을 이용하는 방법과 from절에서 join을 이용하는 2가지 방법이 있다. 아래 예제를 통하여 관계를 표현하는 2가지 방법에 대하여 알아보자.

예 1 다음 그림과 같이 테이블 A와 B에서 a1칼럼과 b2칼럼이 관계를 맺은 경우, SQL문으로 표현하면 다음과 같이 쓸 수 있다.

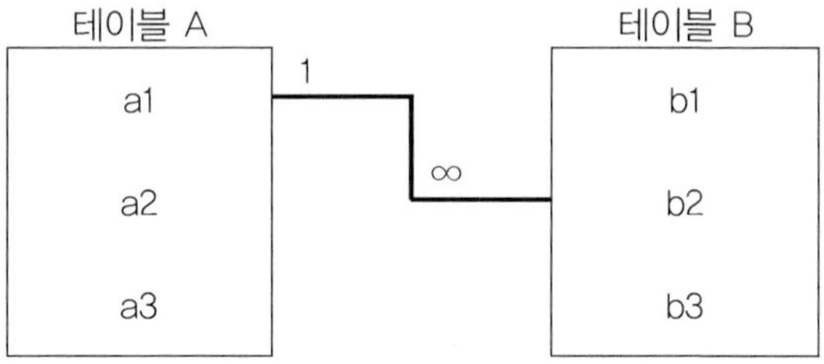

1) where 절인 경우 : from A, B where A.a1=B.b2
2) from 절인 경우 : from A join B on A.a1=B.b2

예 2 테이블 A, B, C에서 다음과 같이 관계를 맺은 경우, SQL문으로 표현하면 다음과 같이 쓸 수 있다.

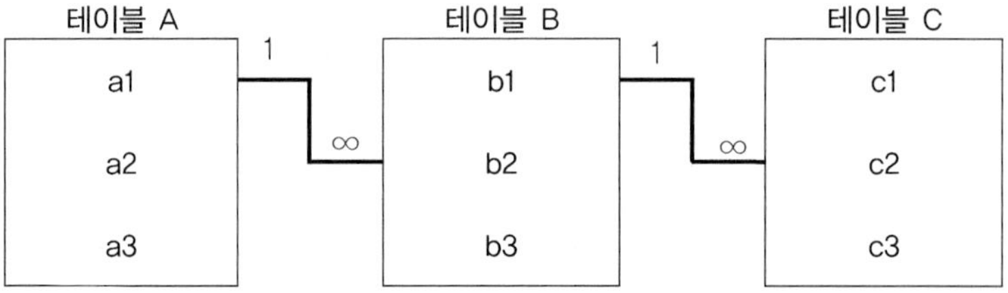

1) where 절인 경우 : from A, B, C where A.a1=B.b2 and B.b1=C.c1
2) from 절인 경우 : from (A join B on A.a1=B.b2) join C on B.b1=C.c2

예 3 테이블 A, B에서 다음과 같이 B테이블이 A테이블에 2번 관계를 맺은 경우 SQL문으로 표현하면 다음과 같이 쓸 수 있다.

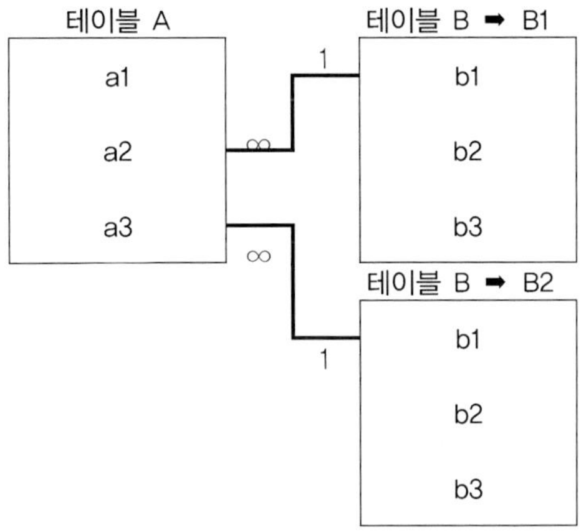

1) where 절인 경우 : from A, B as B1, B as B2
where A.a2=B1.b1 and A.a3=B2.b1
2) from 절인 경우 : from (A join B as B1 on A.a2=B1.b1)
join B as B2 on A.a3=B2.b2

그밖에 join에는 left join, right join이 있는데, 다음과 같은 경우를 생각해보자.

관계

번호	고객명	우편번호_번호	…
1	홍길동		…
2	이길동	1	…
…	…	…	…

고객 테이블

번호	우편번호	주소1	…
1	111-123	서울	…
2	111-124	서울	…
…	…	…	…

우편번호 테이블

이 경우 다음과 같은 SQL문을 실행하면 이길동의 자료는 나와도 홍길동의 자료는 표시되지 않는다.

```
select 고객.고객명, 우편번호.우편번호, 고객.주소
  from 우편번호 join 고객 on 우편번호.번호=고객.우편번호_번호;
```

그 이유는 join인 경우는 정확하게 관계가 일치하는 자료만 표시되기 때문에, 고객 테이블의 우편번호_번호가 비어 있는 홍길동의 자료는 표시되지 않는다. 만약 이러한 자료를 표시하고 싶으면 left나 right를 이용하여 고객테이블의 자료를 모두 포함시키는 관계형식을 이용해야 한다. 따라서 SQL문은 다음과 같이 사용해야 한다.

```
select 고객.고객명, 우편번호.우편번호, 고객.주소
  from 우편번호 right join 고객 on 우편번호.번호=고객.우편번호_번호;
```

혹은

```
select 고객.고객명, 우편번호.우편번호, 고객.주소
  from 고객 left join 우편번호 on 우편번호.번호=고객.고객우편번호;
```

join 앞에 붙는 left와 right는 포함시킬 테이블의 위치에 따라 결정된다. 첫 번째 select문인 경우는 고객 테이블이 join을 기준으로 오른쪽에 있으므로 right join이라고 썼지만, 2번째 SQL문인 경우는 왼쪽에 있으므로 left join이라고 써야 한다.

3 **index 화면 (구분명 표시를 위한 SQL문)** : 구분 테이블과 제품 테이블의 관계는 다음과 같이 gubuns 테이블의 id필드와 products 테이블의 gubuns_id 필드가 연결되어 있다.

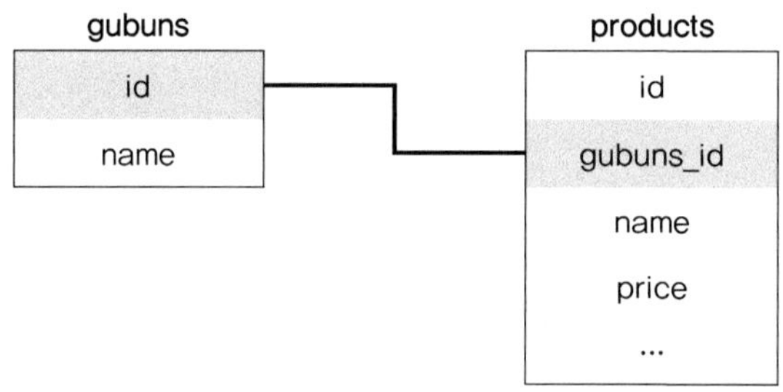

따라서 구분정보가 없어도 제품테이블은 모든 정보를 표시하려면 다음과 같이 쓸 수 있다. as 절을 사용한 이유는 gubuns, products 테이블 모두 동일한 name필드가 있기 때문에 구분하기 위해 사용해야 한다. 관계형을 사용할 때 주의할 점은 필드이름을 표현할 때 반드시 "테이블이름.필드이름"과 같이 사용해야 한다.

```
select products.*, gubuns.name as gubun_name
from products left join gubuns on products.gubun_id=gubuns.id
order by products.name;
```

따라서 Controllers 폴더의 ProductController.php에서 getlist함수의 select문은 다음과 같이 수정해야 한다. 그리고 제품 목록화면(index.blade.php)에서 구분명이 표시되도록 gubun_name을 출력하도록 수정해야 한다.

```
public function getlist( $text1 )
{
    $result = Product::leftjoin('gubuns','products.gubuns_id', '=', 'gubuns.id')->
            select('products.*','gubuns.name as gubun_name')->
                where('products.name', 'like', '%'.$text1.'%')->
                orderby('products.name','asc')->
                paginate(5)->appends(['text1'=>$text1]);
    return $result;
}
```

4 **show 화면** : 제품 보기화면에서도 구분명을 표시하려면, 컨트롤러의 show함수에서도 관계형을 이용하여 gubun_name을 표시해야한다. 따라서 find 함수대신에 $row 값은 다음과 같이 작성하면 된다.

```
public function show( $id )
{
    $data['row'] = Product::leftjoin('gubuns','products.gubuns_id', '=', 'gubuns.id')->
            select('products.*', 'gubuns.name as gubun_name')->
                where('products.id', '=', $id)->first();
    return view('product.show', $data );
}
```

5 **추가에서 구분명 콤보박스 표시** : 아래 그림과 같이 콤보박스를 이용하여 구분명이 보이면서, 선택하면 구분번호(gubun_id)를 저장하려면, 먼저 구분명 정보를 모두 읽어와 <select>와 <option> tag를 이용하여 콤보박스로 표시해야 한다.

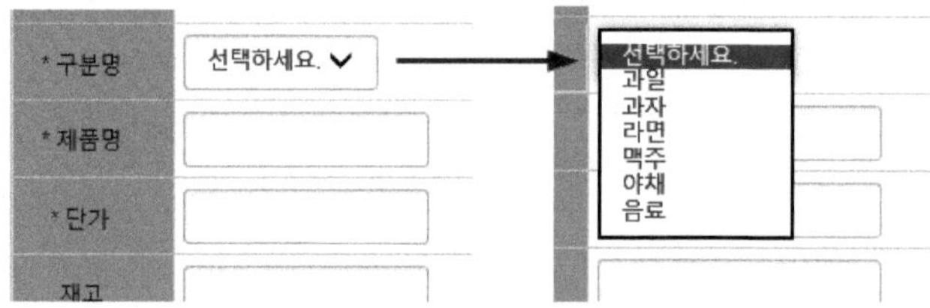

getlist_gubun 함수

1	과일
2	과자
3	라면
...	...

➜

```
<select name="gubuns_id">
    <option value="1">과일</option>
    <option value="2">과자</option>
    <option value="3">라면</option>
    ...
</select>
```

이 처리를 하기 위해서는 컨트롤러 앞부분에서 다음과 같이 Gubun 모델을 위한 선언이 필요하다. 만약 Eloquent ORM대신에 쿼리빌더를 이용하는 경우에는 이 부분이 필요없다.

```
... ... ...
use Illuminate₩Http₩Request;
use Illuminate₩Support₩Facades₩DB;
use App₩Models₩Product;
use App₩Models₩Gubun;
... ... ...
```

그리고 구분 자료를 모두 읽어오는 getlist_gubun 함수는 다음과 같다.

```
function getlist_gubun()
{
   $result = Gubun::orderby('name')->get();
   return $result;
}
```

이 함수는 controller 폴더의 ProductController.php의 create 함수에서 호출되며, 구해진 $data['list']는 콤보박스로 표시하기 위하여 view('products.create', $data) 형식으로 전달된다.

```
public function create()
{
    $data['list']=$this->getlist_gubun();

    data['tmp'] = $this->qstring();
    return view('products.create', $data );
}
```

마지막으로 $data['list']는 views폴더의 create.blade.php에서 콤보박스(select와 option tag)로 다음 프로그램과 같이 작성해야 한다. "선택하세요."의 value는 빈 문자열을 지정하여 값이 없을 땐 저장하지 못하도록 지정했다. 그리고 유효성검사 에러가 발생하는 경우, 선택한 구분(gubuns_id) 값이 되도록 foreach문과 if문($row->id==old('gubuns_id')) 으로 처리해야 한다.

```
… … …
<tr>
    <td width="20%" class="mycolor2"><font color="red">*</font> 구분명</td>
    <td width="80%" align="left">
        <div class="d-inline-flex">
            <select name="gubuns_id" class="form-control form-control-sm">
                <option value="" selected>선택하세요.</option>

        @foreach ($list as $row)
            @if ( $row->id == old('gubuns_id') )
                <option value="{{ $row->id }}" selected>{{ $row->name }}</option>
            @else
                <option value="{{ $row->id }}">{{ $row->name }}</option>
            @endif
        @endforeach

            </select>
        </div>
        @error('gubuns_id') {{  $message }} @enderror
    </td>
</tr>
… … …
```

6 **수정에서 구분명 콤보박스 표시** : 수정처리는 controller 폴더의 ProductController.php의 edit 함수에서 호출되며, create함수와 마찬가지로 콤보상자로 처리해야 한다. 따라서 구해진 $data["list"]는 콤보박스로 표시하기 위하여 view('products.edit', $data)

형식으로 전달해야 한다. 또한 show함수처럼 해당 제품 정보인 $data["row"]를 얻어 전달해야한다.

```
public function edit( $id )
{
    $data['list']=$this->getlist_gubun();

    $data['tmp'] = $this->qstring();
    $row['row'] = Product::find($id);
    return view('products.edit', $data );
}
```

그리고 views폴더의 edit.blade.php에서는 추가와 달리 수정에서는 수정할 제품 정보들은 $row 배열로 전달되므로, 구분번호는 $row->gubuns_id이다. 콤보박스를 위한 구분 정보들은 $row1로 전달되므로, 콤보박스에서 해당 값을 찾기 위해서는 if문을 이용하여 ($row->gubuns_id==$row1->id)와 같이 비교해야 한다.

```
<tr>
    <td width="20%" class="mycolor2"><font color="red">*</font> 구분명</td>
    <td width="80%" align="left">
        <div class="d-inline-flex">
            <select name="gubuns_id" class="form-control form-control-sm">
                <option value="">선택하세요.</option>

        @foreach ($list as $row1)
            @if ( $row->gubuns_id == $row1->id )
                <option value="{{ $row1->id }}" selected>{{ $row1->name }}</option>
            @else
                <option value="{{ $row1->id }}">{{ $row1->name }}</option>
            @endif
        @endforeach

            </select>
        </div>
        @error('gubuns_id') {{  $message }} @enderror
    </td>
</tr>
```

STEP 01 제품목록에서 구분명 표시하기

① **Controllers폴더의 ProductController.php 수정하기** : 구분명 gubun_name을 알아내기 위하여 getlist함수의 select문을 수정한다.

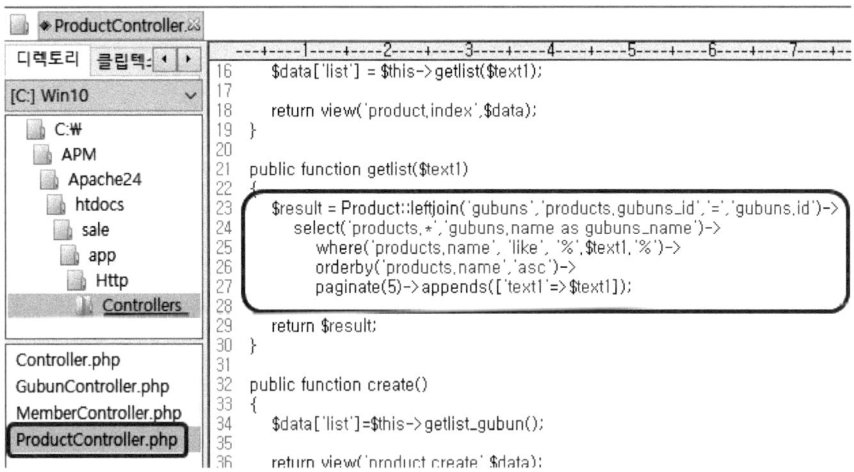

② **views₩product 폴더의 index.blade.php 수정하기** : 구분번호대신에 이름이 나오도록 “gubuns_id”를 “gubun_name”으로 수정한다.

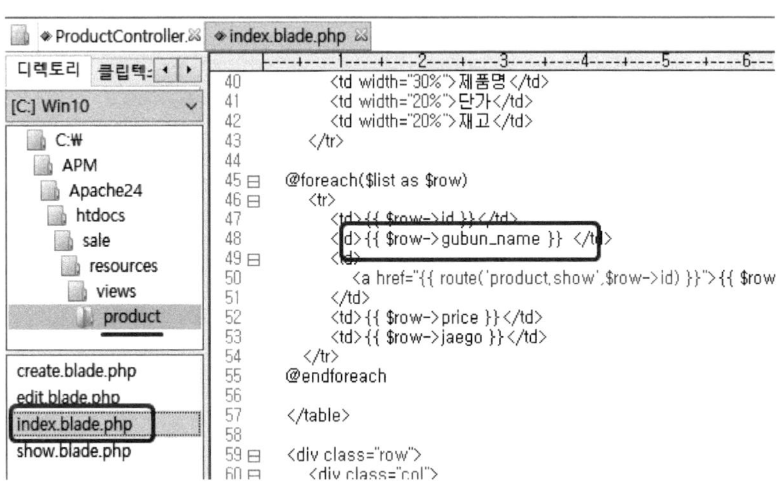

③ **실행하기** : 실행하여 결과를 확인한다.

STEP 02 제품보기에서 구분명 표시하기

① **Controllers폴더의 ProductController.php 수정하기** : show 함수에서 구분명 gubun_name을 알아내기 위하여 다음과 같이 쿼리빌더 문을 수정한다.

```
        return redirect('product ');
    }

    public function show($id)
    {
        $data['tmp'] = $this->qstring();

        $data['row'] = Product::leftjoin('gubuns', 'products.gubuns_id', '=', 'gubuns.id')->
              select('products.*', 'gubuns.name as gubun_name')->
                 where('products.id', '=', $id)->first();
        return view('product.show', $data);
    }
```

② **views/product폴더의 show.blade.php 수정하기** : 구분번호대신 구분이름이 표시되도록 $row->gubuns_id를 $row->gubun_name으로 수정한다.

```
<div class="alert mycolor1" role="alert">제품</div>

<form name="form1" method="post" action="">

<table class="table table-sm table-bordered mymargin5">
   <tr>
      <td width="20%" class="mycolor2">번호</td>
      <td width="80%" align="left">{{ $row->id }}</td>
   </tr>
   <tr>
      <td width="20%" class="mycolor2">
         <font color="red">*</font> 구분명
      </td>
      <td width="80%" align="left">{{ $row->gubun_name }}</td>
   </tr>
   <tr>
      <td width="20%" class="mycolor2">
         <font color="red">*</font> 제품명
      </td>
      <td width="80%" align="left">{{ $row->name }}</td>
   </tr>
```

③ **실행하기** : 실행하여 결과를 확인한다.

STEP 03 추가 : 구분명 콤보박스 표시하기

① **Controllers폴더의 ProductController.php 수정하기** : Eloquent ORM을 사용하기 위하여 gubun 모델을 선언한다.

```
<?php

namespace App₩Http₩Controllers;

use Illuminate₩Http₩Request;
use Illuminate₩Support₩Facades₩DB;     // DB Lib 사용
use App₩Models₩Product;                // eloquent 사용할 때 필요
use App₩Models₩Gubun;

class ProductController extends Controller
{
    public function index(Request $request)
```

② **getlist_gubun 함수 추가** : gubuns 테이블에서 구분명들을 읽어오는 getlist_gubun 함수를 ProductController.php에 추가한다.

```
    }

    public function getlist_gubun()
    {
        $result = Gubun::orderby('name')->get();
        return $result;
    }

    public function store(Request $request)
    {
        $request->validate([
            'gubuns_id'   => 'required|numeric',
```

② **create 함수 수정** : ProductController.php의 create함수에 getlist_gubun함수를 호출하도록 수정한 후, 결과를 create.blade.phpdp 전달하도록 수정한다.

```

        return $result;
    }

    public function create( )
    {
        $data['list']=$this->getlist_gubun();

        $data['tmp'] = $this->qstring();
        return view('product.create',$data);
    }

    function getlist_gubun()
    {
        $result = Gubun::orderby('name')->get();
        return $result;
```

③ **views/product폴더의 create.blade.php 수정** : 구분명 gubuns_id를 콤보박스로 표시하기 위하여 수정한다.

```
        <td width="80%" align="left"> </td>
    </tr>
    <tr>
        <td width="20%" class="mycolor2"><font color="red">*</font> 구분명</td>
        <td width="80%" align="left">
            <div class="d-inline-flex">
                <select name="gubuns_id" class="form-control form-control-sm">
                    <option value="" selected>선택하세요.</option>

            @foreach ($list as $row)
                @if ( $row->id == old('gubuns_id') )
                    <option value="{{ $row->id }}" selected>{{ $row->name }}</option>
                @else
                    <option value="{{ $row->id }}">{{ $row->name }}</option>
                @endif
            @endforeach

                </select>
            </div>
            @error('gubuns_id') {{  $message }} @enderror
        </td>
    </tr>
```

④ **실행하기** : 실행하여 결과를 확인한다.

STEP 04 수정 : 구분명 콤보박스 표시하기

① **Controllers폴더의 ProductController.php 수정하기** : ProductController.php의 edit함수에 getlist_gubun함수를 호출하도록 수정한다.

```

    public function edit($id)
    {
        $data['list']=$this->getlist_gubun();

        $data['tmp'] = $this->qstring();
        $data["row"] = Product::find($id);
        return view('product.edit', $data);
    }

    public function update(Request $request, $id)
    {
        $row = Product::find($id);
```

② **views/product폴더의 update.blade.php 수정** : 구분명 gubuns_id 를 콤보박스로 표시하기 위하여 수정한다.

```
<tr>
   <td width="20%" class="mycolor2"> <font color="red">*</font> 구분명</td>
   <td width="80%" align="left">
      <div class="d-inline-flex">
         <select name="gubuns_id" class="form-control form-control-sm">
            <option value="">선택하세요.</option>

      @foreach ($list as $row1)
         @if ( $row->gubuns_id == $row1->id )
            <option value="{{ $row1->id }}" selected>{{ $row1->name }}</option>
         @else
            <option value="{{ $row1->id }}">{{ $row1->name }}</option>
         @endif
      @endforeach

         </select>
      </div>
      @error('gubuns_id') {{  $message }} @enderror
   </td>
</tr>
<tr>
   <td width="20%" class="mycolor2"> <font color="red">*</font> 제품명</td>
   <td width="80%" align="left">
```

③ **실행하기** : 실행하여 결과를 확인한다.

6.2.4 제품사진 업로드 및 표시

실습목적

이번에는 앞에서 만든 제품화면에 다음과 같이 제품사진을 업로드하고 표시할 수 있도록 만들어라.

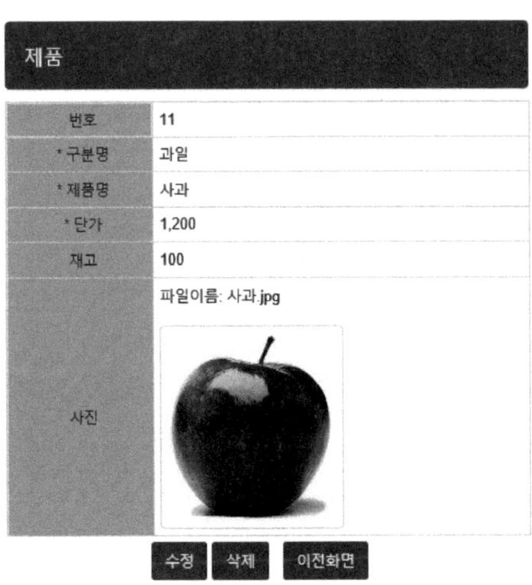

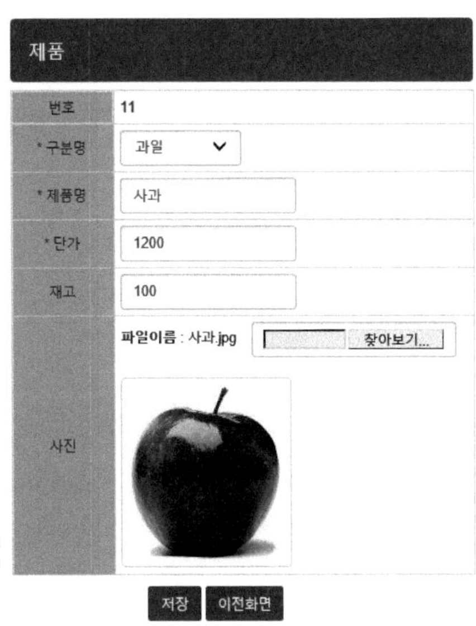

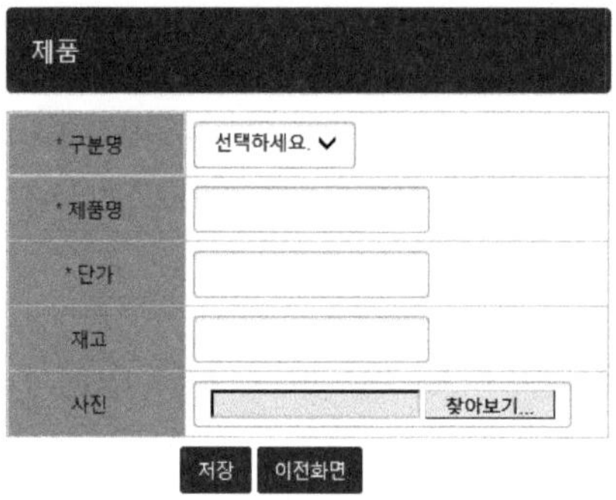
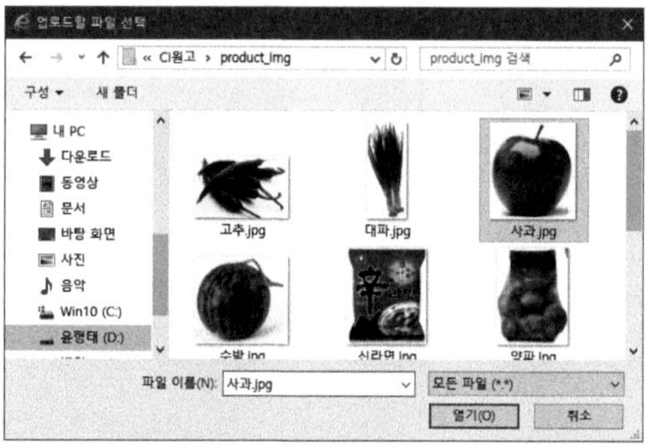

실습이론

1 **Public 폴더 Link** : Laravel에는 Frank de Jonge가 만든 File system 패키지를 기반으로 하는 파일시스템을 이용한다. 이 파일시스템의 설정은 config/filesystem.php에 할 수 있으며, 다양한 스토리지 구성 및 설정을 할 수 있다. 일반적으로 public 이름의 폴더는 웹에서 누구나 접근할 수 있는 장소로 사용하며, 이 폴더에 파일을 저장하면 보안에 취약하게 된다. 따라서 Laravel에서는 보안을 위하여 실제 파일은 안전한 곳에 저장하고 이 곳을 접근할 수 있는 public이라는 장소를 통해 연결함으로서 파일처리를 하도록 되어 있다.

- 접근가능 폴더 : public/storage ➜ 가상공간
- 파일저장 폴더 : storage/app/public ➜ 실제 파일 저장공간

두 폴더를 연결시키기위해서는 다음과 같은 artisan 명령을 이용하면 되며, 연결할 폴더에 대한 정의는 config/filesystem.php에 있다. 원한다면 다른 폴더로 변경할 수 있다.

```
php artisan storage:link
```

이 명령을 실행하면 public/storage폴더는 storage/app/public폴더와 같은 폴더가 된다. 이렇게 함으로써 Laravel에서는 public/storage폴더를 통해 웹에서 접근하며, 실제 파일은 storage/app/public 폴더에 저장해야 한다. 파일시스템과 스토리지에 대한 자세한 내용은 Laravel 문서를 참고하길 바란다.

[2] **upload 처리** : Laravel에서는 파일 업로드 라이브러리는 기본적으로 제공되어 개발자가 손쉽게 만들 수 있다. ProductController의 store, update 함수에 추가할 업로드를 위한 기본 소스는 다음과 같다.

```
if ($request->hasFile('pic'))                // upload할 파일이 있는 경우
{
   $pic = $request->file('pic');
   $pic_name = $pic->getClientOriginalName();        // 파일이름
   $pic->storeAs('public/product_img', $pic_name);    // 파일저장

   $row->pic= $pic_name;      // pic 필드에 파일이름 저장
}
```

hasFile함수는 업로드할 파일이 있는 지를 확인해주는 함수로서, 파일을 선택한 경우에만 업로드할 수 있도록 하였다. storeAs함수는 storage/app/public/product_img 폴더에 실제 선택한 파일을 업로드하는 함수이며, 여기서는 저장할 장소인 public/product_img 라고 지정하였다. 원한다면 다른 폴더나 다른 이름으로 저장할 수도 있다. product_img라는 폴더는 public/storage 폴더 밑에 있는 폴더로서, 직접 만들어도 되지만, 업로드할 때 해당 폴더가 없으면 Laravel이 자동으로 폴더를 생성한다. 따라서 굳이 따로 폴더를 만들 필요는 없다.

```
$pic_size = $pic->getSize();          // 파일크기
$pic_ext  = $pic->extension();        // 파일확장자
```

그리고 업로드할 파일의 크기와 확장자를 알고 싶은 경우에는 파일크기를 byte 단위로 구하는 getSize 함수와 파일확장자를 구하는 extension 함수를 이용할 수 있다.

[3] **product_img 폴더** : 이 폴더는 제품사진을 저장하는 폴더이며, storage/app/public 폴더 아래에 만들겠다. 윈도우 APM에서는 폴더 권한을 따로 지정할 필요는 없지만, Linux APM에서는 chmod명령어를 이용하여 반드시 이 폴더의 접근권한을 777로 변경해주어야 한다. 그렇지않으면 해당폴더에 접근할 권한이 없다는 에러메시지를 보게 된다.

Linux : chmod 777 product_img

4 **Bootstrap 이미지 표시** : Bootstrap에는 Thumbnail형식으로 이미지를 출력시키는 img-fluid, img-thumbnail css가 있다. 아래 프로그램은 product_img 폴더의 이미지를 가로크기를 200, 세로는 auto로 thumbnail형식으로 출력시킨다. 그림이 없는 경우에는 경로명과 파일이름을 빈칸으로 출력시키며, show.blade.php와 edit.blade.php에 이미지를 출력시킬 때 사용하면 된다. image 클래스에 대한 자세한 내용은 Bootstrap 홈페이지를 참고하길 바란다.

```
이미지가 있는 경우 :
<img src="/경로/파일이름" width="200" class="img-fluid img-thumbnail mymargin5">

이미지가 없는 경우 :
<img src="" width="200" height="150" class="img-fluid img-thumbnail mymargin5">
```

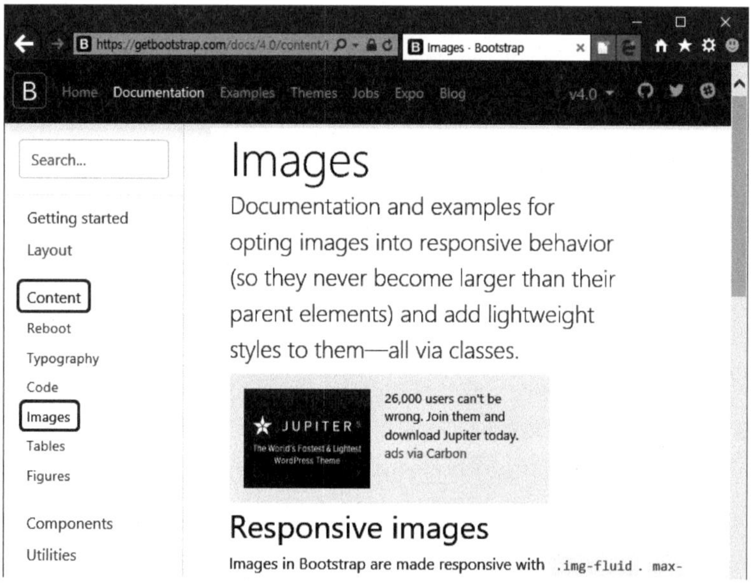

5 **show.blade.php의 사진 표시** : 여기서는 파일이름과 이미지만 표시하면 되므로, <img> tag를 이용하여 다음과 같이 사용할 수 있다. 사진을 표시하는 경우에는 심볼릭 링크된 public/storage/product_img 이므로, asset함수와 "/storage/product_img" 경로를 이용하여 표시해야 한다. 그리고 그림이 없는 경우에는 빈 그림이 나오도록 해야하며, 반드시 src에는 1칸 이상의 빈 칸을(" ")을 넣어야 한다.

```
<div class="d-inline-flex">
    <b>파일이름</b> : {{ $row->pic }}
</div>
<br>
@if ($row->pic)
    <img src="{{ asset('/storage/product_img/' . $row->pic) }}"
        width="200" class="img-fluid img-thumbnail mymargin5">
@else
    <img src=" " width="200" height="150" class="img-fluid img-thumbnail
mymargin5">
@endif
```

그림이 없는 경우

6 **create.blade.php 수정** : 추가화면에서는 사진을 표시할 필요가 없으므로, 사진파일을 선택할 수 있도록 프로그램하면 된다. 먼저 파일을 업로드하려면, <form> tag에 다음과 같이 반드시 enctype을 선언해야 한다.

```
<form name="form1" method="post" action="{{ route('product.store') }}{{ $tmp }}"
      enctype="multipart/form-data">
```

그리고 파일찾아보기를 위하여 input type을 text에서 "file"로 지정해야 한다.

```
<div class="d-inline-flex">
    <input type="file" name="pic" value="" class="form-control form-control-sm" >
</div>
```

7 **edit.blade.php의 사진 표시** : 수정화면에서는 사진표시와 사진파일을 선택할 수 있도록 만들어야 한다. 먼저 <form> tag에 enctype을 선언해야 하며,

```
<form name="form1" method="post" action="{{ route('product.update') }}{{ $tmp }}"
        enctype="multipart/form-data">
```

파일찾아보기를 위하여 input type을 "file"로 지정해야 한다. 그리고 사진이 있는 경우는 해당 제품사진을 표시하고, 없는 경우는 빈 이미지가 표시되도록 작상한다.

```
  <div class="d-inline-flex">
     <input type="file" name="pic" value="" class="form-control form-control-sm" >
  </div>
  <br><br>
  <b>파일이름</b> : {{ $row->pic }}<br>
@if ($row->pic)
   <img src="{{ asset('/storage/product_img/' . $row->pic) }}" width="200"
        class="img-fluid img-thumbnail mymargin5">
@else
   <img src=" " width="200" height="150" class="img-fluid img-thumbnail
mymargin5">
@endif
```

STEP 01 Public 폴더 Link하기

① **Public 폴더 link** : 아래 그림처럼 관리자권한으로 "명령 프롬프트"를 실행한 후, public/storage 폴더와 storage/app/public 폴더를 심볼릭 링크를 하기 위하여 다음과 같은 명령을 실행한다.

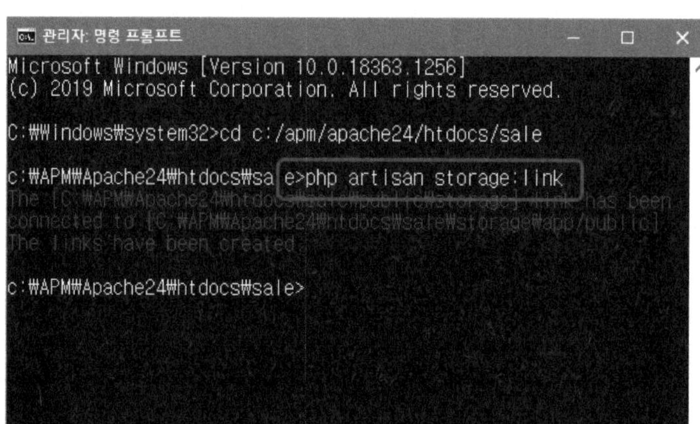

1	cd c:/apm/apache24/htdocs/sale php artisan storage:link

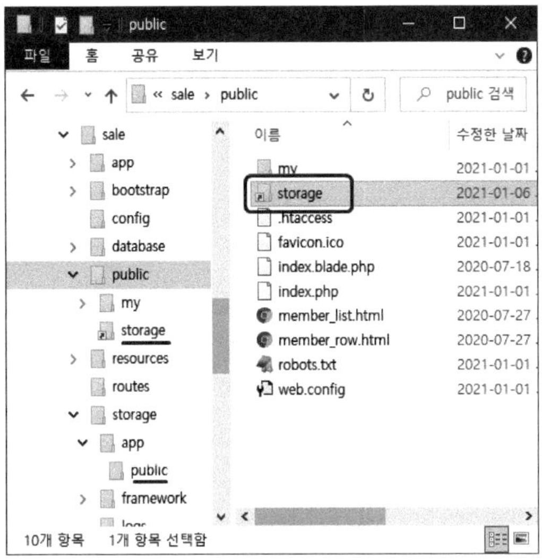

public/storage를 심볼릭 링크한 결과

② **ProductController.php의 save_row 함수 수정** : 제품사진을 업로드하고 파일이름을 저장할 수 있도록 다음과 같이 save_row 함수를 수정한다. 여기서 product_img는 그림파일이 저정되는 폴더 이름이며, 업로드가 실행되면 자동으로 폴더가 만들어진다.

```
public function save_row(Request $request, $row)
{
    $request->validate([
        'gubuns_id'  => 'required|numeric',
        'name'       => 'required|max:50',
        'price'      => 'required|numeric'
    ],
    [
        'gubuns_id.required'  => '구분명은 필수입력입니다.',
        'name.required'       => '이름은 필수입력입니다.',
        'price.required'      => '단가는 필수입력입니다.',
        'name.max'            => '50자 이내입니다.'
    ]);

    $row->gubuns_id   = $request->input('gubuns_id');
    $row->name        = $request->input('name');
    $row->price       = $request->input('price');
    $row->jaego       = $request->input('jaego');

    if ($request->hasFile('pic'))        // upload할 파일이 있는 경우
    {
        $pic = $request->file('pic');
        $pic_name = $pic->getClientOriginalName();        // 파일이름
        $pic->storeAs('public/product_img', $pic_name);  // 파일 저장

        $row->pic  = $pic_name;
    }

    $row->save();
}
```

③ **views₩product 폴더의 create.blade.php 수정** : 제품 추가화면에서 이미지를 업로드할 수 있도록 기존 소스를 수정한다. 그리고 실행하여 product_img 폴더가 만들어지고, 그림파일이 업로드되었는지 확인해본다.

```
@extends('main')
@section('content')

<br>
<div class="alert mycolor1" role="alert">제품</div>

<form name="form1" method="post" action="{{ route('product.store') }}"
    enctype="multipart/form-data">
@csrf

<table class="table table-sm table-bordered mymargin5">
    <tr>
        <td width="20%" class="mycolor2">번호</td>
        <td width="80%" align="left"> </td>
...
        </td>
    </tr>
    <tr>
        <td width="20%" class="mycolor2"> 사진 </td>
        <td width="80%" align="left">
            <div class="d-inline-flex">
                <input type="file" name="pic" value="" class="form-control form-control-sm">
            </div>
        </td>
    </tr>
</table>

<div align="center">
    <input type="submit" value="저장" class="btn btn-sm mycolor1"> 
    <input type="button" value="이전화면" class="btn btn-sm mycolor1" onClick="history.back();">
```

④ **show.blade.php 수정** : 제품보기화면에 이미지를 표시하기 위하여 수정한다. 그리고 실행하여 추가된 제품 이미지가 표시되는지 확인한다.

```
        <td width="20%" class="mycolor2">재고</td>
        <td width="80%" align="left">{{ $row->jaego }}</td>
    </tr>
    <tr>
        <td width="20%" class="mycolor2">사진</td>
        <td width="80%" align="left">
            <b>파일이름</b> : {{$row->pic}} <br>
        @if ($row->pic)
            <img src="{{ asset('/storage/product_img/' . $row->pic) }}" width="200"
                 class="img-fluid img-thumbnail mymargin5">
        @else
            <img src=" " width="200" height="150" class="img-fluid img-thumbnail mymargin5">
        @endif
        </td>
    </tr>
</table>
```

⑤ **edit.blade.php 수정** : 제품 수정화면에서 이미지를 업로드할 수 있도록 기존 소스를 수정한다. 그리고 실행하여 이미지 표시 및 수정 는지 확인한다.

```
@extends('main')
@section('content')

<br>
<div class="alert mycolor1" role="alert">제품</div>

<form name="form1" method="post" action="{{ route('product.update',$row->id) }}{{ $tmp }}"
enctype="multipart/form-data">
@csrf
@method('PATCH')

<table class="table table-sm table-bordered mymargin5">
    </tr>
    <tr>
        <td width="20%" class="mycolor2">사진</td>
        <td width="80%" align="left">
            <div class="d-inline-flex">
                <input type="file" name="pic" value="" class="form-control form-control-sm">
            </div>
            <br><br>
            <b>파일이름</b> : <?=$row->pic; ?> <br>
        @if ($row->pic)
          <img src="{{ asset('/storage/product_img/' . $row->pic) }}" width="200"
              class="img-fluid img-thumbnail mymargin5">
        @else
            <img src=" " width="200" height="150" class="img-fluid img-thumbnail mymargin5">
        @endif
        </td>
    </tr>
</table>
```

⑥ **실행하기** : 실행하여 결과를 확인한다.

Chapter 07

장부

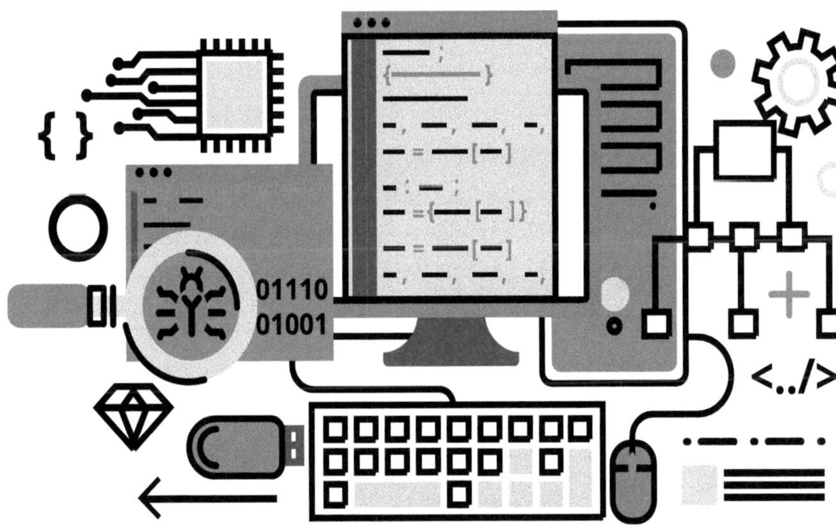

7.1 매입장

7.1.1 jangbus 테이블

실습목적

매입, 매출 정보를 저장할 수 있는 jangbus 테이블을 만들어라.

실습이론

1 **jangbus 테이블** : 매입, 매출정보를 나타내는 jangbus 테이블 구조는 아래 표와 같다.

		필드명	자료형	Null	비고
1	번호	id	unsigned bigint	☐	auto_increment, 기본키
2	매입/매출	io	tinyint	V	매입=0, 매출=1
3	날짜	writeday	date	V	
4	제품명	products_id	int	V	
5	단가	price	int	V	
6	매입수량	numi	int	V	
7	매출수량	numo	int	V	
8	금액	prices	int	V	
9	비고	bigo	varchar(20)	V	

STEP 01 jangbu 테이블 만들기

① **jangbu Model 파일 자동 생성하기** : 명령프롬프트 창에서 다음과 같은 명령어를 입력하여 Jangbu Model 파일을 자동 생성한다.

```
php artisan make:model Jangbu -m
```

② **jangbus 테이블 정의 파일 입력하기 :** "database/migrations"폴더안에 있는 "년도_월_일_??????_create_jangbus_table.php"파일을 클릭하여 연다. 그리고 나머지 io, writeday, products_id, price, numi, numo, prices, bigo를 입력한 후, [저장] 버튼을 클릭하여 테이블을 저장한다.

	필드명	자료형	Null
매입/매출	io	tinyint	Ⓥ
날짜	writeday	date	Ⓥ
제품명	products_id	int	Ⓥ
단가	price	int	Ⓥ
매입수량	numi	int	Ⓥ
매출수량	numo	int	Ⓥ
금액	prices	int	Ⓥ
비고	bigo	varchar(20)	Ⓥ

```
... ... ...
public funciton up()
{
    Schema::create('jangbus', function (Blueprint $table) {
        $table->id();
        $table->tinyinteger('io')->nullable();
        $table->date('writeday')->nullable();
        $table->integer('products_id')->nullable();
        $table->integer('price')->nullable();
        $table->integer('numi')->nullable();
        $table->integer('numo')->nullable();
        $table->integer('prices')->nullable();
        $table->string('bigo',20)->nullable();
        $table->timestamps();
    });
}
... ... ...
```

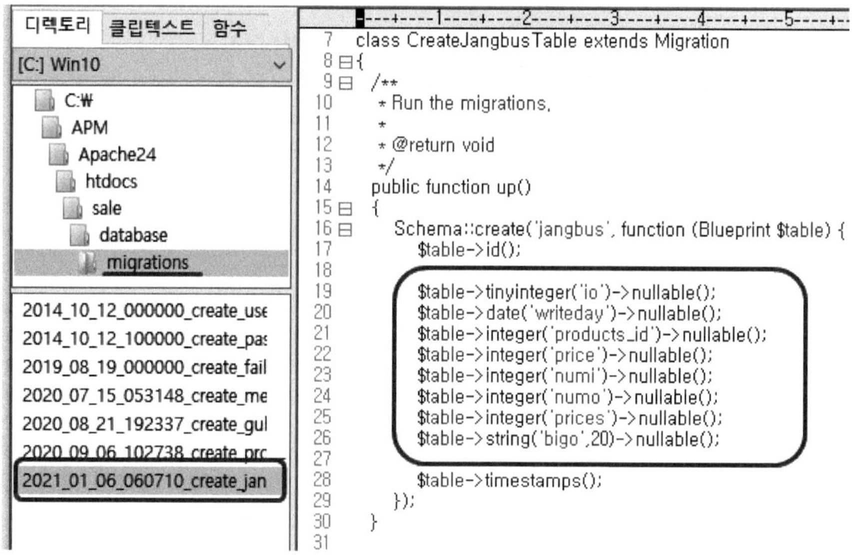

④ **member 테이블 생성** : 명령 프롬프트창에서 다음 명령어를 실행하여 products 테이블을 생성한다.

1	php artisan migrate

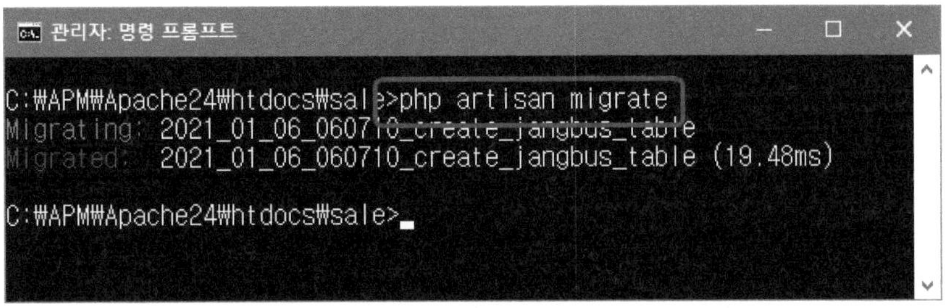

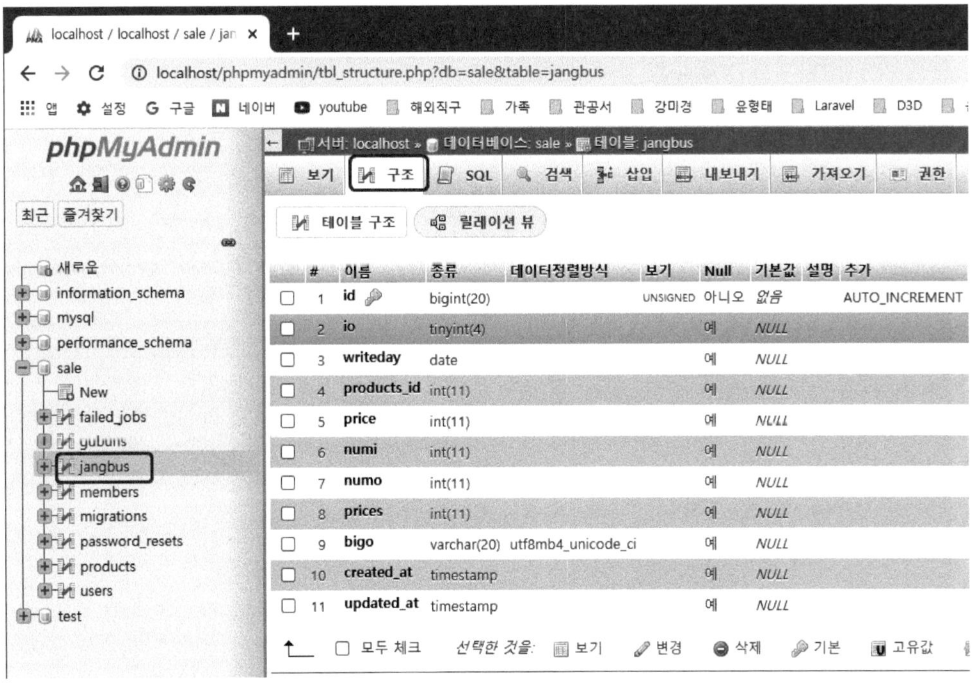

자동생성된 테이블 결과화면

STEP 02 products fillable Property 수정하기

① **fillable property 수정하기** : app₩Models 폴더에 있는 Jangbu.php를 다음과 같이 수정한다.

```
...  ...  ...
class Jangbu extends Model
{
    use HasFactory;

    protected $fillable = [
        'io',
        'writeday',
        'products_id',
        'price',
        'numi',
        'numo',
        'prices',
        'bigo'
    ];
}
...  ...  ...
```

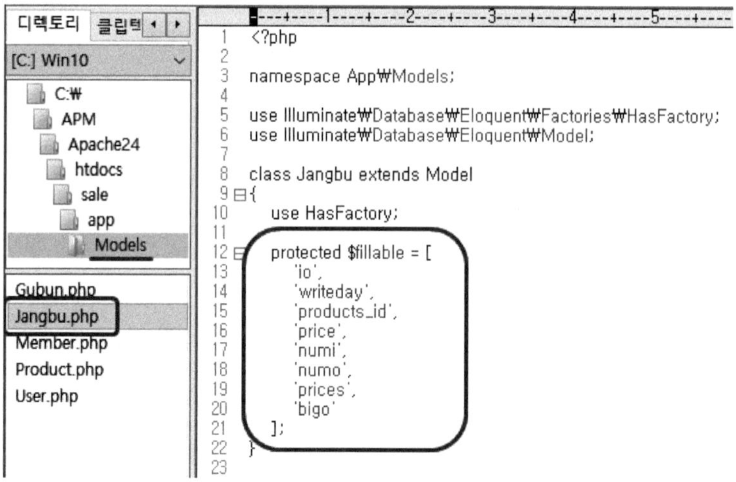

7.1.2 매입장 기본 만들기

매입장에서 제품을 입력할 수 있는 콤보박스와 join on 관계 이용은 나중에 하고, 일단 product테이블에 맞게 기본 작업을 먼저 하겠다. 그리고 이 작업이 끝난 후, 콤보박스와 join on 처리를 하겠다.

실습목적

제품관리 프로그램을 복사하여 다음 그림과 같은 매입관리 프로그램을 만들어라. 제품명 입력은 콤보박스를 이용하며, 제품관리의 구분명 콤보박스를 이용하여 만든다.

실습이론

1 **Jangbui 컨트롤러 만들기** : 제품관리 만들 때 구분 파일들을 이용한 것처럼 매입관리 화면들도 제품관리 파일들을 복사하여 만들면 쉽게 만들 수 있다. 그러나 구분관리나 제품관리인 경우, 편집기의 모두바꾸기 기능을 이용하여 "Product" ➜ "Jangbui"로, "product" ➜ "jangbui"로 수정하여 작업하였으나, 여기서는 이 기능을 이용하지 않을 생각이다. 앞에서 사용한 테이블이름은 jangbus이고 model이름은 Jangu이므로, 잘못 변경하면 오히려 문제를 만들 수 있다. 따라서 이번에는 일일이 소스를 수정하는 방식으로 작업하겠다.

1) ProductController.php ➜ JangbuiController.php 복사.
2) 매입관리 내용으로 프로그램 수정.

수정 할때 다음과 같은 사항을 주의하여 소스를 수정해야 한다.

1) gubuns, products 테이블이 매입장에서는 products, jangbus 테이블로 수정.
2) 컨트롤러 이름은 Jangbui이지만, 모델이름은 Jangbu임.

2 **Jangbui Routing 하기** : JangbuiController를 사용하려면 Route폴더의 web.php에 Jangbui에 관련된 Routing을 다음과 같이 해야 한다.

```
use App/Http/Controllers/JangbuiController;
...
Route::resource('Jangbui', JangbuiController::class );
```

3 **Jangbui views 폴더의 index, create, show, edit 만들기** : 이 작업 역시 resources/views/product 폴더의 프로그램을 복사하여 작업하면 쉽게 할 수 있다.

1) views/jangbui 폴더를 새로 만들고, product폴더의 모든 파일을 복사.
2) 매입관리 내용으로 프로그램 수정.

4 **작업 순서** : 제품관리를 이용하여 매입관리를 만드는 순서는 다음과 같다.

1) app/Http/Controller폴더안의 ProductController.php를 복사하여 같은 내용의 JangbuiController.php를 만든다.
2) Route폴더의 web.php에 jangbui에 관련된 Routing을 작성한다.
3) views/product폴더안의 파일들을 모두 복사하여 views/jangbui 폴더를 만든다.
4) 1), 3) 과정에서 만들어진 프로그램 내용 중, Product를 Jangbui로, product를 jangbui로 모두 수정한다. 주의할 점은 대소문자를 구분하여 수정해야 한다.
5) products 테이블 관련 내용을 jangbus 테이블 내용으로 수정한다.
6) gubuns 테이블 관련 내용을 products 테이블 내용으로 수정한다.
7) main.blade.php에서 매입 메뉴를 클릭한 경우 화면이 나오도록 링크를 수정한다.

5 **날짜 검색 수정** : 매입장에서는 이름검색이 아니라 날짜로 검색을 해야 하며, 해당 날짜의

자료만 표시되야 한다. 그리고 io=0인 매입장이 되야하므로, JangbuiController.php의 SQL문에서 where조건도 매입장(io=0)의 날짜 검색(writeday='text1')이 되도록 수정해야 한다. getlist함수의 SQL 문은 다음과 같이 수정해야 한다.

```
$sql="select jangbus.*, products.name as product_name
        from jangbus left join products on jangbus.products_id=products.id
        where jangbus.io=0 and jangbus.writeday='$text1'
        order by jangbus.id desc";
```

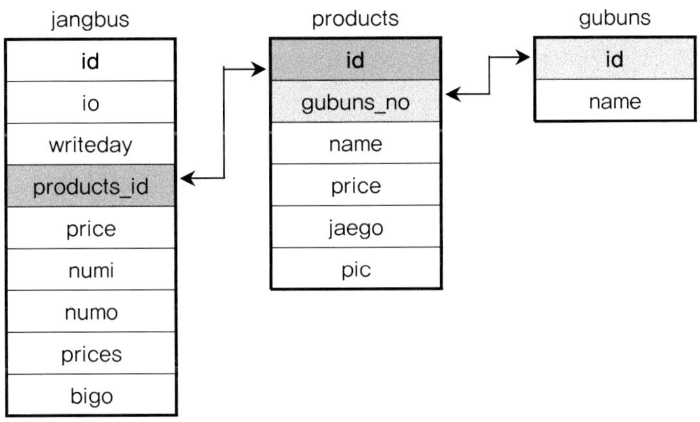

따라서 Eloquent ORM을 이용하여 표현하면 다음과 같이 수정해야 한다.

```
$result = Jangbu::leftjoin('products','jangbus.products_id' ,'=', 'products.id')->
   select('jangbus.*','products.name as product_name')->
      where('jangbus.io', '=', 0)->
      where('jangbus.writeday', '=', $text1)->
      orderby('jangbus.id','desc')->
      paginate(5)->appends( ['text1',$text1] );
```

6 **날짜 지역 지정 :** PHP에서 오늘 날짜는 date("Y-m-d")를 이용하여 알 수 있으나, 지역(timezone)에 따라 시간차가 있다. 서울인 경우는 약 9시간의 차가 있으므로, 이를 보정해줄 필요가 있다. 이 지역설정은 config/app.php 파일에서 timezone 속성을 UTC에서 "Asia/Seoul"로 수정하면 된다

```
'timezone' => 'Asia/Seoul'
```

7 **가로 정렬과 number_format 함수** : table의 td에서 자료의 가로정렬을 하는 경우, 문자는 오른쪽, 숫자는 왼쪽 정렬을 한다. 그리고 이름이나 전화번호같이 모든 자료 길이가 비슷한 경우는 숫자든 문자든 가운데 정렬을 하는 것이 보기에 좋다. 그리고 숫자인 경우는 number_format함수를 이용하여 3자리마다 콤마를 삽입하여 출력하는 것이 좋다.

	정렬		자료
1	왼쪽	align="left"	문자
2	오른쪽	align="right"	숫자
3	가운데	align="center"	이름처럼 데이터길이가 비슷한 경우

STEP 01 timezone 설정하기

① **timezone 설정** : config폴더의 app.php에서 timezone 속성을 찾아 "UTC"에서 "Asia/Seoul"로 수정한다.

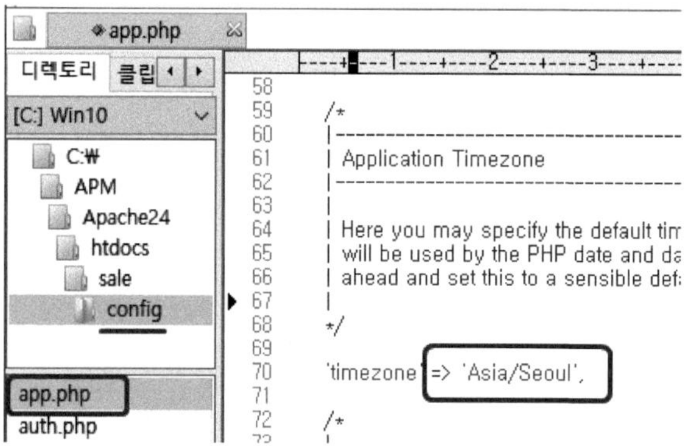

STEP 02 Jangbui Route 등록하기

① **web.php 수정하기** : route폴더의 web.php를 열어 다음과 같이 jangbui를 위한

Route 프로그램을 추가한다.

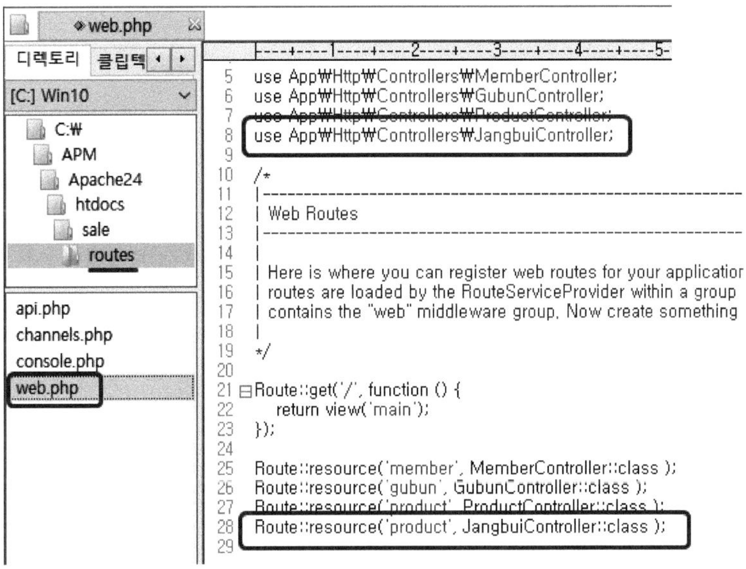

STEP 03 매입장 목록 만들기

① **JangbuiController.php 만들기 :** controllers 폴더에 있는 ProductController.php 파일을 읽은 후, [새 이름으로]메뉴를 이용하여 "JangbuiController.php"라고 저장한다. 파일이름의 대소문자를 주의하여 저장한다.

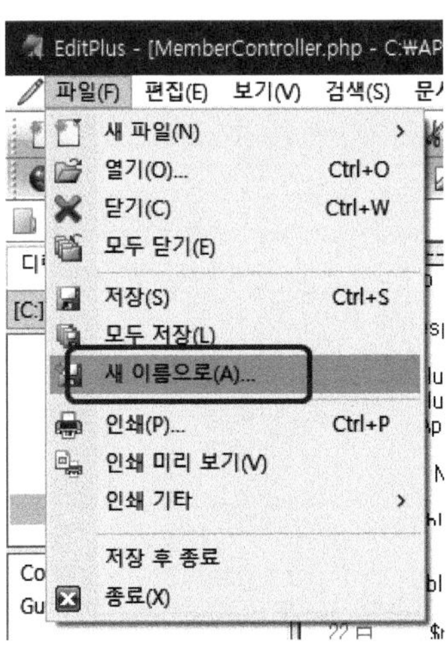

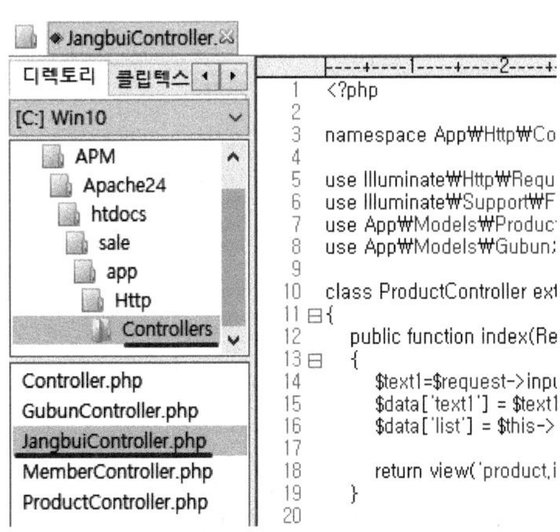

② **JangbuiController.php 수정1** : 매입장에서는 Eloquent ORM을 사용하기 위해 사용되는 모델은 장부 테이블을 위한 Jangbu와 제품선택 콤보상자를 위한 Product이다. 따라서 Product와 Gubun 대신에 Product와 Jangbu로 수정을 한다.

```
<?php

namespace App₩Http₩Controllers;

use Illuminate₩Http₩Request;
use Illuminate₩Support₩Facades₩DB;    // DB Lib 사용
use App₩Models₩Product;                // eloquent 사용할 때 필요
use App₩Models₩Jangbu;
```

③ **JangbuiController.php 수정2** : 컨트롤러 이름은 JangbuiController이며, view/jangbui폴더의 index.blade.php를 다시 호출하도록 “jangbui.index”라고 수정한다. 그리고 text1값이 빈 경우에는 오늘 날짜가 되도록 date(“Y-m-d”)로 수정한다.

```
use App₩Models₩Jangbui;                // Eloquent 사용할 때 필요
use App₩Models₩Jangbu;

class JangbuiController extends Controller
{
    public function index()
    {
        $data['tmp'] = $this->qstring();

        $text1=request('text1');                     // text1값 알아냄
        if (!$text1) $text1= date("Y-m-d");          // text1이 Null이면 오늘날짜로 초기화

        $data['text1'] = $text1;
        $data['list'] = $this->getlist( $text1 );    // 자료 읽기
        return view('jangbui.index',$data);          // 자료 표시
    }
```

④ **getlist함수 수정** : sql문에서 products, jangbus 테이블의 관계와 매입(io=0)과 날짜(writeday=$text1) 조건이 되도록 수정한다.

```
    public function getlist( $text1 )
    {
        $result = Jangbu::leftjoin('products','jangbus.products_id', '=', 'products.id')->
                select('jangbus.*','products.name as product_name')->
                    where('jangbus.io', '=', 0)->
                    where('jangbus.writeday', '=', $text1)->
                    orderby('jangbus.id','desc')->
                    paginate(5)->appends(['text1'=>$text1]);

        return $result;
    }
```

⑤ **jangbui 폴더 생성 및 복사** : resources/views/product 폴더와 폴더안의 파일들을 모두 복사하여 아래 그림과 같이 jangbui 폴더를 만든 후, 복사한다.

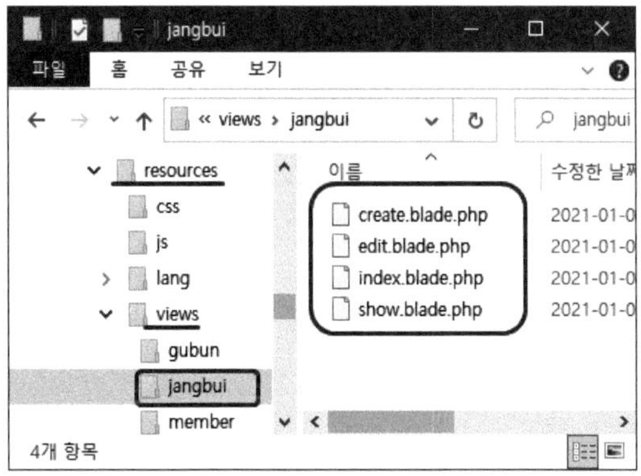

원격서버를 이용하는 경우에는 views폴더에서 editplus의 [새로 작성]메뉴를 이용하여 jangbui 폴더를 만들고, product폴더의 4개의 파일을 읽어 [원격저장] 메뉴를 이용해 jangbui폴더에 저장하면 된다.

⑥ **매입장 내용으로 수정** : resources/views/jangbui 폴더의 index.blade.php를 읽어 제목표시와 출력할 데이터 내용을 jangbus 테이블의 번호(id), 제품명(products_id), 단가(price), 매입수량(numi), 금액(prices), 비고(bigo) 필드에 맞게 수정한다.

```
@extends('main')
@section('content')

    <br>
    <div class="alert mycolor1" role="alert">매입장</div>

    <script>
        function find_text()
        {
            form1.action="{{ route('jangbui.index') }}";
            form1.submit();
        }
    </script>

    <form name="form1" action="">
    <div class="row">
        <div class="col-3" align="left">
            <div class="input-group input-group-sm">
                <span class="input-group-text">날짜</span>
                <input type="text" name="text1" value="{{ $text1 }}" class="form-control"
                    onKeydown="if (event.keyCode == 13) { find_text(); }">
                <button class="btn mycolor1" type="button"
                    onClick="find_text();">검색</button>
            </div>
        </div>
        <div class="col-9" align="right">
            <a href="{{ route('jangbui.create') }}{{ $tmp }}" class="btn btn-sm mycolor1">추가</a>
        </div>
    </div>
    </form>
```

```
<table class="table table-sm table-bordered table-hover mymargin5">
    <tr class="mycolor2">
        <td width="15%">날짜</td>
        <td width="30%">제품명</td>
        <td width="10%">단가</td>
        <td width="10%">수령</td>
        <td width="15%">금액</td>
        <td width="20%">비고</td>
    </tr>

    @foreach($list as $row)
        <tr>
            <td>{{$row->writeday }}</td>
            <td align="left">
                <a href="{{ route('jangbui.show', $row->id) }}{{ $tmp }}">
                    {{ $row->product_name }}
                </a>
            </td>
            <td align="right">{{ number_format($row->price) }}</td>
            <td align="right">{{ number_format($row->numi) }}</td>
            <td align="right">{{ number_format($row->prices) }}</td>
            <td align="left">{{$row->bigo }}</td>
        </tr>
    @endforeach

</table>
```

단가(price), 수량(numi), 금액(prices)은 3자리마다 콤마를 삽입하여 출력하기 위해 number_format 함수를 이용하여 출력한다. 그리고 문자는 왼쪽 정렬, 숫자는 오른쪽 정렬을 하여 출력하도록 align을 추가한다.

⑦ **매입 메뉴 연결하기** : views폴더의 main.blade.php를 읽어와 매입 메뉴를 클릭했을 때 매입장 목록화면이 나오도록 〈a〉 tag의 href 를 "{{ route('jangbui.index') }}"로 수정한다.

```
<div class="container">

<nav class="navbar navbar-expand-lg navbar-dark bg-dark">
  <div class="container-fluid">
    <a class="navbar-brand" href="#">판매관리</a>
    <button class="navbar-toggler" type="button" data-bs-toggle="collapse"
      data-bs-target="#navbarSupportedContent" aria-controls="navbarSupportedContent"
      aria-expanded="false" aria-label="Toggle navigation">
      <span class="navbar-toggler-icon"></span>
    </button>
    <div class="collapse navbar-collapse" id="navbarSupportedContent">
      <ul class="navbar-nav me-auto mb-2 mb-lg-0">
        <li class="nav-item"><a class="nav-link" href="{{ route('jangbui.index') }}">매입</a></li>
        <li class="nav-item"><a class="nav-link" href="#">매출</a></li>
        <li class="nav-item"><a class="nav-link" href="#">기간조회</a></li>
        <li class="nav-item dropdown">
          <a class="nav-link dropdown-toggle" href="#" id="navbarDropdown"
```

⑧ **실행하기** : 실행하여 결과를 확인한다.

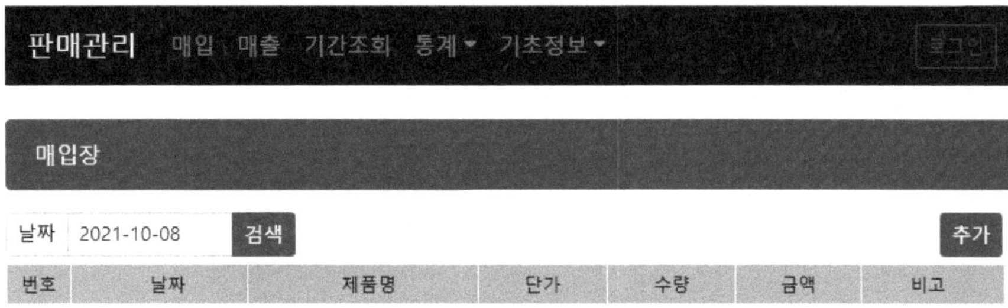

STEP 04 매입장 추가 만들기

① **index.blade.php의 추가버튼 수정** : views/jangbui폴더의 index.blade.php에서 추가버튼의 링크를 JangbuiController.php의 create함수를 호출할 수 있도록 링크를 "{{ route('jangbui.create') }}"로 수정한다.

```
                <button class="btn mycolor1" type="button"
                  onClick="find_text();">검색</button>
            </span>
        </div>
    </div>
    <div class="col-9" align="right">
        <a href="{{ route('jangbui.create') }}" class="btn btn-sm mycolor1">추가</a>
    </div>
</div>
</form>
```

② **JangbuiController.php의 create 함수 수정** : controllers폴더의 Jangbui Controller.php에서 구분(gubun) 콤보상자를 제품(product) 콤보상자가 되도록 함수이름과 모델명을 수정한다. 그리고 추가화면을 호출할 수 있도록 views/jangbui폴더의 create.blade.php를 수정한다.

```

    public function create( )
    {
        $data['list']=$this->getlist_product();

        $data['tmp'] = $this->qstring();
        return view('jangbui.create',$data);
    }

    function getlist_product()
    {
        $result = Product::orderby('name')->get();
        return $result;
    }
```

③ **JangbuiController.php의 store 함수 수정** : store 함수에서 $row가 Jangbu가 되도록 수정하고, 저장한 후에는 매입장으로 이동하도록 jagbui로 수정한다.

```
    public function store(Request $request)
    {

        $row = new Jangbu;
        $this->save_row($request, $row);

        $tmp = $this->qstring();
        return redirect('jangbui' . $tmp);
    }

    public function show($id)
    {
```

④ **JangbuiController의 save_row 함수 수정** : save_row 함수에서는 product테이블과 upload에 관련된 내용은 삭제하고, jangbu 필드인 io, writeday, product_no, price, numi, numo, prices, bigo의 내용이 되도록 수정한다. 그리고 매입장이므로, io와 매출수량인 numo는 0을 지정해야 한다. 유효성검사는 날짜와 제품명만 지정하였다.

```
    public function save_row(Request $request, $row)
    {
        $request->validate([
            'writeday'      => 'required|date',
            'products_id'  => 'required'
        ],
        [
            'writeday.required'     => '날짜는 필수입력입니다.',
            'products_id.required' => '제품명은 필수입력입니다.',
            'writeday.date'         => '날짜형식이 잘못되었습니다.'
        ]);

        $row->io            = 0;
        $row->writeday      = $request->input('writeday');
        $row->products_id = $request->input('products_id');
        $row->price         = $request->input('price');
        $row->numi          = $request->input('numi');
        $row->numo          = 0;
        $row->prices        = $request->input('prices');
        $row->bigo          = $request->input('bigo');

        $row->save();
    }
}
```

⑤ **create.blade.php 수정** : views/jangbui폴더의 create.blade.php에서 입력할 데이터 내용이 jangbus 테이블의 날짜(writeday), 제품명 콤보상자(products_id), 단가(price), 매입수량(numi), 금액(prices), 비고(bigo)가 되도록 수정한다.

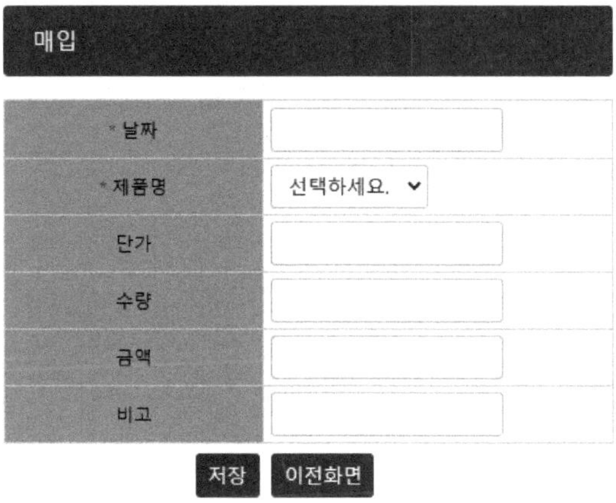


```
<br>
<div class="alert mycolor1" role="alert">매입</div>

<form name="form1" method="post" action="{{ route('jangbui.store') }}{{ $tmp }}">
@csrf

<table class="table table-sm table-bordered mymargin5">
  <tr>
    <td width="20%" class="mycolor2"><font color="red">*</font> 날짜</td>
    <td width="80%" align="left">
      <div class="d-inline-flex">
        <input type="text" name="writeday" size="20" value="{{ old('writeday') }}"
          class="form-control form-control-sm">
      </div>
      @error('writeday') {{ $message }} @enderror
    </td>
  </tr>
  <tr>
    <td width="20%" class="mycolor2"><font color="red">*</font> 제품명</td>
    <td width="80%" align="left">
      <div class="d-inline-flex">
        <select name="products_id" class="form-select form-select-sm">
          <option value="" selected>선택하세요.</option>

      @foreach ($list as $row)
        @if ( $row->id == old('products_id') )
          <option value="{{ $row->id }}" selected>{{ $row->name }}</option>
        @else
          <option value="{{ $row->id }}">{{ $row->name }}</option>
        @endif
      @endforeach

        </select>
      </div>
      @error('products_id') {{ $message }} @enderror
    </td>
  </tr>
```

```
        <tr>
            <td width="20%" class="mycolor2"> 단가</td>
            <td width="80%" align="left">
                <div class="d-inline-flex">
                    <input type="text" name="price" size="20" value="{{ old('price') }}"
                        class="form-control form-control-sm">
                </div>
            </td>
        </tr>
        <tr>
            <td width="20%" class="mycolor2"> 수량</td>
            <td width="80%" align="left">
                <div class="d-inline-flex">
                    <input type="text" name="numi" size="20" value="{{ old('numi') }}"
                        class="form-control form-control-sm">
                </div>
            </td>
        </tr>
        <tr>
            <td width="20%" class="mycolor2"> 금액</td>
            <td width="80%" align="left">
                <div class="d-inline-flex">
                    <input type="text" name="prices" size="20" value="{{ old('prices') }}"
                        class="form-control form-control-sm">
                </div>
            </td>
        </tr>
        <tr>
            <td width="20%" class="mycolor2"> 비고 </td>
            <td width="80%" align="left">
                <div class="d-inline-flex">
                    <input type="text" name="bigo" size="20" value="{{ old('bigo') }}"
                        class="form-control form-control-sm">
                </div>
            </td>
        </tr>
    </table>
```

⑥ **실행하기** : 실행하여 결과를 확인한다.

STEP 05 매입장 보기 만들기

① **index.blade.php의 제품명 수정** : views/jangbui폴더의 index.blade.php에서 제품명 〈a〉 tag에 JangbuiController.php의 show 함수를 호출할 수 있도록 링크되어 있는지 확인한다.

```
        <td width="15%">금액</td>
        <td width="20%">비고</td>
    </tr>

    @foreach($list as $row)
      <tr>
        <td>{{$row->writeday }}</td>
        <td align="left">
          <a href="{{ route('jangbui.show', $row->id) }}{{ $tmp }}">{{ $row->product_name }}</a>
        </td>
        <td align="right">{{ number_format($row->price) }}</td>
        <td align="right">{{ number_format($row->numi) }}</td>
        <td align="right">{{ number_format($row->prices) }}</td>
        <td align="left">{{$row->bigo }}</td>
      </tr>
    @endforeach

</table>

```

② **JangbuiController.php의 show 함수 수정** : controllers폴더의 JangbuiController.php의 show함수를 id번째 매입정보를 가져올 수 있도록 sql문을 수정한다. 그리고 보기화면을 호출할 수 있도록 views/jangbui폴더의 show.blade.php를 수정한다.

```

    public function show($id)
    {
        $data['tmp'] = $this->qstring();

        $data['row'] = Jangbut::leftjoin('products', 'jangbus.products_id', '=', 'products.id')->
              select('jangbus.*', 'products.name as product_name')->
                 where('jangbus.id', '=', $id)->first();

        return view('jangbui.show', $data);
    }

    public function edit($id)
    {
```

③ **show.blade.php 수정** : views/jangbui폴더의 show.blade.php에서 jangbus 테이블의 날짜(writeday), 제품명 콤보상자(products_id), 단가(price), 매입수량(numi), 금액(prices), 비고(bigo)가 아래 그림처럼 표시되도록 수정한다.

```
<br>
<div class="alert mycolor1" role="alert">매입</div>

<form name="form1" method="post" action="">

<table class="table table-sm table-bordered mymargin5">
    <tr>
        <td width="20%" class="mycolor2"><font color="red">*</font> 날짜</td>
        <td width="80%" align="left">{{ $row->writeday }}</td>
    </tr>
    <tr>
        <td width="20%" class="mycolor2"><font color="red">*</font> 제품명</td>
        <td width="80%" align="left">{{ $row->product_name }}</td>
    </tr>
    <tr>
        <td width="20%" class="mycolor2">단가</td>
        <td width="80%" align="left">{{ number_format($row->price) }}</td>
    </tr>
    <tr>
        <td width="20%" class="mycolor2">수량</td>
        <td width="80%" align="left">{{ number_format($row->numi) }}</td>
    </tr>
    <tr>
        <td width="20%" class="mycolor2">금액</td>
        <td width="80%" align="left">{{ number_format($row->prices) }}</td>
    </tr>
    <tr>
        <td width="20%" class="mycolor2">비고</td>
        <td width="80%" align="left">{{ $row->bigo }}</td>
    </tr>
</table>
```

④ **실행하기** : 실행하여 결과를 확인한다.

STEP 06 매입장 수정 만들기

① **show.blade.php의 수정 버튼 수정** : show.blade.php에서 수정 버튼의 〈a〉 tag에 JangbuiController.php의 edit함수를 호출할 수 있도록 링크를 수정한다.

```
    </tr>
</table>

<div align="center">
    <a href="{{ route('jangbui.edit', $row->id)}}{{ $tmp }}" class="btn btn-sm mycolor1">수정</a>
    <form action="{{ route('product.destroy', $row->id)}}">
        @csrf
        @method('DELETE')
        <button type="submit" class="btn btn-sm mycolor1"
            onClick="return confirm('삭제할까요 ?');">삭제</button>  
    </form>
    <input type="button" value="이전화면" class="btn btn-sm mycolor1" onClick="history.back();">
</div>
```

② **JangbuiController.php의 edit 함수 수정** : controllers폴더의 JangbuiController.php에서 구분(gubun) 콤보상자를 제품(product) 콤보상자가 되도록 함수이름을 수정한다. 그리고 Jangu의 id번째 자료를 읽도록 모델명을 수정한다. 마지막으로 views/jangbui 폴더의 edit.blade.php를 호출하여 수정화면이 표시되

도록 수정한다.

```
public function edit($id)
{
    $data['list']=$this->getlist_product();

    $data['tmp'] = $this->qstring();
    $data["row"] = Jangbu::find($id);
    return view('jangbui.edit', $data);
}

public function update(Request $request, $id)
{
```

③ **JangbuiController의 update 함수 수정** : update함수에서도 Product대신에 Jangbu로, product 대신에 jangbui가 되도록 수정한다.

```
public function update(Request $request, $id)
{
    $row = Jangbu::find($id);
    $this->save_row($request, $row);

    $tmp = $this->qstring();
    return redirect('jangbui' . $tmp);
}
```

④ **edit.blade.php 수정** : views/jangbui폴더의 edit.blade.php에서 선택한 제품의 데이터 내용이 jangbus 테이블의 날짜(writeday), 제품명 콤보상자(products_id), 단가(price), 매입수량(numi), 금액(prices), 비고(bigo)가 표시되고 입력할 수 있도록 수정한다.

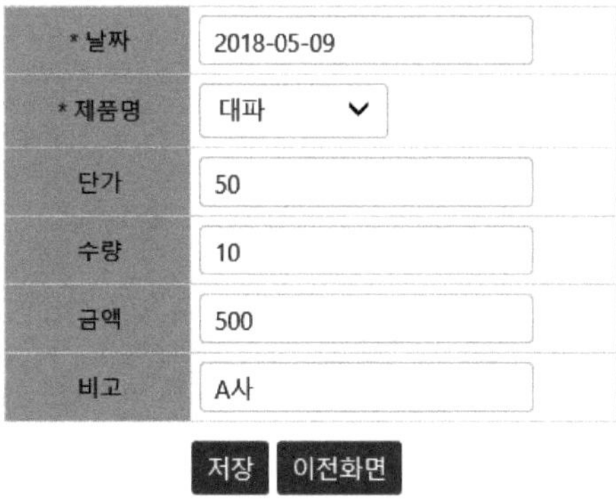

```
@extends('main')
@section('content')

<br>
<div class="alert mycolor1" role="alert">매입</div>

<form name="form1" method="post" action="{{ route('jangbui.update',$row->id) }}{{ $tmp }}">
@csrf
@method('PATCH')

<table class="table table-sm table-bordered mymargin5">
    <tr>
        <td width="20%" class="mycolor2"><font color="red">*</font> 날짜</td>
        <td width="80%" align="left">
            <div class="form-inline">
                <input type="text" name="writeday" size="20" value="{{ $row->writeday }}"
                    class="form-control form-control-sm">
            </div>
            @error('writeday') {{ $message }} @enderror
        </td>
    </tr>
    <tr>
        <td width="20%" class="mycolor2"><font color="red">*</font> 제품명</td>
        <td width="80%" align="left">
            <div class="form-inline">
                <select name="products_id" class="form-select form-select-sm">
                    <option value="">선택하세요.</option>

            @foreach ($list as $row1)
                @if ( $row1->id == $row->products_id )
                    <option value="{{ $row1->id }}" selected>{{ $row1->name }}</option>
                @else
                    <option value="{{ $row1->id }}">{{ $row1->name }}</option>
                @endif
            @endforeach

                </select>
            </div>
            @error('products_id') {{ $message }} @enderror
        </td>
    </tr>
    <tr>
        <td width="20%" class="mycolor2">단가</td>
        <td width="80%" align="left">
            <div class="form-inline">
                <input type="text" name="price" size="20" value="{{ $row->price }}"
                    class="form-control form-control-sm">
            </div>
        </td>
    </tr>
    <tr>
        <td width="20%" class="mycolor2">수량</td>
        <td width="80%" align="left">
            <div class="form-inline">
                <input type="text" name="numi" size="20" value="{{ $row->numi }}"
                    class="form-control form-control-sm">
            </div>
        </td>
    </tr>
    <tr>
        <td width="20%" class="mycolor2">금액</td>
        <td width="80%" align="left">
            <div class="form-inline">
                <input type="text" name="prices" size="20" value="{{ $row->prices }}"
                    class="form-control form-control-sm">
            </div>
        </td>
    </tr>
    <tr>
        <td width="20%" class="mycolor2">비고</td>
        <td width="80%" align="left">
            <div class="form-inline">
                <input type="text" name="bigo" size="20" value="{{ $row->bigo }}"
                    class="form-control form-control-sm">
            </div>
        </td>
    </tr>
</table>
```

STEP 07 매입장 삭제 만들기

① **show.blade.php의 삭제 버튼 수정 :** show.blade.php에서 삭제 버튼의 〈A〉 tag에 JangbuiController.php의 destroy함수를 호출할 수 있도록 링크를 수정한다.

```
    </tr>
  </table>

<div align="center">
    <a href="{{route('jangbui.edit',$row->id)}}" class="btn btn-sm mycolor1">수정</a>
    <form action="{{ route('jangbui.destroy', $row->id)}}">
        @csrf
        @method('DELETE')
        <button type="submit" class="btn btn-sm mycolor1"
            onClick="return confirm('삭제할까요 ?');">삭제</button>  
    </form>
    <input type="button" value="이전화면" class="btn btn-sm mycolor1"
        onClick="history.back();">
</div>

</form>
```

② **JangbuiController의 destroy 함수 수정 :** destroy함수에서는 모델명을 Jangbu로 수정한 후, 다시 목록화면이 표시되도록 수정한다.

```
    }

    public function destroy($id)
    {
        Jangbu::find($id)->delete();

        $tmp = $this->qstring();
        return redirect('jangbui', $tmp);
    }
```

③ **실행하기 :** 실행하여 결과를 확인한다.

7.1.3 날짜 달력 표시하기

앞에서 만든 매입장에서는 날짜를 입력할 때 키보드를 이용하여 직접 입력한다. 이렇게 날짜를 직접 입력하는 것보다는 아래 그림과 같이 달력 컨트롤에서 마우스로 선택하여 입력하는 것이 더 편리할 것이다. 이 절에서는 달력컨트롤을 사용하는 방법에 대해 알아보겠다.

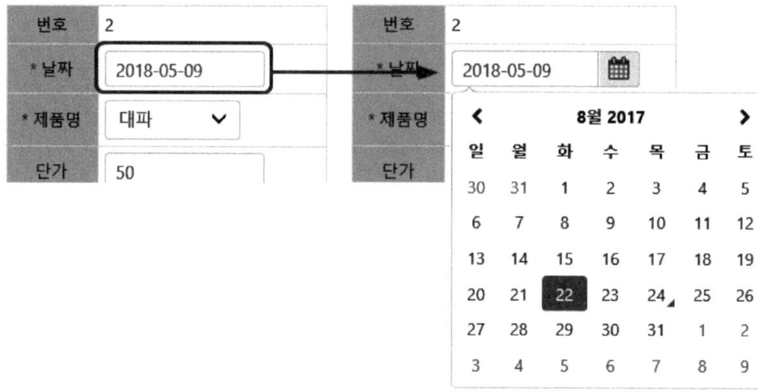

실습목적

datetimepicker 달력컨트롤을 이용하여 매입장의 날짜를 입력할 수 있도록 수정하여라.

실습이론

1. **bootstrap5-datetimepicker** : bootstrap을 이용한 달력컨트롤은 아주 다양한 종류가 있다. 그중 Eonasdan의 bootstrap-datetimepicker 는 github에서 오래 전부터 많이 사용하던 달력컨트롤이다. 이 라이브러리는 Bootstrap 3을 이용하여 만들어졌기 때문에 Bootstrap 4나 5에서는 아이콘, 글꼴과 크기에 문제가 있어 사용할 수 없다. 그래서 필자는 bootstrap 4, 5에서 사용할 수 있도록 수정한 라이브러리 bootstrap5-datetimepicker를 제공할 생각이다. 수정된 파일은 이미 책 앞에서 public폴더에 압축을 푼 부록파일의 my.zip에 포함되어 있어 따로 설치할 필요는 없다.

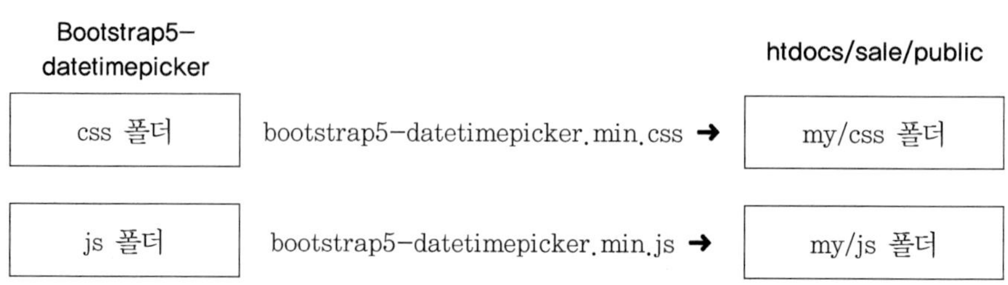

이 라이브러리에 대한 자세한 설명이나 업그레이드 버전인 tempus-dominus 를 이

용하려면, 다음 사이트를 참고하길 바란다.

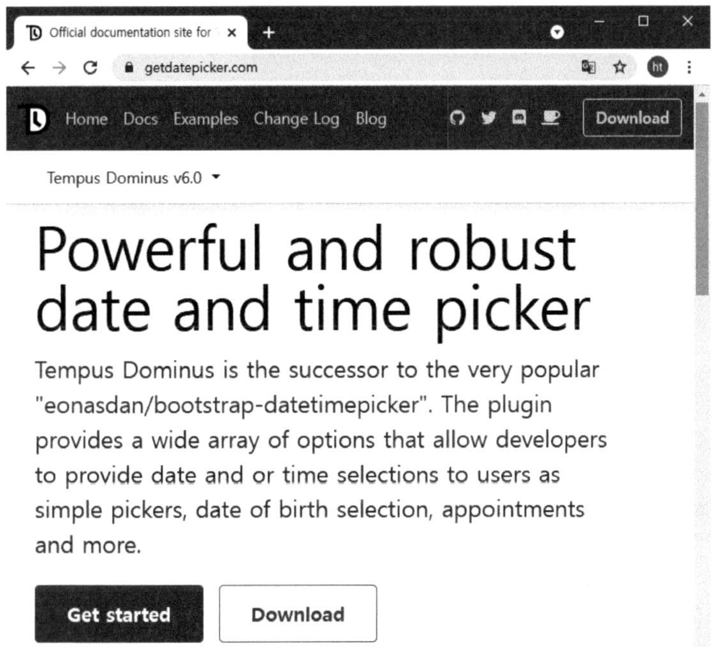

https://getdatepicker.com

2 **moment-with-locales.min.js** : 이 js 파일은 날짜와 시간에 대한 각종 함수와 나라별 월, 요일에 대한 표시 정보를 포함하고 있는 라이브러리 파일이다. 따라서 달력에 한글로 요일을 표시하기 위해서는 필요한 파일이며, 이 라이브러리도 my.zip 파일에 같이 포함되어 있으므로 따로 설치를 할 필요는 없다. 한가지 주의할 점은 js 파일은 반드시 bootstrap-datetimepicker의 js 파일보다 먼저 선언이 되야 한다. 순서가 바뀌면 달력컨트롤이 제대로 동작하지 않는다.

Moment		htdocs/sale/public
min 폴더	moment-with-locales.min.js ➜	my/js 폴더

github에서 이 라이브러리에 대한 자세한 설명이나 최신 버전을 이용하려면, 다음 사이트를 참고하길 바란다.

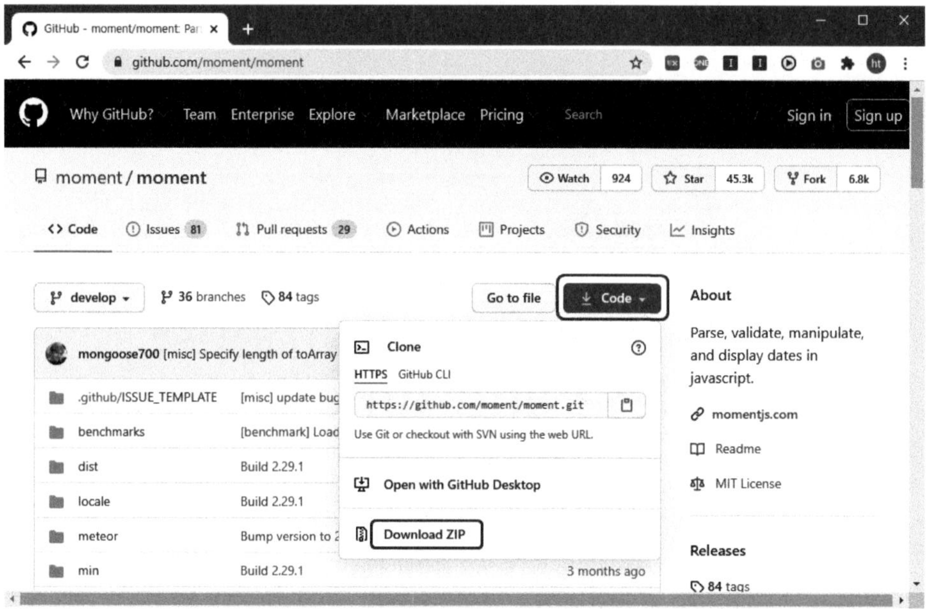

https://github.com/moment/moment

3 **Font Awesome** : bootstrap을 이용하는 다양한 제3자 라이브러리들은 fontawesome 이라는 아이콘 라이브러리를 많이 이용한다. 앞서 설명한 달력컨트롤도 이 아이콘을 이용하므로, 설치를 해야 달력에 관련된 아이콘들이 제대로 표시된다. 이 라이브러리도 my.zip 파일에 함께 제공되므로 따로 설치를 할 필요는 없다.

Font-Awesome		htdocs/sale/public
css 폴더	all.min.css ➜	my/css 폴더
webfonts 폴더	모든 아이콘 그림 파일 ➜	my/webfonts 폴더

이 라이브러리에 대한 자세한 설명이나 최신 버전을 원한다면 다음 사이트를 참고하길 바란다.

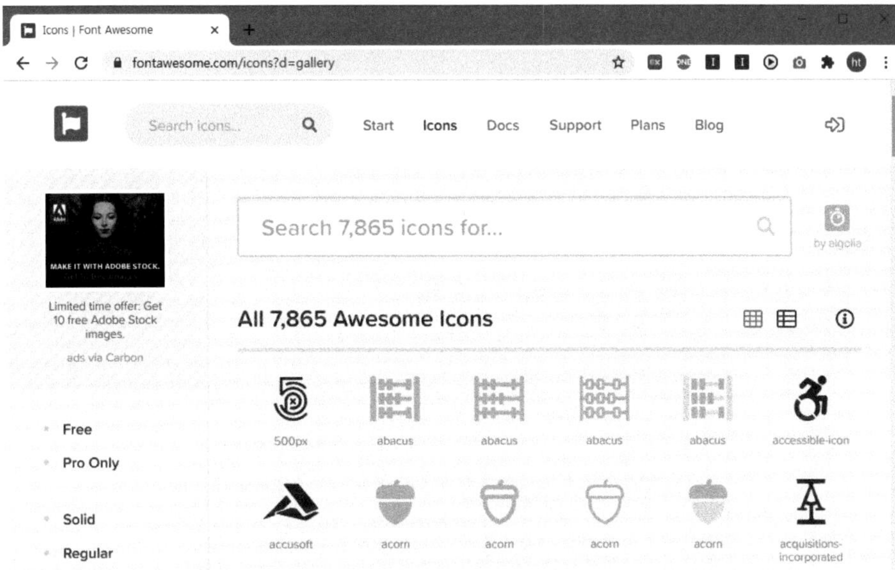

https://fontawesome.com/

font-awesome에서 특정 아이콘을 검색하는 경우에는 아래와 그림과 같이 "Icons" 메뉴를 클릭한 후, 관련 단어를 입력하여 찾을 수 있다. 다음 그림은 calendar로 검색한 결과 화면이며, 모든 아이콘 그림 아래에 있는 아이콘이름을 프로그램에 이용하면 된다. 반투명 아이콘들은 유료 아이콘들이다.

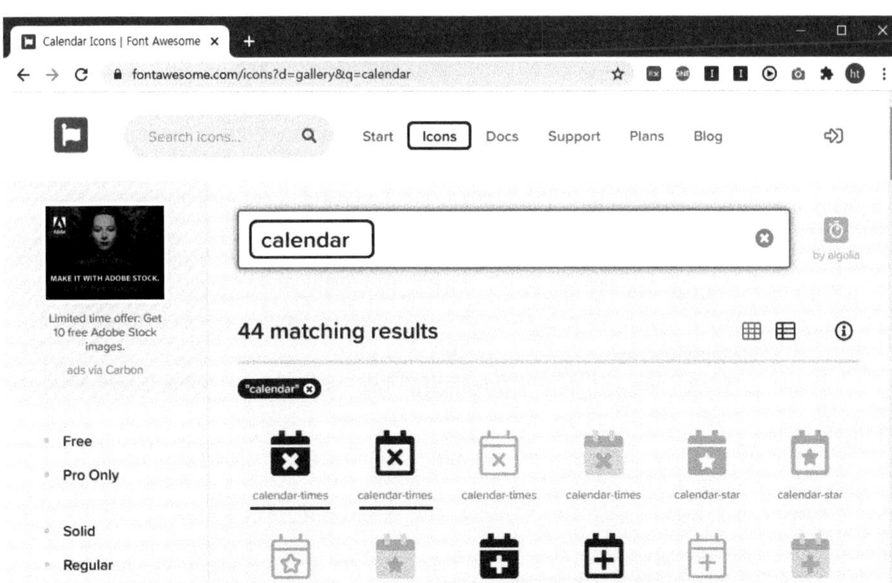

STEP 01 달력 관련 파일 수정하기

① **main_header.php 수정** : bootstrap5-datetimepicker 달력컨트롤, fontawesome 아이콘, monet 파일을 사용하기 위해서는 먼저 main_header.php에 해당 css와 js파일을 등록해야 한다. monent-with-locales.min.js가 bootstrap5-datetimepicker.min.js 보다 먼저 선언되어야 한다.

```
… … …
  <title>판매관리</title>
  <link  href="{{ asset('my/css/bootstrap.min.css') }}" rel="stylesheet">
  <link  href="{{ asset('my/css/my.css') }}" rel="stylesheet">
  <script src="{{ asset('my/js/jquery-3.6.0.min.js') }}"></script>
  <script src="{{ asset('my/js/popper.js') }}"></script>
  <script src="{{ asset('my/js/bootstrap.min.js') }}"></script>

  <script src="{{ asset('/my/js/moment-with-locales.min.js') }}"></script>
  <script src="{{ asset('/my/js/bootstrap5-datetimepicker.min.js') }}"></script>
  <link  href="{{ asset('/my/css/bootstrap5-datetimepicker.min.css') }}"
rel="stylesheet">
  <link  href="{{ asset('/my/css/all.min.css') }}" rel="stylesheet" >
</head>
<body>
… … …
```

② **index.blade.php 수정1** : 목록화면에서 달력컨트롤에 관련된 이벤트 프로그램을 jquery를 이용하여 작성한다.

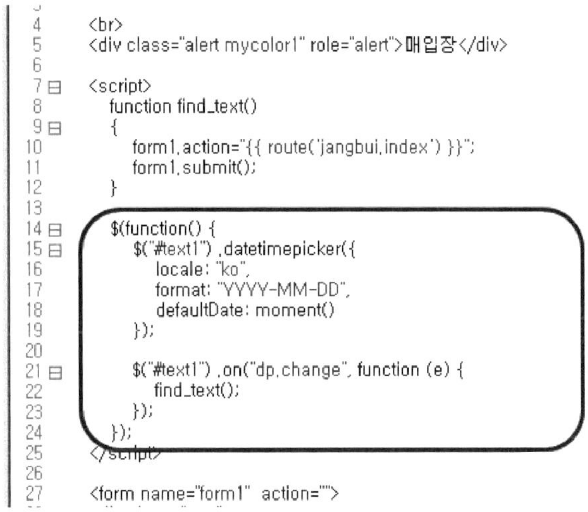


```
…<div class="alert mycolor1" role="alert">매입장</div>

  <script>
    function find_text()
    {
      form1.action="{{ route('jangbui.index') }}";
      form1.submit();
    }

    $(function() {
      $('#text1') .datetimepicker({
        locale: 'ko',
        format: 'YYYY-MM-DD',
        defaultDate: moment()
      });

      $("#text1") .on("dp.change", function (e) {
        find_text();
      });
    });
  </script>

  <form name="form1" action="">
…  …  …
```

이 jquery는 id가 "text1"인 달력컨트롤의 사용언어를 한글(ko)로, 형식은 "yyyy-mm-dd", 초기값은 오늘 날짜가 되도록 moment()라고 설정한다. 그리고 text1의 change이벤트에 날짜가 변경될 때 find_text() 함수를 호출하도록 작성하였다.

③ **index.blade.php 수정2:** 다음과 같이 수정한다. 여기서 text1 입력상자가 날짜 가로길이에 맞게 class="d-inline-flex"과 size="10"을 추가하였다.

```
<form name="form1" action="">

<div class="row">
    <div class="col-3" align="left">

        <div class="d-inline-flex">
            <div class="input-group input-group-sm date" id="text1">
                <span class="input-group-text">날짜</span>
                <input type="text" name="text1" size="10" value="{{ $text1 }}" class="form-control"
                    onKeydown="if (event.keyCode == 13) { find_text(); }">
                <span class="input-group-text">
                    <div class="input-group-addon">
                        <i class="far fa-calendar-alt fa-lg"> </i>
                    </div>
                </span>
            </div>
        </div>

    </div>
    <div class="col-9" align="right">
        <a href="{{ route('jangbui.create') }}{{ $tmp }}" class="btn btn-sm mycolor1">추가</a>
    </div>
</div>
</form>
```

```
...
<form name="form1" action="">

<div class="row">
    <div class="col-3">

        <div class="d-inline-flex">
            <div class="input-group input-group-sm date" id="text1">
                <span class="input-group-text">날짜</span>
                <input type="text" name="text1" size="10" value="<?=$text1; ?>"
                    class="form-control" onkeydown="if (event.keyCode == 13) {
find_text(); }">
                <div class="input-group-text">
                    <div class="input-group-addon">
                        <i class="far fa-calendar-alt fa-lg"></i>
                    </div>
                </div>
            </div>
        </div>
... ... ...
```

검색 입력란 text1에 달력컨트롤을 적용하기 위하여 input-group 클래스에 "date",

그리고 id="text1"을 지정해야한다. 그리고 검색이라는 버튼 대신에 fontaswesome 달력 아이콘이 표시되도록 해야한다. input-group-addon은 bootstrap 3에서 사용하다가 bootstrap 4부터 없어진 css 이지만, 달력 아이콘이 제대로 동작하려면 input-group-addon을 해주어야 한다.

```
<div class="input-group-addon">
    <i class="far fa-calendar-alt fa-lg"></i>
</div>
```

fontawesome 아이콘은 같은 fars, far, farl와 같은 3가지 스타일의 디자인을 제공하고 있으며, 크기도 fa-xs, fa-sm, fa-lg, fa-2x, fa-3x, … 와 같이 다양한 크기를 지정할 수 있다.

```
<i class="fars fa-calendar-alt fa-lg"></i>
<i class="far fa-calendar-alt fa-lg"></i>
<i class="farl fa-calendar-alt fa-lg"></i>
```

마지막으로 입력상자 너비를 조정하기 위하여 class="d-inline-flex"와 size="10"을 지정하였다.

④ **create.blade.php 수정** : 날짜 달력컨트롤 writeday의 초기값을 오늘 날짜가 되도록 jquery함수를 추가한다. 그리고 날짜 입력을 달력컨트롤이 되도록 수정한다.

```
<br>
<div class="alert mycolor1" role="alert">매입</div>

<script>
  $(function() {
    $("#writeday").datetimepicker({
      locale: "ko",
      format: "YYYY-MM-DD",
      defaultDate: moment()
    });
  });
</script>

<form name="form1" method="post" action="{{ route('jangbui.store') }}{{ $tmp }}">
@csrf

<table class="table table-sm table-bordered mymargin5">
  <tr>
    <td width="20%" class="mycolor2"><font color="red">*</font> 날짜</td>
    <td width="80%" align="left">
      <div class="d-inline-flex">
        <div class="input-group input-group-sm date" id="writeday">
          <input type="text" name="writeday" size="10" value="{{ old('writeday') }}"
            class="form-control form-control-sm">
          <div class="input-group-text">
            <div class="input-group-addon">
              <i class="far fa-calendar-alt fa-lg"> </i>
            </div>
          </div>
        </div>
      </div>
      @error('writeday') {{ $message }} @enderror
    </td>
  </tr>
```

```
... ... ...
<br>
<div class="alert mycolor1" role="alert">매입장</div>

<script>
  $(function() {
    $("#writeday") .datetimepicker({
      locale: "ko",
      format: "YYYY-MM-DD",
      defaultDate: moment()
    });
  });
</script>

<form name="form1" method="post" action="{{ route('jangbui.store') }}{{ $tmp }}">

<table class="table table-sm able-bordered mymargin5">
  <tr>
    <td width="20%" class="mycolor2"><font color="red">*</font> 날짜</td>
    <td width="80%" align="left">
      <div class="d-inline-flex">

        <div class="input-group input-group-sm date" id="writeday">
          <input type="text" name="writeday" size="10" value="{{ old('writeday')
```

```
}}"
                class="form-control form-control-sm">
            <div class="input-group-text">
                <div class="input-group-addon">
                    <i class="far fa-calendar-alt fa-lg"></i>
                </div>
            </div>
        </div>

    </div>
    @error("writeday") {{ $message }} @enderror
  </td>
</tr>
... ... ...
```

⑤ **edit.blade.php 수정** : 날짜 달력컨트롤 writeday의 초기값을 위한 jquery함수를 추가한다. 그리고 날짜 입력을 달력컨트롤이 되도록 수정한다.

```
<br>
<div class="alert mycolor1" role="alert">제품</div>

<script>
  $(function() {
    $("#writeday").datetimepicker({
       locale: "ko",
       format: "YYYY-MM-DD",
       defaultDate: moment()
    });
  });
</script>

<form name="form1" method="post" action="{{ route('jangbui.update',$row->id) }}{{ $tmp }}">
@csrf
@method('PATCH')

<table class="table table-sm table-bordered mymargin5">
  <tr>
    <td width="20%" class="mycolor2">번호</td>
    <td width="80%" align="left">{{ $row->id }}</td>
  </tr>
  <tr>
    <td width="20%" class="mycolor2"><font color="red">*</font> 날짜</td>
    <td width="80%" align="left">
      <div class="d-inline-flex">
        <div class="input-group input-group-sm date" id="writeday">
          <input type="text" name="writeday" size="10" value="{{ $row->writeday }}"
             class="form-control form-control-sm">
          <div class="input-group-text">
            <div class="input-group-addon">
              <i class="far fa-calendar-alt fa-lg"></i>
            </div>
          </div>
        </div>
      </div>
      @error('writeday') {{ $message }} @enderror
    </td>
  </tr>
```

```
... ... ...
<br>
<div class="alert mycolor1" role="alert">매입장</div>

<script>
  $(function() {
    $("#writeday") .datetimepicker({
      locale: "ko",
      format: "YYYY-MM-DD",
      defaultDate: moment()
    });
  });
</script>

<form name="form1" method="post" action="{{ route('jangbui.update',$row->id) }}{{
$tmp }}">

<table class="table table-sm table-bordered mymargin5">
  <tr>
    <td width="20%" class="mycolor2"><font color="red">*</font> 날짜</td>
    <td width="80%" align="left">
      <div class="d-inline-flex">
        <div class="input-group input-group-sm date" id="writeday">
          <input type="text" name="writeday" size="10" value="{{ $row->writeday }}"
            class="form-control form-control-sm">
          <div class="input-group-text">
            <div class="input-group-addon">
              <i class="far fa-calendar-alt fa-lg"></i>
            </div>
          </div>
        </div>
      </div>
      @error("writeday") {{ $message }} @enderror
    </td>
  </tr>
... ... ...
```

⑥ **실행하기** : 실행하여 결과를 확인한다.

7.1.4 제품 콤보박스 이벤트 프로그램하기

매입장 마지막 작업으로, 그림처럼 제품을 선택할 때 제품의 단가가 자동으로 단가에 입력되고, 금액이 자동으로 계산되는 이벤트 처리를 해보자. 그리고 금액은 자동계산 처리되는 부분이므로 수정을 못하도록 수정금지 처리를 하자.

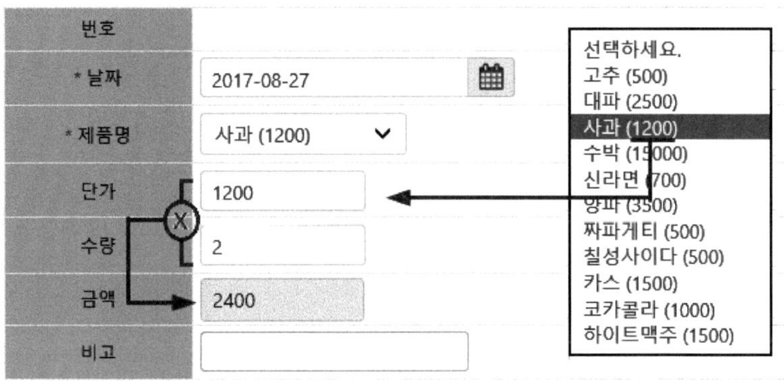

실습목적

제품 선택할 때, 단가 자동입력과 금액을 자동 계산하는 이벤트 프로그램을 작성하여라.

실습이론

1 **제품 콤보박스에 가격 표시** : 그림처럼 콤보박스에 가격을 표시하고, 선택한 경우 제품번호, 가격을 알아내기 위해서는 option value에 제품번호와 제품단가가 같이 저장되어야 한다. 여기서는 구분기호 "^^"를 이용하여 "제품번호^^단가"와 같은 형식으로 저장하였다. 그리고 콤보박스는 제품을 선택하기 위해 임시로 사용하는 컨트롤이므로, sel_products_id라는 이름을 이용했다. 실제로 제품번호 products_id를 위한 입력란은 내부적으로만 사용하기 때문에 hidden으로 처리해야한다.

```
<input type="hidden" name="products_id" value="">
<select name="sel_products_id" onchange="select_product();">
   <option value="">선택하세요.</option>";
   <option value="1^^500">고추 (500)</option>";
   <option value="2^^2500">대파 (2500)</option>";
   <option value="3^^1200" selected>사과 (1200)</option>";
   ...
</select>
```

"^^"는 두 값을 분리할 구분기호이며, javascript split함수를 이용하면 각 정보를 분리하여 문자열배열(str[ ])로 저장할 수 있다. 분리된 제품번호(str[0])는 products_id 입력란에, 단가(str[1])는 단가 입력란에 저장되며, 금액계산을 할 때 이용할 수 있다.

```
function select_product()
{
   var str;
   str = form1.sel_products_id.value;        // 제품번호^^단가
   if (str=="")                              // 선택하세요 인 경우
   {
      form1.products_id.value = "";
      form1.price.value = "";
      form1.prices.value = "";
   }
   else
   {
      str = str.split("^^");                 // 두 값 분리
      form1.products_id.value = str[0];      // 제품번호
      form1.price.value = str[1];            // 단가
      form1.prices.value=Number(form1.price.value) * Number(form1.numi.value);  // 금액
   }
}
```

콤보박스에서 선택한 값이 변경된 경우, 단가와 금액을 계산하기 위해서 sel_products_id의 onChange이벤트에서 select_product함수를 호출해야 한다. 따라서 jangbui폴더의 create.blade.php에서는 제품선택 콤보박스를 다음과 같이 수정해야 한다.

```
... ... ...
<input type="hidden" name="products_id" value="{{ old('products_id') }}" >
<select name="sel_products_id" class="form-select form-select-sm"
   onchange="select_product();">
   <option value="" seelcted>선택하세요.</option>";

   @foreach ($list as $row)
<?
        $t1="$row->id^^$row->price";         // "제품번호^^단가"
        $t2="$row->name($row->price)";       // "제품이름(단가)"
?>
     @if ( $row->id == old("products_id") )
        <option value="{{ $t1 }}" selected>{{ $t2 }}</option>
     @else
```

```
        <option value="{{ $t1 }}">{{ $t2 }}</option>
      @endif
    @endforeach

</select>
… … …
```

edit.blade.php에서도 제품선택 콤보박스를 다음과 같이 수정해야 한다.

```
… … …
      <input type="hidden" name="products_id" value="{{ $row->products_id }}" >
      <select name="sel_products_id" class="form-select form-select-sm"
        onchange="select_product();">
        <option value="" selected>선택하세요.</option>";

    @foreach ($list as $row1)
<?
        $t1="$row1->id^^$row1->price";
        $t2="$row1->name($row1->price)";
?>
      @if ( $row1->id == $row->products_id )
        <option value="{{ $t1 }}" selected>{{ $t2 }}</option>
      @else
        <option value="{{ $t1 }}">{{ $t2 }}</option>
      @endif
    @endforeach

      </select>
… … …
```

2 **금액 재계산** : 매입수량과 단가가 변경된 경우, 금액의 재계산은 다음과 같이 한다. 먼저 다음과 같은 cal_prices 함수를 선언한다.

```
function cal_prices()
{
   form1.prices.value=Number(form1.price.value) * Number(form1.numi.value);
   form1.bigo.focus();
}
```

그리고 다음과 같이 단가(price), 수량(nmui)의 값이 변경(onChange)될 때 cal_prices함수를 호출하면 된다. create.blade.php인 경우 초기값은 빈 값이며, edit.blade.php인 경우는 $row->price, $row->numi 이다.

```
<input type="text" name="price" value="초기값" class="form-control
form-control-sm"
      onChange="cal_prices();">
<input type="text" name="numi" value="초기값" class="form-control
form-control-sm"
      onChange="cal_prices();">
```

3 **금액 수정금지 :** 금액은 자동 계산되어 입력되는 부분이므로, 사용자가 수정하지 못하도록 readonly를 추가한다.

```
<input type="text" name="prices" value="값" class="form-control form-control-sm"
readonly>
```

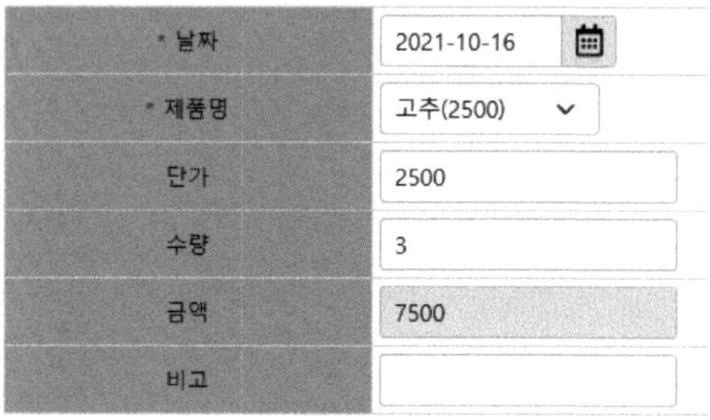

STEP 01 제품 금액 자동계산하기

① **sel_products_id, cal_prices함수 추가 :** create.blade.php와 edit.blade.php에 다음과 같은 자바스크립트 select_product함수와 cal_prices함수를 양쪽 다 추가한다.

```
            format: "YYYY-MM-DD",
            defaultDate: moment()
        });
    });

    function select_product()
    {
        var str;
        str = form1.sel_products_id.value;
        if (str=="")
        {
            form1.products_id.value = "";
            form1.price.value = "";
            form1.prices.value = "";
        }
        else
        {
            str = str.split("^^");
            form1.products_id.value = str[0];
            form1.price.value = str[1];
            form1.prices.value=Number(form1.price.value) * Number(form1.numi.value);
        }
    }

    function cal_prices()
    {
        form1.prices.value=Number(form1.price.value) * Number(form1.numi.value);
        form1.bigo.focus();
    }
</script>

```

② **create.blade.php 수정 :** 제품명, 단가 콤보박스 표시, 지동 금액 계산, 금액 수정 금지 처리를 위한 프로그램을 작성한다.

```
        <tr>
            <td width="20%" class="mycolor2"><font color="red">*</font> 제품명</td>
            <td width="80%" align="left">
                <div class="d-inline-flex">
                    <input type="hidden" name="products_id" value="{{ old('products_id') }}">
                    <select name="sel_products_id" class="form-select form-select-sm"
                        onchange="select_product();">
                        <option value="" selected>선택하세요.</option>

                @foreach ($list as $row)
<?
                    $t1="$row->id^^$row->price";          // 제품번호^^단가"
                    $t2="$row->name($row->price)";        // 제품이름(단가)"
?>
                    @if ( $row->id == old('products_id') )
                        <option value="{{ $t1 }}" selected>{{ $t2 }}</option>
                    @else
                        <option value="{{ $t1 }}">{{ $t2 }}</option>
                    @endif
                @endforeach

                    </select>
                </div>
                @error('products_id') {{ $message }} @enderror
            </td>
        </tr>
```

```
<tr>
    <td width="20%" class="mycolor2"> 단가</td>
    <td width="80%" align="left">
        <div class="d-inline-flex">
            <input type="text" name="price" size="20" value="{{ old('price') }}"
                class="form-control form-control-sm" onChange="cal_prices();">
        </div>
    </td>
</tr>
<tr>
    <td width="20%" class="mycolor2"> 수량</td>
    <td width="80%" align="left">
        <div class="d-inline-flex">
            <input type="text" name="numi" size="20" value="{{ old('numi') }}"
                class="form-control form-control-sm" onChange="cal_prices();">
        </div>
    </td>
</tr>
<tr>
    <td width="20%" class="mycolor2"> 금액</td>
    <td width="80%" align="left">
        <div class="d-inline-flex">
            <input type="text" name="prices" size="20" value="{{ old('prices') }}"
                class="form-control form-control-sm" readonly>
        </div>
    </td>
</tr>
```

② **edit.blade.php 수정 :** 제품명, 단가 콤보박스 표시, 자동 금액 계산, 금액 수정금지 처리를 위한 프로그램을 작성한다.

```
<tr>
    <td width="20%" class="mycolor2"><font color="red">*</font> 제품명</td>
    <td width="80%" align="left">
        <div class="d-inline-flex">
            <input type="hidden" name="products_id" value="{{ $row->products_id }}">
            <select name="sel_products_id" class="form-select form-select-sm"
                onchange="select_product();">
                <option value="" selected>선택하세요.</option>

        @foreach ($list as $row1)
<?
            $t1="$row1->id^^$row1->price";           // 제품번호^^단가"
            $t2="$row1->name($row1->price)";        // 제품이름(단가)"
?>
            @if ( $row->products_id == $row1->id )
                <option value="{{ $t1 }}" selected>{{ $t2 }}</option>
            @else
                <option value="{{ $t1 }}">{{ $t2 }}</option>
            @endif
        @endforeach

            </select>
        </div>
        @error('products_id') {{ $message }} @enderror
    </td>
</tr>
```

```
<tr>
   <td width="20%" class="mycolor2">단가</td>
   <td width="80%" align="left">
      <div class="d-inline-flex">
         <input type="text" name="name" size="20" value="{{ $row->price }}"
            class="form-control form-control-sm" onChange="cal_prices();">
      </div>
   </td>
</tr>
<tr>
   <td width="20%" class="mycolor2"> 수량</td>
   <td width="80%" align="left">
      <div class="d-inline-flex">
         <input type="text" name="price" size="20" value="{{ $row->numi }}"
            class="form-control form-control-sm" onChange="cal_prices();">
      </div>
   </td>
</tr>
<tr>
   <td width="20%" class="mycolor2"> 금액</td>
   <td width="80%" align="left">
      <div class="d-inline-flex">
         <input type="text" name="prices" size="20" value="{{ $row->prices }}"
            class="form-control form-control-sm" readonly>
      </div>
   </td>
</tr>
```

③ **실행하기** : 실행하여 결과를 확인한다.

7.2 매출장

7.2.1 매출장 기본 만들기

매출장은 수량 numi 필드대신에 numo 라는 점만 다르고, 매입장과 동일하다. 따라서 매입장 프로그램을 복사하면 매출장을 쉽게 만들 수 있다.

실습목적

매입장 프로그램을 복사하여 다음 그림과 같은 매출장 프로그램을 만들어라.

실습이론

1 **JangbuoController 만들기 :** 매입장과 매출장은 같은 jangbus 테이블을 이용하며, jangbus테이블의 io필드값이 매입(io=0)인지, 매출(io=1)인지 차이만 있지 똑같은 프로그램이라고 생각하면 된다. 따라서 매출 화면들을 복사하여 매입장 파일들을 만들면 아주 쉽게 만들 수 있다. 따라서 Jangbui 컨트롤러를 복사하여 Jangbuo 컨트롤러를 만들고, jangbui를 jangbuo로 수정하는 방식으로 작업하면 된다.

1) JangbuiController.php ➜ JangbuoController.php 복사.
2) "Jangbui" ➜ "Jangbuo"로, "jangbui" ➜ "jangbuo"로 모두 수정.
3) Jangbuo 내용으로 프로그램 수정.

2 **Jangbuo Routing 하기 :** Jangbuo 컨트롤러를 사용하려면 Route폴더의 web.php에 jangbuo에 관련된 Routing을 다음과 같이 해야 한다.

```
use App/Http/Controllers/JangbuoController;
...
Route::resource('jangbuo', JangbuoController::class );
```

3 **Jangbuo views 폴더의 index, create, show, edit 만들기** : 이 작업 역시 resources/views/jangbui 폴더의 프로그램을 복사하여 작업하면 쉽게 할 수 있다.

1) views/jangbuo 폴더를 새로 만들고, jangbui 폴더의 모든 파일을 복사.
2) 프로그램 내용중 "Jangbui" ➜ "Jangbuo"로, "jangbui" ➜ "jangbuo"로 모두 수정.
3) jangbuo 내용으로 프로그램 수정 (io=0 ➜ io=1, numi ➜ numo).

4 **작업 순서** : 매입관리를 이용하여 매출관리를 만드는 순서는 다음과 같다.

1) app/Http/Controller폴더안의 JangbuiController.php를 복사하여 같은 내용의 JangbuoController.php를 만든다.
2) Route폴더의 web.php에 jangbuo에 관련된 Routing을 작성한다.
3) views/jangbui폴더안의 파일들을 모두 복사하여 views/jangbuo 폴더를 만든다.
4) 1), 3) 과정에서 만들어진 프로그램 내용 중, Jangbui를 Jangbuo로, jangbui를 jangbuo로 모두 수정한다. 주의할 점은 대소문자를 구분하여 수정해야 한다.
5) jangbus 테이블 관련 내용을 매출 내용에 맞게 수정한다.
6) main.php에서 매출 메뉴를 클릭한 경우 화면이 나오도록 링크를 수정한다.

5 **주요 수정 내용** : 매입장과 매출장의 차이는 io 필드 값이 매입은 0, 매출은 1이다. 그리고 매입수량 필드이름이 numi이고 매출장에서는 numo이다. 따라서 프로그램 내에서 "매입"은 "매출"로, "io=0"은 "io=1"로, "numi"는 "numo"로 수정해주면 된다. save_row함수인 경우는 다음과 같이 수정한다.

```
$row->io            = 1;
$row->writeday      = $request->input('writeday');
$row->products_id   = $request->input('products_id');
$row->price         = $request->input('price');
$row->numi          = 0;
$row->numo          = $request->input('numo');
$row->prices        = $request->input('prices');
$row->bigo          = $request->input('bigo');
```

[6] **주요 edit 수정 내용 :** 매입장과 매출장의 차이는 io 필드 값이 매입은 0, 매출은 1이다. 그리고 매입수량 필드이름이 numi이고 매출장에서는 numo이다. 따라서 프로그램 내에서 "매입"은 "매출"로, "io=0"은 "io=1"로, "numi"는 "numo"로 수정해주면 된다. save_row함수인 경우는 다음과 같이 수정한다.

```
$row->io            = 1;
$row->writeday       = $request->input('writeday');
$row->products_id  = $request->input('products_id');
$row->price         = $request->input('price');
$row->numi          = 0;
$row->numo          = $request->input('numo');
$row->prices        = $request->input('prices');
$row->bigo          = $request->input('bigo');
```

STEP 01 Jangbuo 컨트롤러 만들기

① **JangbuoController.php 만들기 :** controls 폴더에 있는 JangbuiController.php 파일을 읽은 후, JangbuoController.php라는 새 이름으로 저장한다. JangbuoController.php에서 "Ctrl+H"키를 눌러 바꾸기 창을 연다. 〈찾을 말〉은 "Jangbui", 〈바꿀 말〉은 "Jangbuo"로 입력한 후, [모두 바꿈]버튼을 클릭하여 바꾼다. 이때 반드시 〈대소문자 구분〉을 체크하여 바꾸기를 한다. 다시 한번 〈찾을 말〉은 "jangbui", 〈바꿀 말〉은 "jangbuo"로 입력한 후, [모두 바꿈]버튼을 클릭하여 바꾼다.

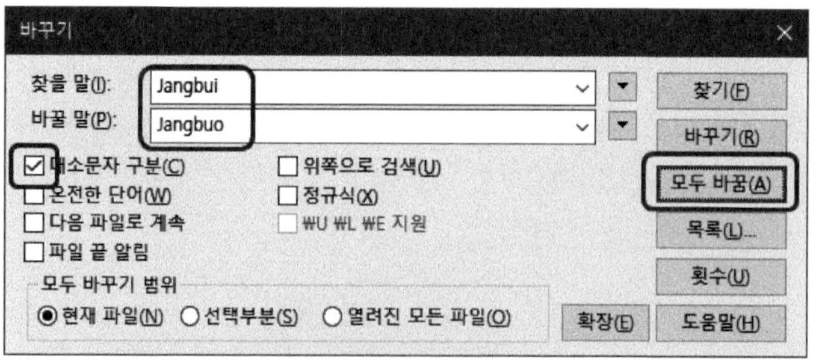

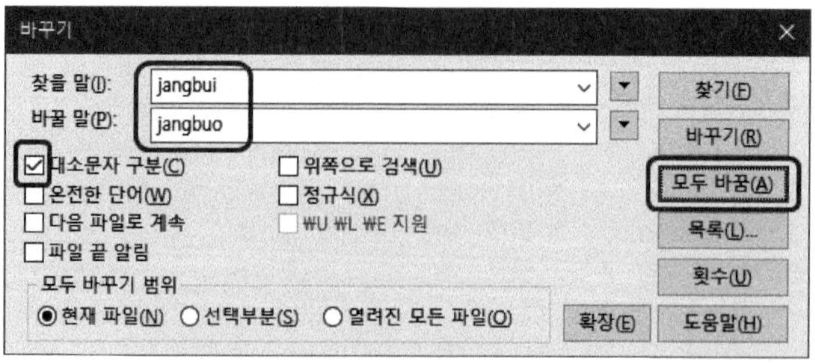

③ **getlist 함수 수정** : 매출장이므로, 조건 io가 1이 되도록 수정한다.

```
public function getlist($text1)
{
    $result = Jangbu::leftjoin('products','jangbus.products_id','=','products.id')->
        select('jangbus.*','products.name as product_name')->
            where('jangbus.io', '=', 1)->
            where('jangbus.writeday', '=', $text1)->
            orderby('jangbus.id','desc')->
            paginate(5)->appends('text1',$text1);

    return $result;
}
```

③ **save_row 함수를 매출장에 맞게 수정** : io는 1, numi는 0, numo는 $request->input("numo"); 가 되도록 수정한다.

```
    public function save_row(Request $request, $row)
    {
        $request->validate([
            'writeday'     => 'required|date',
            'products_id'  => 'required'
        ],
        [
            'writeday.required'     => '날짜는 필수입력입니다.',
            'products_id.required'  => '제품명은 필수입력입니다.',
            'writeday.date'         => '날짜형식이 잘못되었습니다.'
        ]);

        $row->io            = 1;
        $row->writeday      = $request->input('writeday');
        $row->products_id   = $request->input('products_id');
        $row->price         = $request->input('price');
        $row->numi          = 0;
        $row->numo          = $request->input('numo');
        $row->prices        = $request->input('prices');
        $row->bigo          = $request->input('bigo');

        $row->save();
    }
}
```

STEP 02 Jangbuo Route 등록하기

① **web.php 수정하기** : route폴더의 web.php를 열어 다음과 같이 jangbuo를 위한 Route 프로그램을 추가한다.

```
use App₩Http₩Controllers₩MemberController;
use App₩Http₩Controllers₩GubunController;
use App₩Http₩Controllers₩ProductController;
use App₩Http₩Controllers₩JangbuiController;
use App₩Http₩Controllers₩JangbuoController;

/*
|--------------------------------------------------------------------------
| Web Routes
|--------------------------------------------------------------------------
|
| Here is where you can register web routes for your application.
| routes are loaded by the RouteServiceProvider within a group w
| contains the "web" middleware group. Now create something g
|
*/

Route::get('/', function () {
    return view('main');
});

Route::resource('member', MemberController::class );
Route::resource('gubun', GubunController::class );
Route::resource('product', ProductController::class );
Route::resource('jangbui', JangbuiController::class );
Route::resource('jangbuo', JangbuoController::class );
```

STEP 03 index.blade.php 만들기

① **jangbuo 폴더 생성 및 복사** : resources/views/jangbui 폴더와 폴더안의 파일들을 모두 복사하여 아래 그림과 같이 jangbuo 폴더를 만든 후, 복사한다.

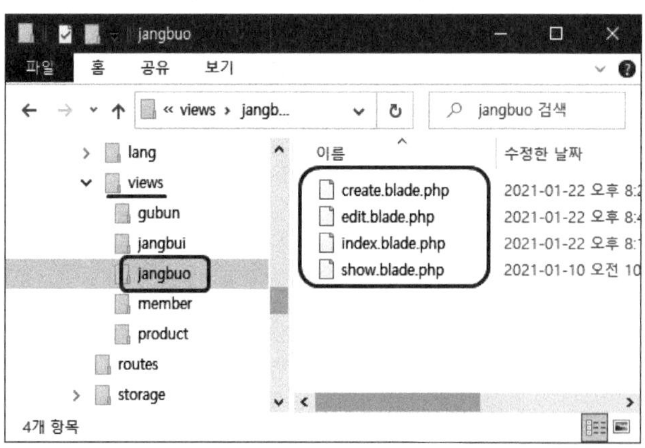

원격서버를 이용하는 경우에는 views폴더에서 Editplus의 [새로 작성]메뉴를 이용하여 jangbuo 폴더를 만들고, jangbui폴더의 4개의 파일을 읽어 [원격저장] 메뉴를 이용해 jangbuo 폴더에 저장하면 된다.

② **"jangbui"➜"jangbuo"로 수정** : product 폴더의 index.blade.php를 읽어

"Ctrl+H"키를 눌러 바꾸기 창을 연다. 〈찾을 말〉은 "jangbui", 〈바꿀 말〉은 "jangbuo"로 입력한 후, [모두 바꿈]버튼을 클릭하여 바꾼다.

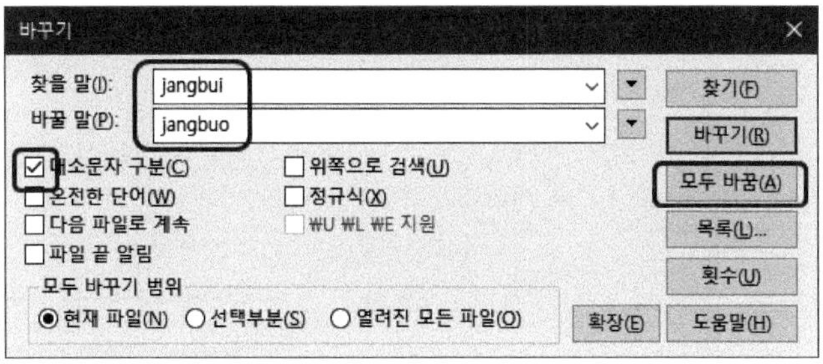

③ **매출 내용으로 수정** : 제목표시를 "매출"로 수정하고, 출력할 데이터 내용 중 numi를 numo로 수정한다. 그리고 jangbui.index를 junbuo.index로 수정한다.

```
@extends('main')
@section('content')

    <br>
    <div class="alert mycolor1" role="alert">매출장</div>

    <script>
      function find_text()
      {
        form1.action="{{ route('jangbuo.index') }}";
        form1.submit();
      }

    <table class="table table-bordered table-sm mymargin5">
      <tr class="mycolor2">
        <td width="15%">날짜</td>
        <td width="30%">제품명</td>
        <td width="10%">단가</td>
        <td width="10%">수량</td>
        <td width="15%">금액</td>
        <td width="20%">비고</td>
      </tr>

      @foreach($list as $row)
        <tr>
          <td>{{$row->writeday }}</td>
          <td align="left">
            <a href="{{ route('jangbuo.show', $row->id) }}{{ $tmp }}">
              {{ $row->product_name }}
            </a>
          </td>
          <td align="right">{{ number_format($row->price) }}</td>
          <td align="right">{{ number_format($row->numo) }}</td>
          <td align="right">{{ number_format($row->prices) }}</td>
          <td align="left">{{$row->bigo }}</td>
        </tr>
      @endforeach

    </table>
```

④ **매출 메뉴 연결하기** : views폴더의 main.blade.php를 읽어와 매출 메뉴를 클릭했을 때 매출 목록화면이 나오도록 〈a〉 tag의 href 를 "{{ route('jangbuo.index') }}"로 수

정한다.

```
<nav class="navbar navbar-expand-lg navbar-dark bg-dark">
    <a class="navbar-brand" href="#">판매관리</a>
    <button class="navbar-toggler" type="button" data-toggle="collapse"
    data-target="#navbarNavDropdown" aria-controls="navbarNavDropdown"
    aria-expanded="false" aria-label="Toggle navigation">
        <span class="navbar-toggler-icon"></span>
    </button>
    <div class="collapse navbar-collapse" id="navbarNavDropdown">
        <ul class="navbar-nav  mr-auto">
            <li class="nav-item">
                <a class="nav-link" href="{{ route('jangbui.index') }}">매입</a>
            </li>
            <li class="nav-item">
                <a class="nav-link" href="{{ route('jangbuo.index') }}">매출</a>
            </li>
            <li class="nav-item">
                <a class="nav-link" href="#">기간조회</a>
            </li>
            <li class="nav-item dropdown">
            <a class="nav-link dropdown-toggle" href="#"
```

⑤ **실행하기** : 실행하여 결과를 확인한다.

STEP 04 create.blade.php 만들기

① **create.blade.php 만들기** : views 폴더에 있는 create.blade.php 파일을 읽은 후, "Ctrl+H"키를 눌러 바꾸기 창을 연다. 〈찾을 말〉은 "jangbui", 〈바꿀 말〉은 "jangbuo"로 입력한 후, [모두 바꿈]버튼을 클릭하여 바꾼다.

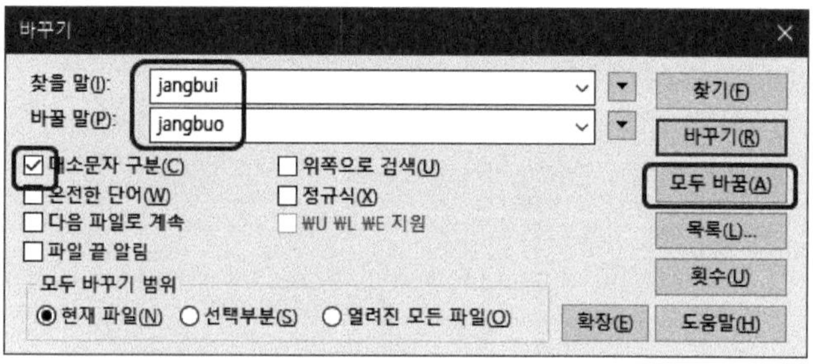

② **numi→numo로 변경하기** : 이번에는 "Ctrl+H"키를 눌러 바꾸기 창을 연다. 〈찾을 말〉은 "numi", 〈바꿀 말〉은 "numo"로 입력한 후, [모두 바꿈]버튼을 클릭하여 바꾼다.

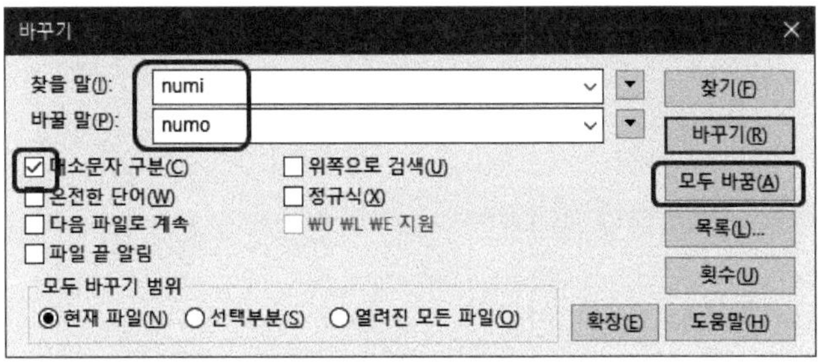

③ **create.blade.php 수정** : 매입장 제목표시를 에서 "매출장"으로 변경한다.

```
@extends('main')
@section('content')

<br>
<div class="alert mycolor1" role="alert">매출</div>

<script>
    $(function() {
        $("#writeday").datetimepicker({
            locale: "ko",
```

④ **실행하기** : 실행하여 결과를 확인한다.

STEP 05 show.blade.php 만들기

① **show.blade.php 만들기** : views 폴더에 있는 show.blade.php 파일을 읽은 후, "Ctrl+H"키를 눌러 바꾸기 창을 연다. 〈찾을 말〉은 "jangbui", 〈바꿀 말〉은 "jangbuo"로 입력한 후, [모두 바꿈]버튼을 클릭하여 바꾼다.

② **numi→numo로 변경하기** : 이번에는 "Ctrl+H"키를 눌러 바꾸기 창을 연다. 〈찾을 말〉은 "numi", 〈바꿀 말〉은 "numo"로 입력한 후, [모두 바꿈]버튼을 클릭하여 바꾼다.

③ **show.blade.php 수정** : 매입 제목표시를 에서 "매출"로 변경한다.

```
@extends('main')
@section('content')

<br>
<div class="alert mycolor1" role="alert">매출</div>

<form name="form1" method="get" action="">
@csrf

<table class="table table-sm table-bordered mymargin5">
```

④ **실행하기** : 실행하여 결과를 확인한다.

STEP 06 edit.blade.php 만들기

① **edit.blade.php 만들기** : views 폴더에 있는 edit.bladephp 파일을 읽은 후,"Ctrl+H"키를 눌러 바꾸기 창을 연다. 〈찾을 말〉은 "jangbui", 〈바꿀 말〉은 "jangbuo"로 입력한 후, [모두 바꿈]버튼을 클릭하여 바꾼다.

② **numi→numo로 변경하기** : 이번에는 "Ctrl+H"키를 눌러 바꾸기 창을 연다. 〈찾을 말〉은 "numi", 〈바꿀 말〉은 "numo"로 입력한 후, [모두 바꿈]버튼을 클릭하여 바꾼다.

③ **jangbu_edit.php 수정** : 매입 제목표시를 에서 "매출"로 변경한다.

```
@extends('main')
@section('content')

<br>
<div class="alert mycolor1" role="alert">매출</div>

<script>
    $(function() {
        $("#writeday").datetimepicker({
            locale: "ko",
```

④ **실행하기** : 실행하여 결과를 확인한다.

7.2.2 제품선택창 만들기

앞에서 만든 매입장과 매출장에서 제품선택은 콤보박스를 이용하였다. 보통 콤보박스를 이용하는 경우는 제품의 개수가 적은 경우에는 적합하지만, 많은 경우에는 불편할 수 있다. 따라서 아래 그림과 같이 제품을 검색하는 창을 열어 제품을 검색한 후, 클릭하여 제품을 입력하는 방법으로 변경해보자.

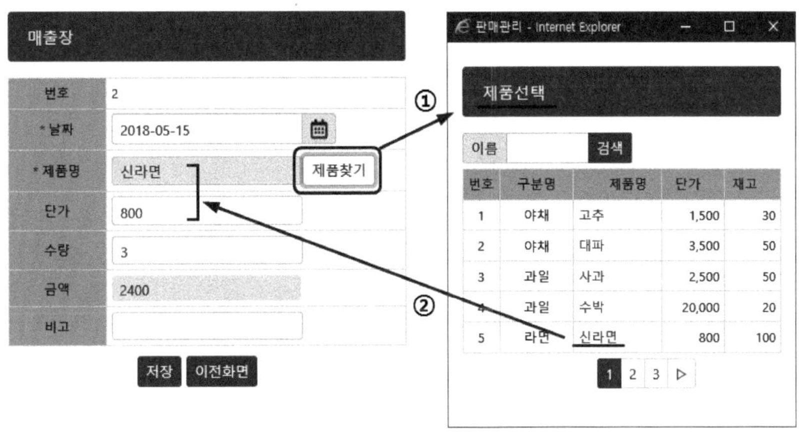

실습목적

매출장의 제품정보를 입력하는 방법을 콤보박스에서 제품검색창으로 입력할 수 있도록 수정하여라.

실습이론

1 **작업 순서 ::** 제품선택 창은 제품관리 파일들을 복사하여 만들면 쉽게 만들 수 있다. 만드는 순서는 다음과 같다.

1) app/http/controller 폴더에 있는 ProductController.php를 복사하여 FindproductController.php를 만들고 수정한다.
2) Findproduct를 위한 Routing을 등록한다.
3) resource/view폴더에 findproduct폴더를 새로 만들고, product/index.blade.php를 findproduct 폴더에 복사한 후, 수정한다.
4) main.blade.php를 복사해 풀다운메뉴가 없는 main_nomenu.blade.php를 만든다.

2 **Findproduct Routing 하기 :** Findproduct 컨트롤러를 사용하려면 Route폴더의 web.php에 Findproduct에 관련된 Routing을 다음과 같이 한다.

```
use App/Http/Controllers/FindproductController;
...
Route::resource('Findproduct', FindproductController::class );
```

3 **view/findproduct 폴더의 index.blade.php 만들기** : 이 작업 역시 resources/views/product 폴더의 index.blade.php 프로그램을 복사하여 작업하면 쉽게 할 수 있다. 제품검색 창은 제품 목록(index)만 있으면 되므로, 나머지 파일(create, edit, show)들은 복사할 필요가 없다.

1) views/findproduct 폴더를 새로 만들고, product폴더의 index.blade.php를 복사.
2) 프로그램 내용 중, product글자를 findproduct 글자로 모두 수정한다. 주의할 점은 클래스이름은 반드시 첫 글자가 대문자래야 한다.
3) 프로그램 내용 중 추가, 삭제, 수정, 업로드에 관련된 내용들을 모두 삭제한다.

4 **메뉴 없는 main_nomonu.blade.php** : 제품검색 화면은 팝업창으로서, 메인화면같이 풀다운 메뉴가 필요 없다. 따라서 main.blade.php에서 풀다운메뉴가 없는 main_nomenu.blade.php를 새로 만들 필요가 있으며, Findproduct폴더의 index.blade.php에서 해당 파일이 열리도록 extends blade 템플릿을 수정해야 한다.

```
@extends('main_nomenu')
@section('content')

  <br>
  <div class="alert mycolor1" role="alert">제품선택</div>

  <script>
    function find_text()
…  …  …
```

5 **제품검색창 열기** : 매출장의 제품 추가(create.blade.php)나 수정(edit.blade.php) 화면에서 제품을 선택하는 findproduct 를 팝업창으로 열기 위해서는 다음과 같은 find_product()함수를 추가해야 한다.

```
function find_product()
{
  window.open("{{ route('findproduct.index') }}", "", "resizable=yes, scrollbars=yes,
width=500, height=600");
}
```

6 **jangbuo 폴더의 create.blade.php 수정** : 매출장 추가화면에서 제품 콤보박스는 "제품찾기"버튼으로 교체하고, find_product함수를 호출 할 수 있도록 onClick이벤트에 연결시킨다. 그리고 제품명 표시는 추가이므로, 빈 값이 되도록 하고, readonly 시켜 키보드로 수정 못하도록 한다.

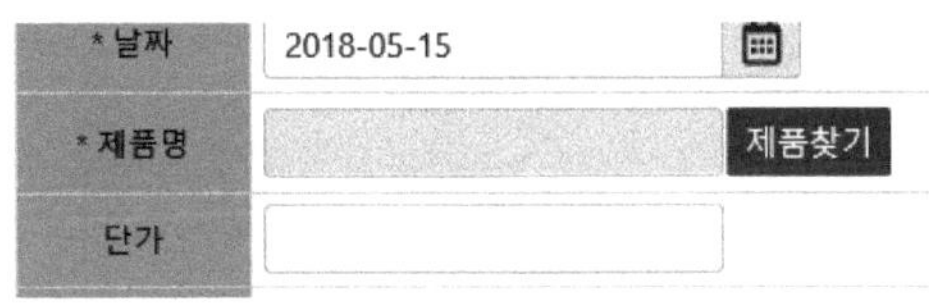


```
...  ...  ...
<tr>
  <td width="20%" class="mycolor2"><font color="red">*</font> 제품명</td>
  <td width="80%" align="left">
    <div class="d-inline-flex">
      <input type="hidden" name="products_id" value="{{ old('products_id') }}">
      <input type="text" name="product_name" value="" class="form-control
form-control-sm" readonly> 
      <input type="button" value="제품찾기" onClick="find_product();"
class="btn btn-sm mycolor1">
    </div>
    @error('products_id') {{ $message }} @enderror
  </td>
</tr>
...  ...  ...
```

7 **jangbuo 폴더의 edit.blade.php 수정** : 매출장 수정화면에서도 마찬가지로 "제품찾기"버튼을 추가해야 한다. 그리고 제품명 표시는 $row->product_name을 출력하며, readonly 시켜 수정 못하도록 한다.

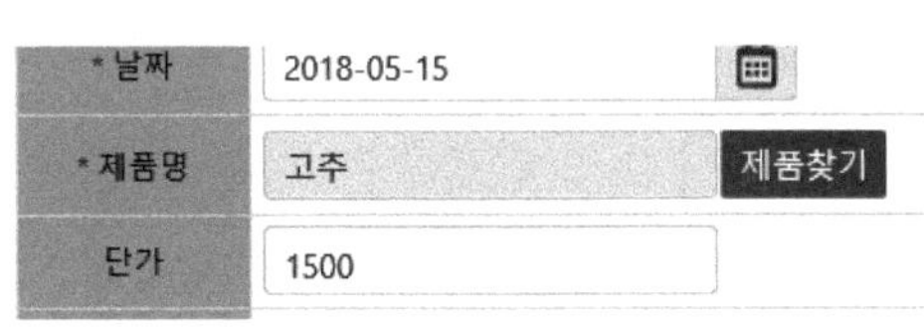

```
... ... ...
<tr>
  <td width="20%" class="mycolor2"><font color="red">*</font> 제품명</td>
  <td width="80%" align="left">
    <div class="d-inline-flex">
      <input type='hidden' name='products_id' value="{{ $row->product_no }}">
      <input type="text" name="product_name" value="{{ $row->product_name }}"
form-control-sm" readonly> 
      <input type="button" value="제품찾기" onClick="find_product();"
class="btn btn-sm mycolor1">
    </div>
    @error('products_id') {{ $message }} @enderror
  </td>
</tr>
... ... ...
```

수정인 경우에는 제품명이 표시되어야 하므로, JangbuoController.php의 edit함수에서 Jangbu::find($id)대신에 다음과 같이 수정해야 한다.

```
... ... ...
public function edit($id)
{
  $data['list']=$this->getlist_product();

  $data['tmp'] = $this->qstring();

  $data['row'] = Jangbu::leftjoin('products', 'jangbus.products_id', '=',
'products.id')->
          select('jangbus.*', 'products.name as product_name')->
            where('jangbus.id', '=', $id)->first();

  return view('jangbuo.edit', $data);
}
... ... ...
```

8 **제품선택창에서 선택된 제품 정보 전달하기** : 제품선택창에서 선택한 제품정보가 매출장의 추가화면이나 수정화면의 제품정보란에 표시되려면 다음과 같은 SendProduct 함수를 만들어야 한다. 이 함수는 전달받은 제품의 제품번호(① id), 제품명(② name), 가격(③ price)을 제품선택창을 호출한 대상(opener)의 개체에 전달하도록 작성되었다.

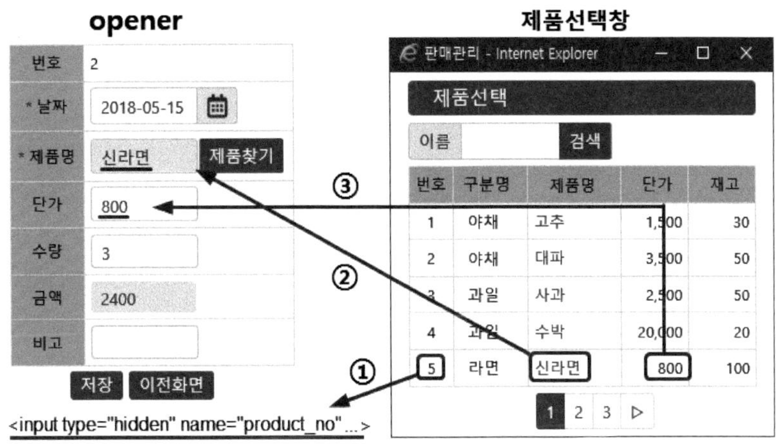


```
function SendProduct(id, name, price)
{
    opener.form1.products_id.value = id;          → ①
    opener.form1.product_name.value = name;       → ②
    opener.form1.price.value = price;             → ③
    opener.form1.prices.value = Number(price) * Number(opener.form1.numo.value);
    self.close();
}
```

이 SendProduct 함수는 findproduct창에서 제품명을 클릭하는 경우 SendProduct 함수를 호출하도록 아래 프로그램과 같이 〈a〉 tag의 href에서 지정해야 한다. 이때 반드시 "javascript:"를 붙여서 호출해야 한다.

```
... ... ...
@foreach ($list as $row)
    <tr>
        <td>{{ $row->id }}</td>
        <td>{{ $row->gubun_name }}</a></td>
        <td align="left">
            <a href="javascript:SendProduct( {{ $row->id }}, '{{ $row->name }}',
{{ $row->price }} );">{{ $row->name }}</a>
        </td>
        <td align="right">{{ number_format($row->price) }}</a></td>
        <td align="right">{{ number_format($row->jaego) }}</a></td>
    </tr>
@endforeach
... ... ...
```

STEP 01 Findproduct.php 만들기

① **Findproduct.php 만들기 :** controllers 폴더에 있는 ProductController.php 파일을 읽은 후, "FindproductController.php"라는 새 이름으로 저장한다.

② **create, getlist_gubun, store, show, edit, update, destroy, save_row, qstring 함수 삭제 :** 함수 중 index, lists함수만 남기고, 나머지 모든 함수를 삭제한다.

```
<?php

namespace App₩Http₩Controllers;

use Illuminate₩Http₩Request;
use Illuminate₩Support₩Facades₩DB;    // DB Lib 사용
use App₩Models₩Product;               // eloquent 사용할 때 필요
use App₩Models₩Gubun;

class ProductController extends Controller
{
    public function index(Request $request)
    {


        $text1=$request->input('text1');
        $data['text1'] = $text1;
        $data['list'] = $this->getlist($text1);

        return view('product.index',$data);
    }

    public function getlist($text1)
    {
        $result = Product::leftjoin('gubuns','products.gubuns_id','=','gubuns.id')->
            select('products.*','gubuns.name as gubun_name')->
                where('products.name', 'like', '%'.$text1.'%')->
                orderby('products.name','asc')->
                paginate(5)->appends(['text1'=>$text1]);

        return $result;
    }



}
```

③ **FindproductController 수정 :** 다음 그림과 같이 class 이름을 "FindproductController"로 수정하고, 링크도 "findproduct.index"로 수정한다.

```
use App₩Models₩Product;                    // eloque
use App₩Models₩Gubun;

class FindproductController extends Controller
{
    public function index(Request $request)
    {
        $text1=$request->input('text1');
        $data['text1'] = $text1;
        $data['list'] = $this->getlist($text1);

        return view('findproduct.index',$data);
    }

    public function getlist($text1)
```

STEP 02 Findproduct Route 등록하기

① **web.php 수정하기 :** route폴더의 web.php를 열어 다음과 같이 Findproduct를 위한 Route 프로그램을 추가한다.

```
use App₩Http₩Controllers₩ProductController;
use App₩Http₩Controllers₩JangbuiController;
use App₩Http₩Controllers₩JangbuoController;
use App₩Http₩Controllers₩FindproductController;

/*
|--------------------------------------------------------------------------
| Web Routes
|--------------------------------------------------------------------------
|
| Here is where you can register web routes for your application. These
| routes are loaded by the RouteServiceProvider within a group which
| contains the "web" middleware group. Now create something great!
|
*/

Route::get('/', function () {
    return view('main');
});

Route::resource('member', MemberController::class );
Route::resource('gubun', GubunController::class );
Route::resource('product', ProductController::class );
Route::resource('jangbui', JangbuiController::class );
Route::resource('jangbuo', JangbuoController::class );
Route::resource('findproduct', FindproductController::class );
```

STEP 03 메뉴없는 main 화면 만들기

① **main_nomenu.php 만들기 :** views 폴더에 있는 main.blade.php 파일을 읽은 후, "main_nomenu.php"라는 새 이름으로 저장한다. 그리고 〈nav〉 tag로 되어 있는 풀다운메뉴 부분을 모두 삭제한다.

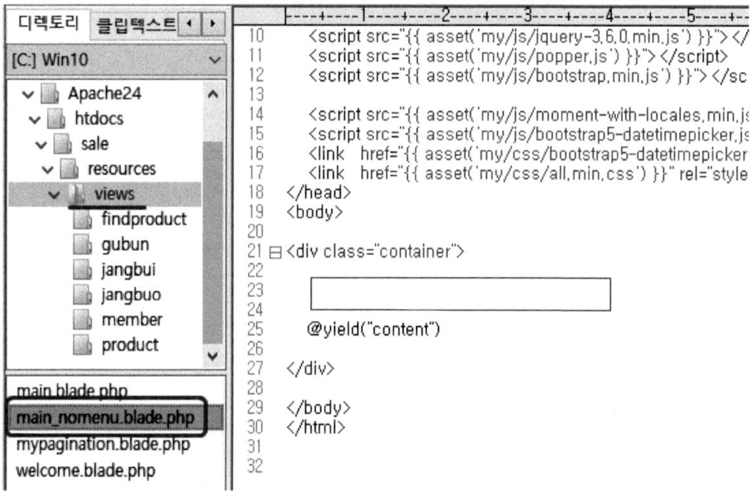

STEP 03 index.blade.php 만들기

① **findproduct 폴더 생성 및 복사** : 먼저 resources/views폴더 밑에 findproduct 폴더를 만든다. 그리고 product 폴더안의 index.blade.php만 복사하여 아래 그림과 같이 findproduct 폴더에 복사한다.

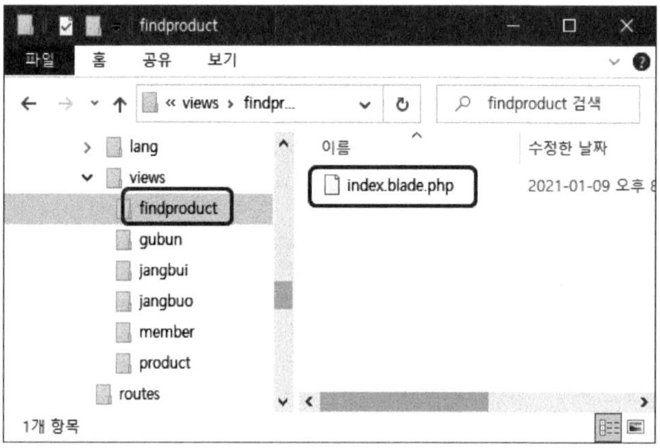

② **메뉴없는 메인 연결** : 풀다운 메뉴가 없는 화면을 만들기 위해 @extends에서 “main_nomenu”로 수정한다.

```
@extends('main_nomenu')
@section('content')

    <br>
    <div class="alert mycolor1" role="alert">제품선택</div>
```

③ **제목 및 링크 수정** : 제품 제목표시를 "제품선택"으로 변경하고, find_next 함수의 링크를 "findproduct.index"로 수정한다.

```
@extends('main')
@section('content')

    <br>
    <div class="alert mycolor1" role="alert">제품선택</div>

    <script>
        function find_text()
        {
            form1.action="{{ route('findproduct.index') }}";
            form1.submit();
        }
    </script>

    <form name="form1" method="get" action="">
```

④ **추가버튼 삭제** : 추가버튼과 관련된 부분을 삭제한다. 그리고 Grid를 "col-6"으로 수정한다.

```
<form name="form1" method="get" action="">
<div class="row">
    <div class="col-6" align="left">
        <div class="input-group input-group-sm">
            <div class="input-group-prepend">
                <span class="input-group-text">이름</span>
          </div>
            <input type="text" name="text1" value="{{ $text1 }}" class="form-control"
                onKeydown="if (event.keyCode == 13) { find_text(); }">
            <span class="input-group-append">
                <button class="btn mycolor1" type="button"
                  onClick="find_text();">검색</button>
            </span>
        </div>
    </div>
    <div class="col-6" align="right">


    </div>
</div>
</form>
```

⑤ **실행하기** : 웹브라우저에 다음 주소를 입력해 결과를 확인한다.

http://localhost/sale/public/**findproduct**

STEP 04 매출장의 create.blade.php 수정

① **find_product 함수 추가 :** views/jangbuo 폴더에 있는 create.blade.php를 연다. 그리고 제품검색창을 팝업창으로 여는 javascript함수인 find_product함수를 추가한다.

```
function cal_prices()
{
    form1.prices.value=Number(form1.price.value) * Number(form1.numo.value);
    form1.bigo.focus();
}

function find_product()
{
    window.open("{{ route('findproduct.index' ) }}","",
        "resizable=yes,scrollbars=yes,width=500,height=600");
}
</script>

<form name="form1" method="post" action="{{ route('jangbuo.store') }}{{ $tmp }}">
@csrf
```

② **제품찾기 버튼 추가 :** 제품이름 product_name 이 표시되도록 입력란을 추가하고, [제품찾기]버튼이 표시되도록 프로그램을 작성한다.

```
            </td>
        </tr>
        <tr>
            <td width="20%" class="mycolor2"><font color="red">*</font> 제품명</td>
            <td width="80%" align="left">
                <div class="d-inline-flex">
                    <input type="hidden" name="products_id" value="{{ old('products_id') }}">
                    <input type="text" name="product_name" value=""
                        class="form-control form-control-sm" readonly> 
                    <input type="button" value="제품찾기" onClick="find_product();"
                        class="btn btn-sm mycolor1">
                </div>
                @error('products_id') {{ $message }} @enderror
            </td>
        </tr>
        <tr>
            <td width="20%" class="mycolor2"> 단가</td>
```

③ **실행하기 :** 실행하여 결과를 확인한다.

STEP 05 edit.blade.php 수정하기

① **find_product 함수 추가 :** views/findproduct 폴더에 있는 edit.blade.php를 연다. 그리고 제품검색창을 팝업창으로 여는 Javascript함수인 find_product함수를 추가한다.

```
    function cal_prices()
    {
        form1.prices.value=Number(form1.price.value) * Number(form1.numo.value);
        form1.bigo.focus();
    }

    function find_product()
    {
        window.open("{{ route('findproduct.index' ) }}","",
            "resizable=yes,scrollbars=yes,width=500,height=600");
    }
</script>

<form name="form1" method="post" action="{{ route('jangbuo.update',$row->id) }}{{ $tmp }
@csrf
@method('PATCH')
```

② **제품찾기 버튼 추가 :** 제품이름 product_name 이 표시되도록 입력란을 추가하고, [제품찾기]버튼이 표시되도록 프로그램을 작성한다.

```
        <tr>
            <td width="20%" class="mycolor2"><font color="red">*</font> 제품명</td>
            <td width="80%" align="left">
                <div class="d-inline-flex">
                    <input type="hidden" name="products_id" value="{{ $row->products_id }}">
                    <input type="text" name="product_name" value="{{ $row->product_name }}"
                        class="form-control form-control-sm" readonly> 
                    <input type="button" value="제품찾기" onClick="find_product();"
                        class="btn btn-sm mycolor1">
                </div>
                @error('products_id') {{ $message }} @enderror
            </td>
        </tr>
        <tr>
            <td width="20%" class="mycolor2">단가</td>
```

③ **실행하기** : 실행하여 결과를 확인한다.

STEP 06 findproduct폴더의 index.blade.php 수정하기

① **SendProduct함수 추가** : views/findproduct 폴더의 index.blade.php 파일을 읽은 후, 제품이름을 클릭했을 때 매출장 장부에 값을 전달하고 금액을 재계산하는 SendProduct함수를 작성한다.

```
<br>
<div class="alert mycolor1" role="alert">제품선택</div>

<script>
    function find_text()
    {
        form1.action="{{ route('findproduct.index') }}";
        form1.submit();
    }

    function SendProduct(id, name, price)
    {
        opener.form1.products_id.value = id;
        opener.form1.product_name.value = name;
        opener.form1.price.value = price;
        opener.form1.prices.value = Number(price) * Number(opener.form1.numo.value);
        self.close();
    }
</script>

<form name="form1" method="get" action="">
```

② **SendProduct함수 호출** : 제품이름을 클릭했을 때 제품번호, 이름, 단가를 전달하는 SendProduct함수를 호출하도록 〈a〉 tag의 href를 수정한다.

```
        <td width="20%">재고</td>
    </tr>

@foreach($list as $row)
    <tr>
        <td>{{$row->id }}</td>
        <td>{{$row->gubun_name }}</td>
        <td align="left">
            <a href="javascript:SendProduct( {{ $row->id }},'{{ $row->name }}',{{ $row->price }} );">
                {{ $row->name }}
            </a>
        </td>
        <td align="right">{{$row->price }}</td>
        <td align="right">{{$row->jaego }}</td>
    </tr>
@endforeach

</table>
```

③ **실행하기 :** 실행하여 결과를 확인한다.

Chapter 08

기간별 작업

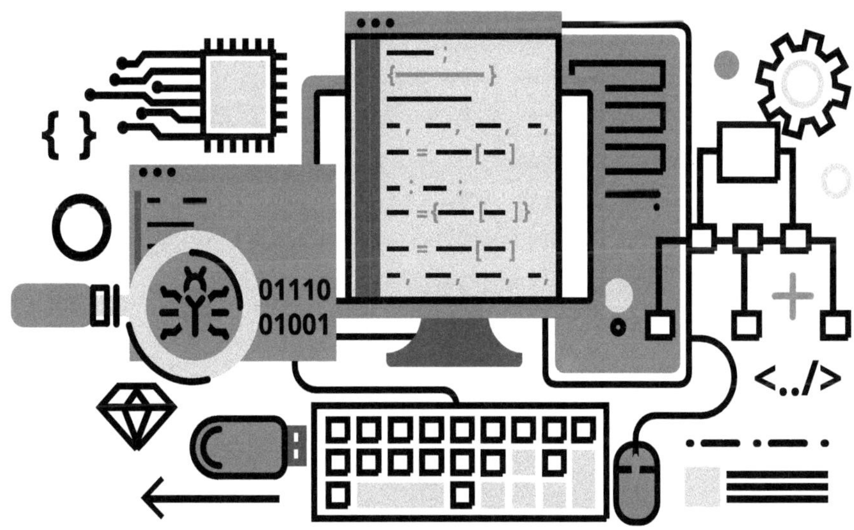

8.1 기간조회 만들기

8.1.1 기간조회 기본화면 만들기

이번에 만들 화면은 아래 그림과 같이 시작날짜, 종료날짜, 그리고 제품명을 이용하여 복합 검색할 수 있는 화면을 만들어 보자. 특히 제품명은 콤보박스를 이용해 전체를 조회할 수 있고, 특정 제품을 검색할 수 있도록 만들겠다.

기간별 매출입현황

날짜 2017-08-20 - 2017-09-20 제품명 전체

날짜	제품명	단가	매입수량	매출수량	금액	비고
2017-08-21	고추	1,000	3		3,000	
2017-08-22	대파	2,500	2		5,000	
2017-08-22	대파	2,500	1		2,500	
2017-08-26	하이트맥주	1,200			0	
2017-08-27	신라면	700		3	2,100	

1 2 ▷

실습목적

먼저 앞에서 만든 매출장 프로그램을 복사하여 다음 그림과 같은 기간조회 기본 모양의 프로그램을 만들어 보자.

기간별 매출입현황

날짜 2017-08-27

날짜	제품명	단가	매입수량	매출수량	금액	비고
2017-08-27	신라면	700		3	2,100	
2017-08-27	대파	2,500		5	12,500	
2017-08-27	하이트맥주	1,500		2	3,000	

◁ 1 2 3 4 5 ▷ ▶

실습이론

1 **매출장 프로그램 이용하기** : 이제부터 만들 화면들은 대부분 기존의 자료를 조회하거나 응용하는 화면이므로, 추가, 수정, 삭제 기능은 필요하지 않으며 목록 화면만 있으면 된다. 따라서 기간조회 파일은 GiganController.php, index.blade.php 파일만 있으면 된다. 작업 순서는 다음과 같다.

1) JangbuoController.php ➜ GiganController.php, jangbuo/index.blade.php ➜ gigan/index.blade.php로 복사한다.
2) 프로그램 내용 중, jangbuo 글자를 gigan 글자로 모두 수정한다. 주의할 점은 클래스이름은 반드시 첫 글자가 대문자래야 한다.
3) jungbus 테이블 내용 중 numi와 numo가 동시에 표시되도록 수정한다.
4) 기간조회 메뉴를 클릭한 경우 화면이 나오도록 링크를 수정한다.

2 **추가, 수정, 삭제 부분 삭제하기** : 기간조회화면은 단순히 조회만하면 되므로, 매출프로그램에서 불필요한 추가, 저장, 삭제에 해당하는 show, create, store, edit, update, destroy, save_row, qstring 함수들을 삭제한디.

3 **io=1 조건 삭제** : 기간조회화면은 매입수량, 매출수량이 모두 표시되어야 하므로, select문의 where절에서 io=1 내용을 삭제해야 한다.

4 **0인 경우 빈칸 출력** : 수량이 0인 경우는 매입, 매출수량이 동시에 표시되므로, 0을 표시하지 않는 것이 더 보기가 좋다. 이 처리는 다음과 같이 처리하면 된다.

```
$numi = $row->numi ? number_format($row->numi) : "";
$numo = $row->numo ? number_format($row->numo) : "";
```

5 **수량 배경색** : 매입수량, 매출수량의 배경이 연한 노란색이 되도록 my.css 파일에 등록한 mycolor3을 이용하여

```
.mycolor3 { background-color: lightyellow !important; }
```

<td>에 다음과 같이 지정한다.

```
<td align="right" class="mycolor3"><?=$numi; ?></td>
<td align="right" class="mycolor3"><?=$numo; ?></td>
```

bootstrap 5에서는 <td>에서 bgcolor="색상" 이 동작하지 않는다. 따라서 style을 이용하여 직접 지정하거나,

```
<td align="right" style="background-color:lightyellow">
```

bootstrap 5의 배경색 지정하는 css를 이용하여 다음과 같이 사용할 수 있다. 3가지 방법중 편한 방법을 이용하길 바란다.

```
<td align="right" class="table-warning">
<td align="right" class="bg-warning bg-opacity-10">
```

STEP 01 Gigan.php 만들기

① **GiganController.php 만들기** : controllers 폴더에 있는 JangbuoController.php 파일을 읽은 후, “GiganController.php”라는 새 이름으로 저장한다.

② **create, store, show, edit, update, destroy, save_row, qstring 함수 삭제** : 함수 중 index, getlist, getlist_product 함수만 남기고, 나머지 모든 함수를 삭제한다. getlist_product 함수는 제품검색을 위한 콤보상자 목록을 위해 필요하므로 삭제하지 않는다.

```
<?php

namespace App₩Http₩Controllers;

use Illuminate₩Http₩Request;
use Illuminate₩Support₩Facades₩DB;   // DB Lib 사용
use App₩Models₩Product;              // eloquent 사용할 때 필요
use App₩Models₩Jangbu;

class JangbuoController extends Controller
{
    public function index(Request $request)
    {
        $text1=$request->input('text1');
        if (!$text1) $text1=date("Y-m-d");

        $data['text1'] = $text1;
        $data['list'] = $this->getlist($text1);

        return view('jangbuo.index',$data);
    }

    public function getlist($text1)
    {
        $result = Jangbu::leftjoin('products','jangbus.products_id','=','products.id')->
            select('jangbus.*','products.name as products_name')->
                where('jangbus.io', '=', 1)->
                where('jangbus.writeday', '=', $text1)->
                orderby('jangbus.id','desc')->
                paginate(5)->appends('text1',$text1);

        return $result;
    }

    public function getlist_product()
    {
        $result = Product::orderby('name')->get();
        return $result;
    }



}
```

③ **GiganController 수정 :** 다음 그림과 같이 class 이름을 "GiganController"로 수정하고, 링크도 "gigan.index"로 수정한다.

```
<?php

namespace App₩Http₩Controllers;

use Illuminate₩Http₩Request;
use Illuminate₩Support₩Facades₩DB;   // DB Lib 사
use App₩Models₩Product;              // eloquent
use App₩Models₩Jangbu;

class GiganController extends Controller
{
    public function index(Request $request)
    {
        $text1=$request->input('text1');
        if (!$text1) $text1=date("Y-m-d");

        $data['text1'] = $text1;
        $data['list'] = $this->getlist($text1);

        return view('gigan.index',$data);
    }

    public function getlist($text1)
```

④ **io=1 삭제 :** 매입, 매출 정보가 모두 나오게 getlist함수에서 select 문의 where 절에 있는 "jangbus.io=1"조건을 삭제한다.

```
public function getlist($text1)
{
    $result = Jangbu::leftjoin('products','jangbus.products_id','=','products.id')->
        select('jangbus.*','products.name as products_name')->

            where('jangbus.writeday', '=', $text1)->
            orderby('jangbus.id','desc')->
            paginate(5)->appends('text1',$text1);

    return $result;
}
```

STEP 02 Gigan Route 등록하기

① **web.php 수정하기 :** route폴더의 web.php를 열어 다음과 같이 Gigan을 위한 Route 프로그램을 추가한다.

```
use App₩Http₩Controllers₩JangbuoController;
use App₩Http₩Controllers₩FindproductController;
use App₩Http₩Controllers₩GiganController;

/*
|--------------------------------------------------------------------
| Web Routes

Route::get('/', function () {
    return view('main');
});

Route::resource('member', MemberController::class );
Route::resource('gubun', GubunController::class );
Route::resource('product', ProductController::class );
Route::resource('jangbui', JangbuiController::class );
Route::resource('jangbuo', JangbuoController::class );
Route::resource('findproduct', FindproductController::class );
Route::resource('gigan', GiganController::class );
```

STEP 03 index.blade.php 만들기

① **gigan 폴더 생성 및 index.blade.php 복사 :** 먼저 resources/views폴더 밑에 gigan 폴더를 새로 만든다. 그리고 jangbuo 폴더안의 index.blade.php만 복사하여 아래 그림과 같이 gigan 폴더에 복사한다.

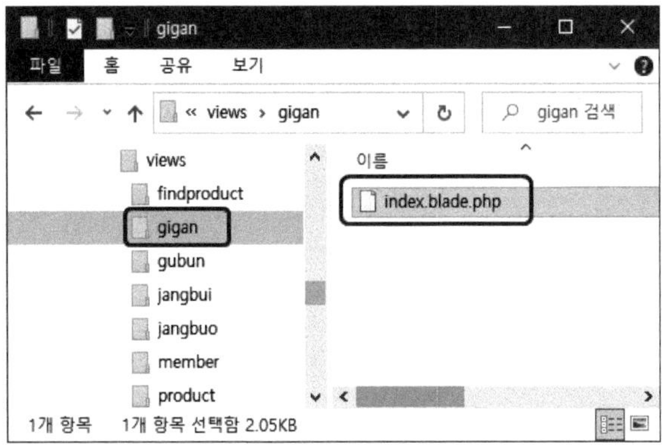

② **제목표시 변경** : 제목표시를 매출장에서 "기간별 매출입 현황"으로 수정한다. 그리고 jangbuo.index를 gigan.index로 수정한다.

```
@extends('main')
@section('content')

    <br>
    <div class="alert mycolor1" role="alert">기간별 매출입 현황</div>

    <script>
        function find_text()
        {
            form1.action="{{ route('gigan.index') }}";
            form1.submit();
        }

        $(function() {
            $("#text1").datetimepicker({
```

③ **추가 버튼 삭제** : 기간조회는 단순히 조회만 하는 화면이므로, 추가버튼 부분을 삭제하고 col-3을 col-12로 수정한다.

```
    <form name="form1" action="">

    <div class="row">
        <div class="col-12" align="left">

            <div class="d-inline-flex">
                <div class="input-group input-group-sm date" id="text1">
                    <span class="input-group-text">날짜</span>
                    <input type="text" name="text1" size="10" value="{{ $text1 }}" class="form-control"
                        onKeydown="if (event.keyCode == 13) { find_text(); }">
                    <span class="input-group-text">
                        <div class="input-group-addon">
                            <i class="far fa-calendar-alt fa-lg"></i>
                        </div>
                    </span>
                </div>
            </div>

        </div>




    </div>
    </form>
```

④ **테이블 수정** : 매입수량(numi)과 매출수량(numo)이 표시되도록 수정하고, 각 칼럼의 너비를 조정한다. 제품명은 값만 표시되도록 <A> tag를 삭제한다. 그리고 매입수량과 매출수량 배경색이 mycolor3이 되도록 하고, 값이 없는 경우에는 빈칸이 출력되도록 수정한다.

날짜 2017-08-20

날짜	제품명	단가	매입수량	매출수량	금액	비고
2017-08-21	고추	1,000	3		3,000	

```
<table class="table table-sm table-bordered table-hover mymargin5">
    <tr class="mycolor2">
        <td width="15%">날짜</td>
        <td width="25%">제품명</td>
        <td width="10%">단가</td>
        <td width="10%">매입수량</td>
        <td width="10%">매출수량</td>
        <td width="15%">금액</td>
        <td width="15%">비고</td>
    </tr>

    @foreach($list as $row)
<?
    $numi = $row->numi ? number_format($row->numi) : "";
    $numo = $row->numo ? number_format($row->numo) : "";
?>
        <tr>
            <td>{{$row->writeday }}</td>
            <td align="left">{{ $row->product_name }}</td>
            <td align="right">{{ number_format($row->price) }}</td>
            <td align="right" class="mycolor3">{{ $numi }}</td>
            <td align="right" class="mycolor3">{{ $numo }}</td>
            <td align="right">{{ number_format($row->prices) }}</td>
            <td align="left">{{$row->bigo }}</td>
        </tr>
    @endforeach

</table>
```

⑤ **기간조회 메뉴 연결하기** : views폴더의 main.blade.php를 읽어와 기간조회 메뉴를 클릭했을 때 기간조회 화면이 나오도록 <a> tag의 href 를 "{{ route('gigan.index') }}"로 수정한다.

```
        </button>
        <div class="collapse navbar-collapse" id="navbarSupportedContent">
            <ul class="navbar-nav me-auto mb-2 mb-lg-0">
                <li class="nav-item"><a class="nav-link" href="{{ route('jangbui.index') }}">매입</a></li>
                <li class="nav-item"><a class="nav-link" href="{{ route('jangbuo.index') }}">매출</a></li>
                <li class="nav-item"><a class="nav-link" href="{{ route('gigan.index') }}">기간조회</a></li>
                <li class="nav-item dropdown">
                    <a class="nav-link dropdown-toggle" href="#" id="navbarDropdown"
                        role="button" data-bs-toggle="dropdown" aria-expanded="false">통계</a>
```

⑥ **실행하기** : 실행하여 결과를 확인한다.

8.1.2 기간 및 제품선택 조건지정하기

매입, 매출장인 경우에는 검색조건이 당일 날짜였지만, 일반적으로 기간으로 조회하는 경우가 많다. 따라서 기간내의 모든 제품이나 특정 제품만을 조회할 수 있도록 만들어 보자.

실습목적

아래 그림과 같이 조건검색을 기간과 제품명으로 할 수 있도록 수정하여라.

실습이론

[1] **기간지정과 제품선택** : 위 그림처럼 기간(text1, text2)과 제품이름(text3)을 이용하여 검색하기 위해서는 GiganController.php의 index함수에서 text1 관련 프로그램을 참고하여 text2, text3 관련 프로그램을 더 추가해야 한다.

```
... ... ...
public function index(Request $request)
{
   $text1= request('text1');
   if (!$text1) $text1=date("Y-m-d", strtotime("-1 month"));   // 오늘기준 1달전 날짜

   $text2= request('text2');
   if (!$text2) $text2=date("Y-m-d");              // 오늘 날짜

   $text3= request('text3');
   if (!$text3) $text3=0;                          // 전체 제품

   $data['text1'] = $text1;
   $data['text2'] = $text2;
   $data['text3'] = $text3;
   $data['list'] = $this->getlist($text1, $text2, $text3);

   $data['list_product'] = $this->getlist_product();  // 콤보상자용 제품정보
```

```
    return view('gigan.index',$data);
}
... ... ...
```

여기서 각 변수의 초기값으로, text1은 오늘을 기준으로 1달 전 날짜, text2는 오늘 날짜가 지정되도록 하였으며, text3은 "전체"가 선택되도록 0으로 지정한다. 1달 전 날짜는 strtotime함수를 이용하여 구할 수 있다.

```
오늘  날짜 : date("Y-m-d")
1달전 날짜 : date("Y-m-d", strtotime("-1 month") )
```

2 **함수 인수와 select 문 수정** : getlist함수에서 select문의 where절은 text1, text2, text3에 맞게 수정해야 한다. 기간조건은 between 연산자를 이용하여 text1부터 text2 사이가 되도록 지정한다. 제품이 전체($text3==0)인 경우는 기간만 지정하면 되며, 특정제품인 경우는 아래 프로그램처럼 제품에 관한 조건(jangbus.products_id=$text3)을 지정하도록 조건을 지정하면 된다.

```
public function getlist( $text1,$text2,$text3 )
{
  if ($text3==0)   // 제품이 전체인 경우
    $result = Jangbu:: leftjoin('products','jangbus.products_id','=','products.id')->
      select('jangbus.*','products.name as product_name')->
        wherebetween('jangbus.writeday', array($text1,$text2))->
        orderby('jangbus.id','desc')->
        paginate(5)->appends(['text1'=>$text1,'text2'=>$text2,'text3'=>$text3]);
  else
    $result = Jangbu:: leftjoin('products','jangbus.products_id','=','products.id')->
      select('jangbus.*','products.name as product_name')->
        wherebetween('jangbus.writeday', array($text1,$text2))->
        where('jangbus.products_id',"=",$text3)->
        orderby('jangbus.id','desc')->
        paginate(5)->appends(['text1'=>$text1,'text2'=>$text2,'text3'=>$text3]);

  return $result;
}
... ... ...
```

Eloquent ORM을 이용해 between 조건을 지정하는 경우에는 wherebetween 멤버함수를 이용해야 하며, 시작값과 끝값은 array(값1,값2) 와 같이 배열로 지정해야 한다. 그리고 이전에는 appends 멤버함수를 이용해 text1 하나의 값을 전달했으나, 이 경우에는 전달해야 할 값이 text1, text2, text3이므로, 이것 역시 ['text1'=>$text1, 'text2'=>$text2, 'text3'=>$text3]과 같이 연관배열로 한꺼번에 전달하면 된다.

3 **달력컨트롤 수정** : 달력컨트롤을 이용하여 시작날짜(text1)와 종료날짜(text2)를 지정하기 위해서는 먼저 text2에 대한 jquery 프로그램을 추가해야 하며,

```
$(function() {
  $("#text1") .datetimepicker({
    locale: "ko",
    format: "YYYY-MM-DD"
  });
  $("#text2") .datetimepicker({
    locale: "ko",
    format: "YYYY-MM-DD"
  });

  $("#text1") .on("dp.change", function (e) {find_text(); });
  $("#text2") .on("dp.change", function (e) { find_text(); });
  });
}
```

왼쪽 정렬로 달력 디자인이 되기 위해서는 다음과 같이 작성해야 한다.

```
 ... ... ...
<div class="row">
  <div class="col-12" align="left">

    <div class="d-inline-flex">
      <div class="input-group input-group-sm date" id="text1">
        <span class="input-group-text">날짜</span>
        <input type="text" name="text1" value="{{ $text1 }}" class="form-control"
          onKeydown="if (event.keyCode == 13) { find_text(); }">
        <span class="input-group-text">
          <div class="input-group-addon">
            <i class="far fa-calendar-alt fa-lg"></i></div>
          </div>
        </span>
```

```
            </div>
          </div>
          -
          <div class="d-inline-flex">
            <div class="input-group input-group-sm date" id="text2">
              <input type="text" name="text2" value="{{ $text2 }}"
class="form-control"
                onkeydown="if (event.keyCode == 13) { find_text(); }">
              <span class="input-group-text">
                <div class="input-group-addon">
                  <i class="far fa-calendar-alt fa-lg"></i>
                </div>
              </span>
            </div>
          </div>

            제품선택 콤보박스 프로그램

          </div>
      </div>
   </div>
   ... ... ...
```

[5] **제품선택 콤보박스** : 제품선택 콤보박스를 만들기 위해서는 먼저 Gigan.php에서 제품 정보를 알아오는 getlist_product함수를 호출하도록 작성해야 한다.

```
... ... ...
$data["text1"]=$text1;
$data["text2"]=$text2;
$data["text3"]=$text3;
$data["list"]=$this->getlist($text1,$text2,$text3);

$data["list_product"] = $this->getlist_product();
... ... ...
```

그리고 gigna_list.php에서 콤보박스 text3은 다음과 같이 작성할 수 있다. 단 콤보박스의 첫 번째 옵션 값은 값이 0인 "전체"가 되도록 작성해야 한다.

```
 ...  ...  ...
 
<div class="d-inline-flex">
  <div class="input-group input-group-sm">
    <span class="input-group-text">제품명</span>
    <select name="text3" class="form-select form-select-sm"
onchange="find_text();">
      <option value="0" selected>전체</option>

  @foreach ($list_product as $row)
    @if ($row->id==$text3)
      <option value='{{ $row->id }}' selected>{{ $row->name }}</option>
    @else
      <option value='{{ $row->id }}'>{{ $row->name }}</option>
    @endif
  @endforeach

    </select>
  </div>
</div>
 ...  ...  ...
```

STEP 01 text2, text3 추가하기

① **text2, text3 추가** : controls 폴더에 있는 GiganController.php의 lists 함수에 기간조건인 $text1, $text2, 그리고 제품검색어 $text3에 관련된 부분을 수정한다.

```
class GiganController extends Controller
{
    public function index(Request $request)
    {
        $text1= $request->input('text1');
        if (!$text1) $text1=date("Y-m-d", strtotime("-1 month"));    // 오늘기준 1달전 날짜

        $text2= $request->input('text2');
        if (!$text2) $text2=date("Y-m-d");          // 오늘 날짜

        $text3= $request->input('text3');
        if (!$text3) $text3=0;                  // 전체 제품

        $data['text1'] = $text1;
        $data['text2'] = $text2;
        $data['text3'] = $text3;
        $data['list'] = $this->getlist($text1,$text2,$text3);

        $data['list_product'] = $this->getlist_product();   // 콤보상자용 제품정보

        return view('gigan.index',$data);
    }

    public function getlist_product()
```

② **select SQL 조건지정** : getlist 함수의 Eloquent ORM SQL문을 $text1, $text2, $text3을 적용할 수 있도록 수정한다. 여기서 제품명 조건인 $text3이 0인 경우는 "전체" 제품을 의미한다.

```
    public function getlist( $text1,$text2,$text3 )
    {
        if ($text3==0)   // 제품이 전체인 경우
            $result = Jangbu::  leftjoin('products','jangbus.products_id','=','products.id')->
                select('jangbus.*','products.name as product_name')->
                    wherebetween('jangbus.writeday', array($text1,$text2))->
                    orderby('jangbus.id','desc')->
                    paginate(5)->appends(['text1'=>$text1,'text2'=>$text2,'text3'=>$text3]);
        else
            $result = Jangbu::  leftjoin('products','jangbus.products_id','=','products.id')->
                select('jangbus.*','products.name as product_name')->
                    wherebetween('jangbus.writeday', array($text1,$text2))->
                    where('jangbus.products_id',"=",$text3)->
                    orderby('jangbus.id','desc')->
                    paginate(5)->appends(['text1'=>$text1,'text2'=>$text2,'text3'=>$text3]);

        return $result;
    }
}
```

③ **text2과 text3 적용** : views/gigan폴더의 index.blade.php에서 text2, text3 조건을 사용할 수 있도록 수정한다.

```
@extends('main')
@section('content')

    <br>
    <div class="alert mycolor1" role="alert">기간별 매출입 현황</div>

    <script>
        function find_text()
        {
            form1.action="{{ route('gigan.index') }}";
            form1.submit();
        }

        $(function() {
            $("#text1") .datetimepicker({
                locale: "ko",
                format: "YYYY-MM-DD"
            });
            $("#text2") .datetimepicker({
                locale: "ko",
                format: "YYYY-MM-DD"
            });

            $("#text1") .on("change.datetimepicker", function (e) {
                find_text();
            });
            $("#text2") .on("change.datetimepicker", function (e) {
                find_text();
            });
        });
    </script>
```

④ **달력 text1, 달력 text2, 콤보박스 text3 수정** : 기간 달력컨트롤과 제품선택 콤보박스

가 표시되도록 수정한다.

```
<form name="form1" action="">

<div class="row">
    <div class="col-12" align="left">

        <div class="d-inline-flex">
            <div class="input-group input-group-sm date" id="text1">
                <span class="input-group-text">날짜</span>
                <input type="text" name="text1" size="10" value="{{ $text1 }}" class="form-control"
                    onKeydown="if (event.keyCode == 13) { find_text(); }">
                <span class="input-group-text">
                    <div class="input-group-addon">
                        <i class="far fa-calendar-alt fa-lg"></i>
                    </div>
                </span>
            </div>
        </div>
        -
        <div class="d-inline-flex">
            <div class="input-group input-group-sm date" id="text2">
                <input type="text" name="text2" size="10" value="{{ $text2 }}" class="form-control"
                    onKeydown="if (event.keyCode == 13) { find_text(); }">
                <span class="input-group-text">
                    <div class="input-group-addon">
                        <i class="far fa-calendar-alt fa-lg"></i>
                    </div>
                </span>
            </div>
        </div>
         
        <div class="d-inline-flex">
            <div class="input-group input-group-sm">
                <span class="input-group-text">제품명</span>
                <select name="text3" class="form-select form-select-sm" onchange="find_text();">
                    <option value="0" selected>전체</option>

            @foreach ($list_product as $row)
                @if ($row->id==$text3)
                    <option value='{{ $row->id }}' selected>{{ $row->name }}</option>
                @else
                    <option value='{{ $row->id }}'>{{ $row->name }}</option>
                @endif
            @endforeach

                </select>
            </div>
        </div>

    </div>
</div>
</form>
```

⑤ **실행하기** : 실행하여 결과를 확인한다.

Chapter 09

통계 작업

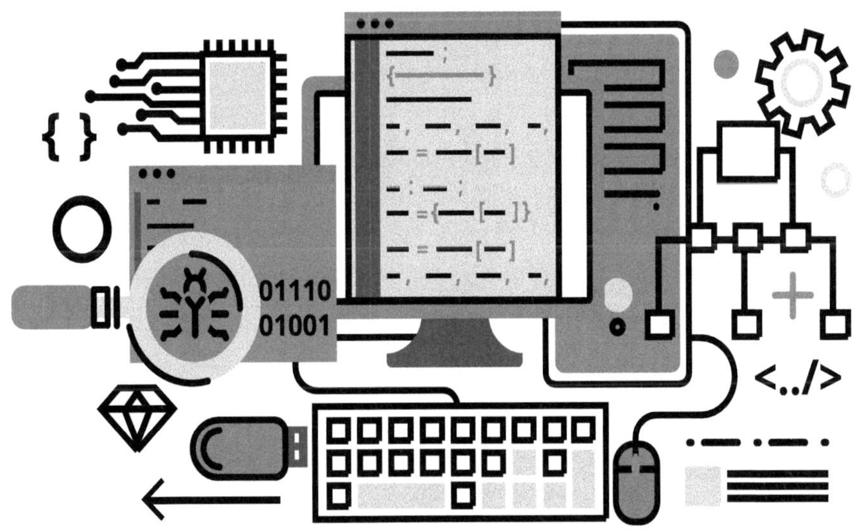

9.1 BEST 제품현황

판매관리 프로그램에 꼭 필요한 화면은 아니지만, 미래의 판매실적 향상을 위하여 다양한 판매 정보에 관한 통계정보를 구할 필요가 있다. 이번 장에서는 베스트순위, 크로스탭, 차트 등 필요한 통계정보를 얻는 방법들에 대해 알아보겠다.

실습목적

첫 번째로 만들 통계화면은 기간 내에 가장 많이 판매가 된 제품 순위를 알아보는 프로그램을 만들어보겠다.

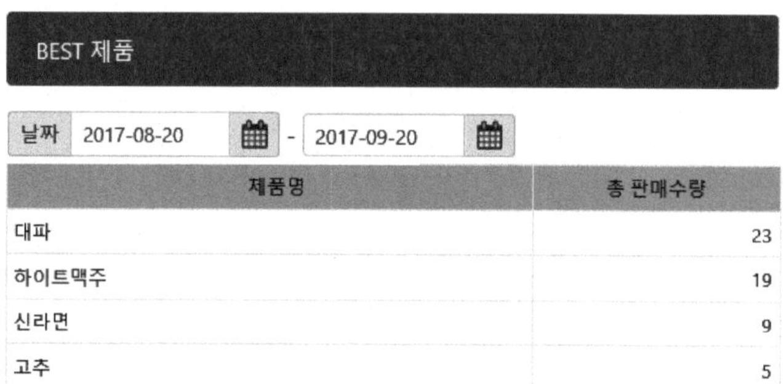

실습이론

1 **기간조회(Gigan) 프로그램 이용하기 :** BEST제품 화면은 비슷한 화면 구조의 기간조회(Gigan) 파일들을 복사하여 만들면 쉽게 만들 수 있다.

2 **프로그램 수정 순서 :** 제품관리 파일을 복사하여 작업하는 순서는 다음과 같다.

1) GiganController.php ➜ BestController.php, gigan/index.blade.php ➜ best/index.blade.php 복사한다.
2) Route/web.php에 best를 위한 Route를 등록한다.
3) Best 제품현황의 정보를 얻을 수 있도록 BestController.php를 수정한다.
4) Best 제품현황의 정보가 표시되도록 index.blade.php를 수정한다.
5) main.blade.php에서 BEST 메뉴를 클릭한 경우 화면이 나오도록 링크를 수정한다.

[3] **Group By** : BEST 제품을 알기 위해서는 매출장(io=1)에서 기간내에 제품별로 판매한 회수를 세어서 가장 많이 판매한 자료부터 내림차순으로 정렬하면 된다. 이와 같이 제품별로 어떤 통계정보를 얻기 위해서는 SQL문에서 제품이름(products.name)으로 group을 지어 처리해야 하며, getlist함수에서 SQL문은 다음과 같이 쓸 수 있다. 이때 select 문에서 products.name을 사용했기 때문에 반드시 group by도 products.name으로 해야한다.

```
select products.name as product_name, count(jangbus.numo) as cnumo
    from jangbus left join products on jangbus.products_id=products.id
    where jangbus.io=1 and jangbus.writeday between '$text1' and '$text2'
    group by products.name
    order by cnumo desc;
```

SQL문을 보면, 제품선택용 text3이 필요없으므로, 삭제되어 있다. 제품별 판매건수는 count()함수와 group을 이용하여 구하며, as문을 이용하여 이름을 cnumo로 지정하였다. 그리고 group by절을 이용하여 제품별이 되도록 products.id를 지정하였다. 이 SQL 문을 Eloquent ORM으로 다시 쓰면 다음과 같이 쓸 수 있다.

```
$result = Jangbu::  leftjoin('products','jangbus.products_id','=','products.id')->
  select('products.name as product_name', DB::raw('count(jangbus.numo) as
cnumo') )->
    wherebetween('jangbus.writeday',
array($text1,$text2))->where('jangbus.io','=',1)->
    orderby('cnumo','desc')->
    groupby('products.name')->
    paginate(5)->appends(['text1'=>$text1,'text2'=>$text2]);
```

Eloquent ORM에서 count함수를 이용하여 표현하려면, 위의 표현처럼 DB::raw('...')과 같은 방법으로 사용해야 한다.

STEP 01 BestController.php 만들기

① **BestController.php 만들기** : controllers 폴더에 있는 GiganController.php 파일을 읽은 후, "BestController.php"라는 새 이름으로 저장한다.

② **BestController 수정** : 다음 그림과 같이 class 이름을 "BestController"로 수정하고, 링크도 "best.index"로 수정한다.

```
<?php

namespace App\Http\Controllers;

use Illuminate\Http\Request;
use Illuminate\Support\Facades\DB;    // DB Lib 사용
use App\Models\Product;               // eloquent 사용할 때 필
use App\Models\Jangbu;

class BestController extends Controller
{
    public function index(Request $request)
    {
        $text1= $request->input('text1');
        if (!$text1) $text1=date("Y-m-d", strtotime("-1 month"));  // 
        
        $text2= $request->input('text2');
        if (!$text2) $text2=date("Y-m-d");        // 오늘 날짜
        
        $text3= $request->input('text3');
        if (!$text3) $text3=0;                    // 전체 제품
        
        $data['text1'] = $text1;
        $data['text2'] = $text2;
        $data['text3'] = $text3;
        $data['list'] = $this->getlist($text1,$text2,$text3);
        
        $data['list_product'] = $this->getlist_product(); // 콤보상자용
        
        return view('best.index',$data);
    }
```

③ **getlist_product함수와 text3내용 삭제** : BEST화면에서는 시작날짜(text1)와 종료날짜(text2)만 있으면 되므로, 제품선택 콤보상자 관련 getlist_product 함수와 text3 내용을 삭제한다.

```
class BestController extends Controller
{
    public function index(Request $request)
    {
        $text1= $request->input('text1');
        if (!$text1) $text1=date("Y-m-d", strtotime("-1 month"));  //
        
        $text2= $request->input('text2');
        if (!$text2) $text2=date("Y-m-d");        // 오늘 날짜
        
        $data['text1'] = $text1;
        $data['text2'] = $text2;
        
        $data['list'] = $this->getlist($text1,$text2);
        
        return view('best.index',$data);
    }
    
    public function getlist( $text1,$text2 )
```

④ **getlist 함수 수정** : getlist함수의 SQL문을 Best제품정보를 구할 수 있는 SQL문으로 수정한다.

```
public function getlist( $text1,$text2 )
{
    $result = Jangbu::leftjoin('products','jangbus.products_id','=','products.id')->
        select('products.name as products_name', DB::raw('count(jangbus.numo) as cnumo') )->
            wherebetween('jangbus.writeday', array($text1,$text2))->
            where('jangbus.io','=',1)->
            orderby('cnumo','desc')->
            groupby('products.name')->
            paginate(5)->appends(['text1'=>$text1,'text2'=>$text2]);

    return $result;
}
}
```

STEP 02 Best Route 등록하기

① **web.php 수정하기** : route폴더의 web.php를 열어 다음과 같이 Best를 위한 Route 프로그램을 추가한다.

```
use App₩Http₩Controllers₩FindproductController;
use App₩Http₩Controllers₩GiganController;
use App₩Http₩Controllers₩BestController;

/*
|--------------------------------------------------------------------
| Web Routes

Route::get('/', function () {
    return view('main');
});

Route::resource('member', MemberController::class );
Route::resource('gubun', GubunController::class );
Route::resource('product', ProductController::class );
Route::resource('jangbui', JangbuiController::class );
Route::resource('jangbuo', JangbuoController::class );
Route::resource('findproduct', FindproductController::class );
Route::resource('gigan', GiganController::class );
Route::resource('best', BestController::class );
```

STEP 03 index.blade.php 만들기

① **index.blade.php 만들기** : views폴더 밑에 best폴더를 새로 만든다. 그리고 views/gigan 폴더의 index.blade.php 파일을 읽은 후, 〈새 이름으로〉메뉴를 이용하여 views/best폴더에 같은 이름으로 저장한다.

② **제목 및 링크 수정** : 제목표시를 기간조회에서 "BEST 제품"으로 수정하고, Javascript 링크도 "best.index"로 수정한다.

```
@extends('main')
@section('content')

    <br>
    <div class="alert mycolor1" role="alert">BEST 제품</div>

    <script>
      function find_text()
      {
        form1.action="{{ route('best.index') }}";
        form1.submit();
      }

      $(function() {
```

③ **text3 관련 내용 삭제** : 내용 중 제품검색 콤보박스와 text3에 관련된 내용은 모두 삭제한다.

```
<form name="form1" action="">

<div class="row">
  <div class="col-12" align="left">

    <div class="d-inline-flex">
      <div class="input-group input-group-sm date" id="text1">
        <span class="input-group-text">날짜</span>
        <input type="text" name="text1" size="10" value="{{ $text1 }}" class="form-control"
          onKeydown="if (event.keyCode == 13) { find_text(); }">
        <span class="input-group-text">
          <div class="input-group-addon">
            <i class="far fa-calendar-alt fa-lg"> </i>
          </div>
        </span>
      </div>
    </div>
    -
    <div class="d-inline-flex">
      <div class="input-group input-group-sm date" id="text2">
        <input type="text" name="text2" size="10" value="{{ $text2 }}" class="form-control"
          onKeydown="if (event.keyCode == 13) { find_text(); }">
        <span class="input-group-text">
          <div class="input-group-addon">
            <i class="far fa-calendar-alt fa-lg"> </i>
          </div>
        </span>
      </div>
    </div>


  </div>
</div>
</form>
```

④ **제품명, 매출건수** : 테이블의 내용을 제품명($row->product_name), 매출건수($row->cnumo)가 표시되도록 수정한다.

```
<table class="table table-sm table-bordered table-hover mymargin5">
  <tr class="mycolor2">
    <td width="50%">제품명</td>
    <td width="50%">매출건수</td>
  </tr>

@foreach($list as $row)
  <tr>
    <td align="left">{{ $row->product_name }}</td>
    <td align="right">{{ number_format($row->cnumo) }}</td>
  </tr>
@endforeach

</table>
```

⑤ **BEST 메뉴 등록하기 :** views폴더의 main.blade.php를 읽어와 BEST제품 메뉴를 클릭했을 때 BEST제품 화면이 나오도록 〈a〉 tag의 href 를 "{{ route('best.index') }}"로 수정한다.

```
<li class="nav-item dropdown">
  <a class="nav-link dropdown-toggle" href="#"
    id="navbarDropdownMenuLink" data-toggle="dropdown"
    aria-haspopup="true" aria-expanded="false">통계</a>
  <div class="dropdown-menu" aria-labelledby="navbarDropdownMenuLink">
    <a class="dropdown-item" href="{{ route('best.index') }}">BEST제품</a>
    <a class="dropdown-item" href="#">월별제품별현황</a>
    <a class="dropdown-item" href="#">종류별 분포도</a>
  </div>
</li>
```

⑥ **실행하기 :** 실행하여 결과를 확인한다.

9.2 월별 제품별 매출현황

분기별 경영실적이나 월별 판매실적을 나타내는 화면을 보면 가로축과 세로축을 기준으로 정보를 표시하는 크로스탭(Cross table) 표를 자주 보게 된다. 이번에 만들 화면은 크로스탭 화면으로서, 월별 제품별 판매실적을 아래 그림과 같이 나타내는 화면을 만들어 보도록 하겠다.

월별 제품별 매출현황

년도 2017

제품명	1월	2월	3월	4월	5월	6월	7월	8월	9월	10월	11월	12월
고추												
대파								5				
신라면								3	5			
하이트맥주								2				

실습목적

특정 년도의 판매실적을 월별 제품별로 표시하는 Crosstab 화면을 만들어라.

실습이론

1 **BEST제품 프로그램 이용하기** : 월별제품별 매출현황(Crosstab) 화면은 비슷한 화면 구조의 BEST제품(Best) 파일들을 복사하여 만들면 쉽게 만들 수 있다.

2 **프로그램 수정 순서** : BEST 제품 파일을 복사하여 작업하는 순서는 다음과 같다.

1) BestController.php ➜ CrosstabController.php 복사한다.
2) crosstab 폴더를 만들고 best/index.blade.php ➜ crosstab/index.blade.php 복사한다.
3) Route/web.php에 Crosstab를 위한 Route를 등록한다.
4) 월별제품별 매출현황 정보를 얻을 수 있도록 CrosstabController.php를 수정한다.
5) 월별제품별 매출현황의 정보가 표시되도록 index.blade.php를 수정한다.
6) main.blade.php에서 월별 제품별 매출현황 메뉴를 클릭한 경우 화면이 나오도록 링크를 수정한다.

3 **달력컨트롤의 년 검색** : 달력컨트롤에서 "년-월-일"형식이 아니라 "년도"만 표시되도록 하려면, index.blade.php에서 format과 viewMode 옵션을 지정해야 한다. 그리고 화면에서 올해가 표시되도록 날짜 초기값을 date("Y")로 지정해야 한다.

```
$text1= $request->input('text1');
if (!$text1) $text1=date("Y");
```

```
$("#text1").datetimepicker({
      locale: "ko",
      format: "YYYY",
      viewMode: "years",
      defaultDate: moment()
  });
```

4 **Crosstab** : Crosstab은 가로축과 세로축 필드를 기준으로 개수나, 합계, 평균, 편차 등 다양한 통계 자료를 추출할 때 사용하는 출력방식이다.

	가로축 필드
세로축 필드	계산할 필드와 내용 (합계, 평균, 개수, … 등)

아래 그림과 같이 각 제품 종류에 대한 판매회수를 월별단위로 표시하는 통계 자료를 추출하는 경우 적합한 방식이다.

	1월	2월	…	12월	합계
A 제품	123	21	…	20	3420
B 제품	23	544	…	45	23445
C 제품	456	233	…	342	5342
…			…		

MySQL에는 crosstab과 같은 정보를 구하는 SQL문은 따로 없지만, select문을 이용하면 필요한 정보를 구할 수 있다. 우리가 원하는 정보는 해당년도(text1)의 제품별 매

출수량 합계이므로, group by절과 sum(numo)함수를 이용하여 다음과 같은 select 문으로 구할 수 있다.

```
$sql="select products.name as product_name,
        sum(jangbus.numo) as s1                    → 매출수량합계 -> s1
    from jangbus left join products on jangbus.products_id=products.id
    where year(jangbus.writeday)=$text1              → 해당년도
    group by jangbus.products_no                   → 제품별
    order by products.name";
```

만약 1월의 매출수량 합계를 구하길 원한다면 sum(jangbus.numo) as s1 대신에 다음과 같이 if()함수를 이용하여 날짜가 1월인 경우만 합을 구하도록 작성하면 된다.

```
sum( if( month( jangbus.writeday )=1, jangbus.numo, 0 ) ) as s1
```

따라서 1월부터 12월까지를 매출수량 합을 구할 수 있는 SQL문은 다음과 같이 쓸 수 있다.

```
$sql="select products.name as product_name,
        sum( if(month(jangbus.writeday)=1, jangbus.numo,0) ) as s1,
        sum( if(month(jangbus.writeday)=2, jangbus.numo,0) ) as s2,
        sum( if(month(jangbus.writeday)=3, jangbus.numo,0) ) as s3,
        sum( if(month(jangbus.writeday)=4, jangbus.numo,0) ) as s4,
        sum( if(month(jangbus.writeday)=5, jangbus.numo,0) ) as s5,
        sum( if(month(jangbus.writeday)=6, jangbus.numo,0) ) as s6,
        sum( if(month(jangbus.writeday)=7, jangbus.numo,0) ) as s7,
        sum( if(month(jangbus.writeday)=8, jangbus.numo,0) ) as s8,
        sum( if(month(jangbus.writeday)=9, jangbus.numo,0) ) as s9,
        sum( if(month(jangbus.writeday)=10, jangbus.numo,0) ) as s10,
        sum( if(month(jangbus.writeday)=11, jangbus.numo,0) ) as s11,
        sum( if(month(jangbus.writeday)=12, jangbus.numo,0) ) as s12
    from jangbus left join products on jangbus.products_id=products.id
    where year(jangbus.writeday)=$text1
    group by jangbus.products_id
    order by products.name";
```

Eloquent ORM을 이용하여 표현하면 다음과 같이 쓸 수 있다.

```
$result = Jangbu::leftjoin('products','jangbus.products_id','=','products.id')->
      select('products.name as product_name',
        DB::raw('sum( if(month(jangbus.writeday)=1, jangbus.numo,0) ) as s1,
                sum( if(month(jangbus.writeday)=2, jangbus.numo,0) ) as s2,
                sum( if(month(jangbus.writeday)=3, jangbus.numo,0) ) as s3,
                sum( if(month(jangbus.writeday)=4, jangbus.numo,0) ) as s4,
                sum( if(month(jangbus.writeday)=5, jangbus.numo,0) ) as s5,
                sum( if(month(jangbus.writeday)=6, jangbus.numo,0) ) as s6,
                sum( if(month(jangbus.writeday)=7, jangbus.numo,0) ) as s7,
                sum( if(month(jangbus.writeday)=8, jangbus.numo,0) ) as s8,
                sum( if(month(jangbus.writeday)=9, jangbus.numo,0) ) as s9,
                sum( if(month(jangbus.writeday)=10, jangbus.numo,0) ) as s10,
                sum( if(month(jangbus.writeday)=11, jangbus.numo,0) ) as s11,
                sum( if(month(jangbus.writeday)=12, jangbus.numo,0) ) as s12') )->
      where(DB::raw('year(jangbus.writeday)'), '=', $text1)->
      where('jangbus.io', '=', 1)->
      orderby('products.name')->
      groupby('products.name')->
      paginate(5)->appends( $text1 );
```

5 **Crosstab 화면 출력** : 출력할 칼럼의 머리제목은 제품명, 1월, 2월, … , 12월이므로, 다음과 같이 작성하면 된다. 여기서도 출력 값이 0인 경우는 빈 문자열을 출력하도록 ? 조건연산자를 사용하였다.

```
<table class="table table-sm table-bordered mymargin5">
      <tr class="mycolor2">
        <td width="40%">제품명</td>
        <td width="5%">1월</td>
        ...  ...  ...
        <td width="5%">12월</td>
      </tr>
<?
foreach ($list as $row)
{
?>
   <tr>
      <td align="left" class="mycolor3">{{ $row->product_name }}</td>
      <td align="right">{{ $row->s1==0 ? "" : number_format($row->s1) }}</td>
      <td align="right">{{ $row->s2==0 ? "" : number_format($row->s2) }}</td>
       ...  ...  ...
      <td align="right">{{ $row->s12==0 ? "" : number_format($row->s12) }}</td>
   </tr>
<?
```

```
}
?>
</table>
```

STEP 01 Crosstab.php 만들기

① **CrosstabController.php 만들기** : controllers 폴더에 있는 BestController.php 파일을 읽은 후, "CrossrabController.php"라는 새 이름으로 저장한다.

② **CrosstabController 수정** : 다음 그림과 같이 class 이름을 "CrosstabController"로 수정하고, 링크도 "crosstab.index"로 수정한다.

```
namespace App\Http\Controllers;

use Illuminate\Http\Request;
use Illuminate\Support\Facades\DB;    // DB Lib 사용
use App\Models\Product;               // eloquent 사용할 때
use App\Models\Jangbu;

class CrosstabController extends Controller
{
    public function index(Request $request)
    {
        $text1=request('text1');
        if (!$text1) $text1=date("Y-m-d", strtotime("-1 month"));

        $text2=request('text2');
        if (!$text2) $text2=date("Y-m-d");        // 오늘 날짜

        $data['text1'] = $text1;
        $data['text2'] = $text2;
        $data['list'] = $this->getlist($text1,$text2);

        return view('crosstab.index',$data);
    }

    public function getlist( $text1,$text2 )
```

③ **text2내용 삭제** : index함수에서 년도별 검색을 위해 $text1의 초기값이 오늘날짜의 년도가 되도록 date("Y")로 수정한다. 그리고 $text2는 필요 없으므로, 관련된 부분을 모두 삭제한다.

```
class CrosstabController extends Controller
{
    public function index(Request $request)
    {
        $text1= request('text1');
        if (!$text1) $text1=date("Y");

        $data['text1'] = $text1;
        $data['list'] = $this->getlist($text1);

        return view('crosstab.index',$data);
    }
```

④ **Select SQL 수정** : 함수의 인수에서 text2를 삭제하고, crosstab 테이블정보를 얻을 수 있는 Select 문으로 수정한다.

```
    public function getlist( $text1 )
    {
        $result = Jangbu::leftjoin('products','jangbus.products_id','=','products.id')->
            select('products.name as product_name',
                DB::raw('sum( if(month(jangbus.writeday)=1, jangbus.numo,0) ) as s1,
                        sum( if(month(jangbus.writeday)=2, jangbus.numo,0) ) as s2,
                        sum( if(month(jangbus.writeday)=3, jangbus.numo,0) ) as s3,
                        sum( if(month(jangbus.writeday)=4, jangbus.numo,0) ) as s4,
                        sum( if(month(jangbus.writeday)=5, jangbus.numo,0) ) as s5,
                        sum( if(month(jangbus.writeday)=6, jangbus.numo,0) ) as s6,
                        sum( if(month(jangbus.writeday)=7, jangbus.numo,0) ) as s7,
                        sum( if(month(jangbus.writeday)=8, jangbus.numo,0) ) as s8,
                        sum( if(month(jangbus.writeday)=9, jangbus.numo,0) ) as s9,
                        sum( if(month(jangbus.writeday)=10, jangbus.numo,0) ) as s10,
                        sum( if(month(jangbus.writeday)=11, jangbus.numo,0) ) as s11,
                        sum( if(month(jangbus.writeday)=12, jangbus.numo,0) ) as s12') )->
            where(DB::raw('year(jangbus.writeday)'),'=',$text1)->
            where('jangbus.io','=',1)->
            orderby('products.name')->
            groupby('products.name')->
            paginate(5)->appends($text1);

        return $result;
    }
```

STEP 02 Crosstab Route 등록하기

① **web.php 수정하기** : route폴더의 web.php를 열어 다음과 같이 월별제품별 매출현황을 위한 Crosstab Route를 추가한다.

```
use App₩Http₩Controllers₩GiganController;
use App₩Http₩Controllers₩BestController;
use App₩Http₩Controllers₩CrosstabController;

/*
|--------------------------------------------------------------------------
| Web Routes
|--------------------------------------------------------------------------
...
    return view('main');
});

Route::resource('member', MemberController::class );
Route::resource('gubun', GubunController::class );
Route::resource('product', ProductController::class );
Route::resource('jangbui', JangbuiController::class );
Route::resource('jangbuo', JangbuoController::class );
Route::resource('findproduct', FindproductController::class );
Route::resource('gigan', GiganController::class );
Route::resource('best', BestController::class );
Route::resource('crosstab', CrosstabController::class );
```

STEP 03 index.blade.php 만들기

① **index.blade.php 만들기 :** views폴더 밑에 crosstab폴더를 새로 만든다. 그리고 views/best 폴더의 index.blade.php 파일을 읽은 후, 〈새 이름으로〉메뉴를 이용하여 views/crosstab폴더에 같은 이름으로 저장한다.

② **제목 및 링크 수정 :** 제목표시를 기간조회에서 "월별 제품별 매출현황"으로 수정하고, Javascript 링크도 "crosstab.index"로 수정한다.

```
@extends('main')
@section('content')

    <br>
    <div class="alert mycolor1" role="alert">월별 제품별 매출현황</div>

    <script>
      function find_text()
      {
        form1.action="{{ route('crosstab.index') }}";
        form1.submit();
      }
```

③ **Script 수정 :** text2에 관련된 내용을 모두 삭제하고, 달력컨트롤에 년도가 나오도록 수정한다.

```
    $(function() {
        $("#text1").datetimepicker({
            locale: "ko",
            format: "YYYY",
            viewMode: "years",
            defaultDate: moment()
        });



        $("#text1").on("dp.change", function (e) {
            find_text();
        });



    });
</script>
```

```
<form name="form1" action="">
<div class="row">
    <div class="col-12" align="left">

        <div class="d-inline-flex">
            <div class="input-group input-group-sm date" id="text1">
                <span class="input-group-text">년도</span>
                <input type="text" name="text1" size="4" value="{{ $text1 }}" class="form-control"
                    onKeydown="if (event.keyCode == 13) { find_text(); }">
                <span class="input-group-text">
                    <div class="input-group-addon">
                        <i class="far fa-calendar-alt fa-lg"></i>
                    </div>
                </span>
            </div>
        </div>



    </div>
</div>
</form>
```

④ **테이블 화면 출력 수정** : 테이블의 가로축이 제품이름, 1월, …12월의 자료가 출력되도록 표의 머리말과 내용을 수정한다. 이때 출력 값이 0인 경우는 빈칸으로 출력되도록 ? 조건연산자를 이용하여 작성한다.

```
<table class="table table-sm table-bordered table-hover mymargin5">
    <tr class="mycolor2">
        <td width="40%">제품명</td>
        <td width="5%">1월</td>
        <td width="5%">2월</td>
        <td width="5%">3월</td>
        <td width="5%">4월</td>
        <td width="5%">5월</td>
        <td width="5%">6월</td>
        <td width="5%">7월</td>
        <td width="5%">8월</td>
        <td width="5%">9월</td>
        <td width="5%">10월</td>
        <td width="5%">11월</td>
        <td width="5%">12월</td>
    </tr>

    @foreach($list as $row)
        <tr>
        <td align="left" class="mycolor3">{{ $row->product_name }}</td>
        <td align="right">{{ $row->s1==0 ? "" : number_format($row->s1) }}</td>
        <td align="right">{{ $row->s2==0 ? "" : number_format($row->s2) }}</td>
        <td align="right">{{ $row->s3==0 ? "" : number_format($row->s3) }}</td>
        <td align="right">{{ $row->s4==0 ? "" : number_format($row->s4) }}</td>
        <td align="right">{{ $row->s5==0 ? "" : number_format($row->s5) }}</td>
        <td align="right">{{ $row->s6==0 ? "" : number_format($row->s6) }}</td>
        <td align="right">{{ $row->s7==0 ? "" : number_format($row->s7) }}</td>
        <td align="right">{{ $row->s8==0 ? "" : number_format($row->s8) }}</td>
        <td align="right">{{ $row->s9==0 ? "" : number_format($row->s9) }}</td>
        <td align="right">{{ $row->s10==0 ? "" : number_format($row->s10) }}</td>
        <td align="right">{{ $row->s11==0 ? "" : number_format($row->s11) }}</td>
        <td align="right">{{ $row->s12==0 ? "" : number_format($row->s12) }}</td>
        </tr>
    @endforeach

</table>
```

⑤ **메뉴 등록하기 :** main_header.php를 읽어와 월별 제품별 매출현황 화면이 나오도록 〈a〉 tag의 href 를 "{{ route('crosstab.index') }}"으로 수정한다.

```
</li>
<li class="nav-item">
    <a class="nav-link" href="{{ route('gigan.index') }}">기간조회</a>
</li>
<li class="nav-item dropdown">
    <a class="nav-link dropdown-toggle" href="#"
        id="navbarDropdownMenuLink" data-toggle="dropdown"
         aria-haspopup="true" aria-expanded="false">통계</a>
    <div class="dropdown-menu" aria-labelledby="navbarDropdownMenuLink">
        <a class="dropdown-item" href="{{ route('best.index') }}">BEST제품</a>
        <a class="dropdown-item" href="{{ route('crosstab.index') }}">월별제품별현황</a>
        <a class="dropdown-item" href="#">종류별 분포도</a>
    </div>
</li>
```

⑥ **실행하기 :** 실행하여 결과를 확인한다.

9.3 구분별 분포도

통계화면에서 자주 보는 화면이 아마 그래프일 것이다. 숫자보다는 그림으로 정보를 전달하므로, 현황 파악이 편하기 때문이다. 이 절에서는 그래프를 그리는 방법에 대해 알아보자.

실습목적

다음 그림과 같이 구분별 판매현황을 Donut 모양의 그래프로 나타내는 프로그램을 만들어라.

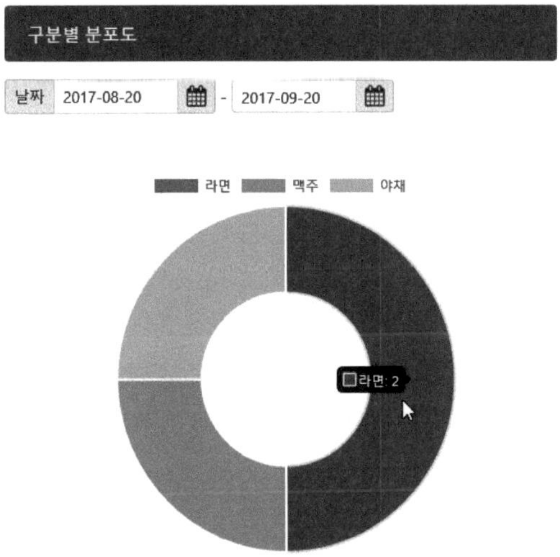

실습이론

1 **chart.min.js 설치 :** www.github.com에서 chart로 검색하면 chart에 관련된 다양한 제3자 라이브러리를 찾을 수 있다. 이 책에서는 그중 chartjs/Chart.js 사이트에서 제공하는 chart.min.js 파일을 my/css 폴더에 복사하여 사용하면 된다. 이 파일은 부록파일 my.zip 파일에 포함되어 있으므로, 따로 설치할 필요는 없다. 그리고 라이브러리에 대한 자세한 사용법은 charts.org 사이트를 참고하길 바란다.

chart.js 폴더		public/my/js 폴더
chart.js chart.min.js	➜	js 파일 복사

charts.org

[2] **page 관련 부분 삭제** : 차트화면에서는 페이지 처리가 필요 없다. 따라서 best 화면 프로그램에서 page 관련부분을 삭제한다.

[3] **Select 문** : 가장 기본이 되는 그래프는 막대그래프이다. 막대그래프는 가로축 정보와 세로축 값을 이용하여 그래프를 그리는 것으로서, 2개의 값만 있으면 된다. 따라서 구분별 판매현황을 그리기위해서는 구분명인 가로축과 판매건수인 세로축 값이 필요하다. 그러므로 select문에서 구분명으로 그룹을 지정(group by gubuns.name)하여 판매건수 (count(numo) as cnumo)를 구해야 한다. 이 경우, 구분명은 gubuns 테이블에 있고, 판매건수는 jangbus 테이블의 판매한 레코드 개수이므로, 아래 그림과 같이 gubuns, products, jangbus 테이블이 모두 필요하다. 따라서 3개의 테이블을 join시켜야 한다.

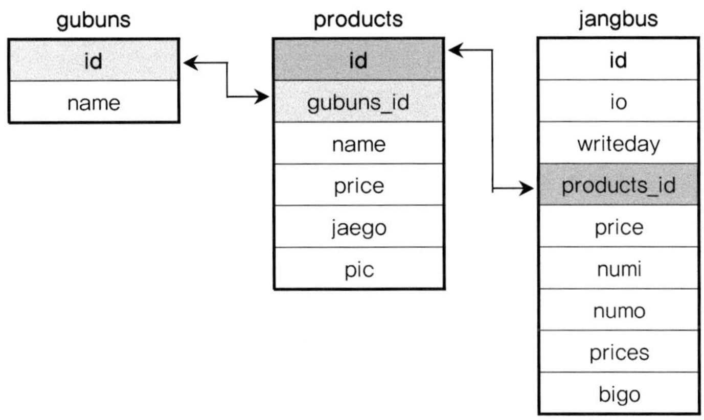

그리고 구분의 종류가 너무 많은 경우, 그래프에 모두 표시할 수 없을 수 있다. 따라서 판매실적이 좋은 상위 14개의 구분만(order by cnumo desc) 표시하도록 limit 14를 이용하여 작성하였다. 이 모든 내용의 자료를 추출하는 select문은 다음과 같다.

```
$sql="select gubuns.name as gubun_name, count(jangbus.numo) as cnumo
        from (gubuns right join products on gubuns.id=products.gubuns_id)
          right join jangbus on products.id=jangbus.products_id
        where io=1 and jangbus.writeday between '$text1' and '$text2'
        group by gubuns.name
        order by cnumo desc limit 14";
```

4 **Donut chart** : chart 라이브러리를 사용하기 위해서는 먼저 chart.min.js 파일을 선언해야 한다. 대부분의 제3자 라이브러리는 main.blade.php에서 선언했지만, 차트는 이 화면에서만 사용하므로 해당 문서안에서 다음과 같이 asset함수를 이용하여 선언하였다.

```
<script src="{{ asset('my/js/chart.min.js') }}"></script>

<div style="width:40%">
  <canvas id="myChart" ></canvas>
</div>
```

그리고 그래프를 그리기 위한 영역을 canvas로 정의하였으며, 그래프 크기가 전체의 40%가 되도록 width="40%"라고 지정하였다.

다음 내용은 그래프에 대한 범례, 데이터, 라벨, 색상 등을 정의하는 실질적인 부분이다. 그래프 종류는 막대그래프(bar), 선(line), 도넛(doughnut), 파이(pie), 레이터(rader)등 다양한 종류를 지원하며, 그래프에 필요한 데이터(data)와 데이터 이름(labels), 그리고 각 데이터를 대표하는 배경색(background)을 다음 프로그램과 같이 지정하면 된다.

```
<script>
  const ctx = document.getElementById('myChart'); "
  const myChart = new Chart(ctx, {
    type: '그래프종류",                                    → 종류: doughnut
    data: {
      labels: [ '라벨1', '라벨2', ··· ],                    → 범례: 구분이름
      datasets: [{
        data: [ 값1, 값2, ··· ],                            → 값: 매출건수
        backgroundColor: [ '색1', '색2', ···  ],            → 각 영역 배경색
      }],
    },
  });
</script>
```

따라서 labels 에 구분이름들(예: “음료”, “맥주”, “과일”,···)을 표시하고, data에는 값(예: 62, 25, 6, ···)을 표시하면 된다.

```
<?
  $str_label = "";
  $str_data = "";
  foreach ($list as $row)
  {
    $str_label .= "'$row->gubuns_name', " ;     // "'음료', '맥주', '과일', ... "
    $str_data  .= $row->cnumo . ',' ;           // "62, 25 ,6, ... "
  }
?>
```

이 값들을 구하기 위해서는 위와 같은 프로그램을 이용하여 구분이름들을 나열한 문자열($str_label)과 값을 나열한 문자열($str_data)를 구해 다음과 같이 삽입해야 한다.

```
<script>
  const ctx = document.getElementById('myChart'); "
  const myChart = new Chart(ctx, {
    type: 'doughnut',
    data: {
      labels: [ {!! $str_label !!} ],
      datasets: [{
        data: [ {{ $str_data }} ],
        backgroundColor: [
          "rgba(255, 99, 132, 0.8)",
          "rgba(255, 159, 64, 0.8)",
          "rgba(255, 205, 86, 0.8)",
          "rgba(75, 192, 192, 0.8)",
          "rgba(153, 102, 255, 0.8)",
          "rgba(201, 203, 207, 0.8)",
          "rgba(54, 162, 235, 0.8)",

          "rgba(255, 99, 132, 0.5)",
          "rgba(255, 159, 64, 0.5)",
          "rgba(255, 205, 86, 0.5)",
          "rgba(75, 192, 192, 0.5)",
          "rgba(153, 102, 255, 0.5)",
          "rgba(201, 203, 207, 0.5)",
          "rgba(54, 162, 235, 0.5)",
        ],
      }]
    },
  });
</script>
```

여기서 str_label은 {{ }} blade지시어를 사용하면 안된다. 이 지시어는 문자열에 싱글 따옴표(')가 포함되어 있어, {{ }} 지시어를 사용하면 보안문제로 출력이 되지 않는다. 따라서 보안없이 출력하는 {!! !!} 지시어를 이용하거나, <?=$str_label; ?>와 같이 사용해야 한다.

{!! $str_label !!} 인 경우	{{ $str_label }} 인 경우
'라면', '채소',	'라면', '채소',

배경색은 투명도 alpha 값이 0.8인 7가지색에 alpha 값을 0.5로 조정한 7가지색을 추가하여 총 14가지 색을 사용하도록 지정하였다. 만약 색이 더 필요하다면 alpha 값을

조정하여 더 만들거나 다른 색을 지정하면 된다.

STEP 01 ChartController.php 만들기

① **ChartController.php 만들기 :** controllers 폴더에 있는 BestController.php 파일을 읽은 후, "ChartController.php"라는 새 이름으로 저장한다.

② **ChartController 수정1 :** 다음 그림과 같이 class 이름을 "ChartController"로 수정하고, 링크도 "chart.index"로 수정한다.

```
use Illuminate\Http\Request;
use Illuminate\Support\Facades\DB;   // DB Lib 사용
use App\Models\Product;              // eloquent 사용할 때 필요
use App\Models\Jangbu;

class ChartController extends Controller
{
    public function index(Request $request)
    {
        $text1= $request->input('text1');
        if (!$text1) $text1=date("Y-m-d", strtotime("-1 month"));  // 오늘기준

        $text2= $request->input('text2');
        if (!$text2) $text2=date("Y-m-d");        // 오늘 날짜

        $data['text1'] = $text1;
        $data['text2'] = $text2;
        $data['list'] = $this->getlist($text1,$text2);

        return view('chart.index',$data);
    }

    public function getlist( $text1,$text2 )
```

③ **ChartController 수정2 :** 차트에 필요한 데이터명($str_label)과 데이터($str_data)를 구하는 프로그램을 추가한다.

```
        $data['text1'] = $text1;
        $data['text2'] = $text2;
        $list = $this->getlist($text1,$text2);

        $str_label="";
        $str_data ="";
        foreach ($list as $row)
        {
            $str_label .= "'$row->gubun_name', ";    // "'음료','맥주','과일', ... "
            $str_data  .= $row->cnumo . ',' ;         // "62, 25, 6, ... "
        }
        $data["str_label"]=$str_label;
        $data["str_data"] =$str_data;

        return view('chart.index',$data);          // 자료 표시
    }
```

④ **Select SQL 수정 :** 함수 인수에서 chart를 그리는데 필요한 테이블정보를 얻을 수 있는 Select 문으로 수정한다.

```
public function getlist( $text1,$text2 )
{
    $result = Jangbu::leftjoin('products','jangbus.products_id','=','products.id')->
        leftjoin('gubuns','products.gubuns_id','=','gubuns.id')->
        select('gubuns.name as gubuns_name', DB::raw('count(jangbus.numo) as cnumo') )->
            wherebetween('jangbus.writeday', array($text1,$text2))->
            where('jangbus.io','=',1)->
            orderby('cnumo','desc')->
            groupby('gubuns.name')->
            limit(14)->
            paginate(5)->appends(['text1'=>$text1,'text2'=>$text2]);

    return $result;
}
```

STEP 02 Chart Route 등록하기

① **web.php 수정하기 :** route폴더의 web.php를 열어 다음과 같이 구분별 분포도를 위한 Chart Route를 추가한다.

```
use App\Http\Controllers\BestController;
use App\Http\Controllers\CrosstabController;
use App\Http\Controllers\ChartController;

/*
|--------------------------------------------------------------------------
| Web Routes
|--------------------------------------------------------------------------

Route::get(...
    return view('main');
});

Route::resource('member', MemberController::class );
Route::resource('gubun', GubunController::class );
Route::resource('product', ProductController::class );
Route::resource('jangbui', JangbuiController::class );
Route::resource('jangbuo', JangbuoController::class );
Route::resource('findproduct', FindproductController::class );
Route::resource('gigan', GiganController::class );
Route::resource('best', BestController::class );
Route::resource('crosstab', CrosstabController::class );
Route::resource('chart', ChartController::class );
```

STEP 03 index.blade.php 만들기

① **index.blade.php 만들기 :** views폴더 밑에 chart폴더를 새로 만든다. 그리고 views/best 폴더의 index.blade.php 파일을 읽은 후, 〈새 이름으로〉메뉴를 이용하여 views/chart 폴더에 같은 이름으로 저장한다.

② **제목 및 링크 수정** : 제목표시를 Best제품에서 "구분별 분포도"로 수정하고, Javascript 링크도 "chart.index"로 수정한다.

```
@extends('main')
@section('content')

    <br>
    <div class="alert mycolor1" role="alert">종류별 분포도</div>

    <script>
        function find_text()
        {
            form1.action="{{ route('chart.index') }}";
            form1.submit();
        }

        $(function() {
            $("#text1").datetimepicker({
```

③ **graph.js와 canvas 선언, Donut 그래프 정의** : chart.min.js를 선언하고 <canvas> tag를 지정한다. 그리고 Donuts 그래프에 대한 프로그램을 작성한다.

```
    </div>
    </form>

<br>

<script src="{{ asset('my/js/chart.min.js') }}"></script>

<div style="width:40%">
    <canvas id="myChart" ></canvas>
</div>

<script>
    const ctx = document.getElementById('myChart');
    const myChart = new Chart(ctx, {
        type: 'doughnut',
        data: {
            labels: [ {!! $str_label !!} ],
            datasets: [{
                data: [ {{ $str_data }} ],
                backgroundColor: [
                    "rgba(255, 99, 132, 0.8)",
                    "rgba(255, 159, 64, 0.8)",
                    "rgba(255, 205, 86, 0.8)",
                    "rgba(75, 192, 192, 0.8)",
                    "rgba(153, 102, 255, 0.8)",
                    "rgba(201, 203, 207, 0.8)",
                    "rgba(54, 162, 235, 0.8)",

                    "rgba(255, 99, 132, 0.5)",
                    "rgba(255, 159, 64, 0.5)",
                    "rgba(255, 205, 86, 0.5)",
                    "rgba(75, 192, 192, 0.5)",
                    "rgba(153, 102, 255, 0.5)",
                    "rgba(201, 203, 207, 0.5)",
                    "rgba(54, 162, 235, 0.5)"
                ],
            }]
        },
    });
</script>

@endsection
```

④ **메뉴 등록하기 :** main_header.php를 읽어와 구분별 분포도 화면이 나오도록 〈a〉 tag의 href 를 {{ route('chart.index') }} 로 수정한다.

```
<li class="nav-item dropdown">
   <a class="nav-link dropdown-toggle" href="#"
      id="navbarDropdownMenuLink" data-toggle="dropdown"
       aria-haspopup="true" aria-expanded="false">통계</a>
   <div class="dropdown-menu" aria-labelledby="navbarDropdownMenuLink">
      <a class="dropdown-item" href="{{ route('best.index') }}">BEST제품</a>
      <a class="dropdown-item" href="{{ route('crosstab.index') }}">월별제품별현황</a>
      <a class="dropdown-item" href="{{ route('chart.index') }}">종류별 분포도</a>
   </div>
</li>
```

⑤ **실행하기 :** 실행하여 결과를 확인한다. 소스에서 type을 doughnut 대신에 bar, line, … 등 다른 종류를 입력하여 실행해본다.

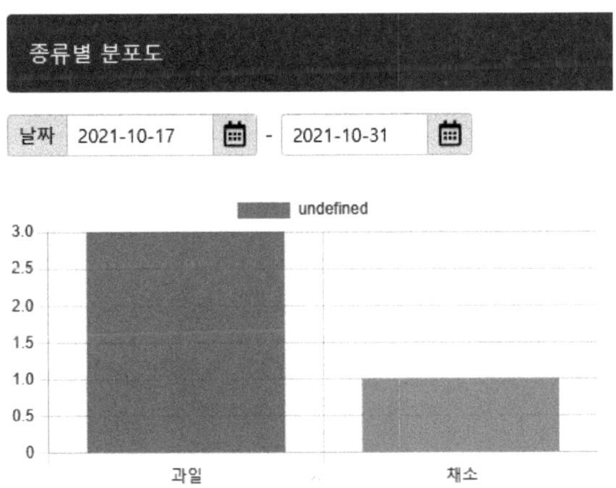

Chapter 10

인증 및 재고계산

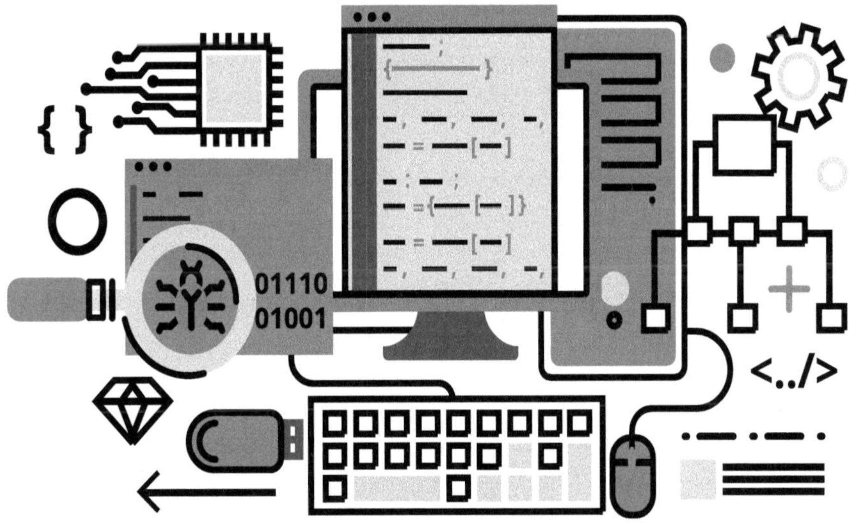

10.1 사용자 인증

대부분의 관리 프로그램들은 아무나 프로그램을 사용하지 못하게 하기 위하여, 아래 그림과 같은 로그인 창에서 사용자 ID와 암호를 입력하여 사용자 인증을 하는 처리를 한다. 지금까지 만든 화면 중 사용자 메뉴는 사용자 암호와 같은 정보가 있으므로, 관리자만 사용할 필요가 있다. 따라서 여기서는 관리자로 로그인을 한 경우에만 사용자메뉴가 표시되고 일반사용자는 나타나지 않게 만들어 보겠다.

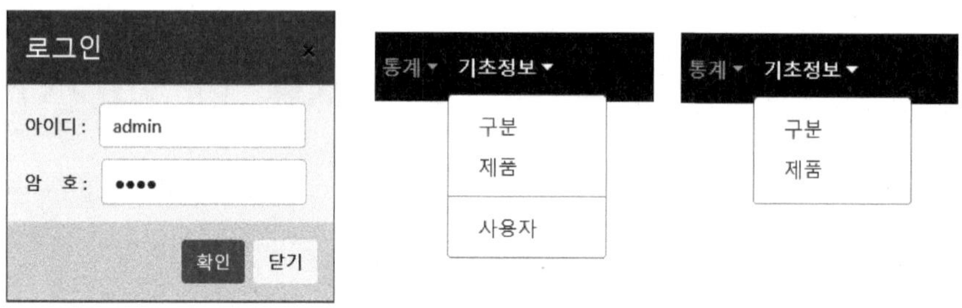

로그인 창 관리자 로그인한 경우 안한 경우

10.1.1 로그인과 session

실습목적

메뉴의 로그인 버튼을 클릭한 경우, Bootstrap의 modal상태의 로그인창이 나타나고, 사용자 인증처리를 session을 이용하여 할 수 있도록 만들어라.

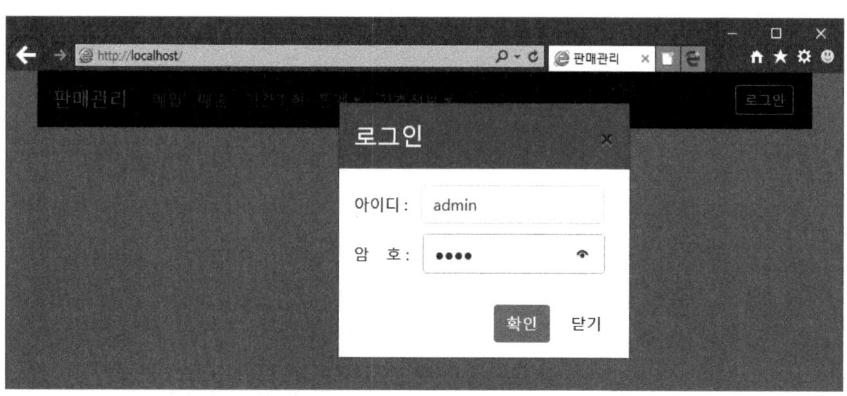

실습이론

1 **session 라이브러리** : 직원이 로그인을 했는지를 알기위해서는 로그인을 했다는 정보를 저장하고, 언제든지 이 정보를 알 수 있어야 한다. 이와 같이 로그인 정보를 전역변수 처리하려면 cookie나 session을 이용해야 한다. 여기서는 보안상 cookie보다는 session이 더 안전하므로, session을 이용하도록 하겠다. session을 사용하기 위해서는 config 폴더의 session.php에서 환경설정을 할 수 있다.

```
'driver' => env('SESSION_DRIVER', 'file'),                    → 세션정보 저장방식 : 파일 or
                                                                 테이블
'lifetime' => env('SESSION_LIFETIME', 120),                  → idle인경우 자동 종료시간 : 분단위
'expire_on_close' => true,                                    → 웹브라우저창 종료시 자동삭제
'files' => storage_path('framework/sessions'),              → 세션 파일 저장할 폴더
```

1) **driver** : session값을 저장하는 방식을 지정한다. file 혹은 database(table) 등 여러 방식 중 하나를 지정할 수 있으며, 여기서는 file방식을 이용하겠다.
2) **liftetime** : 웹브라우저가 idle 상태인 경우, session이 지속할 뷰 단위 시간을 지정할 수 있다.
3) **expire_on_close** : 웹브라우저를 종료할 때 자동으로 같이 삭제된다.
4) **files** : driver를 file로 지정하였을 때, session값이 저장되는 폴더위치를 의미한다. 윈도우인 경우는 "stroage/framework/sessions" 폴더에 저장된다. linux인 경우는 phpinfo 함수를 실행하여 환경변수 값들을 보면, session이 저장되는 폴더이름을 알 수 있다.

세션으로 저장된 값을 읽는 방법은 다음과 같이 session 헬퍼의 get함수를 이용하여 알아낼 수 있다.

```
session()->get("변수명");
session("변수명");
```

session에 값을 저장하는 방법은 아래와 같이 session 헬퍼의 put 함수를 이용하면 된다. 여러 변수를 동시에 저장하는 경우는 session 함수와 배열을 이용하여 저장하면 된다.

```
1 개 변수 : session()->put("변수명", "값");

여러 변수 : session( ["변수명1"=>"값1", "변수명2"=>"값2",  …  ] );
```

session값을 삭제하려면 다음과 같이 session 헬퍼의 forget함수를 사용하며, 모든 변수를 한꺼번에 삭제하는 경우는 flush 함수를 이용하면 된다.

```
1 개 변수 : session()->forget("변수명");

여러 변수 : session->forget( ["변수명1", "변수명2", … ] );
           session->flush();
```

2 **Bootstrap의 Modal** : Bootstrap을 이용한 modal 상태의 팝업창은 Component ➜ Modal 클래스를 이용하면 손쉽게 만들 수 있다.

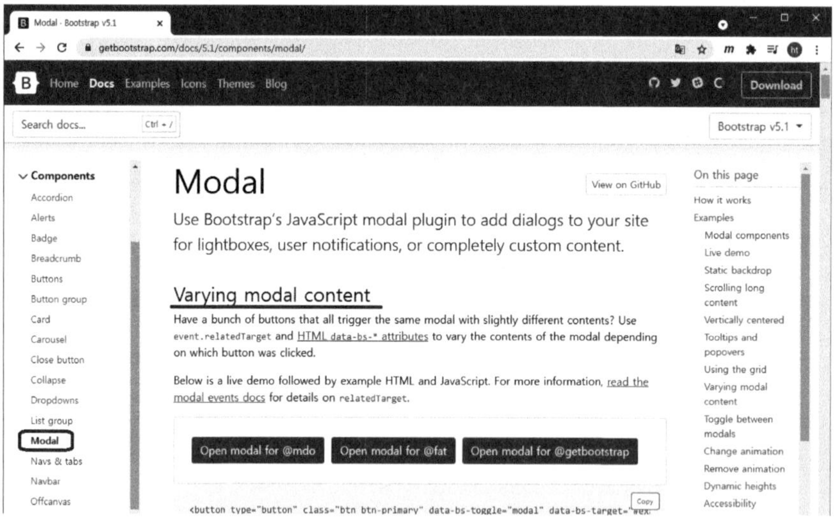

Bootstrap사이트에서 소스를 복사하여 아래와 같이 수정하여 사용하면 된다.

```
<div class="modal fade" id="exampleModal" tabindex="-1"
aria-labelledby="exampleModalLabel" aria-hidden="true">
  <div class="modal-dialog modal-sm">
    <div class="modal-content">

      <div class="modal-header mycolor1">
        <h5 class="modal-title" id="exampleModalLabel">로그인</h5>
        <button type="button" class="btn-close" data-bs-dismiss="modal"
aria-label="Close"></button>
      </div>

      <div class="modal-body bg-light">
        <form name="form_login" method="post" action="{{ url('login/check') }}">
        @csrf
        <table class="table table-borderless mymargin5">
          <tr>
            <td width="30%"><h6>아이디</h6></td>
            <td width="70%"><input type="text" name="uid"
class="form-control"></td>
          </tr>
          <tr>
            <td><h6>암 호</h6></td>
            <td><input type="password" name="pwd" class="form-control"></td>
          </tr>
        </table>
        </form>
      </div>

      <div class="modal-footer alert-secondary">
        <button type="button" class="btn btn-sm btn-secondary"
onclick="javascript:form_login.submit();">확인</button>
        <button type="button" class="btn btn-sm btn-light"
data-dismiss="modal">닫기</button>
      </div>

    </div>
  </div>
</div>
```

그리고 이 로그인창을 호출하기 위해서는 메뉴에 로그인 버튼은 다음과 같이 추가해야 한다.

```
<a href='#' class='btn btn-sm btn-outline-secondary btn-dark'
   data-bs-toggle='modal' data-bs-target='#exampleModal' >로그인</a>
```

3 **check함수** : LoginController의 check 함수는 members 테이블에서 입력한 아이디(uid)와 암호(pwd)를 갖는 사용자정보 $row를 가지고 온다.

select uid, rank from members where uid='$uid' and pwd='$pwd';
➜ Member::where('uid', '=', $uid)->where('pwd', '=', $pwd)->first();

만약 $row 값이 있으면, 해당 직원의 아이디($row->uid)와 등급($row->rank) 정보를 세션으로 저장하여, 로그인했다는 정보로 사용한다.

```
public function check()
{
    $uid  = request('uid');        // 입력한 아이디와 암호
    $pwd = request('pwd');

    // 입력한 아이디, 암호의 사용자 조사
    $row = Member::where('uid','=',$uid)->where('pwd','=',$pwd)->first();
    if ($row)       // 있는 경우
    {
        session()->put('uid', $row->uid);        // 세션으로 저장
        session()->put('rank', $row->rank);
    }

    return view("main");
}
```

4 **check함수를 위한 routing** : 지금까지 사용한 모든 컨트롤러에서 사용한 라우팅은 RESTful Resource를 위한 라우팅으로서, 아래와 같이 선언하면 index, show, create, store, edit, update, destroy에 대한 라우팅이 자동으로 설정되었다.

Route::get('member', MemberController::class);

그러나 이번에 만들 check 함수는 RESTful Resource 관련 함수가 아닌 일반 함수이므로, 라우팅을 다음과 같은 형식으로 지정해야 한다.

Route:HTTP함수('uri경로', [컨트롤러::class,'함수']);

따라서 check함수에 대한 라우팅은 Routes폴더의 web.php에 다음과 같이 get이 아

닌 post method로 선언해야 하고, main.blade.php에서 호출할때는 url함수를 이용하여 url('url경로명')와 같은 형식으로 지정해야 한다.

```
선언할 때 : Route::post('login/check', [LoginController::class, 'check'] );

호출할 때 : url(('login/check');
```

5 **post 전송과 @csrf** : 로그인창에서 입력한 아이디와 암호를 전송하는 form tag의 전송방식은 반드시 post방식을 이용해야 하며, post방식으로 전송하기 위해서는 반드시 @csrf를 추가해야 한다. 만약 get 방식을 이용하면, 입력한 아이디와 암호가 웹브라우저 url에 표시되어 보안에 문제가 생긴다. 그리고 form tag의 action은 LoginController의 check함수를 호출하도록 url('login/check') 라고 지정해야한다.

```
...
<form name="form_login" method="post" action="{{ url('login/check') }}">
@csrf
<table class="table table-borderless mymargin5">
...
```

STEP 01 session 환경설정하기

① **session 환경설정** : config 폴더에 있는 session.php 파일을 읽어 다음과 같이 expire_on_close를 true로 수정한다.

```
'expire_on_close' => true,
```

```
/*
|--------------------------------------------------------------------------
| Session Lifetime
|--------------------------------------------------------------------------
|
| Here you may specify the number of minutes that you wish the session
| to be allowed to remain idle before it expires. If you want them
| to immediately expire on the browser closing, set that option.
|
*/

'lifetime' => env('SESSION_LIFETIME', 120),

'expire_on_close' => true,

/*
|--------------------------------------------------------------------------
| Session Encryption
|--------------------------------------------------------------------------
```

STEP 02 LoginController.php 만들기

① **LoginController.php 만들기 :** controllers 폴더에 있는 ChartController.php 파일을 읽은 후, "LoginController.php"라는 새 이름으로 저장한다.

② **LoginController 수정 :** 다음 그림과 같이 class 이름을 "LoginController"로 수정한다.

```
<?php

namespace App₩Http₩Controllers;

use Illuminate₩Http₩Request;
use Illuminate₩Support₩Facades₩DB;   // DB Lib 사용
use App₩Models₩Product;              // eloquent 사용할 때 필요
use App₩Models₩Jangbu;

class LoginController extends Controller
{
    public function index(Request $request)
    {
```

③ **사용자 인증 check 함수 :** index함수와 getlist 함수는 필요없으므로, 삭제한다. 그리고 기존의 Product, Jangbu 모델 내용은 삭제하고, members 테이블에 대한 모델이 필요하므로, "use App₩Models₩Member"를 추가한다. 마지막으로 입력한 아이디(uid)와 암호(pwd)를 이용하여 사용자인증을 하는 check 함수를 작성한다.

```
namespace App₩Http₩Controllers;

use Illuminate₩Http₩Request;
use Illuminate₩Support₩Facades₩DB;    // DB Lib 사용
use App₩Models₩Member;                // eloquent 사용할 때 필요


class LoginController extends Controller
{
    public function check()
    {
        $uid  = request('uid');      // 입력한 아이디와 암호
        $pwd= request('pwd');

        // 입력한 아이디, 암호의 직원정보 조사
        $row = Member::where('uid','=',$uid)->
                        where('pwd','=',$pwd)->first();
        if ($row)    // 있는 경우
        {
            session()->put('uid',$row->uid);    // 세션으로 저장
            session()->put('rank',$row->rank);
        }

        return view('main');
    }




}
```

STEP 03 login/check Route 등록하기

① **web.php 수정하기** : route폴더의 web.php를 열어 다음과 같이 check함수에 대한 login/check Route를 추가한다.

```
use App₩Http₩Controllers₩CrosstabController;
use App₩Http₩Controllers₩ChartController;
use App₩Http₩Controllers₩LoginController;

/*
|--------------------------------------------------------------------------
| Web Routes
|--------------------------------------------------------------------------
...
    return view('main');
});

Route::resource('member', MemberController::class );
Route::resource('gubun', GubunController::class );
Route::resource('product', ProductController::class );
Route::resource('jangbui', JangbuiController::class );
Route::resource('jangbuo', JangbuoController::class );
Route::resource('findproduct', FindproductController::class );
Route::resource('gigan', GiganController::class );
Route::resource('best', BestController::class );
Route::resource('crosstab', CrosstabController::class );
Route::resource('chart', ChartController::class );

Route::post('login/check', [LoginController::class,'check'] );
```

STEP 04 로그인 창 등록하기

① **views폴더의 main.blade.php 수정** : views 폴더에 있는 main.blade.php 파일을 읽어 modal용 로그인창 프로그램을 맨 뒤에 추가한다. getbootstrap.com에서 Modal에 해당하는 소스를 복사하여 작업하면 편리하다.

```
</body>
</html>

<div class="modal fade" id="exampleModal" tabindex="-1"
aria-labelledby="exampleModalLabel"  aria-hidden="true">
  <div class="modal-dialog modal-sm">
    <div class="modal-content">

      <div class="modal-header mycolor1">
        <h5 class="modal-title" id="exampleModalLabel">로그인</h5>
        <button type="button" class="btn-close" data-bs-dismiss="modal"
        aria-label="Close"></button>
      </div>

      <div class="modal-body bg-light">
        <form name="form_login" method="post" action="{{ url('login/check') }}">
        @csrf
        <table class="table table-borderless mymargin5">
          <tr>
            <td width="30%"><h6>아이디</h6></td>
            <td width="70%"><input type="text" name="uid" class="form-control"></td>
          </tr>
          <tr>
            <td><h6>암 호</h6></td>
            <td><input type="password" name="pwd" class="form-control"></td>
          </tr>
        </table>
        </form>
      </div>

      <div class="modal-footer alert-secondary">
        <button type="button" class="btn btn-sm btn-secondary"
          onclick="javascript:form_login.submit();">확인</button>
        <button type="button" class="btn btn-sm btn-light" data-bs-dismiss="modal">닫기
        </button>
      </div>

    </div>
  </div>
</div>
```

② **로그인 버튼 수정** : 로그인 버튼을 클릭했을 때 로그인창이 열리도록 버튼의 프로그램을 수정한다.

```
                <li><a class="dropdown-item" href="{{ route('gubun.index') }}">구분</a></li>
                <li><a class="dropdown-item" href="{{ route('product.index') }}">제품</a></li>
                <li><hr class="dropdown-divider"></li>
                <li><a class="dropdown-item" href="{{ route('member.index') }}">사용자</a></li>
            </ul>
        </li>
    </ul>
    <a href='#' class='btn btn-sm btn-outline-secondary btn-dark'
      data-bs-toggle='modal' data-bs-target='#exampleModal'>로그인</a>
  </div>
 </div>
</nav>
```

③ **실행하기** : 실행하여 결과를 확인한다.

10.1.2 로그아웃

실습목적

직원이 정상적으로 로그인한 경우에는 그림처럼 "로그인"버튼을 "로그아웃"으로 변경한다. 그리고 로그아웃 버튼을 클릭한 경우, 로그아웃 할 수 있는 프로그램을 작성하여라.

실습이론

1 **logout 처리** : 로그아웃인 경우에는 로그인할 때 세션에 저장한 uid와 rank 정보를 session에서 삭제하면 된다.

```
public function logout()
{
   session()->forget('uid');        // 세션 변수 삭제
   session()->forget('rank');

   return view('main');
}
```

[2] **logout Routing** : logout 함수에 대한 라우팅은 Routes폴더의 web.php에 다음과 같이 선언해야 하며, main.blade.php에서 로그아웃 버튼을 클릭했을 때는 url('login/logout')로 처리해야 한다.

```
등록할 때 : Route::get( 'login/logout', [LogininController::class, 'logout'] );

호출할 때 : url(('login/logout');
```

[3] **로그아웃 메뉴 표시** : session에 $uid 변수 값이 있는 가에 따라 로그인 혹은 로그아웃이 표시되도록 프로그램을 작성한다. 이 처리는 session값이 있는지를 조사하는 exists('변수명') 함수를 이용한다. 값이 있는 경우는 로그인 버튼, 없는 경우는 로그아웃 버튼이 표시되도록 작성한다. 로그아웃인 경우는 LoginController의 logout함수가 실행되도록 〈A〉 tag의 href에 url('login/logout')이라고 지정한다.

```
                </ul>
            </li>
        </ul>
    @if (!session()->exists("uid"))
        <a href="#" data-bs-toggle="modal" data-bs-target="#exampleModal"
class="btn btn-sm btn-outline-secondary btn-dark">로그인</a>
    @else
        <a href="{{ url('login/logout') }}" class="btn btn-sm btn-outline-secondary
btn-dark">로그아웃</a>
    @endif
        </div>
    </div>
</nav>

@yield("content");
```

STEP 01 logout 만들기

① **logout 함수** : controls폴더의 LoginController.php에 다음과 같은 logout 함수를 추가한다.

```
    return view('main');
  }

  public function logout()
  {
    session()->forget('uid');
    session()->forget('rank');

    return view('main');
  }
}
```

② **logout Routing** : routes 폴더의 web.php에 logout에 대한 login/logout 라우팅을 추가한다.

```
Route::resource('best', BestController::class );
Route::resource('crosstab', CrosstabController::class );
Route::resource('chart', ChartController::class );

Route::post('login/check', [LoginController::class,'check'] );
Route::get('login/logout', [LoginController::class,'logout'] );
```

③ **main.blade.php 수정** : views 폴더에 있는 main.blade.php 파일을 다음과 같이 수정한다.

```
              <li><hr class="dropdown-divider"></li>
              <li><a class="dropdown-item" href="{{ route('member.index') }}">사용자</a></li>
            </ul>
          </li>
        </ul>
        @if (!session()->exists("uid"))
          <a href="#" data-bs-toggle="modal" data-bs-target="#exampleModal"
            class="btn btn-sm btn-outline-secondary btn-dark">로그인</a>
        @else
          <a href="{{ url('login/logout') }}" class="btn btn-sm btn-outline-secondary btn-dark">로그아웃</a>
        @endif

      </div>
    </div>
</nav>

  @yield("content")
```

④ **실행하기** : 실행하여 결과를 확인한다.

10.1.3 관리자모드

실습목적

로그인을 한 사람이 관리자인 경우에는 아래 그림과 같이 메뉴에서 "구분선"과 "사용자" 메뉴가 표시되고, 아닌 경우에는 보이지 않도록 프로그램을 작성하여라.

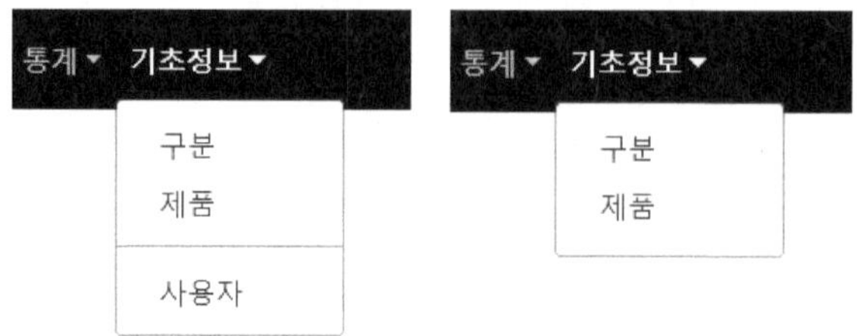

관리자메뉴 직원메뉴

실습이론

1 **사용자 메뉴** : 사용자 메뉴는 관리자인 경우에만 표시하기 위해서는 먼저 session의 get 함수를 이용하여 session에 저장된 rank 값을 알아낸다. 그리고 이 값이 1인 경우에만 표시하도록 if문을 작성하면 된다.

```
… … …
      <ul class="dropdown-menu" aria-labelledby="navbarDropdown">
        <li><a class="dropdown-item" href="{{ route('gubun.index') }}">구분</a></li>
        <li><a class="dropdown-item" href="{{ route('product.index') }}">제품</a></li>
      @if (session()->get("rank")==1)
        <li><hr class="dropdown-divider"></li>
        <li><a class="dropdown-item" href="{{ route('member.index')
}}">사용자</a></li>
      @endif
      </ul>
   </li>
</ul>
… … …
```

2 **member 보안** : 웹브라우저에서 URL을 직접 입력하여 들어오는 경우를 방지하기 위하여 Member.php의 index함수에 다음과 같이 session정보 rank가 관리자가 아닌 경우에는 처음화면(/)으로 가도록 redirect시킨다. index 뿐만 아니라 show, create, add … 와 같은 다른 함수도 직접 접근하지 않게 하려면, 같은 프로그램을 해당 함수에 작성하면 된다.

```
… … …
class MemberController extends Controller
{
   public function index()
   {
      if (session()->get("rank")!=1) return redirect("/");

      $data['tmp'] = $this->qstring();
… … …
```

STEP 01 관리자 모드 만들기

① **main.blade.php 수정** : views 폴더에 있는 main.blade.php 파일을 읽어 다음과 같이 수정한다.

```
        <li class="nav-item dropdown">
          <a class="nav-link dropdown-toggle" href="#" id="navbarDropdown"
            role="button" data-bs-toggle="dropdown" aria-expanded="false">기초정보</a>
          <ul class="dropdown-menu" aria-labelledby="navbarDropdown">
            <li><a class="dropdown-item" href="{{ route('gubun.index') }}">구분</a></li>
            <li><a class="dropdown-item" href="{{ route('product.index') }}">제품</a></li>
@if (session()->get("rank")==1)
            <li><hr class="dropdown-divider"></li>
            <li><a class="dropdown-item" href="{{ route('member.index') }}">사용자</a></li>
@endif
          </ul>
        </li>
      </ul>
```

② **MemberController.php 수정** : controls 폴더에 있는 MemberController.php 파일을 읽어 다음과 같이 수정한다.

```
class MemberController extends Controller
{
    public function index()
    {
      if (session()->get("rank")!=1) return redirect("/");

      $data['tmp'] = $this->qstring();

      $text1=request('text1');
      $data['text1'] = $text1;
      $data['list'] = $this->getlist( $text1 );
      return view('member.index',$data);
```

③ **실행하기** : 실행하여 결과를 확인한다.

10.2 재고계산

실습목적

아래 그림과 같이 제품화면에 재고계산 버튼을 추가하여, 클릭한 경우 모든 제품의 재고를 계산하는 프로그램을 작성하여라.

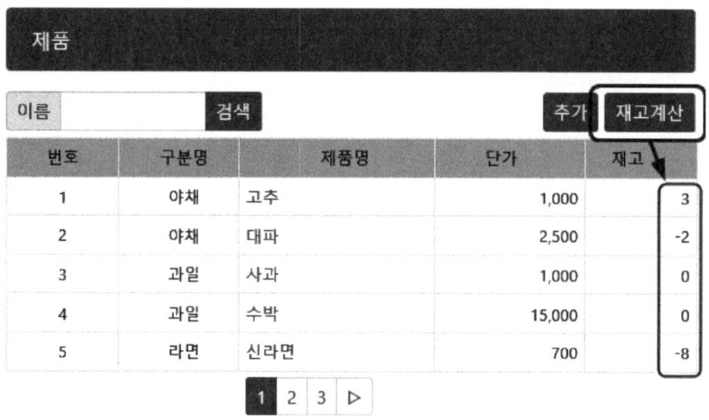

실습이론

1 **수동 재고계산** : 판매관리에서 가장 중요한 내용 중 하나는 제품의 재고현황을 파악하는 일이다. 재고 계산을 하는 방법은 여러 방법이 있겠지만, 다음과 같은 방법을 생각할 수 있다.

1) **실시간 방법** : 상품을 구매할 때마다 주는 마일리지 개념처럼 매출입이 발생하는 순간마다 해당 제품의 재고량을 가감하는 방법
2) **수동 방법** : 재고를 계산할 수 있는 프로그램을 만들어 필요할 때마다 실행하여 재고 파악을 하는 방법

첫 번째 방법은 실시간으로 재고파악이 가능하여 좋은 방법이지만, 매출입 정보의 추가, 수정, 삭제하는 모든 경우에 대해 프로그램을 해야 하므로 다소 복잡하다. 반면에 두 번째 방법은 몇 개의 SQL문을 이용하면 쉽게 구현이 가능하다. 여기서는 두 번째

방법을 이용하도록 하겠다.

먼저 재고를 계산하는 과정에 대해 알아보자. 다음과 같은 장부 테이블이 있다고 하자.

장부 테이블

…	제품_ 번호	단가	매입 수량	매출 수량	…
	1	1,000	10		
	2	1,500	5		
	1	9,000		3	
	2	1,300		2	
	1	1,000		5	
	4	1,200	1		
	1	1,000		1	

temps 테이블

제품별	sum (매입수량)	−	sum (매출수량)	재고량
1	10	−	9	1
2	5	−	2	3
3	0	−	0	0
4	1	−	0	1

이 경우 제품_번호 1, 2 , 3, 4의 재고를 알기 위해서는 오른쪽 표와 같이 각 제품별 매입합계와 매출합계를 먼저 구한 다음, "매입합계 - 매출합계"를 하면 구할 수 있다. 이 계산은 group by와 sum함수를 사용한 select문을 이용하면 쉽게 구할 수 있으며, 중간계산 값을 저장할 목적의 임시 테이블인 temps테이블에 저장한다. 이 처리는 insert … select … SQL문을 이용하면 간단히 구현할 수 있다. 이렇게 구한 temps테이블의 재고량은 다시 제품테이블의 재고 칼럼에 저장하면 된다. 여기서 temps테이블을 이용하는 이유는 얻어진 결과를 제품 테이블에 바로 저장할 수 없기 때문에 임시로 temps 테이블에 보관하기 위해서다.

1) **drop table문을 이용한 temps 테이블 삭제** : temps 테이블은 이전에 계산된 재고량 정보를 가지고 있으므로, 새로 계산하기 위하여 테이블을 삭제한다.

```
DROP TABLE 테이블;      혹은      DROP TABLE IF EXISTS 테이블;

drop table if exists temps;
```

2) **create table문을 이용한 temps 테이블 생성** : 제품테이블의 재고량 칼럼은 제품의 재고량을 표시하는 용도로 만든 칼럼이다. 그러나 장부테이블에서 재고량을 계

산하여 이 칼럼에 바로 저장하는 처리가 어렵다. 따라서 일단 계산된 재고량을 임시로 저장할 temps테이블이 필요하며, 아래와 같은 구조의 임시 테이블 temps를 생성한다.

temps 테이블 구조

필드이름	자료형	Null	Default	기타
id	int	No		기본키, auto_increment
products_id	int			
jaego	int		0	

```
CREATE TABLE 테이블 (
    필드이름 자료형(길이) NOT NULL DEFAULT 초기값 AUTO_INCREMENT,
    ...
    PRIMARY (필드)
);

create table temps (
   id              int  not null  auto_increment,
   products_id     int,
   jaego           int  default 0,
   primary key(no)
);
```

3) **insert … select … 문을 이용한 재고계산** : 각 제품별 재고량을 계산하는 SQL문은 select문에서 group by와 sum함수를 이용하면 다음과 같이 구할 수 있다.

```
select products_id, sum(numi)-sum(numo) as jaego
    from jangbus
    group by products_id;
```

이렇게 구한 값을 temps테이블에 저장하기 위해서는 아래와 같이 서브쿼리(subquery)를 갖는 insert … select …문을 이용해야 한다. 이때 insert의 필드 개수와 자료형은 select에서의 필드개수와 자료형은 같아야 한다.

```
INSERT INTO 테이블 (필드1,필드2, …) SELECT 필드1,필드2, … FROM … ;

insert into temps (products_id, jaego)
   select products_id, sum(numi)-sum(numo) as jaego from jangbus
      group by products_id;
```

4) update문을 이용한 재고량 수정 : temps테이블의 재고량 정보를 제품테이블의 재고량 칼럼에 저장하기 위해서는 update문을 이용해야 한다.

temps 테이블

product_no	jaego
1	1
2	3
3	0
4	1

products 테이블

no	name	…	jaego
1	대파		1
2	양파		3
3	콜라		0
4	맥주		1

관계　　Update

SQL문을 작성할 때 주의할 점은 temps 테이블의 products_id와 products 테이블의 id가 같은 자료를 찾아 재고량을 기록해야 한다는 점이다. 이 처리는 두 테이블이 제품번호를 기준으로 관계를 맺었기 때문에 아래와 같이 update문에서 관계형만 표시하면 쉽게 해결할 수 있다. MySQL의 update문에서 관계형 설정은 다음과 같으며, 재고계산의 경우는 다음과 같이 쓸 수 있다.

```
UPDATE A테이블 JOIN B테이블 ON A.컬럼 = B.컬럼
   SET A.컬럼 = B.컬럼, … WHERE 조건문;

update products join temps on products.id=temps.products_id
   set products.jaego=temps.jaego;
```

지금까지의 내용을 정리하면 다음과 같은 jaego 함수를 만들 수 있으며, 이 함수는 ProductControllerphp에 작성해야 한다. 이번에는 Eloquent ORM을 사용하지 않고 쿼리빌더와 DB::statement 함수를 이용하여 작성해보았다.

```
public function jaego()
{
   DB::statement('drop table if exists temps;');   → temps 테이블 있으면 삭제
   DB::statement('create table temp (              → temps 테이블 생성
            id int not null auto_increment,
            products_id int,
            jaego int default 0,
            primary key(id) ); ');
   DB::statement('update products set jaego=0;');          → jaego필드값 0으로
초기화
   DB::statement('insert into temps (products_id, jaego)   → jaego 계산
            select products_id, sum(numi)−sum(numo)
               from jangbus
               group by products_id;');
   DB::statement('update products join temps       → 재고값 products테이블에 복사
            on products.id=temps.products_id
            set products.jaego=temps.jaego;');

   return redirect('products');
}
```

2 **재고계산 버튼 추가** : ProductController.php에 있는 jaego함수를 호출하기 위해서는 views/product폴더의 index.blade.php에서 재고계산 버튼을 추가하고 url함수를 이용하여 호출하면 된다.

```
<a href="{{ url('product/jaego') }}" class="btn btn-sm mycolor1">재고계산 </a>
```

3 **재고계산용 Route 추가 및 호출** : Route 폴더에 있는 web.php에 ProductController.php 안의 jaego함수를 호출하기위해서는 다음과 같이 ProductController@jaego라는 경로를 추가해야 한다. 이때 주의할 점은 반드시 Product Resource Route보다 먼저 작성해야 한다.

```
Route::get( 'product/jaego', [ProductController::class, 'jaego'] );
Route::resource('product', ProductController::class );
```

STEP 01 재고계산 하기

① **jaego 함수 추가** : controls 폴더에 있는 ProductController.php 를 읽어 다음과 같이 jaego함수를 추가한다.

```
        $row = Product::find($id);
        $row->delete();

        return redirect('product');
    }

    public function jaego()
    {
        DB::statement('drop table if exists temps;');
        DB::statement('create table temps (
            id int not null auto_increment,
            products_id int,
            jaego int default 0,
            primary key(id) ); ');
        DB::statement('update products set jaego=0;');
        DB::statement('insert into temps (products_id, jaego)
          select products_id, sum(numi)-sum(numo)
            from jangbus
            group by products_id;');
        DB::statement('update products join temps
          on products.id=temps.products_id
          set products.jaego=temps.jaego;');

        return redirect('product');
    }

}
```

② **jaego route 추가** : Routes폴더에 있는 web.php를 읽어 jaego 함수를 호출할 수 있는 경로를 추가한다. 이때 반드시 Product Resource Route보다 먼저 작성해야 한다.

```
Route::get('/', function () {
    return view('main');
});

Route::resource('member', MemberController::class );
Route::resource('gubun', GubunController::class );

Route::get('product/jaego', [ProductController::class,'jaego'] );
Route::resource('product', ProductController::class );

Route::resource('jangbui', JangbuiController::class );
Route::resource('jangbuo', JangbuoController::class );
```

③ **재고계산 버튼 추가** : views/product 폴더에 있는 index.blade.php를 읽어 추가 버튼 옆에 재고계산 버튼을 추가한다.

```
        <span class="input-group-append">
            <button class="btn mycolor1" type="button"
                onClick="find_text();">검색</button>
        </span>
    </div>
  </div>
  <div class="col-9" align="right">
    <a href="{{ route('product.create') }}" class="btn btn-sm mycolor1">추가</a>
    <a href="{{ url('product/jaego') }}" class="btn btn-sm mycolor1">재고계산</a>
  </div>
</div>
</form>
```

④ **실행** : 실행하여 결과를 확인한다.

Chapter 11

Tips

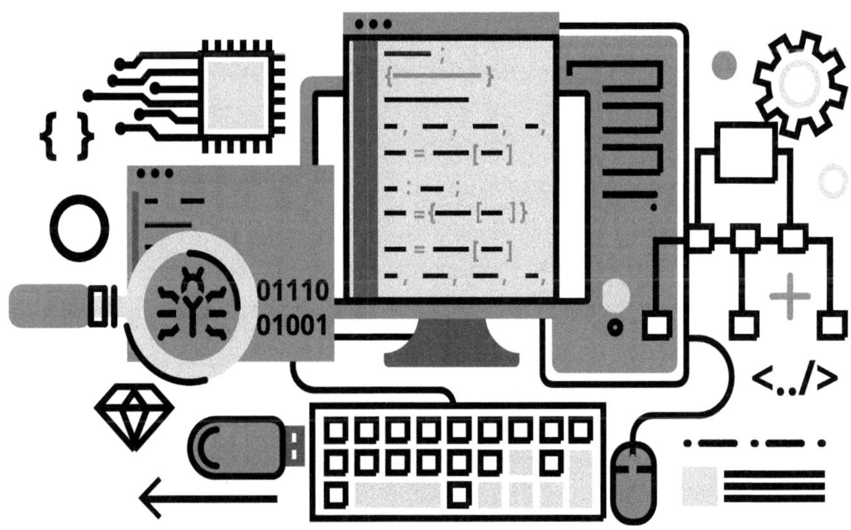

11.1 엑셀파일 저장하기

회사에서 업무를 하다보면 많은 사람들이 엑셀 프로그램들을 이용한다. 따라서 서버에 있는 데이터를 엑셀 파일로 저장할 필요가 생긴다. 이 절에서는 원하는 기간의 매출입 자료를 엑셀 파일로 저장하는 방법에 대해 알아보겠다.

실습목적

다음 그림과 같이 기간별 매출입 현황에서 EXCEL버튼을 클릭하면 검색된 내용을 엑셀 파일로 저장하는 프로그램을 만들어라.

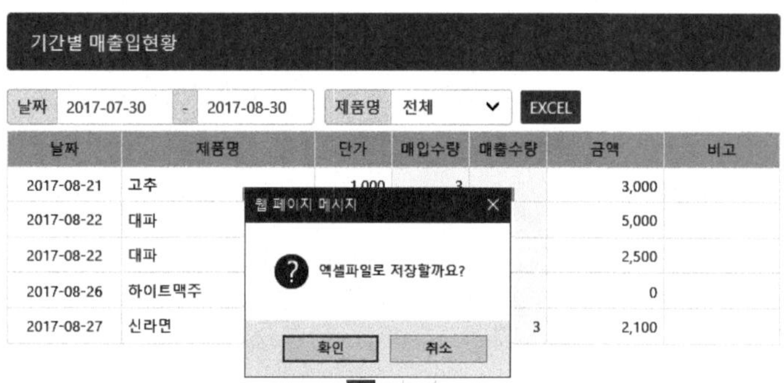

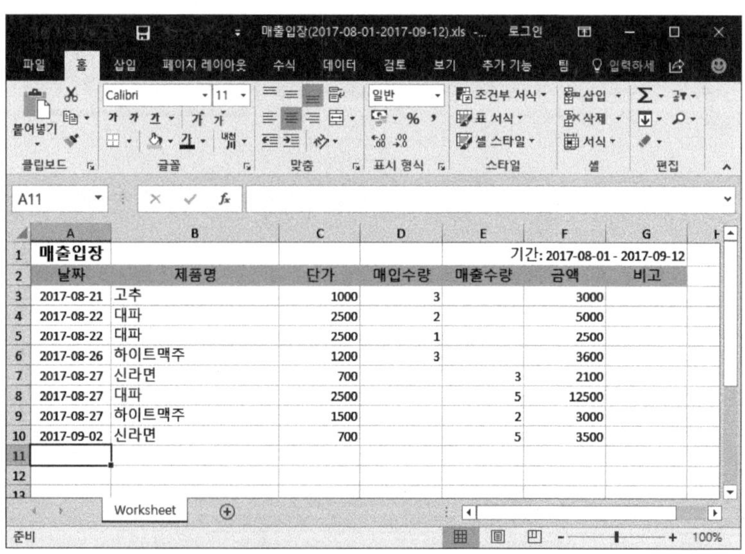

실습이론

1 **phpSpreadsheet** : 많이 알려져 있는 php용 Excel 라이브러리 중 하나는 PHPExcel인데, PHP버전이 7.2이상인 경우는 동작하지 않는다. 따라서 PHPExcel의 업데이트 버전인 PhpSpreadsheet를 이용하도록 하겠다. PhpSpreadsheet 프로그램 설치는 composer를 이용하는 방법과 composer없이 설치를 할 수 있다. composer를 이용하는 경우는 sale 폴더안에서 다음과 같이 composer를 이용하여 설치를 하면 되며, vendor 폴더에 설치가 된다. 이때 주의할 점은 반드시 프로젝트 폴더인 sale폴더 안에서 설치를 해야 한다.

```
composer require phpofiice/phpspreadsheet
```

설치과정에서 upgrade나 downgrade 관련 설치에러가 나는 경우는 -W 옵션(--with-all-dependencies)을 주고 해보길 바란다.

```
composer -W require phpofiice/phpspreadsheet
```

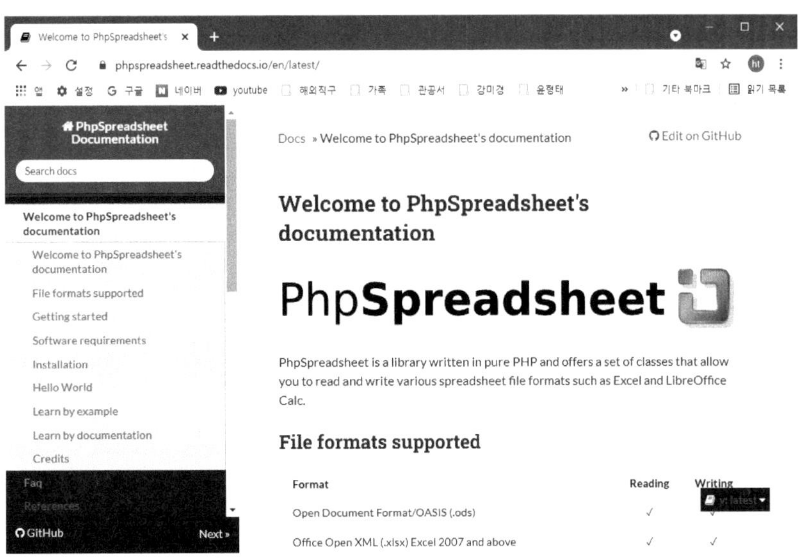

https://phpspreadsheet.readthedocs.io/en/latest

프로그램에서는 PhpSpreadsheet를 이용할 controller 프로그램에 라이브러리 관련 선언과 경로를 아래와 같이 작성하면 된다. 그리고 phpSpreadsheet에 대한 자세한 사용법은 https://phpspreadsheet.readthedocs.io/en/latest 를 참고하길 바란다.

```
require "../vendor/autoload.php";
use PhpOffice₩PhpSpreadsheet₩IOFactory;
use PhpOffice₩PhpSpreadsheet₩Spreadsheet;
```

2 **make_excel함수와 EXCEL 버튼** : 엑셀파일로 저장하는 Gigan.php의 excel함수를 호출하기 위해서는 EXCEL버튼과 이를 호출하는 make_excel함수를 만들어야 한다. make_excel함수는 find_text함수를 복사하여 만들면 쉽게 만들 수 있다.

```
function make_excel()
{
   form1.action="{{ url('gigan.excel') }}";
   form1.submit();
}
```

그리고 제품선택 콤보박스 옆에 방금 만든 make_excel함수를 호출하는 EXCEL버튼을 만든다.

```
  
<input type="button" value="EXCEL" class="form-control btn btn-sm mycolor1"
      onClick="if (confirm('엑셀파일로 저장할까요?')) make_excel();">
```

3 **getlist_all 함수** : 검색된 모든 자료를 엑셀로 저장하기 위해서는 기존의 getlist 함수에서 limit절을 없앤 getlist_all 함수를 작성해야 한다.

```
public function getlist_all( $text1,$text2,$text3 )
{
   if ($text3==0)   // 제품이 전체인 경우
      $result = Jangbu::leftjoin('products','jangbus.products_id','=','products.id')->
         select('jangbus.*','products.name as products_name')->
            wherebetween('jangbus.writeday', array($text1,$text2))->
            orderby('jangbus.id','desc')->get();
   else
      $result = Jangbu::leftjoin('products','jangbus.products_id','=','products.id')->
```

```
        select('jangbus.*','products.name as products_name')->
          wherebetween('jangbus.writeday', array($text1,$text2))->
          where('jangbus.products_id',"=",$text3)->
          orderby('jangbus.id','desc')->get();

    return $result;
}
```

4 **검색정보, 자료읽기** : Gigan.php에 작성할 excel함수는 먼저 검색정보 $text1, $text2, $text3, $page를 구한다. 그리고 전체레코드 개수($rowcount)와 앞에서 작성한 Gigan_m.php의 getlist_all함수를 호출하여 전체 자료($list)를 구해야 한다.

```
public function excel()
{
    $text1= request('text1');
    $text2= request('text2');
    $text3= request('text3');

    $list = $this->getlist_all($text1,$text2,$text3);
```

5 **엑셀 스타일 지정** : 자료를 엑셀파일로 출력하기 위해서는 먼저 엑셀 클래스 변수($sheet)를 선언해야 한다. 그리고 이 변수를 통해 각 칼럼의 너비, 정렬, 배경색, 글꼴, 값 등을 지정할 수 있다.

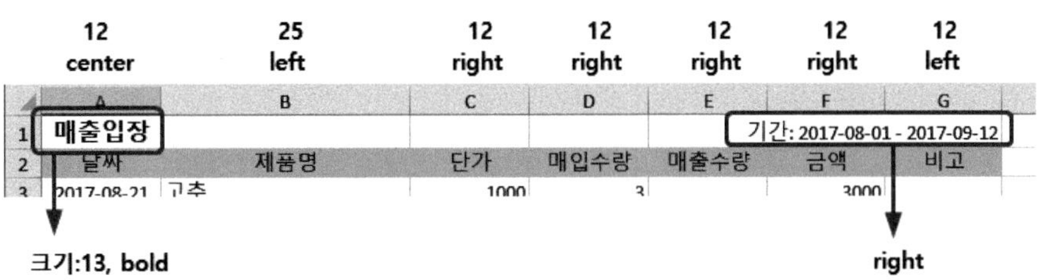


```
$sheet = new Spreadsheet();     // 엑셀 클래스 변수 선언

// 각 칼럼 (너비, 정렬)
$sheet->getActiveSheet()->getColumnDimension("A")->setWidth(12);
$sheet->getActiveSheet()->getColumnDimension("B")->setWidth(25);
$sheet->getActiveSheet()->getColumnDimension("C")->setWidth(12);
```

```
$sheet->getActiveSheet()->getColumnDimension("D")->setWidth(12);
$sheet->getActiveSheet()->getColumnDimension("E")->setWidth(12);
$sheet->getActiveSheet()->getColumnDimension("F")->setWidth(12);
$sheet->getActiveSheet()->getColumnDimension("G")->setWidth(12);
$sheet->getActiveSheet()->getStyle("A")->getAlignment()->setHorizontal("center");
$sheet->getActiveSheet()->getStyle("B")->getAlignment()->setHorizontal("left");
$sheet->getActiveSheet()->getStyle("C:F")->getAlignment()->setHorizontal("right");
$sheet->getActiveSheet()->getStyle("G")->getAlignment()->setHorizontal("left");

// 제목 (글자 크기, 굵게)
$sheet->setActiveSheetIndex(0)->setCellValue("A1", "매출입장");
$sheet->getActiveSheet()->getStyle('A1')->getFont()->setSize(13);
$sheet->getActiveSheet()->getStyle('A1')->getFont()->setBold(true);
// 기간 (정렬)
$sheet->setActiveSheetIndex(0)->setCellValue("G1", "기간: " . $text1 . " - " . $text2);
$sheet->getActiveSheet()->getStyle("G1")->getAlignment()->setHorizontal("right");
```

6 **헤더와 자료 출력** : 아래 그림과 같이 2번째 행에는 헤더로 밝은 회색 배경에 가운데 정렬, 3번째 행부터 자료를 출력하려면 다음 프로그램처럼 작성하면 된다.

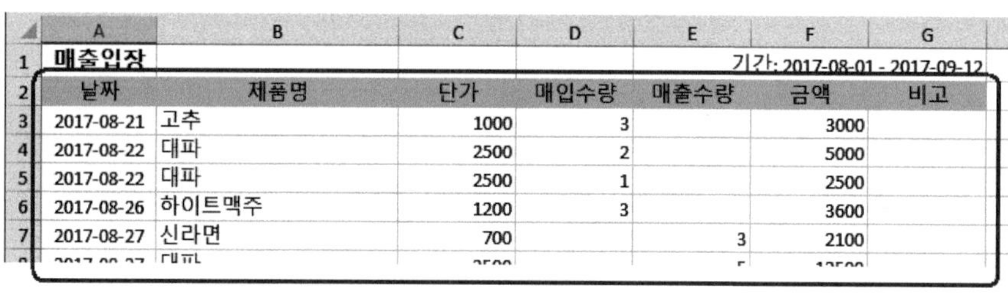

	A	B	C	D	E	F	G
1	매출입장					기간: 2017-08-01 - 2017-09-12	
2	날짜	제품명	단가	매입수량	매출수량	금액	비고
3	2017-08-21	고추	1000	3		3000	
4	2017-08-22	대파	2500	2		5000	
5	2017-08-22	대파	2500	1		2500	
6	2017-08-26	하이트맥주	1200	3		3600	
7	2017-08-27	신라면	700		3	2100	

```
// 2행 : 헤더 가운데 정렬
$sheet->getActiveSheet()->getStyle("A2:G2")->getAlignment()->setHorizontal("center");
// 헤더 배경색(밝은 회색)
$sheet->getActiveSheet()->getStyle("A2:G2")->getFill()
        ->setFillType(\PhpOffice\PhpSpreadsheet\Style\Fill::FILL_SOLID)
        ->getStartColor()->setARGB('FFCCCCCC');

// 헤더 글자 출력
$sheet->setActiveSheetIndex(0)
        ->setCellValue("A2", "날짜")
        ->setCellValue("B2", "제품명")
        ->setCellValue("C2", "단가")
        ->setCellValue("D2", "매입수량")
```

```
        ->setCellValue("E2", "매출수량")
        ->setCellValue("F2", "금액")
        ->setCellValue("G2", "비고");

  $i=3;
  foreach ( $list as $row )    // 3행부터 자료 출력
  {
     $sheet->setActiveSheetIndex(0)
        ->setCellValue("A$i",$row->writeday)
        ->setCellValue("B$i",$row->product_name)
        ->setCellValue("C$i",$row->price ? $row->price : "")
        ->setCellValue("D$i",$row->numi ? $row->numi : "")
        ->setCellValue("E$i",$row->numo ? $row->numo : "")
        ->setCellValue("F$i",$row->prices ? $row->prices : "")
        ->setCellValue("G$i",$row->bigo);
     $i++;
  }
```

7 **xlsx 파일 출력** : 지금까지 출력한 내용을 xlsx 파일로 출력하려면 다음 프로그램같이 작성하면 된다. 저장할 파일이름은 "매출입장(2017-08-01 - 2017-09-27).xls"과 같이 검색한 기간이 들어가도록 지정하였다.

```
   $sheet->setActiveSheetIndex(0);

   $fname="매출입장($text1 - $text2).xlsx";              // 파일이름 생성
   header("Content-Type: application/vnd.openxmlformats-officedocument
.spreadsheetml.sheet");
   header("Content-Disposition: attachment;filename=$fname");
   header("Cache-Control: max-age=0");

   $writer = PHPExcel_IOFactory::createWriter($sheet, "Xlsx");
   $writer->save("php://output");                      // xlsx형식으로 파일 출력
 }
```

STEP 01 Phpspreadsheet 설치

① **PhpSpreadsheet 설치** : 명령프롬프트 창에서 반드시 sale 프로젝트가 있는 "C:₩APM₩Apache24₩htdocs₩sale" 폴더로 이동한다. 그리고 composer를 이용하여 phpspreadsheet를 설치한다. 이 라이브러리는 vendor/phpoffice 폴더에 설

치된다.

```
cd c:₩apm₩apache24₩htdoc₩sale
composer require phpoffice/phpspreadsheet
```

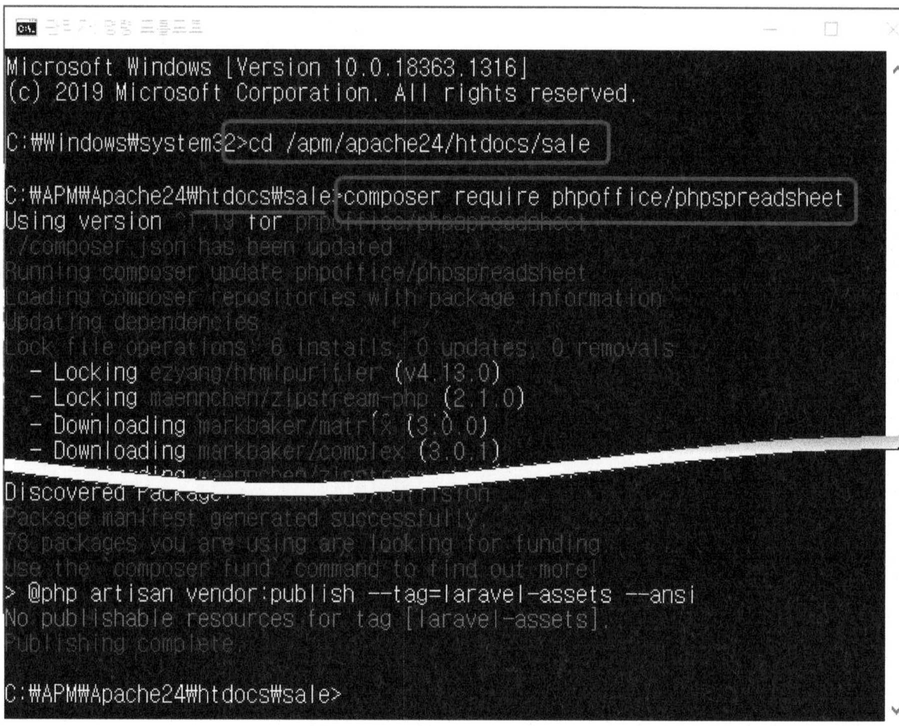

STEP 02 Excel 관련 함수 추가

① **getlist_all 함수 :** controls 폴더에 있는 GiganController.php에 페이지네이션이 없고 조건을 만족하는 모든 자료를 추출하는 getlist_all함수를 추가한다.

```
        return $result;
    }

    public function getlist_all( $text1,$text2,$text3 )
    {
        if ($text3==0)   // 제품이 전체인 경우
            $result = Jangbu::leftjoin('products','jangbus.products_id','=','products.id')->
                select('jangbus.*','products.name as products_name')->
                    wherebetween('jangbus.writeday', array($text1,$text2))->
                    orderby('jangbus.id','desc')->get();
        else
            $result = Jangbu::leftjoin('products','jangbus.products_id','=','products.id')->
                select('jangbus.*','products.name as products_name')->
                    wherebetween('jangbus.writeday', array($text1,$text2))->
                    where('jangbus.products_id',"=",$text3)->
                    orderby('jangbus.id','desc')->get();

        return $result;
    }

}
```

② **PhpSpreadsheet 라이브러리 등록** : controls 폴더에 있는 GiganController.php 파일에 다음과 같이 vendor폴더에 있는 PhpSpreadsheet 라이브러리를 사용할 수 있도록 등록한다.

```
<?php

namespace App\Http\Controllers;

use Illuminate\Http\Request;
use Illuminate\Support\Facades\DB;   // DB Lib 사용
use App\Models\Product;              // eloquent 사용할 때 필요
use App\Models\Jangbu;

require "../vendor/autoload.php";
use PhpOffice\PhpSpreadsheet\IOFactory;
use PhpOffice\PhpSpreadsheet\Spreadsheet;

class GiganController extends Controller
{
```

③ **excel 함수 1** : excel 함수를 선언하고 조건 $text1, $text2, $text3과 getlist_all함수를 이용하여 엑셀로 저장할 자료를 알아내는 프로그램을 작성한다.

```
    public function excel()
    {
        $text1= request('text1');
        $text2= request('text2');
        $text3= request('text3');

        $list = $this->getlist_all($text1,$text2,$text3);
```

④ **excel 함수 2** : 엑셀 클래스 변수 $sheet를 선언하고, 칼럼 너비, 정렬방식, 제목, 헤더배경색 등을 정의하는 프로그램을 작성한다.

```
        $sheet = new Spreadsheet();

        // 각 열의 너비, 정렬
        $sheet->getActiveSheet()->getColumnDimension("A")->setWidth(12);
        $sheet->getActiveSheet()->getColumnDimension("B")->setWidth(25);
        $sheet->getActiveSheet()->getColumnDimension("C")->setWidth(12);
        $sheet->getActiveSheet()->getColumnDimension("D")->setWidth(12);
        $sheet->getActiveSheet()->getColumnDimension("E")->setWidth(12);
        $sheet->getActiveSheet()->getColumnDimension("F")->setWidth(12);
        $sheet->getActiveSheet()->getColumnDimension("G")->setWidth(12);

        $sheet->getActiveSheet()->getStyle("A")->getAlignment()->setHorizontal("center");
        $sheet->getActiveSheet()->getStyle("B")->getAlignment()->setHorizontal("left");
        $sheet->getActiveSheet()->getStyle("C:F")->getAlignment()->setHorizontal("right");
        $sheet->getActiveSheet()->getStyle("G")->getAlignment()-> setHorizontal("left");

        // 제목 (글자크기, 굵게)
        $sheet->setActiveSheetIndex(0)->setCellValue("A1", "매출입장");
        $sheet->getActiveSheet()->getStyle("A1")->getFont()->setSize(13);
        $sheet->getActiveSheet()->getStyle("A1")->getFont()->setBold(true);

        // 기간 (정렬)
        $sheet->setActiveSheetIndex(0)->setCellValue("G1", "기간: $text1 - $text2");
        $sheet->getActiveSheet()->getStyle("G1")->getAlignment()->setHorizontal("right");
```

⑤ **excel 함수3** : 테이블의 헤더를 정의하고 장부내용을 출력하는 프로그램을 작성한다.

```
        // 헤더 정렬, 배경색
        $sheet->getActiveSheet()->getStyle("A2:G2")->getAlignment()->setHorizontal("center");
        $sheet->getActiveSheet()->getStyle("A2:G2")->getFill()
            ->setFillType(\PhpOffice\PhpSpreadsheet\Style\Fill::FILL_SOLID)
            ->getStartColor()->setARGB("FFCCCCCC");

        $sheet->setActiveSheetIndex(0)
                ->setCellValue("A2", "날짜")
                ->setCellValue("B2", "제품명")
                ->setCellValue("C2", "단가")
                ->setCellValue("D2", "매입수량")
                ->setCellValue("E2", "매출수량")
                ->setCellValue("F2", "금액")
                ->setCellValue("G2", "비고");

        $i=3;
        foreach ( $list as $row )
        {
            $sheet->setActiveSheetIndex(0)
                ->setCellValue("A$i",$row->writeday)
                ->setCellValue("B$i",$row->product_name)
                ->setCellValue("C$i",$row->price ? $row->price : "")
                ->setCellValue("D$i",$row->numi ? $row->numi : "")
                ->setCellValue("E$i",$row->numo ? $row->numo : "")
                ->setCellValue("F$i",$row->prices ? $row->prices : "")
                ->setCellValue("G$i",$row->bigo);
            $i++;
        }
```

⑥ **excel 함수4** : 지금까지의 내용을 엑셀파일로 출력하는 프로그램을 작성한다.

```
        $sheet->setActiveSheetIndex(0);

        $fname="매출입장($text1 - $text2).xlsx";            // 파일이름 생성
        header("Content-Type: application/vnd.openxmlformats-officedocument.spreadsheetml.sheet");
        header("Content-Disposition: attachment;filename=$fname");
        header("Cache-Control: max-age=0");

        $writer = IOFactory::createWriter($sheet, "Xlsx");  // xlsx형식으로 파일 출력
        $writer->save("php://output");
    }

```

STEP 03 Excel 버튼 추가

① **make_excel 함수 추가 :** views/gigan폴더에 있는 index.blade.php에 javascript make_ excel함수를 추가한다.

```
        $("#text2").on("change.datetimepicker", function (e) {
            find_text();
        });
    });

    function make_excel()
    {
        form1.action="{{ url('gigan/excel') }}";
        form1.submit();
    }
</script>

<form name="form1" action="">
<div class="row">
```

② **excel 버튼 추가 :** make_excel함수를 호출하는 EXCEL 버튼을 제품명을 선택하는 콤보박스 text3 옆에 추가한다.

```
            @foreach ($list_product as $row)
                @if ($row->id==$text3)
                    <option value='{{ $row->id }}' selected>{{ $row->name }}</option>
                @else
                    <option value='{{ $row->id }}'>{{ $row->name }}</option>
                @endif
            @endforeach

                </select>
            </div>
        </div>
        <div class="d-inline-flex">
            <input type="button" value="EXCEL" class="form-control btn btn-sm mycolor1"
                onClick="if (confirm('엑셀파일로 저장할까요?')) make_excel();">
        </div>
    </div>
</div>
</form>
```

③ **실행하기 :** 실행하여 결과를 확인한다.

11.2 Slide 이미지 만들기

실습목적

아래 그림과 같이 Bootstrap의 Carousel을 이용하여 메뉴 하단에 여러 개의 메인 이미지가 차례로 이동하는 슬라이드 이미지 프로그램을 만들어라.

실습이론

1 **Bootstrap의 Carousel** : Bootstrap 홈페이지의 Component ➜ Carousel을 클릭하면, 아래 그림과 같이 슬라이드이미지 예제가 나와 있다. 해당 소스를 복사하여 프로그램을 작성하면 된다.

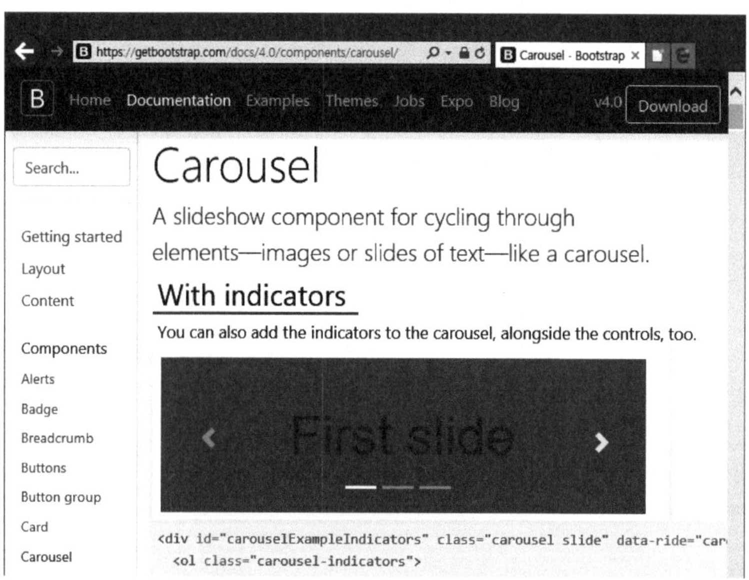

먼저 그림파일들을 폴더에 원하는 개수만큼 준비한다. 그리고 그림개수만큼 차례로 〈button …〉〈/button〉과 〈div class="carousel-item"〉…〈/div〉를 복사하여 등록해주면 된다. 이때 경로명은 그림이 저장된 폴더여야 한다. 여기서는 /my/img 폴더에 main1.jpg, main2.jpg, main3.jpg 그림을 이용하도록 하겠다. 독자들도 같은 크기의 원하는 이미지를 준비해 사용해보길 바란다. 그리고 data-bs-interval은 그림이 변경되는 시간으로서, 4000은 4초를 의미하며, height="150"은 이미지의 세로길이를 조정한 것이다.

```
<div id="carouselExampleIndicators" class="carousel slide" data-bs-ride="carousel"
data-bs-interval="4000">
  <div class="carousel-indicators">
    <button type="button" data-bs-target="#carouselExampleIndicators"
data-bs-slide-to="0" aria-label="Slide 1"
        class="active" aria-current="true" ></button>
    <button type="button" data-bs-target="#carouselExampleIndicators"
data-bs-slide-to="1" aria-label="Slide 2"></button>
    <button type="button" data-bs-target="#carouselExampleIndicators"
data-bs-slide-to="2" aria-label="Slide 3"></button>
  </div>
  <div class="carousel-inner">
    <div class="carousel-item active">
      <img src="{{ asset('/my/img/main1.jpg') }}" height="150" class="d-block
w-100">
    </div>
    <div class="carousel-item">
      <img src="{{ asset('/my/img/main2.jpg') }}" height="150" class="d-block
w-100">
    </div>
    <div class="carousel-item">
      <img src="{{ asset('/my/img/main3.jpg') }}" height="150" class="d-block
w-100">
    </div>
  </div>
  <button class="carousel-control-prev" type="button"
data-bs-target="#carouselExampleIndicators" data-bs-slide="prev">
    <span class="carousel-control-prev-icon" aria-hidden="true"></span>
    <span class="visually-hidden">Previous</span>
  </button>
  <button class="carousel-control-next" type="button"
data-bs-target="#carouselExampleIndicators" data-bs-slide="next">
    <span class="carousel-control-next-icon" aria-hidden="true"></span>
    <span class="visually-hidden">Next</span>
  </button>
</div>
```

STEP 01 슬라이드 이미지 만들기

① **메인 이미지 복사** : public/my 폴더 밑에 img라는 폴더를 새로 만들고, 준비된 메인이미지들을 복사한다. 여기서는 main1.jpg, main2.jpg, main3.jpg 이름의 그림을 이용하였다. 독자는 자신의 이미지들을 이용하길 바란다. 주의할 점은 이미지 크기가 모두 같은 것이 좋다.

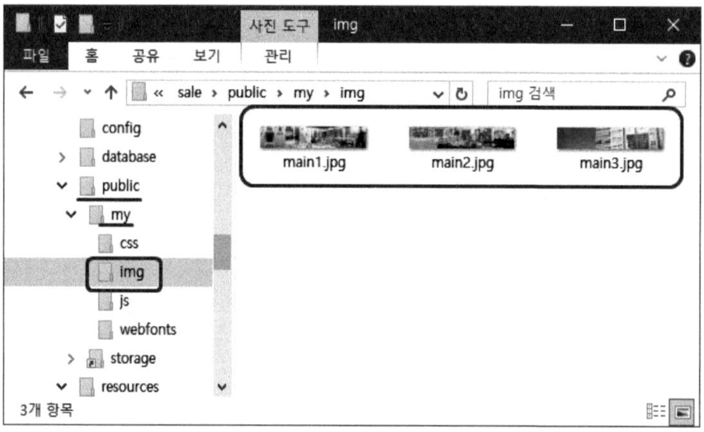

② **main.blade.php 수정** : views 폴더에 있는 main.blade.php를 읽어 프로그램에 carousel 프로그램을 작성한다. getboostrap사이트에서 Carosel에 해당하는 소스를 복사하여 수정 작업하면 편리할 것이다.

```
<!-- Slide Images -->
<div id="carouselExampleIndicators" class="carousel slide" data-bs-ride="carousel"
data-bs-interval="4000">
    <div class="carousel-indicators">
        <button type="button" data-bs-target="#carouselExampleIndicators" data-bs-slide-to="0"
        aria-label="Slide 1"
            class="active" aria-current="true" ></button>
        <button type="button" data-bs-target="#carouselExampleIndicators" data-bs-slide-to="1"
        aria-label="Slide 2"></button>
        <button type="button" data-bs-target="#carouselExampleIndicators" data-bs-slide-to="2"
        aria-label="Slide 3"></button>
    </div>
    <div class="carousel-inner">
        <div class="carousel-item active">
            <img src="{{ asset('/my/img/main1.jpg') }}" height="150" class="d-block w-100">
        </div>
        <div class="carousel-item">
            <img src="{{ asset('/my/img/main2.jpg') }}" height="150" class="d-block w-100">
        </div>
        <div class="carousel-item">
            <img src="{{ asset('/my/img/main3.jpg') }}" height="150" class="d-block w-100">
        </div>
    </div>
    <button class="carousel-control-prev" type="button"
        data-bs-target="#carouselExampleIndicators"  data-bs-slide="prev">
        <span class="carousel-control-prev-icon" aria-hidden="true"></span>
        <span class="visually-hidden">Previous</span>
    </button>
    <button class="carousel-control-next" type="button"
        data-bs-target="#carouselExampleIndicators"  data-bs-slide="next">
        <span class="carousel-control-next-icon" aria-hidden="true"></span>
        <span class="visually-hidden">Next</span>
    </button>
</div>

    @yield("content")

</div>

</body>
</html>
```

③ **실행하기** : 실행하여 결과를 확인한다.

11.3 사진 만들기

11.3.1 사진 만들기

판매관리에 꼭 필요한 화면은 아니지만, 쇼핑몰의 제품사진이나 앨범의 사진처럼 이미지를 갤러리처럼 진열해야하는 경우가 많이 있다. 따라서 제품에 등록한 제품 사진들을 진열하는 화면을 만들어 보자.

실습목적

다음 그림처럼 제품 사진들을 2차원 구조로 표시하는 프로그램을 만들어라.

실습이론

1 **Findproduct 프로그램 이용** : 만들 사진 진열 프로그램과 가장 유사한 프로그램은 제품을 검색하는 Findproduct 이므로, 이 프로그램을 복사하여 만들도록 하겠다. 그리고 사진진열 프로그램에서는 풀다운메뉴가 필요하므로, index.blade.php에서 다음과 같이 "main_nomenu"를 "main으로 수정해야 한다.

```
@ extends("main"); //_nomenu 삭제
```

2 **my.css 에 사진표시를 위한 css 추가** : 아래 그림과 같이 제품사진과 제품이름을 표시하는 박스를 그리기 위해서는 3개의 style이 필요하며, 이 style은 my폴더의 my.css에 정의한다.

1) mythumb_box : 회색 테두리를 갖는 바깥 상자.
2) mythumb_image : 세로길이를 150 pixel로 고정시키고, 너비길이는 세로에 비례

하도록 "max-width:100%"로 지정.

3) thumb_text : 하단에 사진 이름을 표시하는 style

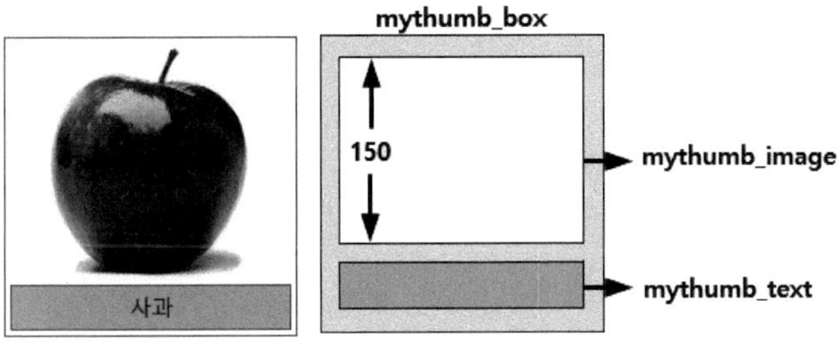


```
.mythumb_box {
    font-size : 14px;
    text-align:center;
    border: 1px solid lightgray;
    padding:3px;
    margin:5px 0px 5px 0px;
}
.mythumb_image {
    height: 150px;
    max-width: 100%;
    margin-bottom:3px
}
.mythumb_text {
    border: 1px solid lightgray;
    background-color:lightsteelblue;
    padding:3px;
}
```

3 **2차원구조의 사진 표시** : 사진들을 2차원구조로 표시하는 것은 Bootstrap의 grid system을 이용하면 아주 간단하게 처리할 수 있다. 다음과 같이 <div class="row"> 안에 <div class="col-3">을 삽입하여 사진을 출력하면 된다. grid system에서 하나의 row에 col은 최대 12이다. 따라서 "col-3"을 사용하는 경우, 가로로 최대 4개의 이미지가 표시된다. 만약 가로로 6개의 사진을 표시하고 싶으면, col-2로 지정하면 된다.

```
<div class="row">
  @foreach ($list as $row)
<?
      $iname=$row->pic ? $row->pic : "";
      $pname=$row->name;
?>
      <div class="col-3">
        <div class="mythumb_box"">
          <img src="{{ asset('/storage/product_img/thumb/' . $iname) }}"
class="mythumb_image">
          <div class="mythumb_text">{{ $pname }}</div>
        </div>
      </div>
  @endforeach
</div>
```

STEP 01 PictureController.php 만들기

① **PictureController.php 만들기** : controllers 폴더에 있는 FindproductController.php 파일을 읽은 후, “PictureController.php”라는 새 이름으로 저장한다.

② **PictureController 수정** : 다음 그림과 같이 class 이름을 “PicturebController”로 수정하고, 링크도 “picture.index”로 수정한다.

```
use Illuminate₩Http₩Request;
use Illuminate₩Support₩Facades₩DB;    // DB Lib 사용
use App₩Models₩Product;               // eloquent 사용할 때 필요
use App₩Models₩Gubun;

class PicutreController extends Controller
{
    public function index(Request $request)
    {
        $text1=request('text1');
        $data['text1'] = $text1;
        $data['list'] = $this->getlist($text1);

        return view('picture.index',$data);
    }
```

③ **getlist 함수 수정** : 제품사진 진열인 경우에는 구분명이 필요없다. 따라서 SQL문에서 구분(gubuns)에 관련된 내용을 모두 삭제한다.

```
    public function getlist($text1)
    {
        $result = Product::where('name', 'like', '%'.$text1.'%')->
                orderby('name','asc')->
                paginate(5)->appends(['text1'=>$text1]);

        return $result;
    }
}
```

STEP 02 Picture Route 등록하기

① **web.php 수정하기 :** route폴더의 web.php를 열어 다음과 같이 Picture를 위한 Route 프로그램을 추가한다.

```
use App₩Http₩Controllers₩ChartController;
use App₩Http₩Controllers₩LoginController;
use App₩Http₩Controllers₩PictureController;

/*
|--------------------------------------------------------------------------
| Web Routes
|--------------------------------------------------------------------------

Route::resource('best', BestController::class );
Route::resource('crosstab', CrosstabController::class );
Route::resource('chart', ChartController::class );

Route::post('login/check', [LoginController::class,'check'] );
Route::get('login/logout', [LoginController::class,'logout'] );

Route::resource('picture', PicutreController::class );
```

STEP 03 my.css 수정하기

① **my.css에 css 추가 :** 제품사진 표시를 위한 css를 my/css폴더의 my.css파일을 열어 mythumb_box, mythumb_image, mythumb_text 를 추가한다.

```
.mycolor1 { background-color:steelblue !important; color:white !important; }
.mycolor2 { background-color: lightsteelblue !important; }
.mycolor3 { background-color: lightyellow !important; }

.mythumb_box {
    font-size : 14px;
    text-align:center;
    border: 1px solid lightgray;
    padding:3px;
    margin:5px 0px 5px 0px;
}

.mythumb_image {
    height: 150px;
    max-width: 100%;
    margin-bottom:3px
}

.mythumb_text {
    border: 1px solid lightgray;
    background-color:lightsteelblue;
    padding:3px;
}
```

STEP 04 index.blade.php 만들기

① **index.blade.php 만들기** : views폴더 밑에 picture폴더를 새로 만든다. 그리고 views/findproduct 폴더의 index.blade.php 파일을 읽은 후, 〈새 이름으로〉메뉴를 이용하여 views/picture 폴더에 같은 이름으로 저장한다.

② **메뉴표시** : index.blade.php를 읽어 풀다운 메인메뉴가 표시되도록 "main_nomenu"를 "main"으로 수정한다.

```
@extends('main')
@section('content')

<br>
<div class="alert mycolor1" role="alert">제품선택</div>

<script>
    function find_text()
```

③ **제목 및 링크 수정** : 제목표시를 기간조회에서 "제품 사진"으로 수정하고, Javascript 링크도 "best.index"로 수정한다. 그리고 SendProduct함수는 더 이상 필요 없으므로, 삭제한다.

```
@extends('main')
@section('content')

<br>
<div class="alert mycolor1" role="alert">제품사진</div>

<script>
    function find_text()
    {
        form1.action="{{ route('picturet.index') }}";
        form1.submit();
    }


</script>

<form name="form1" action="">
```

④ **제품사진 표시 :** 제품사진들을 2차원 구조로 출력하는 프로그램을 작성한다.

```
</form>

<div class="row">

@foreach ($list as $row)
<?
    $iname=$row->pic ? $row->pic : "";
    $pname=$row->name;
?>
    <div class="col-3">
        <div class="mythumb_box"">
            <img src="{{ asset('/storage/product_img/' . $iname) }}"
                class="mythumb_image">
            <div class="mythumb_text">{{ $pname }}</div>
        </div>
    </div>
@endforeach

    </div>
```

⑤ **사진 메뉴 등록하기 :** views폴더의 main.blade.php를 읽어와 사진 메뉴를 클릭했을 때 사진 화면이 나오도록 메뉴를 추가한다.

```
@if (session()->get("rank")==1)
            <li><hr class="dropdown-divider"></li>
            <li><a class="dropdown-item" href="{{ route('member.index') }}">사용자</a></li>
@endif
        </ul>
    </li>
    <li class="nav-item"><a class="nav-link" href="{{ route('picture.index') }}">사진</a></li>
</ul>
@if (!session()->exists("uid"))
    <a href="#" data-bs-toggle="modal" data-bs-target="#exampleModal"
        class="btn btn-sm btn-outline-secondary btn-dark">로그인</a>
@else
    <a href="{{ url('login/logout') }}" class="btn btn-sm btn-outline-secondary btn-dark">로그아웃</a>
@endif
```

⑥ **실행하기 :** 실행하여 결과를 확인한다.

11.3.2 확대사진 만들기

실습목적

아래 그림처럼 사진을 클릭하는 경우, bootstrap의 모달창을 이용하여 큰이미지로 볼 수 있는 프로그램을 만들어라

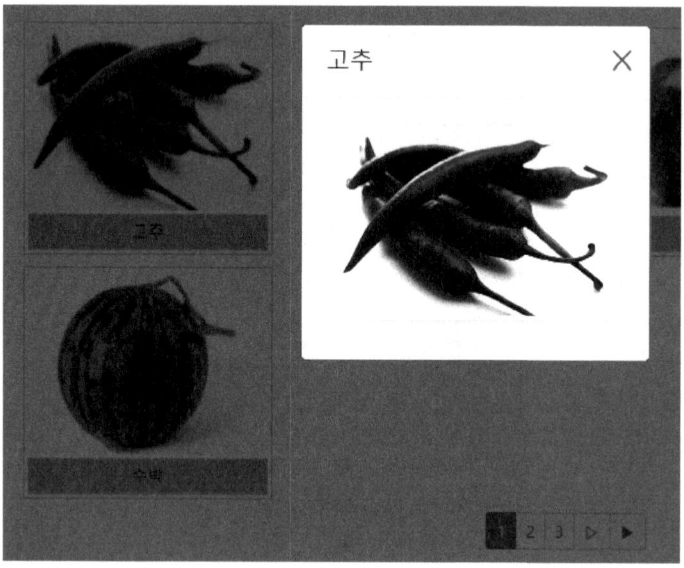

실습목적

1 **사진표시용 modal 창 추가 :** 보통 큰 이미지 출력은 팝업창을 이용하여 표시하지만, javascipt와 bootstrap의 modal창을 이용하면 간단하게 만들 수 있다. 먼저 아래와 같은 modal 관련 소스를 index.blade.php에 맨뒤에 추가한다.

```
<!-- zoom Modal 이미지 -->
<div class="modal fade" id="zoomModal" tabindex="-1"
aria-labelledby="zoomModalLabel" aria-hidden="true">
  <div class="modal-dialog modal-xl">
    <div class="modal-content">
      <div class="modal-header bg-light">
        <h5 class="modal-title" id="zoomModalLabel">상품명1</h5>
        <button type="button" class="btn-close" data-bs-dismiss="modal"
aria-label="Close"></button>
```

```
        </div>
        <div class="modal-body" align="center">
          <img src="#" name="picname" class="img-fluid img-thumbnail"
style="cursor:pointer" data-bs-dismiss="modal">
        </div>
      </div>
    </div>
</div>
```

이 소스는 아래그림과 같이 modal창의 modal-header에는 회색배경(bg-light)에 제품명이 표시되며, 하단 modal-body에는 제품사진 picname이 표시된다. 모달창의 기본 크기는 500px이며, modal-sm(300px), modal-lg(800px), modal-xl(1140px), modal-fullscreen 등이 있다. 자세한 것은 여기서는 modal-xl을 지정하였으며, 자세한 내용은 bootstrap 문서를 참고하길 바란다.

② **제품사진의 〈a〉 tag** : 이미지를 클릭하는 경우, 팝업창에 제품의 큰 그림을 표시하기 위해서는 index.blade.php의 제품사진에 〈a〉 tag를 삽입하여 그림을 클릭했을 때 modal창을 호출하도록 onclick이벤트에 작성해야 한다.

```
<img src="{{ asset('/storage/product_img/thumb/' . $iname) }}"
class="mythumb_image"
   style="cursor:pointer" data-bs-toggle="modal" data-bs-target="#zoomModal"
   onclick="document.getElementById('zoomModalLabel').innerText='{{ $pname }}';
   picname.src='{{ asset('/storage/product_img/' . $iname) }}'">
```

이때 modal창에 그림과 제품이름이 표시되도록 다음과 같이 javascript프로그램을 작성하였다.

제품명 ➜ document.getElementById('zoomModalLabel').innerText='제품명';
사진 ➜ picname.src='그림파일이름';

STEP 01 index.blade.php 수정하기

① **modal 창 추가** : views/picture 폴더에 있는 index.blade.php에 modal창에 관한 프로그램을 추가한다.

```
            </div>
        @endforeach
    </div>

    {{ $list->links( 'mypagination' ) }}

@endsection()

<!-- Zoom Modal 이미지 -->
<div class="modal fade" id="zoomModal" tabindex="-1" aria-labelledby="zoomModalLabel" aria-hidden="true">
  <div class="modal-dialog modal-xl">
    <div class="modal-content">
      <div class="modal-header bg-light">
        <h5 class="modal-title" id="zoomModalLabel">상품명1</h5>
        <button type="button" class="btn-close" data-bs-dismiss="modal" aria-label="Close"> </button>
      </div>
      <div class="modal-body" align="center">
        <img src="#" name="picname" class="img-fluid img-thumbnail" style="cursor:pointer" data-bs-dismiss="modal">
      </div>
    </div>
  </div>
</div>
```

② **zoomModal 창 호출** : 제품사진을 클릭하면 Modal창이 열리고, 제품명과 사진이 전달되어 표시되도록 수정한다.

```
<div class="row">
  @foreach ($list as $row)
<?
    $iname=$row->pic ? $row->pic : "";
    $pname=$row->name;
?>
    <div class="col-3">
      <div class="mythumb_box">
        <img src="{{ asset('/storage/product_img/thumb/' . $iname) }}"
        class="mythumb_image" style="cursor:pointer"
        data-bs-toggle="modal" data-bs-target="#zoomModal"
        onclick="document.getElementById('zoomModalLabel').innerText='{{ $pname }}';
        picname.src='{{ asset('/storage/product_img/' . $iname) }}'">
        <div class="mythumb_text">{{ $pname }}</div>
      </div>
    </div>
  @endforeach
</div>

{{ $list->links( 'mypagination' ) }}

@endsection()
```

11.3.3 Thumbnail image 만들기

해상도가 높은 사진들을 출력하다보면, 파일 크기때문에 많은 사진을 표시하는데 오래 걸릴 수 있다. 만약 축소된 작은 이미지(thumbnail image)가 있다면, 매우 빠르게 표시를 할 수 있을 것이다. 그러나 사진이 많은 경우, 화면출력 속도개선을 위해 이런 작은 이미지를 일일이 만드는 일도 쉬운 일은 아니다. 그래서 이번에 소개할 내용은 제품사진을 업로드할 때 제품사진의 작은 이미지를 자동 생성하여 이 작은 이미지를 이용하여 출력하는 방법에 대해 소개하겠다.

실습목적

제품사진을 업로드할 때, Laravel의 image 라이브러리를 이용하여 thumbnail 이미지를 자동 생성하고 이 이미지로 사진 목록을 표시하도록 프로그램을 수정하여라.

실습이론

1 **php.ini 수정** : php에서 그래픽 라이브러리를 이용하려면, c:₩APM₩PHP8 폴더의 php.ini 파일에서 extension=gd 앞에 있는 세미콜론(;)을 제거한 후, Apache를 재기동해야 한다. 그리고 8000 port를 이용하여 Laravel을 사용하고 있다면, 반드시 Laravel도 다시 시작해야 한다.

```
;extension=curl
;extension=fileinfo
extension=gd
;extension=gettext
;extension=gmp
```

2 **thumbnail 이미지 저장 폴더** : thumbnail 이미지는 제품사진이 저장되는 c:₩APM₩Apache24₩htdocs₩sale₩storage₩app₩public₩product_img 아래에 thumb 라는 폴더에 저장하겠다. Linux 서버를 사용하는 경우에는 chmod 명령어를 이용하여 thumb 폴더의 접근권한을 777로 변경해야 한다.

```
원 본    사진 폴더 : ... ₩htdocs₩sale₩storage₩app₩public₩product_img
thumbnail 사진 폴더 : ... ₩htdocs₩sale₩storage₩app₩public₩product_img₩thumb
```

3 **Intervention/Image 라이브러리 설치** : Intervention Image 라이브러리는 PHP용 image 라이브러리다. 이 라이브러리를 이용하면 Laravel에서 그림에 관한 작업을 쉽게 프로그램 할 수 있다. 이 라이브러리에 대한 자세한 사용법은 다음 사이트를 참고하길 바란다.

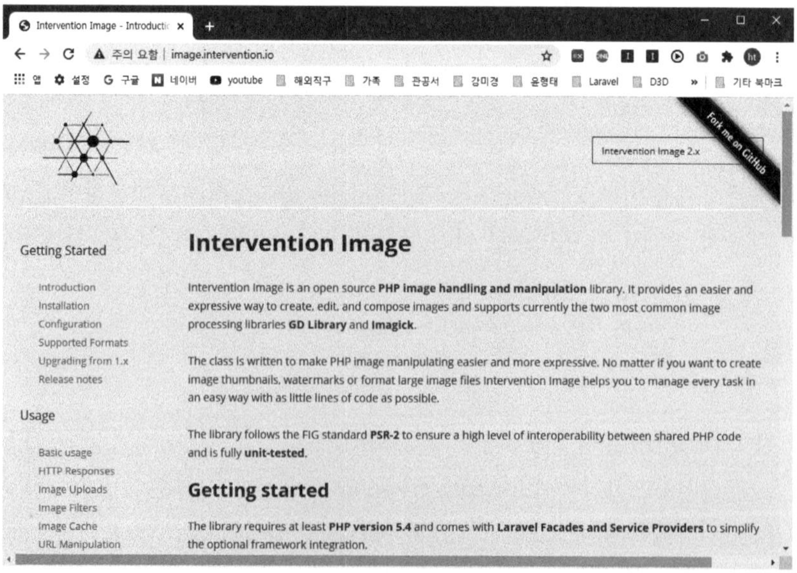

image.intervention.io

Laravel에서 Intervention Image 라이브러리를 사용하려면, sale 프로젝트가 설치된 폴더에서 composer를 이용하여 다음과 같이 설치해야 한다.

```
composer require intervention/image
```

설치 후에는 config폴더의 app.php에 다음과 같이 providers와 alias에 intervention/image에 대한 Image 클래스를 등록해야 한다.

```
... ... ...
/*
|--------------------------------------------------------------------------
—
| Autoloaded Service Providers
|--------------------------------------------------------------------------
—
... ... ...
    'providers' => [
        /* Laravel Framework Service Providers... */
        Illuminate\Auth\AuthServiceProvider::class,
        ... ... ...
        App\Providers\EventServiceProvider::class,
        App\Providers\RouteServiceProvider::class,
        Intervention\Image\ImageServiceProvider::class,
    ],
/*
|--------------------------------------------------------------------------
—
| Class Aliases
|--------------------------------------------------------------------------
—
... ... ...
    'aliases' => Facade::defaultAliases()->merge([
        'Image' => Intervention\Image\Facades\Image::class,
    ])->toArray(),
];
```

4 **thumbnail 이미지 만들기** : 라이브러리를 사용하려면, 먼저 사용자 프로그램에서는 다음과 같이 Image 클래스를 선언해야 한다.

```
Use Image;
```

그리고 ProductController.php의 store, update 함수에 다음과 같은 thumbnail 이미지를 저장하는 프로그램을 삽입하면 된다.

```
… … …
if ($request->hasFile('pic'))                    // upload할 파일이 있는 경우
{
   $pic = $request->file('pic');
   $pic_name  = $pic->getClientOriginalName();      // 파일 이름
   $pic_size = $pic->getSize();                     // 파일 크기
   $pic_ext    = $pic->extension();                 // 파일 확장자
   $pic->storeAs('public/product_img', $pic_name);  // 파일 저장

   $img = Image::make( $pic )
      ->resize(null, 200, function($constraint) { $constraint->aspectRatio(); })
      ->save('storage/product_img/thumb/' . $pic_name);

   $row->pic= $pic_name;
}
… … …
```

Image클래스의 resize(width, height, ratio) 함수는 원본사진을 지정한 크기의 thumb 이미지로 변환하는 함수이다. 위 프로그램에서는 가로길이 null, 세로길이 200 pixel, 그리고 원본그림의 비율($constraint->aspectRatio())로 지정하였으므로, 세로길이가 200이며 가로길이는 원본그림의 실제 가로세로길이의의 비율에 맞게 변환된다. 변환된 이미지는 save함수로 원하는 폴더에 저장된다.

5 **사진 경로 변경** : views/product폴더의 index.blade.php에서 thumnail 이미지가 있는 폴더를 "storage/product_img/thumb"로 수정해야 한다.

```
<div class="col-3">
   <div  class="mythumb_box"">
         <a href="javascript:zoomimage('{{ $iname }}','{{ $pname }}');">
            <img src="{{ asset('/storage/product_img/thumb/' . $iname }}"
class="mythumb_image">
         </a>
         <div class="mythumb_text">{{ $pname }}</div>
   </div>
</div>
```

STEP 01 php 환경설정하기

① **php.ini 수정 및 thumb 폴더 만들기 :** c:₩APM₩PHP8 폴더에 있는 php.ini에서 다음과 같이 이미지 라이브러리 gd를 사용할 수 있도록 맨 앞에 있는 세미콜론(;)을 삭제한다.

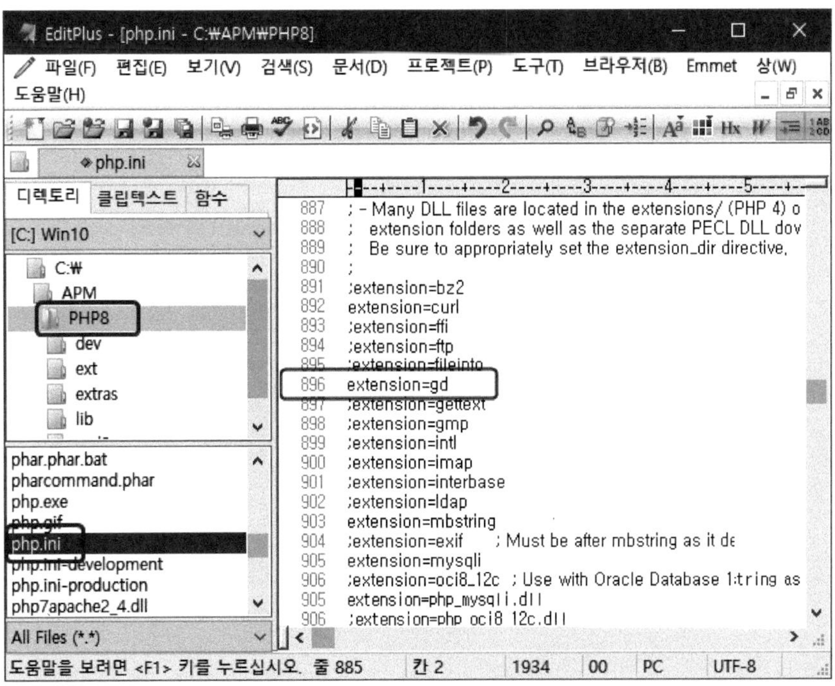

② **아파치 및 Laravel 서버 재시작 :** 명령프롬프트를 관리자모드로 실행한다. 그리고 아래와 같은 명령어를 실행하여 Apache 를 재실행한다. 이때 반드시 Laravel 서버도 재

시작해야 변경된 내용이 적용된다.

```
cd c:₩apm₩apache24₩bin
httpd -k restart
```

③ **thumb 폴더 만들기** : Thumbnail 파일을 저장할 폴더를 c:₩APM₩Apache24₩htdocs₩sale₩storage₩app₩public₩product_img 폴더 밑에 "thumb" 폴더를 새로 만든다.

Linux서버인 경우에는 "chmod 777 thumb" 명령어를 이용하여 누구나 접근할 수 있도록 접근권한을 설정해야 한다.

STEP 02 Intervention/image 설치하기

① **Intervention/image 설치** : 명령프롬프트 창에서 반드시 sale 프로젝트가 있는 "C:₩APM₩Apache24₩htdocs₩sale" 폴더로 이동한다. 그리고 composer를 이용하여 intervention/image를 설치한다.

```
cd c:₩apm₩apache24₩htdoc₩sale
composer require intervention/image
```

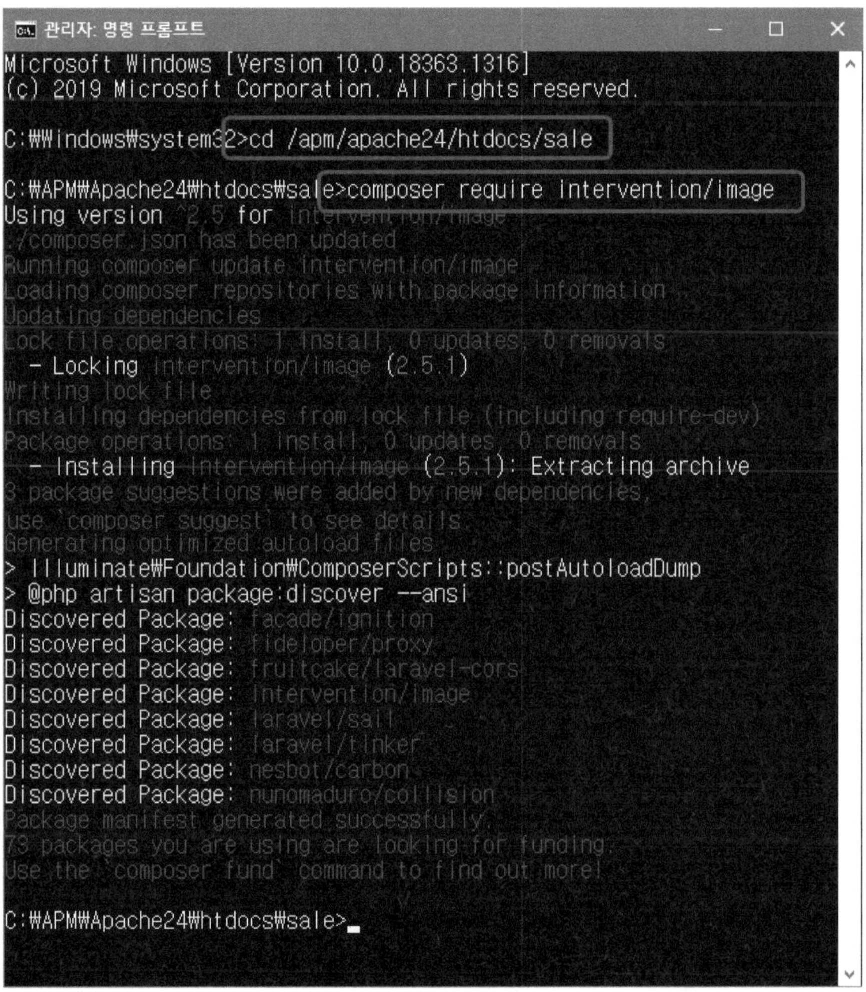

반드시 sale프로젝트가 있는 곳에서 설치를 해야 해당 intervention/image 라이브러리가 vendor폴더에 설치가 된다.

② **Intervention/image 등록** : config폴더의 app.php를 열어 provider와 alias에 intervention/image class 관련내용을 추가한다.

```
    | this array to grant expanded functionality to your applications.
    |
    */

    'providers' => [

        /*
         * Laravel Framework Service Providers...
         */
        Illuminate₩Auth₩AuthServiceProvider::cl

        Illuminate₩View₩ViewServiceProvider::class,

        /*
         * Package Service Providers...
         */

        /*
         * Application Service Providers...
         */
        App₩Providers₩AppServiceProvider::class,
        App₩Providers₩AuthServiceProvider::class,
        // App₩Providers₩BroadcastServiceProvider::class,
        App₩Providers₩EventServiceProvider::class,
        App₩Providers₩RouteServiceProvider::class,

        Intervention₩Image₩ImageServiceProvider::class,
    ],
```

Intervention₩Image₩ImageServiceProvider::class, 삽입

```
    /*
    |--------------------------------------------------------------------------
    | Class Aliases
    |--------------------------------------------------------------------------
    |
    | This array of class aliases will be registered when this application
    | is started. However, feel free to register as many as you wish as
    | the aliases are "lazy" loaded so they don't hinder performance.
    |
    */

    'aliases' => Facade::defaultAliases()->merge([
        // ...
        'Image' => Intervention₩Image₩Facades₩Image::class,
    ])->toArray(),

];
```

'Image' => Intervention₩Image₩Facades₩Image::class, 삽입

③ **save_row 함수 수정** : control폴더의 ProductController.php를 읽어 save_row함수를 다음과 같이 수정한다.

```
public function save_row(Request $request, $row)
{
    $request->validate([
        'gubuns_id'   => 'required|numeric',
        'name'        => 'required|max:50',
        'price'       => 'required|numeric',
    ],
    [
        'gubuns_id.required'   => '구분명은 필수입력입니다.',
        'name.required'        => '이름은 필수입력입니다.',
        'price.required'       => '단가는 필수입력입니다.',
        'name.max'             => '50자 이내입니다.',
    ]);

    $row->gubuns_id   = $request->input('gubuns_id');
    $row->name        = $request->input('name');
    $row->price       = $request->input('price');
    $row->jaego       = $request->input('jaego');

    if ($request->hasFile('pic'))          // upload할 파일이 있는 경우
    {
        $pic = $request->file('pic');
        $pic_name = $pic->getClientOriginalName();        // 파일이름
        $pic->storeAs('public/product_img', $pic_name);  // 파일저장

        $img = Image::make( $pic )
            ->resize(null, 200, function($constraint) { $constraint->aspectRatio(); })
            ->save('storage/product_img/thumb/' , $pic_name);

        $row->pic = $pic_name;    // pic 필드에 파일이름 저장
    }

    $row->save();
}
```

④ **views/picture 폴더의 index.blade.php 수정** : views/picture폴더의 index.blade.php에서 이미지 경로를 "/storage/product_img"에서 "/storage/product_img/thumb"로 수정한다.

```
<div class="row">
    @foreach ($list as $row)
<?
        $iname=$row->pic ? $row->pic : "";
        $pname=$row->name;
?>
        <div class="col-3">
            <div class="mythumb_box"">
                <a href="javascript:zoomimage('{{ $iname }}', '{{ $pname }}');">
                    <img src="{{ asset('/storage/product_img/thumb/' , $iname) }}"
                    class="mythumb_image">
                </a>
                <div class="mythumb_text">{{ $pname }}</div>
            </div>
        </div>
    @endforeach
</div>
```

⑤ **실행하기** : 실행하여 결과를 확인한다.

11.4 Ajax구분 만들기

11.4.1 Ajax 기본

Ajax를 구현하기 전에 먼저 Ajax를 적용하기 위한 디자인으로 수정해보자. 추가 버튼을 클릭한 경우 아래 그림과 같이 Modal 추가할 입력화면이 나타나도록 디자인을 수정하겠다.

실습목적

Ajax와 Bootstrap의 Modal을 이용하여 구분관리를 새로 만들어라.

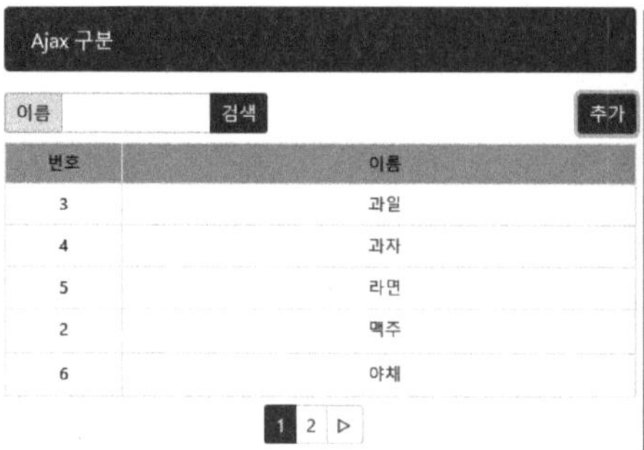

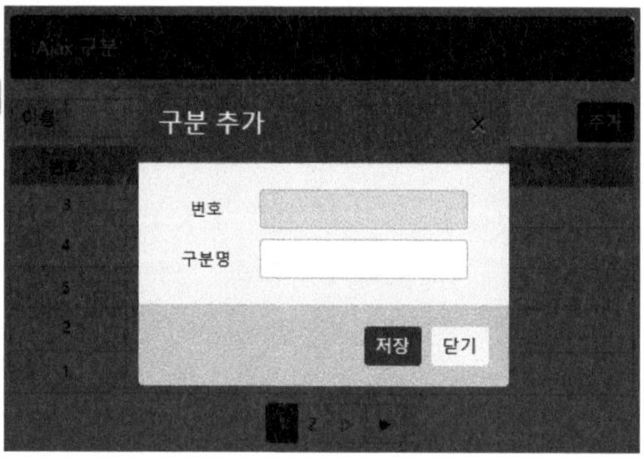

추가 버튼을 클릭한 경우

실습이론

1 **추가버튼 :** 그림과 같이 Ajax구분 화면에서 추가버튼을 클릭했을 때 modal 창이 열리려면 다음과 같이 수정해야 한다. 여기서 modal창의 이름은 ajaxModal로 하였다.

```
<a href="#" data-bs-toggle="modal" data-bs-target="#ajaxModal" class="btn
btn-sm mycolor1">추가</a>
```

2 **테이블에 삭제 칼럼 추가 :** 구분 목록 테이블에 삭제 칼럼을 위해 헤더와 삭제 버튼을 추가해야 한다.

```
<table class="table table-sm table-bordered table-hover mymargin5">
  <tr class="mycolor2">
    <td width="10%">번호</td>
    <td width="80%">구분명</td>
    <td width="10%">삭제</td>
  </tr>
@foreach ($list as $row)
  <tr>
    <td>{{ $row->id }}</td>
    <td><a href="#">{{ $row->name }}</a></td>
    <td>
      <a href="#" class="btn btn-sm mycolor1">삭제</a>
    </td>
  </tr>
@endforeach
</table>
```

3 **구분명 추가를 위한 modal 창 추가** : 구분 목록에서 pagination 다음에 modal 입력을 위한 디자인을 추가한다. 이 소스는 로그인의 modal창을 복사하여 작업하면 편리할 것이다. 여기서 modal창의 id는 ajaxModal이다. <form> tag 이름은 검색부에서 form1을 사용했으므로, 다른 이름인 form2로 지정해야 한다. 구분번호와 구분명을 위한 id는 id="data_id", id="data_name"라고 지정하였으며, 입력한 값을 알아내기 위한 tag로 사용한다. 구분명 추가인 경우에는 구분번호를 사용하지 않으므로, disabled 하였다.

```
... ... ...
<!-- Ajax Modal : Gubun -->
<div class="modal fade" id="ajaxModal" tabindex="-1"
aria-labelledby="ajaxModalLabel" aria-hidden="true">
  <div class="modal-dialog modal-sm">
    <div class="modal-content">

      <div class="modal-header mycolor1">
        <h5 class="modal-title" id="ajaxModalLabel">구분 추가</h5>
        <button type="button" class="btn-close" data-bs-dismiss="modal"
aria-label="Close"> </button>
      </div>

      <div class="modal-body bg-light">
        <form name="form2" method="post" action="">
        @csrf
```

```
            <table class="tablet table-sm table-borderless mymargin5">
              <tr>
                <td width="30%">번호</td>
                <td width="70%" align="left">
                  <input type="text" name="id" id="data_id" class="form-control
form-control-sm" disabled>
                </td>
              </tr>
              <tr>
                <td>구분명</td>
                <td>
                  <input type="text" name="name" id="data_name"
class="form-control form-control-sm">
                </td>
              </tr>
            </table>
            </form>
          </div>

          <div class="modal-footer alert-secondary">
            <button type="button" class="btn btn-sm btn-secondary"
data-bs-dismiss="modal" id="ajax_save">저장</button>
            <button type="button" class="btn btn-sm btn-light"
data-bs-dismiss="modal"> 닫기</button>
          </div>

        </div>
    </div>
</div>

@endsection()
```

STEP 01 AjaxController.php 만들기

① **AjaxController.php 만들기 :** controllers 폴더에 있는 GubunController.php 파일을 읽은 후, "AjaxController.php"라는 새 이름으로 저장한다.

② **AjaxController 수정1 :** class 이름을 "AjaxController"로 수정하고, 링크도 "ajax.index"로 수정한다.

```
<?php

namespace App₩Http₩Controllers;

use Illuminate₩Http₩Request;
use Illuminate₩Support₩Facades₩DB;   // DB Lib 사용
use App₩Models₩Gubun;                // eloquent 사용할 때 필요

class AjaxController extends Controller
{
    public function index(Request $request)
    {
        $text1=$request->input('text1');
        $data['text1'] = $text1;
        $data['list'] = $this->getlist($text1);

        return view('ajax.index',$data);
    }
```

③ **AjaxController 수정2 :** 자료의 추가, 수정 화면은 modal창을 이용하므로, create, show, edit 함수는 필요없다. 따라서 삭제한다.

```
    public function getlist($text1)
    {
        $result = Gubun::where('name', 'like', '%' . $text1 . '%')
                    ->orderby('name','asc')
                    ->paginate(5)->appends(['text1'=>$text1]);

        return $result;
    }


    public function store(Request $request)
    {

        $row = new Gubun;
        $this->save_row($request, $row);

        $tmp = $this->qstring();
        return redirect('gubun' . $tmp);
    }


    public function update(Request $request, $id)
    {
```

STEP 02 Ajax Route 등록하기

① **web.php 수정하기 :** route폴더의 web.php를 열어 다음과 같이 Ajax를 위한 Route 프로그램을 추가한다.

```
use App₩Http₩Controllers₩LoginController;
use App₩Http₩Controllers₩PictureController;
use App₩Http₩Controllers₩AjaxController;

/*
|--------------------------------------------
| Web Routes
|--------------------------------------------
|
| Here is where you can register web routes for
...
Route::post(...Controller::class,'check'] );
Route::get('login/logout', [LoginController::class,'logout'] );

Route::get('picture/zoom', [PictureController::class,'zoom'] );
Route::resource('picture', PictureController::class );

Route::resource('ajax', AjaxController::class );
```

STEP 03 index.blade.php 수정하기

① **index.blade.php 만들기** : views 폴더 밑에 ajax폴더를 새로 만든다. 그리고 views/gubun 폴더의 index.blade.php 파일을 읽은 후, 〈새 이름으로〉메뉴를 이용하여 views/ajax 폴더에 같은 이름으로 저장한다.

② **제목 및 링크 수정** : 제목표시를 "Ajax 구분"으로 수정하고, javascript 링크도 "ajx.index"로 수정한다.

```
<br>
<div class="alert mycolor1" role="alert">Ajax 구분</div>

<script>
  function find_text()
  {
    form1.action="{{ route('ajax.index') }}";
    form1.submit();
  }
</script>
```

③ **추가버튼 수정 :** 추가버튼을 클릭했을 때 모달창이 나오도록 수정한다.

```
      </div>
      <div class="col-9" align="right">
        <a href="#ajaxModal" class="btn btn-sm mycolor1"
          data-toggle="modal" data-target="#ajaxModal">추가</a>
      </div>
    </div>
  </form>

  <table class="table table-bordered table-sm mymargin5">
    <tr class="mycolor2">
      <td width="10%">번호</td>
```

④ **삭제 칼럼 삽입 :** 목록 테이블에 삭제버튼을 위한 칼럼을 추가한다.

```
    </div>
    </form>

    <table class="table table-sm table-bordered table-hover mymargin5">
        <tr class="mycolor2">
            <td width="10%">번호</td>
            <td width="80%">구분명</td>
            <td width="10%">삭제</td>
        </tr>

    @foreach($list as $row)
        <tr>
            <td>{{ $row->id }}</td>
            <td>
                <a href="#">{{ $row->name }}</a>
            </td>
            <td>
                <a href="#" class="btn btn-sm mycolor1">삭제</a>
            </td>
        </tr>
    @endforeach

    </table>
```

⑤ **modal 창 디자인 추가 :** modal 창 내용을 페이지네이션 다음에 추가한다.

```
    </table>

    {{ $list->links( 'mypagination' ) }}

<!-- Ajax Modal : Gubun -->
<div class="modal fade" id="ajaxModal" tabindex="-1" aria-labelledby="ajaxModalLabel"
aria-hidden="true">
    <div class="modal-dialog modal-sm">
        <div class="modal-content">

            <div class="modal-header mycolor1">
                <h5 class="modal-title" id="ajaxModalLabel">구분 추가</h5>
                <button type="button" class="btn-close" data-bs-dismiss="modal"
                aria-label="Close"></button>
            </div>

            <div class="modal-body bg-light">
                <form name="form2" method="post" action="">
                @csrf
                <table class="table table-sm table-borderless mymargin5">
                    <tr>
                        <td width="30%">번호</td>
                        <td width="70%">
                            <input type="text" name="id" id="data_id" class="form-control
                            form-control-sm" disabled>
                        </td>
                    </tr>
```

```
                <tr>
                    <td>구분명</td>
                    <td>
                        <input type="text" name="name" id="data_name" class="form-control
                        form-control-sm">
                    </td>
                </tr>
            </table>
            </form>
        </div>

        <div class="modal-footer alert-secondary">
            <button type="button" class="btn btn-sm btn-secondary"
                data-bs-dismiss="modal"  id="ajax_save">저장</button>
            <button type="button" class="btn btn-sm btn-light" data-bs-dismiss="modal">
                닫기
            </button>
        </div>

    </div>
  </div>
</div>

@endsection()
```

⑥ **Ajax 메뉴 등록하기 :** views폴더의 main.blade.php를 읽어와 Ajax 메뉴를 클릭했을 때 Ajax 구분 화면이 나오도록 메뉴를 추가한다.

```
            </li>
            <li class="nav-item">
                <a class="nav-link" href="{{ route('picture.index') }}">사진</a>
            </li>
            <li class="nav-item">
                <a class="nav-link" href="{{ route('ajax.index') }}">Ajax</a>
            </li>
        </ul>
```

⑦ **실행 :** 실행하여 결과를 확인한다.

11.4.2 Ajax 추가

실습목적

Ajax를 이용하여 자료를 추가하는 프로그램을 만들어라.

실습이론

1 **Ajax** : Ajax(Asynchronous Javascript And XML)는 비동기식 자바스크립트 XML로서, 별도의 프로그램을 설치하거나 웹페이지를 다시 로딩하지 않고도 메뉴 등 화면상의 객체를 자유롭게 추가, 수정, 삭제 및 이동할 수 있도록 해주는 기술이다. 예를 들어 A문서의 목록화면에서 자료를 삭제하려면, B문서의 delete SQL문을 실행하여 자료를 삭제한 후, 삭제된 내용을 목록화면에 표시하기 위하여 A문서의 목록화면을 다시 실행해야 한다.

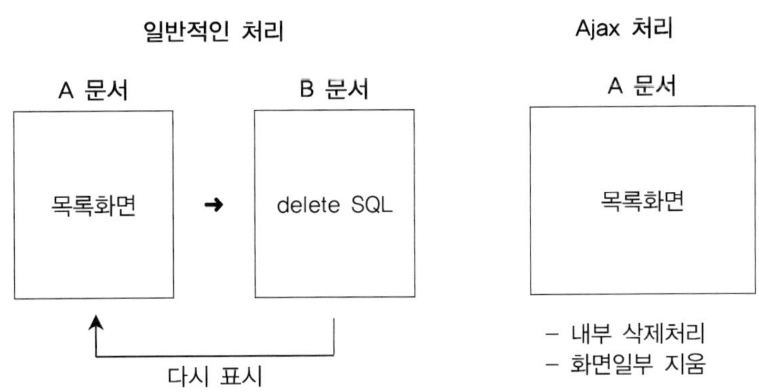

그러나 Ajax를 이용하면 웹브라우저와 웹서버 간에 내부적인 처리가 가능하며, web API를 이용하여 다시 화면을 실행하지 않고도 화면의 내용 일부를 삭제하거나 변경할 수 있다. 따라서 delete SQL문을 내부적으로 실행한 후, 화면에서 삭제할 자료만 지우면 A문서를 다시 실행할 필요가 없게 된다.

2 **jquery ajax함수** : 서버와 클라이언트가 내부적으로 자료처리를 하려면, Javascript가 Ajax를 사용할 때 사용하는 XMLHttpRequest 객체를 직접 만들어 사용해야한다. 그러나 jquery의 ajax함수를 이용하면, 아주 쉽게 구현할 수 있다. ajax함수의 주요 기본구조는 다음과 같다.

```
$.ajax({
   headers: 토큰값                                      → ajax용 보안 토큰값
   url: "문서",                                         → 실행할 문서
   type: "POST or GET or PUT or DELETE ... ",          → 값 전송방식
   data: { 변수명1:값1, 변수명2:값2, … },              → 전송할 값들
   dataType: "jason or text or html or xml or …",     → return 결과값의 자료형식
   success: function(data) {
        ...                                             → 성공 후, return값(data)
   }
});
```

ajax함수의 사용법은 data로 정의된 값들을 url의 문서로 전달하여 내부적으로 처리한 후, 그 결과값을 dataType형식으로 success에서 돌려받을 수 있다. 따라서 돌려받은 data를 현재의 문서에 이용함으로서 화면전환 없이 데이터처리를 할 수 있다. 여기서는 dataType을 jason으로 처리하는 방식에 대해 소개하겠다. jason을 이용하는 이유는 여러 retrun된 값들을 “data.변수명”과 같은 방식으로 쉽게 사용할 수 있기 때문이다. 그리고 type은 추가인 경우 “POST”, 수정인 경우는 “PUT”, 삭제인 경우는 “DELETE”를 이용한다.

3 **token 보안 처리** : Laravel에서 자료의 추가, 수정, 삭제와 같은 ajax 통신을 하기 위해서는 csrf-token 값이 필요하다. 이 값을 갖기 위해서는 다음과 같이 html meta 태그에 삽입해야 하며, 여기서는 _token이라는 이름으로 등록하여 사용한다.

```
<meta name="_token" content="{{ csrf_token() }}">
```

meta 태그를 만들고나서, jqeury와 같은 라이브러리를 사용하여 자동적으로 모든 헤더에 토큰을 추가할 수 있다. 이 방식은 ajax 기반 애플리케이션에 간단하고 편리한 CSRF 보호방법을 제공해준다.

```
$.ajax({
   headers: { "X-CSRF-TOKEN": $("meta[name='_token']").attr("content") },
   url: "ajax",
   type: "POST",
   …  …  …
});
```

4 **ajax 처리를 위한 tag표시 및 id 지정** : ajax를 이용해 자료를 추가하기 위해서는 추가 버튼(ajax_add)을 클릭했는지, 저장(ajax_save)버튼을 클릭했는지, 입력한 자료를 화면에 표시할 목록 테이블(table_list)과 위치(data_id, data_name)를 알기위해서 id tag 표시를 해야 한다.

```
추가 버튼      →  id = "ajax_add"
저장 버튼      →  id = "ajax_save"
테이블         →  id = "table_list"
번호 입력란    →  id = "data_id"
이름 입력란    →  id = "data_name"
```

다음 html 소스는 각 id 태그를 어디에 삽입해야하는 지를 보여주고 있다.

```
... ... ...
  <div class="col-9" align="right">
    <a href="#ajaxModal" class="ajax_add btn btn-sm mycolor1"
      data-toggle="modal" data-target="#ajaxModal">추가</a>
  </div>
</div>
</form>

<table class="table table-sm table-bordered mymargin5" id="table_list">
  <tr class="mycolor2">
    <td width="10%">번호</td>
    <td width="80%">구분명</td>
    <td width="10%">삭제</td>
  </tr>
... ... ...
    <table class="tablet table-sm table-borderless table-hover mymargin5">
    <tr>
      <td width="30%">번호</td>
      <td width="70%" align="left">
        <input type="text" name="id" id="data_id" class="form-control
form-control-sm" disabled>
      </td>
    </tr>
    <tr>
      <td>구분명</td>
      <td>
        <input type="text" name="name" id="data_name" class="form-control
form-control-sm">
```

```
        </td>
      </tr>
      </table>

    </div>
    <div class="modal-footer alert-secondary">
      <button type="button" class="btn btn-sm btn-secondary"
data-dismiss="modal" id="ajax_save">저장</button>
      <button type="button" class="btn btn-sm btn-light" data-dismiss="modal">
닫기</button>
    </div>

    </form>
… … …
```

5 **추가 버튼(ajax_add)을 위한 jquery** : 다음 프로그램은 추가버튼을 클릭한 경우 실행되는 jquery이다. 이 프로그램은 모달창의 제목(modal-title)을 "구분 추가"로 변경하고, 번호(data_id), 구분명(data_name) 입력란을 빈칸으로 초기화시킨다.

```
$(document).on("click", ".ajax_add", function() {
  $(".modal-title").text("구분 추가");
  $("#data_id").val("");
  $("#data_name").val("");
});
```

6 **저장 버튼(ajax_save)을 위한 jquery** : 다음 프로그램은 저장버튼을 클릭한 경우 실행되는 jquery이다. 이 함수에서는 AjaxController의 store함수를 호출하여 입력한 값을 추가한다. 그리고 추가된 자료의 id값을 알아낸다. 그리고 목록테이블뒤에 추가할 내용을 "<tr><td>…</td></tr>" html tag로 표현한 후, web API append 함수를 이용하여 table_list에 추가시킨다. 이 과정을 거치면 화면전환 없이 자료를 데이터베이스에 저장하고 추가된 내용을 화면에 표시할 수 있게 된다.

```
$(function() {
  $("#ajax_save").click( function() {          // 저장버튼 클릭했을 때
    var id=$("#data_id").val();                 // 입력한 id 값.
    var name=$("#data_name").val();             // 입력한 name 값.
    $.ajax({                                    // ajax 함수 호출.
      headers: {"X-CSRF-TOKEN": $("meta[name='_token']").attr("content")},  //
```

```
보안토큰
        url: "ajax",                          // AjaxController의 store 함수 호출.
        type: "POST",
        data:{
           name: name
        },
        dataType: "json",
        success: function(data) {
           var id = data.id;                  // store에서 return된 id값
           $("#table_list").append(           // 테이블(table_list)에 추가
              "<tr>"+
              "  <td>"+id+"</td>"+
              "  <td><a href='#'>"+name+"</a></td>" +
              "  <td><a href='#' class='btn btn-sm mycolor1'>삭제</a></td>"+
              "</tr>");
        }
     });
  }),
});
```

[7] **store 함수** : 이 함수는 기존 프로그램과 동일하며, 단지 ajax처리이므로 gubun.index로 이동할 필요가 없이 바로 리턴하면 된다. 그러나 화면에 입력한 자료를 표시하기위해서는 방근 추가한 자료의 id값을 리턴할 필요가 있다. 이 처리는 Response와 jason 자료형식을 이용하여 방금 추가한 자료의 id 값을 리턴할 수 있다.

```
use Illuminate\Support\Facades\DB;      // DB Lib 사용
use App\Models\Gubun;                   // eloquent 사용할 때 필요
use Response;

class AjaxController extends Controller
{
   ... ... ...

   public function store(Request $request)
   {
      $row = new Gubun;
      $this->save_row($request, $row);

      return response()->json($row);      // json으로 추가한 id 값 리턴
   }
   ... ... ...
```

STEP 01 Ajax 추가로 수정하기

① **AjaxController 수정 :** controls폴더의 AjaxController.php에 Response 클래스를 추가하고 store 함수에서 결과값을 jason으로 리턴하도록 수정한다.

```
<?php

namespace App₩Http₩Controllers;

use Illuminate₩Http₩Request;
use Illuminate₩Support₩Facades₩DB;   // DB Lib 사용
use App₩Models₩Gubun;                // eloquent 사용할 때
use Response;

class AjaxController extends Controller
{
    public function index(Request $request)
    {
...
    public function store(Request $request)
    {
        $row = new Gubun;
        $this->save_row($request, $row);

        return response()->json($row);
    }

```

② **csrf용 _token 추가 :** views폴더의 index.blade.php에 보안을 위한 csrf용 변수 _token을 추가한다.

```
@extends('main')
@section('content')

    <meta name="_token" content="{{ csrf_token() }}">

    <br>
    <div class="alert mycolor1" role="alert">Ajax 구분</div>

    <script>
        function find_text()
        {
            form1.action="{{ route('ajax.index') }}";
            form1.submit();
```

③ **ajax를 위한 jquery 함수 추가 :** 추가버튼과 저장버튼을 클릭했을 때 실행하는 jquery함수들을 추가한다.

```
<script>
    function find_text()
    {
        form1.action="{{ route('ajax.index') }}";
        form1.submit();
    }

    $(document).on("click", ".ajax_add", function() {
        $(".modal-title").text("구분 추가");
        $("#data_id").val("");
        $("#data_name").val("");
    });

    $(function() {
        $("#ajax_save").click( function() {
            var id =$("#data_id").val();
            var name=$("#data_name").val();
            $.ajax({
                headers: {"X-CSRF-TOKEN": $("meta[name='_token']").attr("content")},
                url: "ajax",
                type: "POST",
                data:{
                    name: name,
                },
                success: function(data) {
                    var id = data.id;
                    $("#table_list").append(
                        "<tr>"+
                        "   <td>"+id+"</td>"+
                        "   <td><a href='#'>"+name+"</a></td>" +
                        "   <td><a href='#' class='btn btn-sm mycolor1'>삭제</a> </td>"+
                        "</tr>");
                }
            });
        });
    });

</script>
```

④ **ajax처리를 위한 id 추가** : ajax처리를 위해 id="ajax_add", id="table_list", id="data_id", id="data_name", id="ajax_save"를 추가한다.

```
    <div class="col-9" align="right">
        <a href="#" class="ajax_add btn btn-sm mycolor1" data-bs-toggle="modal"
        data-bs-target="#ajaxModal">추가</a>
    </div>
</div>
</form>

<table class="table table-sm table-bordered table-hover mymargin5" id="table_list">
    <tr class="mycolor2">
        <td width="10%">번호</td>
        <td width="80%">구분명</td>
        <td width="10%">삭제</td>
    </tr>

@foreach($list as $row)
    <tr>
        <td>{{$row->id }}</td>
```

```
<table class="table table-sm table-borderless mymargin5">
<tr>
    <td width="30%">번호</td>
    <td width="70%">
        <input type="text" name="id" id="data_id" class="form-control form-control-sm" disabled>
    </td>
</tr>
<tr>
    <td>구분명</td>
    <td>
        <input type="text" name="name" id="data_name" class="form-control form-control-sm">
    </td>
</tr>
</table>

</div>
<div class="modal-footer alert-secondary">
    <button type="button" class="btn btn-sm btn-secondary" data-bs-dismiss="modal"
     id="ajax_save">저장</button>
    <button type="button" class="btn btn-sm btn-light" data-bs-dismiss="modal">닫기</button>
</div>

</form>
```

⑤ **실행** : 실행하여 결과를 확인한다.

11.4.3 Ajax 삭제

실습목적

ajax로 삭제처리를 할 수 있도록 프로그램을 만들어라.

실습이론

1 **ajax 처리를 위한 id 지정** : 삭제버튼의 클릭했을 때 jquery ajax_del 함수를 호출하기 위하여 <a> tag 버튼의 class에 "ajax_del"과 삭제할 id 번호를 rowno에 저장한다. 여기서 ajax_del은 jquery 함수에서 실행할 이름으로 사용하며, rowno는 값을 저장하기 위해 임의로 지정한 이름이다. 그리고 해당 table에서 삭제할 <tr> 위치를 표시하기 위하여 id="rowno{{ $row->id }}"를 삽입한다.

```
<table class="table table-sm table-bordered table-hover mymargin5"
id="table_list">
   <tr class="mycolor2">
      <td width="10%">번호</td>
      <td width="80%">이름</td>
      <td width="10%">삭제</td>
   </tr>

@foreach ($list as $row)
   <tr id="rowno{{ $row->id }}">        // 삭제를 위해 각 <tr>에 id 표시
      <td>{{ $row->id }}</td>
      <td><a href="#">{{ $row->name }}</a></td>
      <td>
         <a href="#" rowno="{{ $row->id }}" class="ajax_del btn btn-sm
mycolor1">삭제</a>
      </td>
   </tr>
@endforeach

</table>
```

2 **삭제 처리** : 다음 프로그램의 의미는 <table id="table_list">…</table>내에 있는 삭제버튼(<a class="ajax_del">…</a>)을 클릭하면 function안에 있는 .ajax 함수를 실행하라는 의미이다.

```
$("#table_list").on("click",".ajax_del",function() {        // table_list에 있는 ajax_del을
클릭
      $.ajax({
          ...
       });
});
```

따라서 ajax함수에서 attr(rowno)를 통해 no값을 알아내어 AjaxController.php의 ajax_delete함수를 호출하여 no번째 자료를 삭제한다. 그리고 저장한 후에는 테이블에서 객체를 삭제하는 remove메서드를 이용하여 no번째 "<tr>…</tr>" 을 화면에서 삭제한다.

```
$("#table_list").on("click",".ajax_del",function() { // table_list에 있는 ajax_del을 클릭
   if (confirm("삭제할까요 ?")) {
      var id=$(this).attr("rowno");
      $.ajax({
         headers: {'X-CSRF-TOKEN': $('meta[name="_token"]').attr('content')},
         url: "ajax/"+id,                    // Ajax.php의 ajax_delete 호출
         type: "POST",
         data: {
               _method: 'DELETE',
         },
         success: function(data) {
            $("#rowno"+id).remove();        // 화면에서 no번째 <tr>…</tr> 삭제
         }
      });
   };
});
```

3 **destroy 함수** : jquery ajax 함수에서 type을 DELETE로 지정하였으므로, AjaxController의 destroy함수가 호출된다. destroy함수는 id번째 자료를 찾아 삭제하고, 삭제한 id값을 json형식으로 돌려준다.

```
public function destroy($id)
{
   Gubun::find($id)->delete();
}
```

4 **ajax_add 함수 수정** : 삭제버튼의 html이 변경되었으므로, ajax_add의 내용도 수정해야 한다. attr("rowno")를 통해 id값을 알 수 있게 삭제버튼의 <a> tag에 rowno="번호"를 추가해야 한다. 그리고 remove 메서드를 이용하여 "rowno"+번호가 있는 해당 <tr>…<tr>을 삭제하기 위하여 <tr id="rowno번호">과 같은 형식이 되도록 수정한다.

```
$(function() {

   $("#ajax_save").click( function() {
      var id =$("#data_id").val();
      var name=$("#data_name").val();
      $.ajax({
         headers: { "X-CSRF-TOKEN": $("meta[name='_token']").attr("content") },
         url: "ajax",
         type: "POST",
         data:{
            name: name
         },
         success: function(data) {
            var id = data.id;
            $("#table_list").append(
               "<tr id='rowno" + id + "'>"+
               "  <td>"+id+"</td>"+
               "  <td><a href='#'>"+name+"</a></td>" +
               "  <td><a href='#' rowno='" + id + "' class='ajax_del btn btn-sm
mycolor1'>삭제</a></td>"+
               "</tr>");
         }
      });
   });
… … …
```

STEP 01 Ajax 삭제 만들기

① **destroy 함수 수정 :** controls폴더의 AjaxController.php를 열어 다음과 같이 destroy 함수를 수정한다.

```
      $row->save();

      return redirect('gubun');
   }

   public function destroy($id)
   {
      Gubun::find($id)->delete();
   }
```

② **ajax 삭제를 위한 id와 rowno 지정 :** views/ajax 폴더의 index.blade.php에서 ajax를 이용한 삭제처리를 위하여 테이블의 <tr>과 삭제버튼에 삭제할 레코드 번호와 ajax_del를 지정하는 내용을 추가한다.

```
@foreach($list as $row)
    <tr id="rowno{{$row->id}}">
        <td>{{ $row->id }}</td>
        <td>
            <a href="#">{{ $row->name }}</a>
        </td>
        <td>
            <a href="#" rowno="{{ $row->id }}" class="ajax_del btn btn-sm mycolor1">삭제</a>
        </td>
    </tr>
@endforeach
```

③ **ajax_add 수정** : 삭제처리로 인해 변경된 테이블의 〈tr〉내용을 적용하기 위하여 ajax_add함수의 내용을 수정한다.

```
$(function() {

    $("#ajax_save").click( function() {
        var id =$("#data_id").val();
        var name=$("#data_name").val();
        $.ajax({
            headers: {"X-CSRF-TOKEN": $("meta[name='_token']").attr("content")},
            url: "ajax",
            type: "POST",
            data:{
                "name":name
            },
            success: function(data) {
                var id = data.id;
                $("#table_list").append(
                "<tr id='rowno"+id+"'>"+
                "   <td>"+id+"</td>"+
                "   <td><a href='#'>"+name+"</a></td>"+
                "   <td><a href='#' rowno='"+id+"' class='ajax_del btn btn-sm mycolor1'>삭제</a></td>"+
                "</tr>");
            }
        });
    });
```

④ **ajax_del 추가** : jquery를 이용하여 삭제를 위한 ajax_del 기능을 추가한다.

```
        });

        $("#table_list").on("click",".ajax_del",function() {
            if (confirm("삭제할까요 ?")) {
                var id=$(this).attr("rowno");
                $.ajax({
                    headers: {'X-CSRF-TOKEN': $('meta[name="_token"]').attr('content')},
                    url: "ajax/"+id,
                    type: "POST",
                    data: {
                        _method: 'DELETE',
                    },
                    success: function(data) {
                        $('#rowno'+id).remove();
                    }
                });
            }
        });

    });
</script>

<form name="form1" action="">
<div class="row">
```

⑤ **실행** : 실행하여 결과를 확인한다.

11.4.4 Ajax 수정

실습목적

구분 이름을 클릭하여 구분명을 수정할 수 있는 ajax 프로그램을 만들어라.

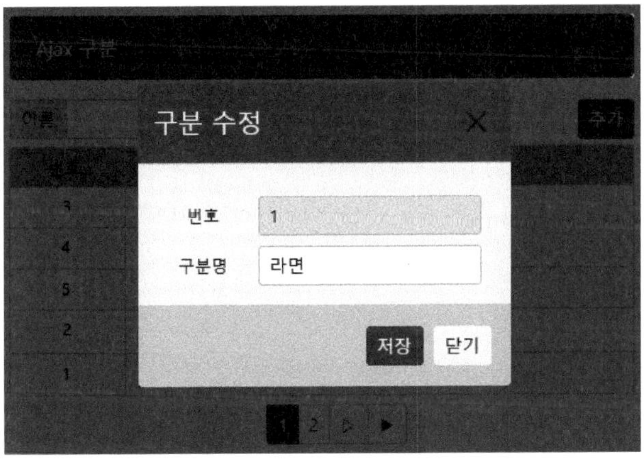

실습이론

1 **modal 폼 재사용** : 기존 정보를 수정하기 위해서는 추가버튼을 클릭했을 때 와 같은 수정용 modal 창이 필요하다. 이 modal창을 새로 만들 수 있지만 여기서는 기존의 modal 창을 다시 이용하도록 하겠다. 이 처리를 하기 위해서는 먼저 modal창을 추가로 사용할 건지, 수정으로 사용할 건지를 저장할 필요가 있다. 여기서는 추가 버튼을 클릭 했을때는 "add"를 , 수정할 구분명을 클릭한 경우에는 "edit"를 저장하여 어떤 상태로 이용하는 지를 표시할 생각이다.

```
<input type="hidden" name="kind" id="kind" value="">
```

2 **수정(ajax_edit)을 위한 jquery** : 구분명 수정을 위하여 구분명을 클릭한 경우, 수정을 위한 모달창을 열기 위해서는 다음과 같이 구분명 <a> tag를 작성했다. 여기서는 수정모드임을 표시하기위하여 class="ajax_edit"로 지정했고, 수정할 번호값과 구분명

을 전달하기 위하여 data-id="{{ $row->id }}", data-name="{{ $row->name }}"을 사용했다.

```
@foreach($list as $row)
   <tr id="rowno{{$row->id}}">
      <td>{{ $row->id }}</td>
      <td>
         <a href="#ajaxModal" data-toggle="modal" data-target="#ajaxModal"
class="ajax_edit" data-id="{{ $row->id }}" data-name="{{ $row->name }}">{{
$row->name }}</a>
      </td>
      <td>
         <a href="#" rowno="{{ $row->id }}" class="ajax_del btn btn-sm
mycolor1">삭제</a>
      </td>
   </tr>
@endforeach
```

따라서 구분명을 클릭한 경우, 모달창을 수정용으로 표시할 다음과 같은 jquery 함수가 필요하다. kind에 "edit"를 저장하고, 모달창의 제목(modal-title)을 "구분 수정"으로 변경한다. 그리고 모달창의 번호(data_id), 구분명(data_name) 입력란에 클릭한 <A> tag의 구분번호(data-id)와 구분명(data-name)으로 초기화시킨다.

```
$(document).on("click", ".ajax_add", function() {
   $("#kind").val("add");
   $(".modal-title").text("구분 추가");
   $("#data_id").val("");
   $("#data_name").val("");
});

$(document).on("click", ".ajax_edit", function() {
   $("#kind").val("edit");
   $(".modal-title").text("구분 수정");
   $("#data_id").data( $(this).data("id") );
   $("#data_name").datal( $(this).data("name") );
});
```

3 **저장 버튼(ajax_save)을 위한 jquery** : modal창에서 저장버튼을 클릭한 경우, 다음과 같이 kind값과 if 문을 이용하여 추가, 수정처리를 할 수 있도록 작성해야 한다.

kind값이 add인 경우에는 추가를 위한 ajax함수, 아닌 경우에는 수정을 위한 ajax함수 처리해야 한다.

```
$(function() {
   $("#ajax_save").click( function() {
      var id =$("#data_id").val();
      var name=$("#data_name").val();
      if ($("#kind").val()=="add")
      {
         추가를 위한 ajax
      }
      else
      {
        수정을 위한 ajax
      }
   });
```

수정을 위한 ajax 함수는 추가인 경우와 거의 비슷하다. type은 "POST"이지만, data를 통해 _method를 PATCH로 지정하여 AjaxController의 update함수를 호출한다. 그리고 url을 통해 id값을 전달하여 원하는 자료를 수정하며, data를 통해 수정할 id, name값을 전송한다. 수정이 성공한 경우에는 web API replacewith 함수를 이용하여 화면전환 없이 자료를 데이터베이스에 수정하고 수정된 내용으로 화면에 표시한다.

```
$.ajax({
   headers: {'X-CSRF-TOKEN': $('meta[name="_token"]').attr('content')},
   url: "ajax/"+id,
   type: "POST",
   data:{
      _method: 'PATCH',
      name:name
   },
   success: function(data) {
      $("#rowno"+id).replaceWith(
         "<tr id='rowno"+id+"'>"+
         "  <td>"+id+"</td>"+
         "  <td><a href='#ajaxModal' data-toggle='modal' data-target='#ajaxModal'
class='ajax_edit' data-id='"+id+"' data-name='"+name+"'>"+name+"</a></td>"+
         "  <td><a href='#' rowno='"+id+"' class='ajax_del btn btn-sm
mycolor1'>삭제</a></td>"+
```

```
            "</tr>");
    }
});
```

그리고 추가를 위한 jquery ajax 함수인 경우에는 아래와 같이 구분명의 <A> tag가 변경되었으므로 해당부분도 수정해야 한다.

```
... ... ...
if ($("#kind").val()=="add")
{
    $.ajax({
        headers: {'X-CSRF-TOKEN': $('meta[name="_token"]').attr('content')},
        ... ... ...
            $("#table_list).append(
                "<tr id='rowno"+id+"'>"+
                "   <td>"+id+"</td>"+
                "   <td><a href='#ajaxModal' data-bs-toggle='modal'
data-bs-target='#ajaxModal' class='ajax_edit' data-id='"+id+"'
data-name='"+name+"'>"+name+"</a></td>"+
                "   <td><a href='#' rowno='"+id+"' class='ajax_del btn btn-sm
mycolor1'>삭제</a> </td>"+
                "</tr>");
... ... ...
```

4 **update 함수** : AjaxController의 update 함수는 기존 프로그램과 동일하며, 단지 ajax처리이므로 gubun.index 로 이동할 필요가 없이 바로 리턴하면 된다. 여기서는 response와 jason 자료형식을 이용하여 수정한 자료값을 리턴하도록 작성했다.

```
... ... ...
public function update(Request $request, $id)
{
    $row = Gubun::find($id);
    $this->save_row($request, $row);
}
... ... ...
```

STEP 01 Ajax 수정 만들기

① **update 함수 수정** : controls폴더의 AjaxController.php를 열어 다음과 같이 update 함수를 수정한다.

```
    public function update(Request $request, $id)
    {
        $row = Gubun::find($id);
        $this->save_row($request, $row);
    }
```

② **modal창 여는 jquery 함수** : views₩ajax 폴더의 index.blade.php를 열어 다음과 같이 추가 버튼과 구분명을 클릭했을 때 modal창을 여는 jquery를 작성한다.

```
    $(document).on("click", ".ajax_add", function() {
        $('#kind').val('add');
        $(".modal-title").text("구분 추가");
        $("#data_id").val("");
        $("#data_name").val("");
    });

    $(document).on("click", ".ajax_edit", function() {
        $("#kind").val("edit");
        $(".modal-title").text("구분 수정");
        $('#data_id').val( $(this).data('id') );
        $('#data_name').val( $(this).data('name') );
    });
```

③ **추가와 수정을 위한 ajax jquery 함수** : modal창의 저장 버튼을 클릭했을 때 추가 및 수정하는 ajax 함수를 추가한다.

```
$(function() {
    $("#ajax_save").click( function() {
        var id=$("#data_id").val();
        var name=$("#data_name").val();
        if ($("#kind").val()=="add")
        {
            $.ajax({
                headers: {"X-CSRF-TOKEN": $("meta[name='_token']").attr("content")},
                url: "ajax",
                type: "POST",
                data:{
                    name: name,
                },
                dataType: "json",
                success: function(data) {
                    var id = data.id;
                    $("#table_list").append(
                        "<tr id='rowno"+id+"'>"+
                        "   <td>"+id+"</td>"+
                        "   <td><a href='#ajaxModal' data-bs-toggle='modal' data-bs-target='#ajaxModal'
                        class='ajax_edit' data-id='"+id+"' data-name='"+name+"'>"+name+"</a></td>" +
                        "   <td><a href='#' rowno='"+id+"' class='ajax_del btn btn-sm mycolor1'>삭제</a></td>"+
                        "</tr>");
                }
            });
        }
```

```
      else
      {
         $.ajax({
            headers: {'X-CSRF-TOKEN': $('meta[name="_token"]').attr('content')},
            url: "ajax/"+id,
            type: "POST",
            data:{
               _method: 'PATCH',
               name: name,
            },
            success: function(data) {
               $("#rowno"+id).replaceWith(
                  "<tr id='rowno"+id+"'>"+
                  "   <td>"+id+"</td>"+
                  "   <td><a href='#ajaxModal' data-bs-toggle='modal' data-bs-target='#ajaxModal'
                  class='ajax_edit' data-id='"+id+"' data-name='"+name+"'>"+name+"</a></td>"+
                  "   <td><a href='#' rowno='"+id+"' class='ajax_del btn btn-sm mycolor1'>삭제</a></td>"+
                  "</tr>");
            }
         });
      }
   });
```

④ **구분명 〈A〉 tag 수정 :** 구분명을 클릭했을 때 modal창이 열리도록 〈A〉 tag를 수정한다.

```
      <td width="80%">구분명</td>
      <td width="10%">삭제</td>
   </tr>

@foreach($list as $row)
   <tr id="rowno{{ $row->id }}">
      <td>{{ $row->id }}</td>
      <td>
         <a href="#ajaxModal" data-bs-toggle="modal" data-bs-target="#ajaxModal" class="ajax_edit"
         data-id="{{ $row->id }}" data-name="{{ $row->name }}">{{ $row->name }}</a>
      </td>
      <td>
         <a href="#" rowno="{{ $row->id }}" class="ajax_del btn btn-sm mycolor1">삭제</a>
      </td>
   </tr>
@endforeach

</table>
```

⑤ **kind 추가 :** 모달창이 추가인지 수정인지 구분하는 값을 저장하는 kind 변수를 hidden으로 추가한다.

```
<!-- Ajax Modal : Gubun -->
<div class="modal fade" id="ajaxModal" tabindex="-1" aria-labelledby="ajaxModalLabel"
    aria-hidden="true">
    <div class="modal-dialog modal-sm">
        <div class="modal-content">

            <div class="modal-header mycolor1">
                <h5 class="modal-title" id="ajaxModalLabel">구분 추가</h5>
                <button type="button" class="btn-close" data-bs-dismiss="modal"
                    aria-label="Close"> </button>
            </div>

            <div class="modal-body bg-light">
                <form name="form2" method="post" action="">
                <input type="hidden" name="kind" id="kind" value="">
                <table class="table table-sm table-borderless mymargin5">
                    <tr>
                        <td width="30%">번호</td>
                        <td width="70%">
```

⑥ **실행** : 실행하여 결과를 확인한다.

찾아보기

C

D

E

F

G

저자 **윤형태**

- 성균관대학교 전자공학과 공학박사
- 인덕대학교 컴퓨터소프트웨어학과 교수

〈저서〉
- ACCESS 2010 실무 따라하기
- 파워빌더 12.5 실무 따라하기
- PHP, ASP 쇼핑몰 실무 따라하기
- Codeigniter와 Bootstrap을 이용한 PHP 프레임워크 실무 따라하기

저자 **강미경**

- 고려대학교 영어교육과
- 전) 안양예술고등학교 교사

〈저서〉
- Codeigniter와 Bootstrap을 이용한 PHP 프레임워크 실무 따라하기

Laravel 실무 따라하기

2022년 8월 22일 1판 인쇄
2022년 8월 31일 1판 발행

저　　자 • 윤형태 · 강미경
발 행 자 • 이영애
발 행 처 • 공감북스
주　　소 • 02011 서울시 중랑구 중랑천로 256
전　　화 • 02-971-9683
팩　　스 • 02-972-9683
등　　록 • 제 25100-2015-18호
등 록 일 • 2015년 7월 15일
e-mail • sympathybook@naver.com

ISBN 979-11-86898-93-2(93560)
정　가 35,000원

〈Laravel 실무따라하기〉 데이터 파일은 블로그주소
blog.naver.com/yht415에서 다운 받으세요.